Partner im Gespräch 61

Verwalter und Verwaltungsbeirat

Schriftenreihe
des Evangelischen
Siedlungswerkes
in Deutschland e.V.

Verwalter und Verwaltungsbeirat

26. Fischener Gespräche
vom 25.10. - 27.10.2000

Mit Beiträgen von

Prof. Dr. Christian Armbrüster
RA Prof. Dr. Wolf-Rüdiger Bub
Prof. Dr. Peter Derleder
RA Michael Drasdo
VorsRiOLG Dr. Wolfgang Gottschalg
Wiss. Ass. Egbert Kümmel
Prof. Dr. Werner Merle
Dr. Andreas Ott
RA Holger Reichert
Notar a.D. Friedrich Schmidt
RA Stephan Schmack
Notarassessor Klaus Striewski
VorsRiBGH Dr. Joachim Wenzel

2001

Verlag
Dr. Otto Schmidt
Köln

Die Deutsche Bibliothek – CIP-Einheitsaufnahme

Verwalter und Verwaltungsbeirat / 26. Fischener Gespräche vom 25. 10. bis 27. 10. 2000. – Mit Beitr. von Christian Armbrüster ... – Köln: O. Schmidt, 2001
(Partner im Gespräch; 61)

ISBN 3-504-61002-6

Verlag Dr. Otto Schmidt KG
Unter den Ulmen 96–98, 50968 Köln
Tel.: 02 21/9 37 38-01, Fax: 02 21/9 37 38-9 21
e-mail: info@otto-schmidt.de
www.otto-schmidt.de

Das verwendete Papier ist aus chlorfrei gebleichten Rohstoffen hergestellt, holz- und säurefrei, alterungsbeständig und umweltfreundlich.

Umschlaggestaltung: Jan P. Lichtenford, Mettmann

Satz: Kalle Giese Grafik GmbH, Overath

Druck und Verarbeitung: Boyens Offset, Heide

Printed in Germany

Vorwort

Mit dem Thema „Verwalter und Verwaltungsbeirat“ sollen Probleme angesprochen werden, die sowohl für den Verwalter als auch für den Verwaltungsbeirat von großer praktischer Bedeutung sind. Dies gilt umso mehr, als es zu diesem Themenbereich – sieht man von den Kommentaren zum WEG ab – nur wenige spezielle Literatur gibt. Auch ist die Rechtsprechung in diesem Bereich nicht sehr umfangreich. Aus diesem Grunde schien es geboten, die in diesem Zusammenhang bestehenden Fragen aktuell zu durchdringen; nicht zuletzt, um den Verwaltern und Verwaltungsbeiräten praktikable Verfahrensweisen an die Hand zu geben.

Neben dem Tagungsthema waren erneut die Fragen zu behandeln, die im Vorjahr unter den Begriffen „vereinbarungsersetzende, vereinbarungswidrige und vereinbarungsändernde Mehrheitsbeschlüsse“ vorgetragen wurden. Dieses Problem wurde als „bloße“, aber die herrschende Meinung radikal verändernde Rechtsauffassung heiß diskutiert, ohne dass zu diesem Zeitpunkt eine obergerichtliche Entscheidung vorlag. Nachdem der BGH mit seiner epochemachenden Entscheidung vom 13.9.2000, V ZB 14/00 diese Rechtsauffassung bestätigt hat, war es zwingend, dieses Problem bei den 26. Fischener Gesprächen erneut zur Diskussion zu stellen, wozu insbesondere das Referat von Herrn Prof. *Merle* anregte.

In diesem Jahre haben wir wieder den jungen Wissenschaftlern aus Potsdam unter dem Thema „Wissenschaft und Praxis“ die Möglichkeit gegeben, von ihren Forschungen in Kurzbeiträgen zu berichten. Wie wichtig und fruchtbar diese Kurzbeiträge sind, beweist der bei den 23. Fischener Gesprächen im Jahre 1997 von *Hendrik Buk* gehaltene Vortrag „Die Mehrheitsentscheidung mit Vereinbarungsinhalt“. Die dort vorgetragene Rechtsauffassung war der Anlass für Herrn Dr. *Wenzel*, das angesprochene Problem aufzugreifen und einer Lösung zuzuführen.

In diesem Sinne hat sich erneut gezeigt, dass sich Fischen zu einem Gesprächsforum entwickelt hat, das nicht nur die wichtigsten Probleme im Bereich des Wohnungseigentums aktuell anspricht, sondern auch rechtspolitische Akzente setzt.

Nürnberg, im Juli 2001

Evangelisches Siedlungswerk in Deutschland e. V.

Inhaltsübersicht

Seite

Prof. Dr. *Peter Derleder*
Universität Bremen

Egbert Kümmel
Wiss. Mitarbeiter, Universität Potsdam

Dr. *Andreas Ott*
Assessor, Eberswalde

Seite

Aktuelles Recht im Wohnungseigentum

Dr. *Joachim Wenzel*
Vors. Richter am BGH, Karlsruhe

Prof. Dr. *Werner Merle*
Universität Potsdam

Prof. Dr. *Wolf-Rüdiger Bub*
Rechtsanwalt in München und Honorarprofessor an der Universität Potsdam

Verwalter und Verwaltungsbeirat

Verwalter und Verwaltungsbeirat im Überblick

Prof. Dr. *Wolf-Rüdiger Bub*
Rechtsanwalt in München und
Honorarprofessor an der Universität Potsdam

Inhaltsübersicht

Einleitung
Das Verhältnis zwischen Verwalter und Verwaltungsbeirat

Schwerpunktthema der diesjährigen Fischener Tage ist der Verwaltungsbeirat, und zwar aus dem Blickwinkel des Verwalters.

Während die Verhältnisse zwischen Verwalter und Wohnungseigentümergemeinschaft oder Verwaltungsbeirat und Wohnungseigentümergemeinschaft von Rechtsprechung und Literatur sorgfältig durchleuchtet sind, betritt man bei der Frage nach dem **Verhältnis zwischen Verwalter und Verwaltungsbeirat** eine wohnungseigentumsrechtliche **terra incognita.**

Beide stehen in schuldrechtlichen Rechtsbeziehungen zur Wohnungseigentümergemeinschaft, ohne als Organe miteinander vertraglich gebunden zu sein; allerdings hat der Gesetzgeber in § 29 Abs. 1 S. 2 WEG für den Verwaltungsbeirat an dem personenverbandsrechtlichen **Prinzip der Selbstorganschaft**[1] festgehalten – in Bezug auf den Verwalter hat er hierauf verzichtet[2] –, sodass die Mit-

1 *K. Schmidt*, Gesellschaftsrecht, 3. Aufl., 1997, § 14 II 2; *Reuter*, in: Festschrift f. Steindorff (1990) 232 f. zur dogmatischen Notwendigkeit.

2 *Staudinger/Bub*, Komm z. BGB, 12. Aufl., 1997, § 26 Rz. 64 zum verbandsrechtlichen Spezifikum der Fremdorganschaft im Wohnungseigentumsrecht.

glieder des Verwaltungsbeirats i.d.R. zugleich Wohnungseigentümer und in dieser Eigenschaft als Mitglieder der Wohnungseigentümergemeinschaft Vertragspartner des Verwalters sind.

Wegen der eingeschränkten gesetzlichen Kompetenz des Verwaltungsbeirats können die zwischen den Mitgliedern des Verwaltungsbeirats und dem Verwalter bestehenden Rechtsbeziehungen zwanglos aus dem Verwaltervertrag abgeleitet werden; die Mitglieder des Verwaltungsbeirats sind sozusagen **durch ihr Amt hervorgehobene Wohnungseigentümer,** was sich gegenüber dem Verwalter insbesondere durch **eigenständige Informations- und Auskunftsrechte des Organs** Verwaltungsbeirat zeigt.

Das WEG hat die **Kompetenzen** zwischen Verwalter und Verwaltungsbeirat jedoch **nicht so verteilt und verzahnt** – etwa wie das AktG zwischen Vorstand und Aufsichtsrat –, dass erst eine sinnvolle Verflechtung und Kontrolle der Organtätigkeiten den Erfolg der Tätigkeiten gewährleistet, was eine zwingende, nicht nur fakultative Einrichtung des Verwaltungsbeirats als Organ der Wohnungseigentümergemeinschaft notwendig gemacht hätte. Eine solche Verflechtung herzustellen ist der Vereinbarung der Wohnungseigentümer vorbehalten, z. B. wenn die Wohnungseigentümer den Verwaltungsbeirat als Kontrollorgan ausgestalten oder gem. § 27 Abs. 4 WEG die Verfügung des Verwalters über gemeinschaftliche Gelder von der Zustimmung des Verwaltungsbeirats abhängig machen. Die gesellschaftsrechtliche Problematik des Organstreits[3] stellt sich deshalb für das Wohnungseigentum in aller Regel nicht.

Verwalter und Verwaltungsbeirat schulden den Wohnungseigentümern keine identischen oder nahezu identischen Leistungen und sind deshalb insoweit keine Gesamtschuldner; sind aber Verwalter und Verwaltungsbeirat für den Eintritt ein und desselben Schadens verantwortlich, so sind sie unabhängig vom Haftungsgrund **Gesamtschuldner des Schadensersatzanspruchs.**

3 *Bork,* Materiellrechtliche und prozessrechtliche Probleme des Organstreits, ZGR 1989, 1; *Hommelhoff,* Der aktienrechtliche Organstreit, ZHR 143 (1979), 288.

I. Regelungsgehalt von § 29 WEG und dessen Abdingbarkeit

1. Regelungsgehalt von § 29 WEG

§ 20 Abs. 1 WEG eröffnet den Wohnungseigentümern die Möglichkeit – „im Falle der Bestellung“ –, neben der Wohnungseigentümerversammlung und dem Verwalter als drittes **fakultatives Organ** einen Verwaltungsbeirat zu wählen. Einzelheiten hierzu sowie die Zusammensetzung des Verwaltungsbeirats und schließlich in Umrissen dessen Aufgaben und Befugnisse regelt § 29 WEG.

Der Verwaltungsbeirat soll als **Mittler zwischen Verwalter und Wohnungseigentümergemeinschaft** fungieren[4] und die Beteiligung der Wohnungseigentümer an der Verwaltung außerhalb der Wohnungseigentümerversammlung sichern, **ohne Vertreter der Wohnungseigentümergemeinschaft gegenüber dem Verwalter zu sein**[5]. Er ist Adressat von Wünschen, Anregungen – so noch ausdrücklich der 1. Entwurf des WEG[6] sowie der Referentenentwurf[7] – und Beschwerden der Wohnungseigentümer; gelingt es ihm, Konflikte frühzeitig zu erkennen und zu schlichten, so kann er wesentlich zum inneren Frieden der Wohnungseigentümergemeinschaft beitragen[8]. Das Institut des Verwaltungsbeirats hat sich in der Praxis durchgesetzt[9].

2. Abdingbarkeit

Da § 29 WEG **insgesamt abdingbar** ist[10], sind die Wohnungseigentümer in der Gestaltung von Amt, Aufgaben und Befugnissen des Verwaltungsbeirates frei[11].

Eine **Änderung** der gesetzlichen Regelungen **bedarf** allerdings gem. § 10 Abs. 1 S. 2 WEG **der Vereinbarung, ein Mehrheitsbeschluss**

4 KG WE 1997, 421; OLG Zweibrücken OLGZ 1983, 438, 439; *Erman/Ganten*, Komm. z. BGB, 9. Aufl., § 29 WEG Rz. 2; *Weimar*, ZMR 1981, 97, 98.

5 AG Trier WuM 1999, 482; vgl. OLG Koblenz WuM 1999, 429.

6 BT-Drucks. Nr. 252; PiG 8, 115, 120.

7 PiG 8, 163.

8 *Weitnauer/Lüke*, Komm. z. WEG, 8. Aufl., § 29 Rz. 1.

9 BayObLG ZFIR 1999, 375, 377; *Bärmann/Pick/Merle*, Komm. z. WEG, § 29 Rz. 1; *Merle*, WE 1992, 239, 242.

10 BayObLGZ NJW-RR 1992, 210; ZMR 1994, 69; KG NJW-RR 1989, 460; OLG Düsseldorf ZMR 1991, 32; OLG Naumburg WuM 2001, 38, 39; *Bärmann/Pick/Merle*, aaO, § 29 Rz. 3.

11 OLG Frankfurt OLGZ 1988, 188.

genügt nicht[12]. Mehrheitsbeschlüsse, die generell auf eine Änderung der gesetzlichen Regelung oder einer diese zulässig abändernde Vereinbarung gerichtet sind, sind nichtig[13], es sei denn, dass die Vereinbarung solche ausdrücklich zulässt[14]. Mehrheitsbeschlüsse, die einer abdingbaren gesetzlichen Regelung oder der Vereinbarung zuwiderlaufen, ohne sie zu ändern, sind hingegen nur anfechtbar.

- Durch Vereinbarung können die Wohnungseigentümer z.B. die Möglichkeit, einen Verwaltungsbeirat zu bestellen, **ausschließen**[15] **oder einschränken,** z.B. dadurch, dass die Bestellung des Verwaltungsbeirats eines Beschlusses mit qualifizierter Mehrheit oder der **Zustimmung aller Wohnungseigentümer**[16] bedarf. Aus der Möglichkeit, die Bestellung auszuschließen, folgt – argumentum a maiori ad minus –, dass einem Dritten oder einer Minderheit die Befugnis zur Bestellung durch Vereinbarung übertragen werden kann[17] oder bestimmte Personen – ggf. auf bestimmte Dauer – zum Verwaltungsbeirat bestellt werden können[18]. Ein Mehrheitsbeschluss, der die Wahl eines Verwaltungsbeirats generell ausschließt oder einschränkt, ist nichtig. Durch Vereinbarung kann aber auch eine **Verpflichtung der Wohnungseigentümer zur Bestellung eines Verwaltungsbeirats und zur Annahme der Bestellung** begründet werden[19]; die Bestellung von Verwaltungsbeiratsmitgliedern ist dann nicht mehr fakultativ, sondern **unverzichtbar.**
- Weiter steht es den Wohnungseigentümern frei, durch Vereinbarung das Rechtsverhältnis zwischen den Wohnungseigentümern und dem Verwaltungsbeirat abweichend von den gesetzlichen Regelungen des Auftrags oder Dienstvertrages auszugestalten. So kann z.B. der **Anspruch auf Aufwendungsersatz ausgeschlossen,** die **Haftung im Rahmen des § 276 Abs. 2 BGB auf vorsätzliches oder**

---

12 BayObLG NJW-RR 1992, 210, 211; ZMR 1994, 69, 70; KG NJW-RR 1989, 460; OLG Hamm WE 1997, 385, 386.

13 BGH ZWE 2000, 518.

14 BGHZ 95, 137.

15 *Bärmann/Pick/Merle*, aaO, § 29 Rz. 6.

16 BayObLG ZMR 1994, 69, 70.

17 A.A. *Bielefeld*, Der Wohnungseigentümer, 5. Aufl., 1995, Anm. 16.1.

18 *Bärmann/Pick/Merle*, aaO, § 29 Rz. 20; *Belz*, Das Wohnungseigentum, 3. Aufl., Rz. 278.

19 AG Hamburg 5.3.1990, 102 a II 160/89 WEG, n.v.

grob fahrlässiges Handeln oder auf diligentia quam in suis beschränkt oder **als subsidiäre Haftung** ausgestaltet werden oder auf eine **Höchstsumme** – etwa **bei Bestehen einer entsprechenden Haftpflichtversicherung** – beschränkt werden; eine solche Haftungsbeschränkung ist angesichts der Ehrenamtlichkeit der Tätigkeit auch vertretbar[20]. Ein Mehrheitsbeschluss, der die gesetzliche Regelung abbedingt, ist hingegen wegen der fehlenden Beschlusskompetenz der Wohnungseigentümer nichtig; wird aber die Haftung mit einem bestimmten Verwaltungsbeirat für dessen Tätigkeit durch Mehrheitsbeschluss – ggf. über den mit dem Beirat abzuschließenden Auftrag – beschränkt, so ist dieser als gesetzwidrig lediglich anfechtbar.

- Weiter können die Wohnungseigentümer durch Vereinbarung auch die **Bestellung eines Außenstehenden** zum Verwaltungsbeirat zulassen oder vorschreiben[21]. Da eine dahingehende Änderung der gesetzlichen Regelung durch Mehrheitsbeschluss gegen § 10 Abs. 1 S. 2 WEG und den eindeutigen Wortlaut des § 29 Abs. 1 S. 2 WEG verstößt, ist ein Beschluss mit diesem Inhalt nichtig[22], wenn die Vereinbarung dies nicht zulässt[23]. Ein Mehrheitsbeschluss, mit dem ein Außenstehender dagegen zum Verwaltungsbeirat bestellt wird, ist nur anfechtbar[24].
- Durch Vereinbarung kann die **Anzahl** der Verwaltungsbeiratsmitglieder **mit mehr oder weniger als drei Personen** bestimmt werden[25] oder den Wohnungseigentümern die Befugnis eingeräumt werden, die Anzahl der Verwaltungsmitglieder Mehrheitsbeschluss festzulegen. Die Auffassung, dass der Verwaltungsbeirat aus mindestens drei Personen bestehen müsse[26], lässt sich weder aus dem Wortlaut noch aus der Entstehungsgeschichte noch aus dem Zweck des Gesetzes begründen[27]; allerdings ist fraglich, ob ein aus einer einzigen Person bestehender Verwaltungsbeirat der

20 OLG Frankfurt OLGZ 1988, 188, 189; *Bärmann/Pick/Merle*, aaO, § 29 Rz. 107; *Merle*, DWE 1984, 2, 6.

21 *Röll*, WE 1989, 121.

22 Vgl. BGH ZWE 2000, 518.

23 BayObLG NZM 1998, 961.

24 BayObLGZ 1991, 356, 357; 1992, 336, 340; KG NJW-RR 1989, 460; OLG Düsseldorf WE 1995, 278, 279; offen gelassen von OLG Frankfurt OLGZ 1986, 432.

25 KG NJW-RR 1989, 460; OLG Düsseldorf OLGZ 1991, 37, 38; *Sauren*, ZMR 1984, 325; *Weimar*, ZMR 1981, 97.

26 So offenbar MünchKomm/*Röll*, Komm. z. BGB, 3. Aufl., § 29 WEG Rz. 2.

27 *Bielefeld*, DWE 1988, 14, 15.

nach § 29 Abs. 1 S. 2 einem Gremium zugedachten Funktion gerecht werden kann. Ein Mehrheitsbeschluss, mit dem mehr oder weniger als drei Personen zum Verwaltungsbeirat gewählt werden, ist wegen Verstoßes gegen das Vertragsprinzip des § 10 Abs. 1 S. 2 sowie gegen § 29 Abs. 1 S. 1 anfechtbar[28].

- Zulässig ist es auch, die **Mittlerrolle** des Verwaltungsbeirats dadurch **zu institutionalisieren,** dass Streitigkeiten zwischen den Wohnungseigentümern, die das Wohnungseigentum betreffen, vor Einleitung eines gerichtlichen Verfahrens dem Verwaltungsbeirat vorzutragen sind und dieser verpflichtet ist, auf eine gütliche Einigung hinzuwirken; eine solche Regelung schafft eine Verfahrensvoraussetzung, sodass ein Antrag gem. § 43 Abs. 1 S. 1 WEG unzulässig ist, solange das **Vorschaltverfahren** nicht durchgeführt ist[29].
- Das OLG Köln[30] hat schließlich eine Regelung für zulässig erachtet, wonach der Verwaltungsbeirat die **Wohnungseigentümergemeinschaft gegenüber dem Verwalter vertritt.**

Da die Wohnungseigentümer in der Gestaltung der Verwaltung frei sind, soweit die §§ 20 ff. WEG diese nicht regeln, können sie durch Mehrheitsbeschluss **weitere Ausschüsse** schaffen und diese mit zusätzlichen Aufgaben betrauen, die das Gesetz oder die Vereinbarung nicht dem Verwaltungsbeirat oder anderen Verwaltungsorganen zuweist.

II. Rechtsstellung und Bedeutung des Verwaltungsbeirats

1. Verwaltungsorgan

Der Verwaltungsbeirat ist gem. § 20 Abs. 1 WEG eines der drei Selbstverwaltungsorgane der Wohnungseigentümergemeinschaft[31], dessen Rechte und Pflichten gemeinschaftsbezogen sind und **nur das Innenverhältnis zwischen Wohnungseigentümern und Verwalter** betreffen; er ist deshalb nicht Organ i.S.d. § 31 BGB[32], sondern **sog. Innenorgan** ohne eigene Rechtspersönlichkeit[32a].

---

28 OLG Düsseldorf OLGZ 1991, 37, 38; offen gelassen von BayObLG NJW-RR 1992, 210 und OLG Düsseldorf WE 1995, 278, 279.

29 BayObLG WE 1996, 236.

30 Beschl. v. 18.3.1992, 16 Wx 5/92 (n.v.).

31 OLG Düsseldorf WE 1998, 265.

32 BayObLGZ 1972, 161, 163; *Weimar*, ZMR 1981, 97, 98.

32a OLG Frankfurt NJW 1975, 2297.

Als institutionellem Organ sind – soweit nicht ausdrücklich etwas anderes bestimmt ist – dem Verwaltungsbeirat nur **in seiner Gesamtheit** und nicht seinen einzelnen Mitgliedern **Aufgaben und Befugnisse zugewiesen,** die im Gesamtinteresse der Wohnungseigentümer wahrzunehmen sind.

§ 29 Abs. 1 WEG unterscheidet nicht zwischen der **Institutionalisierung des Verwaltungsbeirats als solcher,** also der Entscheidung, ob überhaupt ein Verwaltungsbeirat bestellt wird, und der **Bestellung der einzelnen Verwaltungsbeiratsmitglieder;** werden bestimmte Wohnungseigentümer zu Mitgliedern des Verwaltungsbeirats bestellt, so enthält dies ohne weiteres eine Entscheidung für das fakultative Organ Verwaltungsbeirat[33].

Die Tätigkeit des Verwaltungsbeirats erfolgt i.d.R. **ehrenamtlich**[34]. Es ist nach den Auslegungsregeln der §§ 664 S. 1, 613 BGB **höchstpersönlich und eigenverantwortlich** wahrzunehmen; ein Mitglied des Verwaltungsbeirats kann deshalb **weder** sein Amt auf Dritte **übertragen**[35] **noch sich** bei seiner Tätigkeit **von Dritten vertreten lassen**[36]. Dies gilt auch, wenn der Verwaltungsbeirat entgeltlich tätig wird, da § 664 BGB auf einen Geschäftsbesorgungsvertrag, der auf einem besonderen höchstpersönlichen Vertrauensverhältnis beruht, entsprechend anwendbar ist[37].

Der Verwaltungsbeirat ist **Vertrauensorgan** der Wohnungseigentümer, das in der Praxis entscheidenden Einfluss auf deren Votum nimmt[38]. Er kann aber **nicht** darüber hinausgehend als **Aufsichtsorgan**[39] oder **„Sachverständigenrat“**[40] angesehen werden.

33 BayObLG ZFIR 1999, 375, 377.

34 Vgl. § 27 Abs. 5 S. 1 des Referentenentwurfs, PiG 8, 164.

35 *Bärmann/Pick/Merle*, aaO, § 29 Rz. 43; vgl. BGHZ 85, 293.

36 *Drasdo*, Der Verwaltungsbeirat, 2. Aufl. 1999, S. 52; vgl. OLG Hamburg Betrieb 1986, 1381; *Lutter*, in: FS Duden (1977), 272, 279 ff.

37 BGH NJW 1952, 257; *Staudinger/Wittmann*, Komm. z. BGB, 13. Aufl. (1995), § 664 BGB Rz. 13.

38 OLG Frankfurt NJW 1975, 2297, 2298; OLG Zweibrücken OLGZ 1983, 438, 439.

39 A.A. OLG Zweibrücken OLGZ 1983, 438, 439; *Sauren*, ZMR 1984, 325.

40 So unzutr. *Brych*, WE 1990, 15; krit. hierzu *Drasdo*, aaO, S. 20.

2. Analogie zu Aufsichtsrat und Beirat im Gesellschaftsrecht

Eine **Analogie** zwischen **Aufsichtsrat einer Aktiengesellschaft** und dem Verwaltungsbeirat **verbietet sich,** da dem Verwaltungsbeirat **weder die strenge und unabdingbare Kontroll- und Überwachungsfunktion** des Aufsichtsrats mit einer starken Einflussnahmemöglichkeit auf die Geschäftsführung **noch das Recht, den Verwalter zu bestellen oder abzuberufen,** übertragen wurden[41]. Gewisse Parallelen reichen in Anbetracht der Divergenz von Rechten und Pflichten nicht aus, um die Vorschriften zum Aufsichtsrat entsprechend anwenden zu können.

Der Verwaltungsbeirat ist auch **nicht vergleichbar mit dem Beirat einer Publikumspersonengesellschaft**[42] oder mit dem bei mehr als 500 Arbeitnehmern gem. § 77 Abs. 1 BetrVG 1952 obligatorischen Aufsichtsrat einer GmbH im Hinblick auf deren Funktion.

Am nächsten kommt der **fakultative Aufsichtsrat der GmbH** gem. § 52 Abs. 2 GmbHG in seiner rechtlichen Ausgestaltung dem Verwaltungsbeirat[43], sodass die hierzu entwickelten Rechtsgrundsätze im Einzelfall zur Schließung von Lücken entsprechend herangezogen werden können[44].

III. Zusammensetzung des Verwaltungsbeirats

1. Wohnungseigentümer

Nach dem eindeutigen Wortlaut von § 29 Abs. 1 S. 2 WEG können **nur Wohnungseigentümer** zu Mitgliedern des Verwaltungsbeirats gewählt werden; Wohnungseigentümer i.S. dieser Vorschrift sind auch alle **Mitglieder einer bürgerlichen Gemeinschaft** nach §§ 741 ff. BGB, **einer bürgerlichen Gesellschaft** gem. §§ 705 ff. BGB oder einer **Erbengemeinschaft,** denen ein Wohnungseigentum gehört[45]. Da es nur auf die Eintragung im Grundbuch ankommt, kann auch ein **Treuhänder** Verwaltungsbeirat werden. Die Wahl Außenstehender ist

41 OLG Düsseldorf WE 1998, 265; *Drasdo*, aaO, S. 82; a.A. *Sauren*, ZMR 1984, 325; *Schmid*, BlGBW 1984, 142.

42 *Nirk*, in: FS Weitnauer (1980), 387.

43 *Bärmann/Pick/Merle*, aaO (6. Aufl.), § 29 Rz. 19.

44 *Staudinger/Bub*, aaO, § 29 Rz. 7.

45 *Bärmann/Pick/Merle*, aaO, § 29 Rz. 12.

nur dann möglich, wenn dies die Vereinbarung der Wohnungseigentümer ausdrücklich gestattet. **Außenstehende** sind auch Testamentsvollstrecker, Insolvenz-, Vergleichs- und Zwangsverwalter[46] sowie ein **Verwalter von Sondereigentum**[47].

Der **Komplementär einer KG**[48], ein **Gesellschafter einer OHG** oder die **Partner einer Partnerschaftsgesellschaft,** die Inhaber von Wohnungs- oder Teileigentum sind, stehen als Gesamthandseigentümer – **anders als gesetzliche Vertreter einer juristischen Person oder deren Gesellschafter**[49] – dem Wohnungseigentümer i.S.d. § 29 Abs. 1 S. 2 gleich und können deshalb zum Verwaltungsbeirat gewählt werden. Auch **Kommanditisten** sind von der Wahl zum Verwaltungsbeirat nicht ausgeschlossen, da ihnen das Wohnungseigentum gesamthänderisch zusteht[50].

Der **Verwalter,** der gesetzliche Vertreter oder ein leitender Angestellter des Verwalters oder eine das Unternehmen des Verwalters beherrschende Person können auch dann nicht zu Mitgliedern des Verwaltungsbeirats gewählt werden, wenn sie Wohnungseigentümer sind. Da die **Geschäftsbesorgungsaufgabe des Verwalters mit der Prüfungsaufgabe des Verwaltungsbeirats unvereinbar** ist, verstößt eine solche Wahl gegen ein Verbot mit Rechtssatzcharakter i.S.d. § 134 BGB und ist nichtig[51]. Dieses Verbot gilt zwar nicht für den Minderheitsgesellschafter, wohl aber für den Allein- oder Mehrheitsgesellschafter einer juristischen Person, die Verwalter ist[52].

In der Literatur geäußerte Empfehlungen, einsatzfreudige Personen mit einer bestimmten Berufsausbildung – Kaufleute, Juristen, Steuerberater, Techniker oder Hausfrauen – oder Personen, die in der Wohnanlage selbst wohnen, seien für das Amt des Verwaltungsbeirats besonders prädestiniert[53], sind für eine gerichtliche Überprüfung, ob der Beschluss über die Bestellung von Verwaltungs-

46 *Drasdo*, aaO, S. 47.

47 *Staudinger/Bub*, aaO, § 29 Rz. 75.

48 OLG Frankfurt OLGZ 1986, 432; 1988, 188, 189; *Bärmann/Pick/Merle*, aaO, § 29 Rz. 12.

49 *Drasdo*, aaO, S. 46; a.A. *Bärmann/Pick/Merle*, aaO, § 29 Rz. 12.

50 *Staudinger/Bub*, aaO, § 29 Rz. 80.

51 OLG Frankfurt OLGZ 1988, 188, 189; OLG Zweibrücken OLGZ 1983, 438, 439; *Drasdo*, aaO, S. 42; *Sauren*, ZMR 1984, 325; zum fakultativen Aufsichtsrat einer GmbH ebenso OLG Frankfurt WM 1981, 1085 mwN.

52 OLG Zweibrücken OLGZ 1983, 438, 439; *Sauren*, Rz. 4.

53 *Seuß*, WE 1994, 427; *Brych*, WE 1990, 15 und 44; *Heine*, WuH 1983, 170, 172.

beiratsmitgliedern den Grundsätzen ordnungsmäßiger Verwaltung entspricht, ohne Belang, es sei denn, dass bestimmte Voraussetzungen vereinbart worden sind.

2. Drei natürliche, geschäftsfähige Personen

Zum Verwaltungsbeirat sind **drei natürliche und unbeschränkt geschäftsfähige Personen** zu bestellen. Der Wahl einer **juristischen Person** oder einer **Personengesellschaft** steht ebenso wie der Wahl einer **beschränkt geschäftsfähigen Person** der Grundsatz der eigenverantwortlichen und höchst persönlichen Tätigkeit entgegen; eine solche Wahl ist deshalb in Analogie zu §§ 250 Abs. 1 Nr. 4, 100 Abs. 1 AktG **nichtig**[54].

3. Vorsitzender, Stellvertreter, weiteres Mitglied

Wegen der dem **Vorsitzenden des Verwaltungsbeirats** in § 29 Abs. 4 (Einberufung der Verwaltungsbeiratssitzung), § 24 Abs. 3 (Einberufung einer Wohnungseigentümerversammlung) und Abs. 6 (Unterzeichnung der Versammlungsniederschrift) WEG sowie dessen **Stellvertreter** in § 24 Abs. 3 WEG zugewiesenen Aufgaben sind zwei Mitglieder dieses Verwaltungsbeirats mit diesen Positionen zu betrauen.

Trifft diese Bestimmung nicht schon die **Wohnungseigentümerversammlung durch Mehrheitsbeschluss,** so **wählt der Verwaltungsbeirat** seinen Vorsitzenden und dessen Stellvertreter selbst[55]. Zulässig ist es auch, einen **turnusmäßigen Wechsel** des Vorsitzenden und dessen Stellvertreters festzulegen. Da gesetzlich **nur ein Stellvertreter** vorgesehen ist, sind ohne entsprechende Regelung die beiden anderen Verwaltungsbeiratsmitglieder nicht Stellvertreter des Vorsitzenden[56].

Die **Wohnungseigentümerversammlung kann** die von ihr oder dem Verwaltungsbeirat getroffene Bestimmung eines Mitglieds zum Vorsitzenden oder seinem Stellvertreter **jederzeit ohne Angabe von**

54 Vgl. *Scholz/K. Schmidt*, Komm. z. GmbHG, 8. Aufl., § 45 GmbHG Rz. 78; vgl. auch BGH WM 1984, 1640.

55 OLG Köln NZM 2000, 675; *Bärmann/Pick/Merle*, aaO, § 29 Rz. 35; *Weitnauer/Lüke*, aaO, § 29 Rz. 3.

56 A.A. *Bielefeld*, aaO, Anm. 16.5.1.

Gründen nach eigenem Ermessen durch Mehrheitsbeschluss bzw. nach den für die Wahl geltenden, abweichenden Regeln **ändern;** der Verwaltungsbeirat kann nur seine eigene Entscheidung ändern[57].

4. Ersatzmitglieder, Stellvertreter

Werden für den Fall des Ausscheidens eines Verwaltungsbeirats **mehrere Ersatzmitglieder bestellt,** so ist die Reihenfolge des Nachrückens zu bestimmen. Es kann aber auch festgelegt werden, welches Ersatzmitglied welchem Verwaltungsbeiratsmitglied folgt. Im Zweifel treten Ersatzmitglieder in der festgelegten Reihenfolge in den Verwaltungsbeirat ein, und zwar unabhängig davon, welches Verwaltungsbeiratsmitglied ausscheidet. Der **Verwaltungsbeirat kann** aber **nicht** selbst **Ersatzmitglieder auswählen,** es sei denn, dass die Vereinbarung ihm diese Befugnis ausdrücklich einräumt.

Dies gilt entsprechend für die **Bestellung von Stellvertretern für Fälle der vorübergehenden Verhinderung eines Verwaltungsbeiratsmitglieds;** eine solche Bestellung bedarf allerdings der Zulassung durch Vereinbarung.

IV. Begründung und Beendigung der Mitgliedschaft im Verwaltungsbeirat

Nach den allgemeinen Grundsätzen, die zu den Organen von Personenverbänden gelten, ist **zwischen dem Organisationsakt,** der die Rechtsstellung als solche betrifft, also insbesondere Bestellung und Abberufung, und der **Regelung des zugrunde liegenden Schuldverhältnisses,** also insbesondere **Abschluss und Kündigung des Beiratsvertrages,** zu differenzieren[58].

1. Bestellung

Zur Bestellung von Mitgliedern des Verwaltungsbeirats beschränke ich mich im Folgenden auf Grundzüge.

57 *Staudinger/Bub*, aaO, § 29 Rz. 85.

58 *Röll*, Handbuch für Wohnungseigentümer und Verwalter, 7. Aufl., 1996, Rz. 331; *Bärmann/Pick/Merle*, aaO, § 29 Rz. 18.

Die Bestellung erfolgt i.d.R. durch **einfachen Mehrheitsbeschluss,** wenn die Vereinbarung der Wohnungseigentümer nicht eine qualifizierte Mehrheit verlangt. Die Bestellung kann nicht konkludent beschlossen werden[59]; der Beschluss muss eindeutig sein.

Der gewählte Kandidat wird Mitglied des Verwaltungsbeirats mit **ausdrücklicher oder stillschweigender Annahmeerklärung** gegenüber der Wohnungseigentümerversammlung oder gegenüber dem Verwalter, ggf. auch erst zu einem späteren, im Beschluss festgelegten Termin; der **Bestellungsbeschluss enthält** mit seiner Bekanntgabe gegenüber dem Kandidaten auch den **Antrag auf Eingehung eines Auftrags oder Geschäftsbesorgungsvertrages,** der mit der Annahmeerklärung ebenfalls angenommen wird[60]. Keiner der Wohnungseigentümer ist aber zur Annahme verpflichtet[61], es sei denn, dass die Vereinbarung der Wohnungseigentümer eine solche Verpflichtung begründet. Einer weiter gehenden vertraglichen Regelung bedarf es nicht[62].

Da die Bestellung eines Verwaltungsbeirats zwar i.d.R. den **Grundsätzen ordnungsmäßiger Verwaltung i.S.d. § 21 Abs. 4 WEG entspricht,** es den Wohnungseigentümern aber ausdrücklich freigestellt ist, ob sie einen Verwaltungsbeirat bestellen wollen, hat ein einzelner Wohnungseigentümer oder eine Minderheit von Wohnungseigentümern i.d.R. **keinen durchsetzbaren Anspruch** hierauf[63]; dies gilt **auch in Ausnahmefällen,** etwa bei großen Wohnanlagen oder während der Amtszeit eines sog. Bauträgerverwalters oder bei einer Stimmenmehrheit des Verwalters, selbst wenn die Bestellung eines Verwaltungsbeirats in solchen Fällen zweckmäßig wäre[64].

Scheidet ein gewähltes Mitglied aus dem Verwaltungsbeirat aus und ist kein nachrückendes Ersatzmitglied gewählt, so besteht allerdings ein **Anspruch auf Nachwahl**[65], damit der Verwaltungsbeirat wieder ordnungsgemäß besetzt ist; dieser Anspruch setzt jedoch

59 Vgl. BGH WM 1983, 836 z. fakultativen Aufsichtsrat einer GmbH.

60 *Bärmann/Pick/Merle*, aaO, § 29 Rz. 18, 23.

61 *Weitnauer/Lüke*, aaO, § 29 Rz. 2.

62 *Gerauer*, ZMR 1995, 293, 294.

63 OLG Düsseldorf OLGZ 1991, 37, 38; *Palandt/Bassenge*, aaO, § 29 Rz. 1; a.A. *Bärmann/Pick/Merle*, aaO, § 29 Rz. 8; *Gerauer*, ZMR 1995, 293.

64 *Staudinger/Bub*, aaO, § 29 Rz. 33; a.A. *Bärmann/Pick/Merle*, aaO, § 29 Rz. 9.

65 OLG Düsseldorf OLGZ 1991, 37, 39.

voraus, dass der vom Antragsteller genannte Wohnungseigentümer zur Annahme des Verwaltungsbeiratsamtes bereit ist. Gleiches gilt, wenn die Wohnungseigentümer die Bestellung eines Verwaltungsbeirats vereinbart haben. In diesem Fall besteht ein Anspruch auf Bestellung gem. § 21 Abs. 4 WEG, der auch **gerichtlich durchsetzbar** ist[66].

Anfechtbar ist ein Bestellungsbeschluss, der den **Grundsätzen ordnungsgemäßer Verwaltung widerspricht,** so z.B. bei Vorliegen schwerwiegender Umstände, **die gegen die Eignung des gewählten Kandidaten sprechen** und ein Vertrauensverhältnis von vornherein nicht erwarten bzw. die eine Zusammenarbeit mit ihm als unzumutbar erscheinen lassen[67].

2. Beendigung der Verwaltungsbeiratsmitgliedschaft

Da § 29 WEG weder die Beendigung der Verwaltungsbeiratsmitgliedschaft noch eine Mindest- oder Höchstdauer normiert, sind die **Auftragsregeln gem. §§ 662 ff. BGB und allgemeinen Grundsätze für die Beendigung von Ehrenämtern** anzuwenden. Er kann deshalb jederzeit durch Mehrheitsbeschluss abberufen werden[68]. Zur Beendigung der Mitgliedschaft im Verwaltungsbeirat führen aber auch weitere Gründe, wobei der Verwaltungsbeirat – soweit ein Ersatzmitglied nicht bestellt ist – bis zur Nachwahl mit den restlichen Mitgliedern fortbesteht[69].

a) Ablauf der Befristung

Das Amt endet mit **Ablauf einer vereinbarten oder beschlossenen Dauer**, die die Wohnungseigentümer ohne Beschränkung auf eine Höchstdauer frei bestimmen können[69a]. Unzweckmäßig ist es im Hinblick auf § 24 Abs. 3 WEG, das Amt des Verwaltungsbeirats auf die Amtszeit des Verwalters zu befristen; eine längere Dauer sichert im Übrigen die Kontinuität bei einem Verwalterwechsel. Wollen die

66 *Gerauer*, ZMR 1995, 293.

67 BayObLG WuM 1990, 322, 323; ZFIR 1999, 375, 376; OLG Köln NZM 1999, 1155; *Bärmann/Pick/Merle*, aaO, § 29 Rz. 21.

68 St. Rspr. zuletzt OLG Hamm NZM 1999, 227; OLG Köln NZM 2000, 193.

69 BayObLGZ 1988, 212; OLG Düsseldorf OLGZ 1991, 37, 39; a.A. *Drasdo*, aaO, S. 50.

69a OLG Köln NZM 2000, 193.

Wohnungseigentümer Zeiten ohne amtierenden Verwaltungsbeirat vermeiden, so sollte als Ende der Amtszeit das Ende der ordentlichen Wohnungseigentümerversammlung eines bestimmten Jahres festgelegt und nicht nach dem Kalender bestimmt werden; möglich ist auch die Regelung, dass der Verwaltungsbeirat **bis zum Beginn der Amtszeit eines neuen Verwaltungsbeirats** im Amt bleibt[70].

Der **Eintritt einer auflösenden Bedingung** steht dem Ablauf einer Befristung gleich.

b) *Ausscheiden aus der Wohnungseigentümergemeinschaft*

Da grundsätzlich nur ein Wohnungseigentümer zum Verwaltungsbeirat gewählt werden kann, ist die Zugehörigkeit des Verwaltungsbeirats zur Wohnungseigentümergemeinschaft **Geschäftsgrundlage** seiner Wahl, **die mit seinem Ausscheiden wegfällt**[71]. Ein Verwaltungsbeirat, der aus der Wohnungseigentümergemeinschaft ausscheidet, verliert deshalb zugleich sein Beiratsamt, was i.d.R. auch der beiderseitigen Interessenlage entspricht[72]. Eine Wiederbestellung eines langjährigen Mitglieds des Verwaltungsbeirats hat das BayObLG für den Fall als unanfechtbar erklärt, dass die Gemeinschaftsordnung durch qualifizierten Mehrheitsbeschluss mit 2/3 aller vorhandenen Stimmen geändert werden kann und die Bestellung mit einer solchen Mehrheit erfolgte. Erwirbt er wieder Wohnungseigentum in dieser Wohnungseigentümergemeinschaft, so lebt das Verwaltungsbeiratsamt nicht ohne erneute Bestellung wieder auf[73], zumal da bei seinem Ausscheiden i.d.R. eine Nachwahl erforderlich wird und in diesem Fall mit seinem Wiedereintritt die vorgeschriebene Zahl von Verwaltungsbeiräten überschritten würde[74].

c) *Bestellung zum Verwalter*

Wird ein Mitglied des Verwaltungsbeirats oder ein von ihm gesetzlich vertretenes oder beherrschtes Unternehmen **zum Verwalter**

70 Vgl. OLG Düsseldorf BB 1982, 1574 z. lückenhaften Satzung einer GmbH.
71 Vgl. BGH LM Nr. 13 zu BGB § 242 Bb.
72 BayObLGZ 1992, 336, 340.
73 *Bärmann/Pick/Merle*, aaO, § 29 Rz. 26; a.A. *Sauren* § 29 Rz. 4.
74 BayObLGZ 1992, 336, 340.

bestellt, endet wegen der Unvereinbarkeit beider Ämter zugleich sein Amt als Verwaltungsbeirat. Der **Prioritätsgrundsatz ist nicht anwendbar.**

d) Amtsniederlegung

Jedes Mitglied des Verwaltungsbeirates, dessen Tätigkeit auf Auftrag beruht, kann sein Amt **im Hinblick auf die Unentgeltlichkeit der Tätigkeit**[75] **jederzeit** gem. § 671 Abs. 1 BGB **ohne Einhaltung einer bestimmten Form und ohne Angabe von Gründen niederlegen**[76]; eine Niederlegung **zur Unzeit,** die nicht auf einem wichtigen Grund beruht, verpflichtet gem. § 671 Abs. 2 BGB zum Ersatz eines hierdurch entstehenden Schadens[77]. Die Niederlegung enthält zugleich die Kündigung des zugrunde liegenden Auftrags.

Beruht die Tätigkeit ausnahmsweise auf Dienstvertrag, so sind die **Kündigungsfristen der §§ 620 ff. BGB** einzuhalten[78] oder die fest vereinbarte Dauer abzuwarten, es sei denn, dass Umstände vorliegen, die eine Kündigung aus wichtigem Grund i.S.d. § 626 BGB rechtfertigen[79]. Die Amtsniederlegung ist aber grundsätzlich – auch wenn sie nicht auf einen wichtigen Grund gestützt wird – **sofort wirksam,** da die Ungewissheit hierüber für die Beteiligten nicht bis zu einer endgültigen, ggf. gerichtlichen Klärung zumutbar ist.

Die Niederlegung ist **gegenüber den Wohnungseigentümern,** ggf. in der Wohnungseigentümerversammlung, zu erklären. Der **Verwalter** ist gem. § 27 Abs. 2 Nr. 3 WEG **zur Entgegennahme dieser Erklärung bevollmächtigt.**

e) Geschäftsunfähigkeit, Beschränkung der Geschäftsfähigkeit und Tod

Wird ein Mitglied des Verwaltungsbeirats **geschäftsunfähig,** so verliert es das Verwaltungsbeiratsamt[80], da ihm die Verwaltungsbeirats-

75 *Staudinger/Wittmann,* aaO, 13. Aufl., 1995, § 671 BGB Rz. 1.

76 KG FGPrax 1997, 157; *Bärmann/Pick/Merle,* aaO, § 29 Rz. 30; *Sauren,* ZMR 1984, 325, 326.

77 Vgl. BGHZ 78, 82, 85.

78 *Brych,* WE 1990, 15, 19.

79 A.A. *Bärmann/Pick/Merle,* aaO, § 29 Rz. 33: gem. § 627 BGB jederzeit.

80 Vgl. BGHZ 115, 78, 80; BayObLGZ 1993, 57, 61 z. GmbH-Geschäftsführer.

tätigkeit gem. § 275 i.V.m. §§ 105, 131 Abs. 1 BGB **objektiv unmöglich** wird. **Bei höchstpersönlichen Leistungen begründet** nämlich das **Unvermögen zugleich die objektive Unmöglichkeit**[81]; wegen der Höchstpersönlichkeit und Eigenverantwortlichkeit gem. § 664 BGB scheidet zudem eine **Tätigkeit des gesetzlichen Vertreters** aus. Der gesetzliche Vertreter hat aber in analoger Anwendung des § 673 S. 2 BGB dem Verwalter als Zustellungsbevollmächtigtem der Wohnungseigentümer den Eintritt der Geschäftsunfähigkeit **anzuzeigen**[82]. Erlangt das Verwaltungsbeiratsmitglied seine Geschäftsfähigkeit wieder, so lebt damit das Amt nicht wieder auf[83].

Die **Beschränkung der Geschäftsfähigkeit berührt gem. § 165 BGB weder den Auftrag noch das Amt des Verwaltungsbeirats.** In diesen Fällen liegt es aber nahe, dass die Wohnungseigentümer von ihrem **Abberufungsrecht** Gebrauch machen.

Da das Verwaltungsbeiratsamt höchst persönlich auszuüben ist, ist es **nicht vererblich** und **endet** gem. § 673 S. 1 BGB **mit dem Tod** des Verwaltungsbeirats[84]. Der Erbe hat gem. § 673 S. 2 BGB dem Verwalter als Zustellungsvertreter der Wohnungseigentümer den Tod unverzüglich **anzuzeigen.**

V. Rechtsverhältnis zwischen Verwaltungsbeiratsmitgliedern und Wohnungseigentümern: Auftrag oder Dienstvertrag mit Geschäftsbesorgungscharakter

Die Wohnungseigentümer können **durch Vereinbarung oder Beschluss**[85] nach den Grundsätzen ordnungsmäßiger Verwaltung darüber **entscheiden,** ob sie das dem Amt jedes einzelnen Verwaltungsbeirats zugrunde liegende Rechtsverhältnis – den sog. Beiratsvertrag – **als unentgeltlichen Auftrag** i.S.d. §§ 662 ff. BGB **oder als**

---

81 KG OLGE 15, 73; MünchKomm/*Söllner*, aaO, § 306 BGB Rz. 7; a.A. *Staudinger/Löwisch*, aaO (1995), § 306 BGB Rz. 20.

82 *Staudinger/Wittmann*, aaO (1995), § 673 BGB Rz. 2.

83 BayObLGZ 1993, 57, 62.

84 BayObLGZ 1988, 212, 214.

85 *Staudinger/Bub*, aaO, § 29 Rz. 18; *Drasdo*, aaO, S. 57; a.A. BayObLG DWE 1983, 123; LG Düsseldorf v. 21.9.1998, 25 T 532/98 n.v.; *Palandt/Bassenge*, Komm. z. BGB, 59. Aufl., § 29 WEG Rz. 1; *Brych*, WE 1990, 15, 43: Vereinbarung erforderlich.

entgeltliche Geschäftsbesorgung mit Dienstvertragscharakter gem. §§ 675, 611 ff. BGB ausgestalten, da das WEG eine Entscheidung zwischen Dienst- oder Geschäftsbesorgungsvertrag und Auftrag für die Tätigkeit des Verwaltungsbeirats – ebenso wie für die Tätigkeit des Verwalters – nicht getroffen hat.

Auftrag oder Dienstvertrag kommen durch Annahme der Bestellung zustande, die auch konkludent erfolgen kann, z. B. durch Aufnahme der Tätigkeit. **Im Zweifel ist ein Auftragsverhältnis anzunehmen**[86].

Der maßgebliche Unterschied besteht zum einen darin, dass der Verwaltungsbeirat **nach Auftragsrecht** für seine Tätigkeit gem. § 662 BGB **keine Vergütung** zu beanspruchen hat[87], während an ihn nach **Dienstvertragsrecht** gem. § 611 BGB die **vereinbarte Vergütung** bzw. bei Fehlen einer Vereinbarung gem. §§ 611, 612, 675 Abs. 2 BGB **eine angemessene,** Zeitaufwand, Verantwortung und Haftungsrisiken zu berücksichtigende **Vergütung** zu entrichten ist[88]; zum anderen haben die Wohnungseigentümer gegen dem beauftragten Verwaltungsbeirat **keinen durchsetzbaren Anspruch auf die Wahrnehmung von Aufgaben,** da es sich nur um ein Gefälligkeitsverhältnis im Interesse der Wohnungseigentümer handelt[89], während der durch Dienstvertrag verpflichtete Verwaltungsbeirat auch **zur Tätigkeit verpflichtet** ist.

Auch wenn die Vergütung jeweils einseitig durch die Wohnungseigentümerversammlung festgelegt werden soll, beschränkt sich das Rechtsverhältnis zwischen den Verwaltungsbeiratsmitgliedern **nicht auf eine organschaftliche Rechtsstellung**[90]. **Daher können die betroffenen Verwaltungsbeiratsmitglieder** beim Beschluss über den Abschluss eines Dienstvertrages oder die Begründung des Auftragsverhältnisses gem. § 25 Abs. 5 S. 1 **nicht mitstimmen.**

---

86 BayObLG ZMR 1994, 575, 576; OLG Düsseldorf NZM 1998, 36; *Bärmann/Pick/Merle*, aaO, § 29 Rz. 22; *Brych*, WE 1990, 15, 16.

87 *Bärmann/Pick/Merle*, aaO, § 29 Rz. 110; *Weitnauer/Lüke*, aaO, § 29 Rz. 5.

88 *Bärmann/Pick/Merle*, aaO, § 29 Rz. 113; vgl. BGH WM 1984, 1640, 1641.

89 KG GE 1997, 375; *Palandt/Sprau*, Komm. z. BGB, 60. Aufl., § 662 BGB Rz. 9; a.A. *Bärmann/Pick/Merle*, aaO, § 29 Rz. 48b; *Drasdo*, aaO, S. 77.

90 Vgl. RGZ 123, 354; 146, 152; 158, 156; a.A. *Scholz/Schneider*, Komm. z. GmbHG, § 52 GmbHG Rz. 253 z. fakultativen Beirat der GmbH.

1. Weisungsrecht

Da das Verwaltungsbeiratsamt eigenverantwortlich ausgestaltet ist und der Verwaltungsbeirat als Verwaltungsorgan **Funktionen** ausübt, **die sich aus dem gemeinsamen Recht aller Wohnungseigentümer herleiten,** ist er in erster Linie dem Gesamtinteresse der Wohnungseigentümer verpflichtet. Da während der Amtsdauer Umstände auftreten können, die zusätzlich zu den bei der Bestellung erteilten Weisungen weitere Weisungen erfordern, können die Wohnungseigentümer **jederzeit durch Mehrheitsbeschluss** gem. §§ 662, 665 BGB – bei Vorliegen eines Geschäftsbesorgungsvertrages in entsprechender Anwendung – **Weisungen** erteilen[91].

Will der Verwaltungsbeirat von diesen Weisungen **abweichen,** muss er dies den Wohnungseigentümern gem. § 665 S. 2 BGB **mitteilen** und deren Entscheidung **abwarten.** Ändern die Wohnungseigentümer ihre Weisung nicht durch einen erneuten Mehrheitsbeschluss, ist der Verwaltungsbeirat **an die Weisung gebunden;** will er ihr nicht Folge leisten, kann er das Amt niederlegen. **Weder der Verwalter**[92] **noch einzelne Wohnungseigentümer sind befugt,** dem Verwaltungsbeirat **Weisungen zu erteilen.**

2. Pflicht zur Information, Auskunft und Rechnungslegung

Die Wohnungseigentümer können als Gesamtgläubiger gem. § 432 Abs. 1 BGB gemeinsam, z. B. **aufgrund Mehrheitsbeschlusses**, von jedem Mitglied des Verwaltungsbeirats **im Rahmen des ihm erteilten Auftrags,** jedoch nicht darüber hinaus, insbesondere nicht zu Aufgaben des Verwalters, gem. § 666 BGB **Auskunft verlangen**[93].

Ausnahmsweise kann **jeder einzelne Wohnungseigentümer** einen Auskunftsanspruch gegen den Verwaltungsbeirat in solchen Angelegenheiten der laufenden Verwaltungsbeiratstätigkeit geltend machen, in denen er ein **berechtigtes und akutes Bedürfnis** an der Aufklärung hat, was im Einzelfall **nach dem Auskunftsgegenstand** und im Übrigen **nach Treu und Glauben gem. § 242 BGB** zu prüfen

91 *Bärmann/Pick/Merle*, aaO, § 29 Rz. 102; *Sauren*, ZMR 1984, 325, 326; vgl. BGH WM 1969, 623, 624; a.A. *Weimar*, ZMR 1981, 97.

92 A.A. *Happ*, WE 1971, 19, 20.

93 BayObLG WE 1992, 174; ZMR 1994, 575, 576.

ist[94]; ein solches Bedürfnis liegt i.d.R. vor, wenn die verlangte Auskunft **in besonderem Maße das Sondereigentum** des Anfragenden betrifft.

Im Übrigen kann ein einzelner Wohnungseigentümer den Auskunftsanspruch nur geltend machen, wenn ihn die Wohnungseigentümer hierzu **durch Mehrheitsbeschluss ermächtigt** haben[95].

Der Vorsitzende des Verwaltungsbeirats hat als dessen **Repräsentant** über wichtige Vorgänge und über die Tätigkeit des Verwaltungsbeirats[96] **unaufgefordert und regelmäßig in der Wohnungseigentümerversammlung zu informieren** und im Übrigen auf Verlangen die Auskunft zu erteilen[97]; weigert er sich, so kann diese jedes andere Mitglied des Verwaltungsbeirats mit schuldbefreiender Wirkung für sämtliche Verwaltungsbeiratsmitglieder erteilen.

Soweit nicht ausnahmsweise ein einzelner Wohnungseigentümer Anspruch auf Auskunft hat, ist die **Auskunft gegenüber den Wohnungseigentümern in der Wohnungseigentümerversammlung zu erteilen,** insbesondere in Beschlussangelegenheiten vor der Beschlussfassung[98]. **Unaufgefordert** hat der Verwaltungsbeirat die Wohnungseigentümer **über entdeckte Missstände bei der Tätigkeit des Verwalters zu informieren.** Unterlässt er dies, so kann er sich **schadensersatzpflichtig** machen[99].

3. Herausgabepflicht, § 667 BGB

Bei Beendigung der Verwaltungsbeiratstätigkeit ist der Verwaltungsbeirat gem. § 667 BGB verpflichtet, an den neuen Verwaltungsbeirat **alles Erlangte,** insbesondere **nicht verbrauchte Vorschüsse sowie**

94 BayObLGZ 1972, 161, 165 f.; einschränkend BayObLG ZMR 1994, 575, 576 und *Bärmann/Pick/Merle,* aaO, § 29 Rz. 98, die als Voraussetzung für einen solchen Individualanspruch die vorherige Behandlung in der Wohnungseigentümerversammlung annehmen.

95 BayObLGZ 1972, 161, 166; ZMR 1994, 575, 576; *Bärmann/Pick/Merle,* aaO, § 29 Rz. 98.

96 Vgl. BGHZ 109, 260, 266.

97 Vgl. BGHZ, ebd.

98 BayObLGZ 1972, 161, 166; vgl. *Lebke,* NJW 1966, 2099 z. Verein.

99 *Bärmann/Pick/Merle,* aaO, § 29 Rz. 55.

100 OLG Hamm WE 1997, 385; *Bärmann/Pick/Merle,* aaO, § 29 Rz. 45, 100; *Weitnauer/Lüke,* aaO, § 29 Rz. 4; vgl. BGHZ 109, 260.

die Akten und Unterlagen herauszugeben, die er **in seiner Eigenschaft als Verwaltungsbeirat angelegt und geführt** hat[100]. Die Herausgabepflicht erstreckt sich gem. § 681 BGB **auch auf Unterlagen,** die er außerhalb der ihm zugewiesenen Aufgaben **als Geschäftsführer ohne Auftrag** erlangt hat[101]. Auf das Eigentum an dem Erlangten kommt es nicht an[102]. Vor Beendigung kann die Herausgabe nur verlangt werden, wenn zu besorgen ist, dass ein Verwaltungsbeiratsmitglied seine privaten Interessen über die der Wohnungseigentümergemeinschaft stellt[103].

Die Herausgabepflicht erstreckt sich **nicht auf die Unterlagen,** die ein Verwaltungsbeiratsmitglied **in seiner Eigenschaft als Wohnungseigentümer** erhalten hat. Sinnvoll ist es deshalb, die Verwaltungsbeiratsakte und -unterlagen von anderen Akten getrennt zu führen.

Gläubiger des Herausgabeanspruchs sind die **Wohnungseigentümer in ihrer Gesamtheit**[104].

4. Aufwendungsersatzanspruch, § 670 BGB

Der Verwaltungsbeirat hat gem. § 670 BGB gegen die Wohnungseigentümer Anspruch auf **Ersatz seiner zur Erfüllung des Auftrags getätigten tatsächlichen Aufwendungen,** die er für erforderlich halten durfte[105], wenn dieser Anspruch nicht ausgeschlossen oder pauschaliert wurde. Soweit der Verwaltungsbeirat für die Ausführung seiner Tätigkeit erforderliche **Verbindlichkeiten eingegangen** ist, hat er einen **Befreiungsanspruch** gem. § 257 BGB. Die Zahlungen auf diese Aufwendungen oder Verbindlichkeiten sind Verwaltungskosten i.S.d. § 16 Abs. 2 WEG[106].

Zu den gegen Nachweis **erstattungsfähigen Aufwendungen** gehören die in einer konkreten Beziehung zur Verwaltungsbeiratstätigkeit stehenden Kosten, z.B. **Kosten eines** auftragsgemäß als Prozess- oder Verfahrensstandschafter für die Gemeinschaft geführten **Rechtsstreits, Porti, Telefon-, Telefax- und Schreibkosten,** Kosten für

---

101 OLG Hamm NJW-RR 1997, 1232, 1233 für ein notarielles Schuldanerkenntnis des Verwalters.

102 BayObLG WE 1993, 288; OLG Hamm NJW-RR 1997, 1232, 1233.

103 Vgl. BGH WM 1978, 115; *Palandt/Sprau*, aaO, § 667 BGB Rz. 8.

104 BayObLG ZMR 1994, 575; OLG Hamm NJW-RR 1997, 1232, 1233.

105 *Bärmann/Pick/Merle*, aaO, § 29 Rz. 110; *Weitnauer/Lüke*, aaO, § 29 Rz. 6.

106 BayObLG NZM 1999, 862.

die Teilnahme an einem wohnungseigentumsrechtlichen Seminar oder für Fachbücher[107], Reisekosten und sonstige Spesen.

Nicht erstattungsfähig sind Kosten, die einem Verwaltungsbeiratsmitglied auch in seiner Eigenschaft als Wohnungseigentümer entstehen, z.B. **Kosten der Teilnahme an einer Wohnungseigentümerversammlung,** sowie Kosten der Beiziehung von Sachverständigen zur Rechnungsprüfung, die der Bildung seines eigenen Urteils dient[108], es sei denn, dass die Wohnungseigentümer die Beiziehung beschlossen haben[109]. Keine Aufwendungen sind die **eigene Arbeitskraft und Tätigkeit** – auch wenn diese zu den für den Beruf des Verwaltungsbeiratsmitglieds einschlägigen Leistungen zählt – **oder der dabei entgangene Verdienst**[110].

Die Aufwendungen sind dem Verwaltungsbeirat auch ohne vorangegangene Beschlussfassung vom Verwalter aus gemeinschaftlichen Geldern zu erstatten. Auf Verlangen ist dem Verwaltungsbeirat gem. § 669 BGB ein **Vorschuss auf diese Aufwendungen in der voraussichtlichen Höhe** zu zahlen; der Vorschussanspruch ist – jedenfalls, wenn der Tätigkeit ein Auftragsverhältnis zugrunde liegt – gerichtlich nicht einklagbar[111].

VI. Aufgaben und Befugnisse des Verwaltungsbeirats

1. Gesetzlich übertragene Aufgaben und Befugnisse des Verwaltungsbeirats

Zu den gesetzlichen Aufgaben und Befugnissen des Verwaltungsbeirats beschränke ich mich auf einige Anmerkungen zu der zentralen Aufgabe des Verwaltungsbeirats der **Unterstützung des Verwalters.**

Der Verwaltungsbeirat ist – anders als der Aufsichtsrat in einer Aktiengesellschaft – **kein Kontrollorgan,** vielmehr hat er gem. § 29 Abs. 2 WEG den Verwalter bei der Durchführung seiner Aufgaben im Innen-

107 BayObLG DWE 1983, 123; *Bärmann/Pick/Merle*, aaO, § 29 Rz. 110; *Weitnauer/Lüke*, aaO, § 29 Rz. 6.

108 Vgl. BGH WM 1983, 9.

109 *Peters*, PiG 2, 49, 63.

110 *Staudinger/Wittmann*, aaO (1995), § 670 BGB Rz. 7.

111 BGHZ 77, 60, 63; 94, 330, 334; *Staudinger/Wittmann*, aaO (1995), § 669 BGB Rz. 3 mwN; a.A. MünchKomm/*Seiler*, aaO, § 669 BGB Rz. 2.

verhältnis zu unterstützen. In erster Linie ist es deshalb **Sache des Verwalters, der unterstützt werden soll,** die Aufgabe des Verwaltungsbeirats zu konkretisieren; § 29 Abs. 2 ist nämlich dahin gehend zu verstehen, dass der Verwaltungsbeirat den Verwalter **nur insoweit zu unterstützen hat, als dieser der Unterstützung bedarf**[112]. Erkennt der Verwaltungsbeirat Risiken für die Wohnungseigentümergemeinschaft oder Verbesserungsmöglichkeiten, so ist er zur Beratung in jedem Fall verpflichtet.

Nach den Umständen des Einzelfalls, insbesondere nach der zu unterstützenden Verwalteraufgabe und nach den subjektiven Fähigkeiten und Möglichkeiten des Verwaltungsbeirats, ist zu beurteilen, ob dieser **zu der vom Verwalter geforderten Unterstützungshandlung verpflichtet** ist. Bei der Bestimmung des Umfangs der Verpflichtung ist auch zu berücksichtigen, ob der Verwaltungsbeirat entgeltlich oder unentgeltlich tätig wird.

Üblicherweise beschränkt sich die Unterstützung des Verwaltungsbeirats auf die **Vorbereitung und Beratung von Verwaltungsmaßnahmen.** Der Verwalter wird die Meinung des Verwaltungsbeirats sinnvollerweise für solche Verwaltungsentscheidungen einholen, bei denen ihm ein **Ermessensspielraum** eingeräumt ist und er **nach den Grundsätzen ordnungsmäßiger Verwaltung** gem. § 21 Abs. 4 WEG **dem Interesse der Gesamtheit der Wohnungseigentümer entsprechend zu handeln hat.** So erscheint es z. B. zweckmäßig, dass der Verwaltungsbeirat an der **Vorbereitung der Wohnungseigentümerversammlungen** mitwirkt[113], insbesondere bei der Festlegung der Tagesordnung durch Sammlung und Empfehlung von Beschlussthemen.

Je nach den fachlichen und beruflichen Voraussetzungen kommt eine kompetente Beratung des Verwalters in kaufmännischen, technischen und juristischen Fragen, die das Risiko von Fehlentscheidungen vermindern kann, ebenso in Betracht wie Empfehlungen bei der Auswahl von Vertragspartnern der Wohnungseigentümer, etwa durch Angebotseinholung von Handwerkern, Lieferanten oder Fachingenieuren[114], oder bei der Anlage gemeinschaftlicher Gelder[115].

---

112 BayObLGZ 1972, 161, 165.

113 *Müller*, Praktische Fragen des Wohnungseigentums, 3. Aufl., Rz. 198; *Merle*, WE 1992, 239, 243; *Peters*, PiG 2, 49, 62 f.

114 *Bärmann/Pick/Merle*, aaO, § 29 Rz. 51; *Brych*, WE 1990, 15, 18.

115 *Merle*, WE 1992, 239, 243.

Durch die Unterstützung des Verwaltungsbeirats wird der Verwalter zwar nicht von seiner Verantwortung gegenüber den Wohnungseigentümern frei; **ein Verschulden des Verwaltungsbeirats** müssen sich die Wohnungseigentümer aber gem. §§ 254 Abs. 2 S. 2, 278 BGB **wie eigenes Mitverschulden anrechnen lassen,** da sie sich des Verwaltungsbeirats zur Wahrnehmung ihrer Interessen bedienen[116]. Der Tatrichter hat die Mitverantwortung für den Schaden und hiernach die Schadensverteilung zwischen Verwalter und Wohnungseigentümergemeinschaft unter Würdigung aller Umstände des Einzelfalls nach den allgemeinen zu § 254 BGB entwickelten Grundsätzen festzulegen.

Aus der Pflicht zur Zusammenarbeit folgt auch eine Pflicht zur **Loyalität des Verwalters gegenüber dem Verwaltungsbeirat.** Ungerechtfertigte Angriffe gegen den Verwaltungsbeirat[117] oder ein nicht vom Verwaltungsbeirat in vorwerfbarer Weise herbeigeführtes Zerwürfnis, das eine vertrauensvolle Zusammenarbeit unmöglich macht[118], können deshalb im Einzelfall die Abberufung des Verwalters rechtfertigen; der Verwalter muss sich aber auch nicht alles gefallen lassen, weswegen die Erteilung eines Hausverbotes gegenüber einem dies provozierenden Verwaltungsbeirat von der Rechtsprechung nicht als Vertragsverletzung beurteilt wurde[119]. Das BayObLG[120] hat jüngst sogar entschieden, dass ein Verwalter, der fruchtlos die Abberufung eines Verwaltungsbeirates verlangte, weil ihn dieser wiederholt schriftlich beleidigte und herabsetzte, das Verwalteramt fristlos niederlegen und den Verwaltervertrag außerordentlich kündigen kann; außerdem verpflichtete es den betreffenden Verwaltungsbeirat – nicht aber die Wohnungseigentümer – zur Zahlung von Schadensersatz in Höhe von 80 % des Verwalterhonorars für die Restlaufzeit des Verwaltervertrages.

Die Pflicht zur Unterstützung schließt im Übrigen **weder die Befugnis noch die Pflicht zur Aufsicht und Überwachung des Verwalters** ein[121]. Die These, dass nur unterstützen könne, wer auch überwa-

116 OLG Köln, Beschluss v. 18.3.1992, 16 Wx 5/92 (n.v.).

117 OLG Frankfurt NJW-RR 1988, 1169.

118 BayObLGZ 1998, 310, 312; NZM 2000, 510, 511.

119 OLG Köln, Beschluss v. 18.3.1992, 16 Wx 5/92 (n.v.).

120 BayObLGZ 1999, 280, 287 ff.

121 BayObLGZ 1972, 161, 165; WE 1996, 234, 236; a.A. OLG Zweibrücken OLGZ 1983, 438, 439.

che, überzeugt nicht; allerdings können sich bei der Unterstützung oder Beratung des Verwalters Missstände herausstellen, über die der Verwaltungsbeirat die Wohnungseigentümer informieren muss.

2. Durch Vereinbarung oder Beschluss übertragene Aufgaben und Befugnisse des Verwaltungsbeirats

§ 29 WEG regelt die Aufgaben und Befugnisse **nicht abschließend.** Allerdings bedarf gem. § 10 Abs. 1 S. 2 WEG **jede Einschränkung** und **jede vom Gesetz abweichende Erweiterung** der dem Verwaltungsbeirat gesetzlich zugewiesenen Aufgaben und Befugnisse – z. B. die Übertragung des Rechts und der Pflicht zu Veräußerungszustimmungen gem. § 12 WEG oder Verfügungszustimmungen gem. § 27 Abs. 4 S. 2 WEG – der **Vereinbarung,** es sei denn, dass die Vereinbarung selbst diese Entscheidungen durch Mehrheitsbeschluss zulässt oder die Erweiterung die **gerichtliche oder außergerichtliche Geltendmachung von Ansprüchen der Wohnungseigentümer** betrifft, die gem. § 27 Abs. 2 Nr. 5 WEG der Beschlussfassung der Wohnungseigentümer zugewiesen ist. Dem Verwaltungsbeirat können keinesfalls die in § 27 Abs. 1 und 2 WEG genannten Aufgaben und Befugnisse des Verwalters übertragen werden, da diese Regelungen gem. § 27 Abs. 3 WEG unabdingbar sind.

Darüber hinaus können dem Verwaltungsbeirat – **ebenso wie** einem anderen Wohnungseigentümer oder **einem fremden Dritten** – mit seiner Zustimmung zusätzliche Aufgaben durch Mehrheitsbeschluss übertragen werden, der im Anfechtungsfall unter dem **Gesichtspunkt ordnungsmäßiger Verwaltung zu überprüfen** ist[122].

Die Möglichkeiten der Erweiterung der Kompetenzen des Verwaltungsbeirats wird morgen eingehend Prof. *Lüke* behandeln. Ich greife deshalb an dieser Stelle lediglich ein Thema aus dem Spannungsfeld zwischen Verwalter und Verwaltungsbeirat heraus, nämlich die **Frage, ob die Wohnungseigentümer den Verwaltungsbeirat durch Mehrheitsbeschluss bevollmächtigen können, mit einem Verwalter den Verwaltervertrag abzuschließen.**

Das LG Lübeck[123] hat einen solchen Mehrheitsbeschluss gem. § 134 BGB mit der Begründung **für nichtig erachtet,** dass er gegen § 26

122 OLG Düsseldorf WE 1998, 265.
123 LG Lübeck RPfleger 1985, 232, 233.

Abs. 1 S. 4 WEG verstoße. Diese Auffassung ist abzulehnen, da § 26 Abs. 1 S. 4 WEG Beschränkungen der Bestellung des Verwalters, nicht aber des Abschlusses des Verwaltervertrages betrifft, so dass die Ermächtigung zum Abschluss des Verwaltervertrages nur dann **nichtig** ist, wenn dessen Ausübung das Recht der Wohnungseigentümer, einen Verwalter zu bestellen, beschränkt. Dies ist z.B. dann der Fall, wenn sich die Ermächtigung auf den **Abschluss mit einem (noch) nicht bestellten Verwalter bezieht,** da dies die Wohnungseigentümer jedenfalls **mittelbar zwingt,** den vom Verwaltungsbeirat ausgewählten und unter Vertrag genommenen Verwalter auch zu bestellen, **nicht aber, wenn sie sich auf den Abschluss mit dem von den Wohnungseigentümern bestellten Verwalter beschränkt,** da die Wohnungseigentümer dann ihr unbeschränkbares Recht, die Person des Verwalters zu bestimmen, ausgeübt haben[124].

Hieraus schließt die h.M.[125], dass der Verwaltungsbeirat **unbeschränkt damit beauftragt und bevollmächtigt werden kann, mit dem bestellten Verwalter einen Verwaltervertrag inhaltlich auszuhandeln und abzuschließen.** Entgegen der h.M. kann aber den Wohnungseigentümern **gem. § 26 Abs. 1 S. 4 WEG** nicht die Befugnis entzogen werden, die **Bestellungsdauer mittelbar durch die Befristung des Verwaltervertrages festzulegen,** zumal da hieraus auch folgt, ab welchem Zeitpunkt die Wohnungseigentümer erneut über die Bestellung des Verwalters durch Mehrheitsbeschluss entscheiden können. Aus diesem Grund ist zunächst im Wege der Auslegung zu ermitteln, für welche Dauer der Verwalter nach dem Willen der Wohnungseigentümer bestellt werden sollte; i.d.R. ist bei Fehlen einer Zeitbestimmung eine **Bestellung auf unbestimmte Zeit** gewollt. Der bevollmächtigende Beschluss ist insoweit gem. § 134 BGB nichtig, als der Verwaltungsbeirat beauftragt und bevollmächtigt wird, über die Dauer des Verwaltervertrages – und damit zumindest mittelbar über die Bestellungszeit – nicht nur zu verhandeln, sondern hierüber durch Einigung mit dem Verwalter zu entscheiden. Diese **Teilnichtigkeit** erfasst gem. § 139 BGB den gesamten Beschluss, da der Verwaltervertrag ohne Regelung der Vertragsdauer nicht wirksam geschlossen werden kann, weil in diesem Fall die Wohnungseigentümer gerade durch die Fassung der Vollmacht diesen Vertragspunkt für regelungsbedürftig erklärt haben.

---

124 *Bärmann/Pick/Merle*, aaO, § 29 Rz. 92.

125 BayObLG WuM 1985, 100; OLG Köln NJW 1991, 1302, 1303; *Bärmann/Pick/Merle*, aaO, § 29 Rz. 92.

Aber auch, wenn die Wohnungseigentümer die Vollmacht in Bezug auf die Vertragsdauer hinreichend konkretisiert haben, ist der Mehrheitsbeschluss entgegen der h.M. – je nach Sachverhalt – entweder wegen **Verstoßes gegen § 10 Abs. 1 S. 2 WEG** oder **wegen Verstoßes gegen § 27 Abs. 3 WEG** nichtig. Nach der dispositiven gesetzlichen Regelung des **§ 10 Abs. 4 WEG wirken** auf einem Mehrheitsbeschluss beruhende **Rechtshandlungen in Angelegenheiten,** die einer Beschlussfassung zugänglich sind, **auch für und gegen die Wohnungseigentümer, die dem Beschlussantrag nicht zugestimmt haben;** nach h.M. soll deshalb der Mehrheitsbeschluss über die Bestellung des Verwalters die **Bevollmächtigung der beschlussfassenden Mehrheit** enthalten, im Rahmen des Bestellungsbeschlusses einen Verwaltervertrag **auszuhandeln und abzuschließen.** Dem ist aber **nur zuzustimmen, wenn** der bestellte Verwalter **gem. § 181 BGB an der – an sich – ihm gem. § 27 Abs. 1 Nr. 1 WEG obliegenden Durchführung des Beschlusses gehindert** ist. Wird der Mehrheitsbeschluss über die Bestellung eines neuen Verwalters noch während der Bestellungsdauer seines Vorgängers gefasst, so ist **allein dieser** gem. § 27 Abs. 1 Nr. 1 WEG **zum Aushandeln und zum Abschluss des Verwaltervertrages berechtigt und verpflichtet,** und zwar gem. § 27 Abs. 3 WEG **unabdingbar,** da § 10 Abs. 4 WEG weder die Befugnis zur Durchführung von Beschlüssen noch die Vertretungsmacht regelt. **Nur im ersteren Fall der Verhinderung** des Verwalters kann abweichend von der gesetzlichen Regelung in § 10 Abs. 4 WEG der Verwaltungsbeirat beauftragt und bevollmächtigt werden, aber gem. § 10 Abs. 1 S. 2 WEG **nicht durch Mehrheitsbeschluss**[126], **sondern nur durch Vereinbarung.** Ein Mehrheitsbeschluss ist wegen Verstoßes gegen das Mehrheitsprinzip anfechtbar.

Ist der Verwaltungsbeirat für diesen Sonderfall durch Vereinbarung mit dem Aushandeln und Abschluss des Verwaltervertrags beauftragt und bevollmächtigt, so kann er **weder beschlossene Bedingungen des Verwaltervertrages ändern,** etwa indem er einer beschlossenen Befristung der Verwaltungstätigkeit eine **Verlängerungsklausel** hinzufügt[127], noch Vertragsklauseln akzeptieren, die den **Grundsätzen ordnungsmäßiger Verwaltung widersprechen**[128]. Enthält der

126 A.A. allgemein *Palandt/Bassenge*, aaO, § 10 Rz. 17; z. Verwaltervertrag BayObLG WuM 1991, 131; OLG Hamburg OLGZ 1988, 289, 302; OLG Köln NJW 1991, 1302, 1303; *Bärmann/Pick/Merle*, aaO, § 26 Rz. 85.

127 AG Lahr WE 1992, 320.

128 LG Köln WuM 1990, 364.

Bestellungsbeschluss keine Befristung, so deckt er lediglich den Abschluss eines Verwaltervertrages auf unbestimmte Dauer mit gesetzlicher Kündigungfrist mit einer Höchstlaufzeit von fünf Jahren gem. § 26 Abs. 1 S. 2 WEG.

VII. Geschäftsordnung des Verwaltungsbeirats und dessen Willensbildung

Die Geschäftsordnung des Verwaltungsbeirats kann als sog. **organexterne Geschäftsordnung durch Vereinbarung**[129] oder durch Mehrheitsbeschluss der Wohnungseigentümer im Zweifel mit Wirkung für alle künftigen Verwaltungsbeiräte festgelegt werden; die durch Beschluss bestimmte Geschäftsordnung **kann jederzeit** bei Vorliegen der allgemeinen Voraussetzungen, unter denen ein Zweitbeschluss zulässig ist, durch Mehrheitsbeschluss der Wohnungseigentümerversammlung, nicht des Verwaltungsbeirats **geändert werden.**

Machen die Wohnungseigentümer von diesen Möglichkeiten keinen Gebrauch, so kann der jeweils gewählte Verwaltungsbeirat eine sog. **organinterne Geschäftsordnung mit Wirkung für sich, nicht aber für künftige Verwaltungsbeiräte** beschließen. Eine vom Verwaltungsbeirat beschlossene Geschäftsordnung hindert die Wohnungseigentümerversammlung nicht, **durch Mehrheitsbeschluss diese aufzuheben** und eine neue Geschäftsordnung zu bestimmen oder die vom Verwaltungsbeirat beschlossene Geschäftsordnung zu ändern.

Zur Willensbildung des Verwaltungsbeirats beschränke ich mich im Folgenden auf Grundzüge.

1. Einberufung durch den Vorsitzenden

Der Vorsitzende des Verwaltungsbeirats ist nach § 29 Abs. 4 WEG – der einzigen gesetzlichen Regelung zur Geschäftsordnung des Verwaltungsbeirats[130] – **berechtigt und verpflichtet,** den **Verwaltungs-**

129 Vgl. BGHZ 64, 325, 328.
130 BayObLGZ 1988, 212, 214.

beirat nach Bedarf einzuberufen, der nach den konkreten Umständen des Einzelfalles festzustellen ist.

Das Einberufungsrecht kann gem. § 10 Abs. 1 S. 2 WEG **nur durch Vereinbarung, nicht durch Mehrheitsbeschluss auf einen Dritten übertragen werden;** durch Mehrheitsbeschluss kann es modifiziert werden, etwa eine formlose Einberufung zugelassen oder eine Mindestzahl von Verwaltungsbeiratssitzungen festgelegt werden.

Da der Verwaltungsbeirat den **Verwalter** gem. § 29 Abs. 2 WEG zu unterstützen hat, kann auch dieser die Einberufung einer Verwaltungsbeiratssitzung verlangen[131]. Ferner kann **jeder Wohnungseigentümer** gem. § 21 Abs. 4 WEG **die Einberufung verlangen,** wenn dies nach der Vereinbarung oder einem Mehrheitsbeschluss, aber auch nach Grundsätzen ordnungsmäßiger Verwaltung erforderlich ist, z.B. wenn der Verwaltungsbeirat die vorliegende Abrechnung innerhalb angemessener Frist nicht geprüft hat[132]. Ein solcher Anspruch wird wegen der Verteilung der Verwaltungskompetenzen zwischen den Wohnungseigentümern, dem Verwalter und dem Verwaltungsbeirat die Ausnahme bilden.

2. Beschlussfassung

Der Verwaltungsbeirat beschließt grundsätzlich **mit einfacher Mehrheit nach Köpfen,** wenn die Vereinbarung oder die Geschäftsordnung nicht das Einstimmigkeitsprinzip einführt[133]; dem Mehrheitsprinzip trägt die ungerade Anzahl der Mitglieder des Verwaltungsbeirats Rechnung[134]. Einer stillschweigenden Beschlussfassung stehen die Grundsätze der Rechtssicherheit entgegen[135].

Die Beschlussfassung erfolgt grundsätzlich **innerhalb einer Verwaltungsbeiratssitzung;** sie kann aber auch **außerhalb** einer Verwaltungsbeiratssitzung erfolgen, **wenn** dies die Geschäftsordnung vorsieht oder **alle Mitglieder zustimmen,** z.B. indem sie an der Abstimmung teilnehmen. Bei Stimmengleichheit ist ein Beschlussantrag abgelehnt; die Stimme des Vorsitzenden gibt nicht den

131 A.A. *Bärmann/Pick/Merle*, aaO, § 29 Rz. 38.
132 *Bärmann/Pick/Merle*, aaO, § 29 Rz. 38.
133 OLG Zweibrücken NJW-RR 1987, 1366.
134 *Soergel/Stürner*, Komm. z. BGB, 11. Aufl., § 29 WEG Rz. 2 a.
135 Vgl. BGH WM 1964, 610, 611.

Ausschlag[136], es sei denn, dass dies vereinbart oder bestandskräftig beschlossen ist[137]. Stimmenthaltungen werden nicht mitgezählt.

Der Vorsitzende ist grds. als **Repräsentant des Verwaltungsbeirats** dafür zuständig, das **Votum des Verwaltungsbeirats bekannt zu geben,** insbesondere in der Wohnungseigentümerversammlung oder gegenüber dem Verwalter, wenn ein Verwaltungshandeln der Zustimmung des Verwaltungsbeirats bedarf.

Beschlüsse des Verwaltungsbeirats **sind nicht anfechtbar;** §§ 23 Abs. 4, 43 Abs. 1 Nr. 4 WEG sind nicht entsprechend anwendbar[138]. **Sie unterliegen daher grundsätzlich der gerichtlichen Nachprüfung ohne zeitliche Befristung,** und zwar insbesondere, wenn sie Außenwirkung entfalten, z.B. wenn dem Verwaltungsbeirat die Zustimmung zur Veräußerung gem. § 12 WEG oder zu Verfügungen über gemeinschaftliche Gelder gem. § 27 Abs. 4 WEG übertragen ist. Beschlüsse, die gegen eine gesetzliche Vorschrift, die Vereinbarung oder einen Mehrheitsbeschluss der Wohnungseigentümer verstoßen, sind nichtig, ohne dass dies einer gerichtlichen Entscheidung bedarf[139].

3. Die Verwaltungsbeiratssitzung

Die Mitglieder des Verwaltungsbeirats sind nicht nur **berechtigt,** sondern auch **verpflichtet, an Verwaltungsbeiratssitzungen teilzunehmen,** da sie ansonsten die übernommenen Aufgaben nicht erfüllen können; für verhinderte Verwaltungsbeiratsmitglieder können Vertreter nur teilnehmen, wenn die Vereinbarung dies zulässt.

An der Verwaltungsbeiratssitzung können der **Verwalter oder Dritte nur teilnehmen, wenn** ihnen die **Geschäftsordnung ein Teilnahmerecht** ausdrücklich **einräumt** oder der Verwaltungsbeirat die Teilnahme **durch Mehrheitsbeschluss zulässt**[140]. Der Verwalter sollte grundsätzlich an den Verwaltungsbeiratssitzungen teilnehmen, da

136 *Bärmann/Pick/Merle*, aaO, § 29 Rz. 41; *Soergel/Stürner*, aaO, § 29 WEG Rz. 2 a.

137 *Bärmann/Pick/Merle*, ebd.; *Sauren*, ZMR 1984, 325.

138 *Bärmann/Pick/Merle*, aaO, § 29 Rz. 46.

139 *Bärmann/Pick/Merle*, aaO, § 29 Rz. 46.

140 *Bärmann/Pick/Merle*, aaO, § 29 Rz. 44.

gerade seine Unterstützung zentrale Pflicht des Verwaltungsbeirates ist. Als Dritte, die zugelassen werden können, kommen nur andere, von Tagesordnungspunkten betroffene Wohnungseigentümer, **Sachverständige, Rechtsanwälte oder Auskunftspersonen** in Betracht, die nach Behandlung der sie betreffenden Punkte entlassen werden sollten. Eine unzulässige Teilnahme Dritter ist unbeachtlich, wenn feststeht, dass der gefasste Beschluss hierauf nicht beruht.

VIII. Haftung des Verwaltungsbeirats und Haftung für den Verwaltungsbeirat

1. Haftung des Verwaltungsbeirats gegenüber den Wohnungseigentümern

Die einzelnen Verwaltungsbeiratsmitglieder **haften** gegenüber den Wohnungseigentümern **für jegliche rechtswidrigen und schuldhaften Pflichtverletzungen nach dem Allgemeinen Schuldrecht,** insbesondere nach den Grundsätzen der **positiven Vertragsverletzung,** und zwar unabhängig davon, ob ihrer Tätigkeit ein Auftrag oder ein Dienstvertrag zugrunde liegt; die haben hierauf beruhende Schäden zu ersetzen. Sie haften hiernach für jedes Verschulden, nämlich für Vorsatz und jede Fahrlässigkeit, **also auch für einfache Fahrlässigkeit**[141]. Die Verwaltungsbeiräte haften i.d.R. **als Gesamtschuldner**[142]. Das Risiko, für fahrlässiges Verhalten einstehen zu müssen, wird üblicherweise durch eine Haftpflichtversicherung abgedeckt.

Eine Haftung des Verwaltungsbeirats **als Organ** kommt **nicht** in Betracht, da er **weder rechtsfähig noch Organ im Rechtssinn** ist; ebenso wenig haftet er in Analogie zur Haftung des Aufsichtsrats der Aktiengesellschaft gem. §§ 93, 116, 117 AktG[143] oder des Beirats einer Publikumsgesellschaft[144].

---

141 BayObLG NJW-RR 1991, 1360, 1361; KG GE 1997, 375; OLG Düsseldorf WE 1998, 265; OLG Zweibrücken NJW-RR 1987, 1366; *Bärmann/Pick/Merle*, aaO, § 29 Rz. 104, 106; *Weimar*, ZMR 1981, 97, 98.

142 OLG Düsseldorf WE 1998, 265; *Bärmann/Pick/Merle*, aaO, § 29 Rz. 103; *Kahlen*, GE 1988, 859 f.

143 *Bärmann/Pick/Merle*, aaO, § 29 Rz. 105; *Weimar*, ZMR 1981, 97.

144 *Bärmann/Pick/Merle*, ebd.; *Weitnauer/Lüke*, aaO, § 29 Rz. 5.

Der Verwaltungsbeirat hat ebenso wie der Verwalter **keinen Anspruch auf Entlastung,** wenn nicht ein solcher Anspruch durch Vereinbarung begründet wurde. Soll der Verwaltungsbeirat als Gremium entlastet werden, was in der Praxis die Regel ist[145], **so ruhen die Stimmrechte aller Mitglieder des Verwaltungsbeirats gem. § 25 Abs. 5 WEG.** Wenn es um ein bestimmtes Verhalten eines einzelnen Mitglieds des Verwaltungsbeirats geht[146], für das die übrigen Mitglieder **ausnahmsweise keine Verantwortung tragen,** und deshalb über die Entlastung jedes Mitglieds getrennt abgestimmt wird, ruht nur das Stimmrecht des jeweils betroffenen Mitglieds.

2. Haftung der Wohnungseigentümer für den Verwaltungsbeirat

Die Wohnungseigentümer haften für Handlungen, die der Verwaltungsbeirat als Erfüllungsgehilfe im Rahmen der ihm übertragenen Aufgaben vornimmt, ausschließlich nach Maßgabe des **§ 278 BGB**[147] oder bei unerlaubten Handlungen als Verrichtungsgehilfe gem. § 831 BGB **mit der Möglichkeit, sich zu entlasten**[148]. Eine **Haftung aufgrund Duldungs- oder Anscheinsvollmacht** kommt nach den allgemeinen, von Rechtsprechung und Lehre entwickelten Grundsätzen in Betracht.

Keinesfalls haften die Wohnungseigentümer für Handlungen des Verwaltungsbeirats **wie für ein Organ in entsprechender Anwendung des § 31 BGB**[149]. Der Verwaltungsbeirat hat nämlich **keine** dem Vorstand eines Vereins oder dem Geschäftsführer einer juristischen Person **vergleichbare Funktion, insbesondere keine Vertretungsmacht**[150].

145 Vgl. OLG München WM 1995, 842 z. Entlastung des Aufsichtsrats einer AG.

146 Vgl. BGH WM 1989, 1090, 1091.

147 *Bärmann/Pick/Merle*, aaO, § 29 Rz. 101; *Palandt/Bassenge*, aaO, Rz. 1.

148 *Weitnauer/Lüke*, aaO, § 29 Rz. 5.

149 BayObLGZ 1972, 161; *Palandt/Bassenge*, aaO, Rz. 1; a.A. *Weimar*, JR 1973, 8; vgl. auch BGH NJW 1952, 537, 538.

150 *Schmid*, BIGBW 1976, 61, 62.

IX. Rechtsweg

Für Streitigkeiten zwischen Mitgliedern des Verwaltungsbeirats oder zwischen einem Mitglied des Verwaltungsbeirats und anderen Wohnungseigentümern oder dem Verwalter ist wegen der Beteiligung des Verwaltungsbeirats an der Verwaltung des gemeinschaftlichen Eigentums **ausschließlich das Wohnungseigentumsgericht zuständig,** auch wenn § 43 WEG dies nicht ausdrücklich bestimmt[151]. Die **Gesetzeslücke** erklärt sich daraus, dass der Gesetzgeber davon ausging, Mitglied des Verwaltungsbeirats könnten **nur Wohnungseigentümer** sein, weshalb sich eine ausdrückliche Nennung des Verwaltungsbeirates in § 43 WEG erübrigte. **Wegen der Sachnähe** verbleibt es bei der Zuständigkeit des WEG-Gerichtes **auch nach Ausscheiden aus der Wohnungseigentümergemeinschaft.**

Ein **Außenstehender,** der zum Mitglied des Verwaltungsbeirats gewählt wird, **unterwirft sich mit der Annahme der Wahl auch der hierfür vorgesehenen gerichtlichen Zuständigkeit**[152].

151 BayObLGZ 1972, 161, 163; Z 1992, 336, 338; *Bärmann/Pick/Merle*, aaO, § 29 Rz. 114; *Weitnauer/Lüke*, aaO, § 29 Rz. 7.

152 BayObLGZ 1972, 161, 163; KG GE 1990, 149.

Bestellung und Abberufung der Mitglieder des Verwaltungsbeirats und deren Willensbildung

Prof. Dr. *Christian Armbrüster*
Bucerius Law School, Hamburg

Inhaltsübersicht

I. Einführung

Das Thema „Bestellung und Abberufung der Mitglieder des Verwaltungsbeirats und deren Willensbildung" hört sich recht technisch an. Dahinter verbergen sich aber – wie so oft – bei näherem Hinsehen eine Reihe gleichermaßen praxisrelevanter und rechtswissenschaftlich interessanter Fragen. Zwei Beispiele, aus der Praxis gegriffen, mögen dies verdeutlichen.

Beispiel 1: Ein Mitglied eines dreiköpfigen Verwaltungsbeirats erklärt während der Eigentümerversammlung im Verlauf einer erregten Debatte über die Beiratstätigkeit, dass es „alles hinwerfe", also sein Amt mit sofortiger Wirkung niederlege. Dem Verwalter stellen sich hier folgende Fragen: Existiert der Beirat noch, nunmehr als zweiköpfiger? Kann ad hoc auf der Versammlung ein anderer Wohnungseigentümer zum Nachfolger bestellt werden? Was gilt, wenn das Beiratsmitglied sich im weiteren Verlauf der Versammlung beruhigt und nunmehr erklärt, sein Amt wieder wahrnehmen zu wollen? Fragen über Fragen.

Beispiel 2: Ein Beiratsmitglied äußert bei der Rechnungsprüfung Bedenken dagegen, verschiedene Eigenbelege des Verwalters anzuerkennen. Die beiden anderen Mitglieder, darunter der Beiratsvorsitzende, halten diese Bedenken für haltlos. Der Beirat beschließt mit einer Mehrheit von 2 zu 1, gegenüber der Gemeinschaft die Verwalterabrechnung als ordnungsgemäß zu bezeichnen. Das überstimmte Beiratsmitglied meint, dass eine solche Erklärung nur einstimmig beschlossen werden könne. Zumindest müsste der Vorsitzende bei der Abgabe der Stellungnahme auf die Einwände des Beiratsmitglieds hinweisen.

Im Folgenden wird zunächst auf die Bestellung der Beiratsmitglieder eingegangen, dann auf die Beendigung des Beiratsamtes, wobei der Akzent auf dem praktisch besonders wichtigen Fall der

Abberufung liegt. Es folgt ein Überblick über die Fragen, die sich im Zusammenhang mit der Willensbildung innerhalb des Beirates und mit seiner Beschlussfassung stellen. Schließlich wird ein Gestaltungsvorschlag für ein Statut des Verwaltungsbeirats unterbreitet. Dieser Vorschlag zeigt auf, wie sich einige der anzusprechenden Probleme und Unsicherheiten vermeiden lassen.

II. Bestellung der Beiratsmitglieder

1. Zusammensetzung des Beirats

a) Anzahl der Mitglieder; Vorsitz

Nach der gesetzlichen Regelung setzt sich der Beirat aus *drei* Personen zusammen, nämlich einem Vorsitzenden und zwei Beisitzern (§ 29 Abs. 1 Satz 2 WEG). Diese Regel ist abdingbar.[1] Soll von ihr abgewichen werden, so ist hierfür allerdings eine Vereinbarung gem. § 10 Abs. 1 S. 2 WEG erforderlich; ein Mehrheitsbeschluss genügt nicht.[2] Bei der Zusammensetzung des Beirats als eines Organs der Gemeinschaft handelt es sich nämlich nicht um eine Angelegenheit der Verwaltung.[3] Daraus folgt zugleich, dass mangels Beschlusskompetenz der Wohnungseigentümer nach der neuesten Judikatur[4] zum *gesetzesändernden Mehrheitsbeschluss* mit Dauerwirkung auch ein unangefochtener Mehrheitsbeschluss über die generelle Veränderung der Beiratsgröße nicht

1 OLG Düsseldorf, Beschl. v. 31.8.1990 – 3 Wx 257/90, OLGZ 1991, 37 f.; *Maas*, Der Verwaltungsbeirat als Organ der Gemeinschaft der Wohnungseigentümer, 2000, S. 35; *Merle* in Bärmann/Pick/Merle, WEG, 8. Aufl. 2000, § 29 Rz. 14, 16; *Röll* in MünchKomm-BGB, 3. Aufl. 1997, § 29 Rz. 4 (unter unzutr. Zuordnung des OLG Düsseldorf zur Gegenansicht); a.A. *K. Müller*, Sachenrecht, 4. Aufl. 1997, Rz. 2326.

2 *Bärmann*, Wohnungseigentum, 1991, Rz. 666; *Bielefeld* DWE 1988, 14, 16; *Sauren*, ZMR 1984, 325; *M. J. Schmid* BlGBW 1976, 61; *Seuß* in Bärmann/Seuß, Praxis des Wohnungseigentums, 4. Aufl. 1997, Rz. B 657.

3 *Merle* in Bärmann/Pick/Merle, § 29 Rz. 14; im Erg. auch OLG Düsseldorf, Beschl. v. 31.8.1990 – 3 Wx 257/90, OLGZ 1991, 37, 38.

4 BGH, Beschl. v. 20.9.2000 – V ZB 58/99, ZWE 2000, 518 mit krit. Anm. *Demharter* EWiR § 23 WEG 1/2000, 1075 f.; s. auch *J.-H. Schmidt*, WE 2000, 191.

ausreicht,[5] während die Bestellung einer vom Gesetz abweichenden Anzahl von Mitgliedern eines *konkreten* Beirats als *gesetzeswidrige Einzelfallregelung* der Bestandskraft fähig ist.[6] Das Erfordernis einer Vereinbarung, wenn von der gesetzlichen Ausgestaltung des Beirats abgewichen werden soll, steht auch nicht im Widerspruch zu dem Umstand, dass gem. § 29 Abs. 1 S. 1 WEG für die Entscheidung über die *Errichtung* eines Beirats ein *Mehrheitsbeschluss* ausreicht.[7] Der Gesetzgeber hat zwar ein fakultatives Organ zur Verfügung gestellt,[8] eine Änderung der Ausgestaltung dieses Organs aber nicht ins Belieben der Mehrheit gestellt.[9]

Ist es mithin möglich, die Anzahl der Beiratsmitglieder abweichend von der gesetzlichen Regelung festzulegen, so stellt sich für die Wohnungseigentümer (und den von ihnen um Rat ersuchten Verwalter) die Frage, ob von dieser Möglichkeit Gebrauch gemacht werden soll. Ganz generell lässt sich hierzu Folgendes sagen: Für eine Gemeinschaft mit etwa fünfzehn bis dreißig Wohnungseigentümern gibt die Zahl drei einen sinnvollen Rahmen vor. Bei kleineren Gemeinschaften liegt oft die Erwägung nahe, ob man nicht mit einem einzigen Beiratsmitglied auskommt. Eine entsprechende Vereinbarung, derzufolge der Beirat aus nur einer Person besteht, ist ohne weiteres zulässig;[10] es ist freilich zu prüfen, ob ein Beirat dann überhaupt Sinn macht. Dies ist bei überschaubaren Anlagen jeden-

---

5 A.A. auf der Basis der früheren Rechtsprechung (s. nur BGH, Beschl. v. 21.5.1970 – VII ZB 3/70, BGHZ 54, 65, 69) etwa *Maas*, Verwaltungsbeirat, S. 46 f.; Staudinger/*Bub*, § 29 Rz. 14, 83.

6 Insoweit a.A. *J.-H. Schmidt* WE 2000, 191.

7 S. nur *Gerauer*, ZMR 1995, 293. Ebenso zur Frage der Anforderungen an eine Zulassung von Nichteigentümern *Bielefeld*, DWE 1988, 14; *M. J. Schmid*, BlGBW 1976, 61.

8 Es besteht nur ausnahmsweise ein Anspruch aus § 21 Abs. 4 WEG auf Einrichtung eines Verwaltungsbeirats; *Maas*, Verwaltungsbeirat, S. 27 ff. (s. auch S. 98 ff. zur gerichtlichen Bestellung der Beiratsmitglieder in diesem Fall); *Merle* in Bärmann/Pick/Merle, § 29 Rz 8 f.; a.A. (nie Anspruch) *Drasdo*, Der Verwaltungsbeirat, 2. Aufl. 1999, S. 29 f. Zu rechtspolitischen Erwägungen, einen obligatorischen Beirat einzuführen, s. BT-Drucks. 13/4712, S. 8.

9 Dies übersieht *Bärmann* (Wohnungseigentum, Rz. 660), wenn er pauschal meint, § 29 Abs. 1 WEG sei überflüssig.

10 *Kahlen*, GE 1988, 859; *Merle* in Bärmann/Pick/Merle, § 29 Rz. 16; Staudinger/*Bub*, § 29 Rz. 14; *Weimar*, ZMR 1981, 97.

falls dann kaum der Fall, wenn der Verwalter selbst Wohnungseigentümer ist. Anderenfalls bietet die Errichtung eines einköpfigen Verwaltungsbeirats aus Sicht des Verwalters immerhin den Vorzug, einen bestimmten Ansprechpartner zu haben. Umgekehrt kann bei größeren Gemeinschaften mit mehr als dreißig Einheiten auch ein Beirat mit mehr als drei Mitgliedern sinnvoll sein. Im Interesse klarer Mehrheiten (dazu s. noch IV 2 d) sollte allerdings stets eine ungerade Anzahl von Beiratsmitgliedern vorgesehen werden.

Scheidet ein Mitglied aus dem Beirat aus (zu den möglichen Gründen s. unten III), so stellt sich die Frage, ob dies den Fortbestand des Beirats als Organ berührt. In der Literatur wird teilweise vertreten, der Beirat „stehe und falle" mit jedem seiner Mitglieder.[11] Ein Wegfall eines einzelnen Beiratsmitglieds hätte demnach den Wegfall des gesamten Beirats zur Folge. Zur Begründung wird darauf verwiesen, dass eine dem § 104 AktG – der den Fortbestand des Aufsichtsrats einer Aktiengesellschaft bei Wegfall eines seiner Mitglieder voraussetzt – vergleichbare Regelung im WEG fehle. Letzteres trifft zwar zu. Indessen darf man aus dem Schweigen des WEG, das in seinem § 29 das Organisationsrecht des Beirats ohnehin nur sehr kursorisch behandelt, nicht den Schluss ziehen, der Gesetzgeber habe damit eine von allgemeinen verbandsrechtlichen Grundsätzen abweichende Entscheidung treffen wollen. Es ist aber ein allgemeiner Grundsatz des Verbandsrechts, dass ein aus mehreren Personen bestehendes Gremium mit Überwachungs-, Kontroll- oder Unterstützungsfunktionen nicht dadurch in seinem Bestand beeinträchtigt wird, dass eines seiner Mitglieder wegfällt. Vielmehr existiert das Gremium weiter, sofern mindestens ein Mitglied verbleibt.[12] Der Wegfall eines Mitglieds hat lediglich zur Folge, dass der Beirat nicht mehr ordnungsgemäß besetzt ist, so dass es der Bestellung eines Ersatzmitgliedes bedarf. Für diese Lösung spricht neben Praktikabilitätserwägungen entscheidend, dass nicht der Beirat als Gre-

11 *Drasdo*, Verwaltungsbeirat, S. 50 f.; *ders.* in Deckert, Die Eigentumswohnung, 1982 ff. (Stand: 17.11.2000), Kap. 4, S. 821.

12 Für den Verwaltungsbeirat nach § 29 WEG BayObLG, Beschl. v. 16.6.1988 – BReg. 2Z 46/88, BayObLGZ 1988, 212, 214; OLG Düsseldorf, Beschl. v. 31.8.1990 – 3 Wx 257/90, OLGZ 1991, 37, 39; *Maas*, Verwaltungsbeirat, S. 48; *J.-H. Schmidt*, WE 2000, 191; *Seuß* in Bärmann/Seuß, Rz. B 662; Staudinger/*Bub*, § 29 Rz. 35; wohl auch *Dippel/Wolicki*, NZM 1999, 603 f.; ebenso für den fakultativen GmbH-Aufsichtsrat BGH, Urt. v. 13.6.1983 – II ZR 67/82, ZIP 1983, 1063, 1064.

mium, sondern seine *Mitglieder* bestellt werden. Fällt ein Mitglied weg, so sind die Wohnungseigentümer freilich zur Bestellung eines neuen Mitglieds verpflichtet.[13]

Was schließlich den *Vorsitz* im Beirat anbelangt, so gilt Folgendes: Bereits bei der Bestellung der Beiratsmitglieder in der Eigentümerversammlung kann die Gemeinschaft zugleich den Beiratsvorsitzenden bestimmen. Unterbleibt eine derartige Bestimmung, so entscheidet der Beirat selbst darüber, welches seiner Mitglieder ihm vorsitzt.[14] Das Gesetz erwähnt übrigens in § 24 Abs. 3 und Abs. 6 S. 2 WEG nicht nur den Vorsitzenden, sondern auch seinen *Stellvertreter*, der neben der Protokollunterzeichnung immerhin unter anderem für die Einberufung der Eigentümerversammlung zuständig sein kann. Auch ein stellvertretender Vorsitzender sollte daher stets bestimmt werden. Zu unterscheiden hiervon ist die Frage, ob Personen zu *stellvertretenden Beiratsmitgliedern* bestellt werden können. Da das Gesetz dies nicht vorsieht und das Beiratsamt höchstpersönlich wahrzunehmen ist (s. noch IV 2 c), bedarf es hierfür einer Vereinbarung.[15]

b) Persönliche Voraussetzungen für die Bestellung

aa) Eigenschaft als Wohnungseigentümer

Hinsichtlich der persönlichen Voraussetzungen für die Bestellung als Beiratsmitglied fasst sich das Gesetz sehr knapp. Eine Vorgabe enthält allein § 29 Abs. 1 S. 2 WEG, der nur von „Wohnungseigentümern" als Beiratsmitgliedern spricht; ihnen stehen gem. § 1 Abs. 6 WEG Teileigentümer gleich. Gemeint sind damit ausschließlich natürliche Personen. Der Bestellung einer Personen- oder Kapitalgesellschaft oder eines Vereins zum Beiratsmitglied steht entgegen, dass es sich um eine höchstpersönliche Tätigkeit handelt.[16] Bei Per-

13 *Merle* in Bärmann/Pick/Merle, § 29 Rz. 17; Staudinger/*Bub*, § 29 Rz. 34.

14 Staudinger/*Bub*, § 29 Rz. 83.

15 OLG Düsseldorf, Beschl. v. 31.8.1990 – 3 Wx 257/90, OLGZ 1991, 37, 39; *Maas*, Verwaltungsbeirat, S. 48 f.; *Merle* in Bärmann/Pick/Merle, § 29 Rz. 43; Staudinger/*Bub*, § 29 Rz. 15 a, 86.

16 Staudinger/*Bub*, § 29 Rz. 83. Dies übergeht *Maas*, Verwaltungsbeirat, S. 36 f., derzufolge im Umkehrschluss zu § 100 Abs. 1 AktG neben beschränkt Geschäftsfähigen auch juristische Personen Beiratsmitglieder sein können.

sonengesellschaften kann allerdings jeder einzelne Gesellschafter zum Beiratsmitglied bestellt werden, da den Gesellschaftern das Wohnungseigentum in ihrer gesamthänderischen Verbundenheit zusteht.[17] Es besteht auch kein Grund, die Mitglieder von Kapitalanlage-Personengesellschaften, insbesondere die Kommanditisten einer Publikums-KG, hiervon auszunehmen.[18] In der Praxis stellt sich diese Frage freilich ohnehin kaum, da Kapitalanleger meist nicht an der Übernahme eines Beiratsamtes in der Wohnungseigentümergemeinschaft interessiert sind. Praktisch bedeutsamer ist die Frage, ob das Vertretungsorgan einer *Kapitalgesellschaft*, insbesondere: der Geschäftsführer einer GmbH, der das Wohnungseigentum gehört, zum Beiratsmitglied bestellt werden kann. Dies ist zu verneinen,[19] da der Gesetzgeber die Mitgliedschaft im Beirat an die gerade durch die Eigentümerstellung vermittelte besondere Verbundenheit mit den Angelegenheiten der Gemeinschaft geknüpft hat. An einem vergleichbaren qualifizierten Bezug fehlt es aber bei Vertretungsorganen. Dasselbe gilt hinsichtlich der Gesellschafter einer Kapitalgesellschaft, und zwar selbst dann, wenn es sich um eine eingliedrige Gesellschaft handelt. Auch Testamentsvollstrecker, Insolvenzverwalter, Zwangsverwalter und Vergleichsverwalter sind aus den genannten Gründen vorbehaltlich abweichender Vereinbarung nicht taugliche Mitglieder eines Beirats.[20]

Die gesetzliche Vorgabe, dass nur Wohnungseigentümer zu Beiratsmitgliedern bestellt werden können, ist ebenso wie die vorgeschriebene Anzahl von drei Mitgliedern abdingbar.[21] Das Amt kann auch für Nichtwohnungseigentümer geöffnet werden, freilich wiederum nur durch Vereinbarung[22] und nicht etwa durch bestandskräftigen

---

17 Staudinger/*Bub*, § 29 Rz. 79 f.; wohl auch *Bärmann*, Wohnungseigentum, Rz. 666. Entsprechendes gilt für die Mitglieder von Erbengemeinschaften; *Maas*, Verwaltungsbeirat, S. 37.

18 So wohl auch – ohne weiteres – Staudinger/*Bub*, § 29 Rz. 80.

19 So auch *Drasdo*, Verwaltungsbeirat, S. 46; Staudinger/*Bub*, § 29 Rz. 80; a.A. *Maas*, Verwaltungsbeirat, S. 43; *Merle* in Bärmann/Pick/Merle, § 29 Rz. 12 und (zögernd) *H. Müller*, Praktische Fragen, Rz. 543.

20 *Drasdo*, Verwaltungsbeirat, S. 47; Staudinger/*Bub*, § 29 Rz. 79; a.A. *Maas*, Verwaltungsbeirat, S. 44 f.

21 Zu rechtspolitischen Erwägungen, den Beirat bereits im Gesetz für Nichteigentümer zu öffnen, s. BT-Drucks. 13/4712, S. 8.

22 BayObLGZ 1991, 356, 357; KG, Beschl. v. 21.12.1988 – 24 W 1435/88, ZMR 1989, 186; *Bärmann/Pick*, WEG, 15. Aufl. 2001, § 29 Rz. 3; *Bielefeld*, DWE

Mehrheitsbeschluss.[23] Praktisch bedeutsam ist dies etwa im Hinblick auf Ehegatten[24], Bankenvertreter oder Geschäftsführer einer Miteigentümer-GmbH. An die Vereinbarung, durch die der Kreis der möglichen Beiratsmitglieder auf Nichtwohnungseigentümer erstreckt wird, sind allerdings nach den allgemeinen Regeln strenge Anforderungen zu stellen. Insbesondere lässt sich eine stillschweigend oder konkludent getroffene Vereinbarung nur ganz ausnahmsweise annehmen. Diese Frage kann sich in der Praxis dann stellen, wenn *ohne ausdrückliche Vereinbarung* ein Nichteigentümer einstimmig gewählt wird.[25] In der Regel wird man hierin nur eine einmalige Durchbrechung, nicht aber eine generelle Abänderung des gesetzlichen Erfordernisses sehen können.[26] Für eine weiter gehende Auslegung fehlt es typischerweise an einer entsprechenden Regelungsabsicht der Wohnungseigentümer, zumal diese sich des in § 29 Abs. 1 S. 1 WEG aufgestellten Erfordernisses oftmals überhaupt nicht bewusst sind.

Schließlich sei auf eine besondere Gestaltungsmöglichkeit hingewiesen, mit der sich eine Einbeziehung von *Teileigentümern* sicherstellen lassen kann: Durch Vereinbarung kann festgelegt werden, dass dem Beirat zwingend ein Teileigentümer angehören muss.[27] Der gesamte Beirat ist in diesem Fall erst dann wirksam gebildet, wenn ein Teileigentümer zum Beiratsmitglied bestellt ist.[28]

1988, 14; *Gerauer*, ZMR 1995, 293, 294; *Maas*, Verwaltungsbeirat, S. 39; *Merle* in Bärmann/Pick/Merle, § 29 Rz. 14 f.; Staudinger/*Bub*, § 29 Rz. 13, 79.

23 So noch BayObLG, Beschl. v. 3.5.1972 – BReg. 2 Z 7/72, BayObLGZ 1972, 161, 163 f.; ebenso *H. Müller*, Praktische Fragen, Rz. 543; offenbar auch *Röll* in MünchKomm-BGB, § 29 Rz. 3.

24 Auch diese können ohne entsprechende Vereinbarung nicht zu Beiratsmitgliedern bestellt werden; a.A. *Brych*, PiG 32, S. 39, 42 f.

25 So etwa im Sachverhalt von BayObLG, Beschl. v. 3.5.1972 – BReg. 2 Z 7/72, BayObLGZ 1972, 161.

26 Zutr. KG, Beschl. v. 21.12.1988 – 24 W 1435/88, ZMR 1989, 186, 187.

27 Beispiel bei AG Bielefeld, Beschl. v. 24.2.1995 – 3 II (WEG) 104/94, ZMR 1996, 154.

28 AG Bielefeld, Beschl. v. 24.2.1995 – 3 II (WEG) 104/94, ZMR 1996, 154, 155.

bb) Sonstige Voraussetzungen

Einigkeit besteht darüber, dass der *Verwalter* nicht zum Beiratsmitglied bestellt werden kann.[29] Dies folgt zwingend aus der gesetzlichen Aufgabenstellung des Beirats, derzufolge dessen Mitglieder den Verwalter zu unterstützen und zu kontrollieren haben (§ 29 Abs. 2, 3 WEG). Ist der Verwalter eine juristische Person, so können deren *Geschäftsführer* nicht Beiratsmitglieder sein.[30] Dasselbe gilt für ihre *Gesellschafter*; die Gegenansicht[31] vernachlässigt den Umstand, dass der GmbH-Geschäftsführer unmittelbar an die Weisungen der Gesellschafter gebunden ist (vgl. §§ 6 Abs. 3, 37 Abs. 1, 38 Abs. 1, § 46 Nr. 5 und 6) und dass Letztere auch bei einer AG über die Einsetzung des Aufsichtsrats (§ 119 Abs. 1 Nr. 1 AktG), der wiederum den Vorstand bestellt (§ 84 AktG), zumindest mittelbaren Einfluss auf die Geschäftsführung ausüben.

Der Eigentümergemeinschaft steht es frei, durch Vereinbarung besondere persönliche Voraussetzungen für die Bestellung zum Beiratsmitglied aufzustellen.[33] In Betracht kommt etwa eine bestimmte *Mindestdauer* der Zugehörigkeit zur Gemeinschaft, die *Eigennutzung* der Wohnung[33] oder eine besondere fachliche *Qualifikation*, beispielsweise als Betriebswirt oder Jurist.

2. Bestellungsakt

a) Mehrheitsbeschluss der Wohnungseigentümer

aa) Ankündigung in der Tagesordnung

Die Beschlussfassung über die Bestellung der Beiratsmitglieder ist in der Tagesordnung anzukündigen (§ 23 Abs. 2 WEG).[34] Die einzel-

29 *Bärmann*, Wohnungseigentum, Rz. 666; *Kahlen*, GE 1986, 26; *Merle* in Bärmann/Pick/Merle, § 29 Rz. 13; Staudinger/*Bub*, § 29 Rz. 81; Weitnauer/*Lüke*, WEG, 8. Aufl. 1995, § 29 Rz. 3. S. auch OLG Frankfurt, Beschl. v. 27.10.1987 – 20 W 448/86, OLGZ 1988, 188, 189 und *Bertram*, DWE 1989, 6 (beide zum „Bauausschuss" als Sonder-Verwaltungsbeirat).

30 *Maas*, Verwaltungsbeirat, S. 41; *Merle* in Bärmann/Pick/Merle, § 29 Rz. 13.

31 *Maas*, Verwaltungsbeirat, S. 41; insoweit unklar Staudinger/*Bub*, § 29 Rz. 81 (das Verbot gelte „nicht für den Gesellschafter, sondern auch für den Alleingesellschafter einer juristischen Person, die Verwalter ist").

32 Anders § 26 Abs. 1 S. 4 WEG für den Verwalter.

33 Die Bedeutung dieses Kriteriums betont *Brych*, PiG 32, S. 39, 43.

34 *Drasdo*, Verwaltungsbeirat, S. 32.

nen Kandidaten müssen allerdings nicht im Voraus benannt werden.[35] Für den ersten der beiden eingangs gebildeten Beispielsfälle, dass während einer Versammlung die Frage der Bestellung eines neuen Beiratsmitglieds aufkommt, folgt daraus, dass ein ad hoc gefasster Beschluss über die Neubestellung eines Beiratsmitgliedes anfechtbar wäre.

bb) Mehrheitserfordernis

Die Wohnungseigentümer beschließen vorbehaltlich abweichender Vereinbarung[36] „durch Stimmenmehrheit" – wie es in § 29 Abs. 1 S. 1 WEG heißt – über die Bestellung des Beirats. Es gelten damit die allgemeinen Regeln: Ausschlaggebend ist die *einfache* Mehrheit der anwesenden stimmberechtigten Wohnungseigentümer; Enthaltungen werden also nicht mitgezählt. Zwar betrifft die gesetzliche Regelung unmittelbar nur die Entscheidung darüber, ob die Gemeinschaft überhaupt einen Beirat haben soll.[37] Das einfache Mehrheitsprinzip – als Regelprinzip des WEG[38] – gilt jedoch in gleicher Weise für die Bestellung der Beiratsmitglieder.[39] Sofern in der Literatur teilweise abweichende Ansichten vertreten werden, vermögen diese nicht zu überzeugen. Das gilt zum einen für die Meinung, dass eine *relative* Mehrheit genüge, da es sich um eine Wahl handele.[40] Letzteres trifft gerade nicht zu: Es geht um die Bestellung von Organmitgliedern durch Beschluss; die Kategorie der Wahl ist dem WEG als Entscheidungsform unbekannt.[41] Abzulehnen ist auch die Auffas-

35 Staudinger/*Bub*, § 29 Rz. 26.

36 Vgl. dazu BayObLG, Beschl. v. 21.10.1993 – 2 Z BR 103/93, ZMR 1994, 69 f.

37 *Maas*, Verwaltungsbeirat, S. 24; *Merle* in Bärmann/Pick/Merle, § 29 Rz. 4, 18.

38 S. nur BGH, Beschl. v. 8.12.1988 – V ZB 3/88, BGHZ 106, 179, 183 ff. = JR 1989, 325 mit zust. Anm. *Merle* (betr. Beschlussfassung nach § 25 WEG); OLG Celle RPfl 1983, 271; *Schmidt* BlGBW 1980, 25.

39 OLG Schleswig, Beschl. v. 14.5.1986 – 2 W 123/85, DWE 1987, 133, 134 (ohne weiteres); *Maas*, Verwaltungsbeirat, S. 79 f.; *Merle* in Bärmann/Pick/Merle, § 29 Rz. 19; Staudinger/*Bub*, § 29 Rz. 25; Weitnauer/*Lüke*, § 29 Rz. 2.

40 *H. Müller*, Praktische Fragen, Rz. 539. Wird auf der Grundlage dieser Ansicht ein entsprechendes Beschlussergebnis verkündet, so ist der verkündete Beschluss anfechtbar; *Merle* in Bärmann/Pick/Merle, § 29 Rz. 19.

41 Zutr. *Gerauer*, ZMR 1995, 293. Bezeichnenderweise spricht *H. Müller* (Praktische Fragen, Rz. 539) denn auch an einer Stelle von einem „Wahlbeschluss".

sung, derzufolge im Hinblick auf „allgemein gültige Grundsätze des Gesellschafts- oder Vereinsrechts" eine *absolute* Mehrheit, verstanden als Mehrheit der anwesenden Stimmberechtigten,[42] erforderlich sein soll.[43] Der Unterschied zum hier befürworteten einfachen Mehrheitserfordernis liegt darin, dass bei einer geforderten absoluten Mehrheit der anwesenden Stimmberechtigten Enthaltungen im Ergebnis wie Neinstimmen zu werten wären. Auch im Gesellschaftsrecht entscheidet jedoch die Mehrheit der abgegebenen Stimmen (§§ 47 Abs. 1, 53 Abs. 2 S. 1 GmbHG, § 133 Abs. 1 AktG, §§ 16 Abs. 2, 43 Abs. 2 S. 1 GenG), wobei Enthaltungen nicht mitgezählt werden.[44] Der Hinweis auf das Gesellschaftsrecht rechtfertigt daher gerade kein vom einfachen Mehrheitserfordernis abweichendes Ergebnis für das Wohnungseigentumsrecht.[45] Dasselbe gilt trotz des insoweit missverständlichen Wortlauts von § 32 Abs. 1 S. 3 BGB nach zutreffender Ansicht[46] im Vereinsrecht. Wie der BGH[47] überzeugend dargelegt hat, geht derjenige, der sich bei der Abstimmung in einem Verein der Stimme enthält, davon aus, dass seine Stimme gerade keinen Einfluss auf das Ergebnis der Abstimmung ausübt.

cc) Zulässigkeit der „Blockwahl"

In der Praxis wird häufig die komplette Liste der Kandidaten zur Abstimmung gestellt, sog. „Blockwahl". Im Schrifttum besteht Streit darüber, ob dies zulässig ist.[48] Dafür spricht, dass das Verfahren

42 Zu den unterschiedlichen Bedeutungen des Begriffs „absolute Mehrheit" s. *Sauter/Schweyer*, Der eingetragene Verein, 16. Aufl. 1997, Rz. 208.

43 *Drasdo*, Verwaltungsbeirat, S. 33 f., in ausdrücklicher Abgrenzung zu denjenigen Stimmen, die einen (einfachen) Mehrheitsbeschluss für ausreichend erachten, wie etwa Staudinger/*Bub*, § 29 Rz. 30.

44 Statt vieler *Hüffer*, AktG, 4. Aufl. 1999, § 133 Rz. 12; *Zöllner* in Baumbach/Hueck, GmbHG, 17. Aufl. 2000, § 47 Rz. 14.

45 Palandt/*Heinrichs*, BGB, 60. Aufl. 2001, § 32 Rz. 7: Für die Beschlussfassung nach § 32 Abs. 1 S. 3 maßgeblich ist die Mehrheit der erschienenen Mitglieder, wobei Mitglieder, die sich der Stimme enthalten, wie nicht erschienene Mitglieder behandelt werden.

46 BGH, Urt. v. 25.1.1982 – II ZR 164/81, BGHZ 83, 35, 36 f. = NJW 1982, 1585; *Sauter/Schweyer*, Der eingetragene Verein, Rz. 206; a.A. *Stöber*, Handbuch zum Vereinsrecht, 8. Aufl. 2000, Rz. 528.

47 Urt. v. 25.1.1982 – II ZR 164/81, BGHZ 83, 35, 36 f. = NJW 1982, 1585.

48 Gegen Zulässigkeit der „Blockwahl" *Drasdo*, Verwaltungsbeirat, S. 35; *ders.*, WuM 1997, 641 f.; *Merle* in Bärmann/Pick/Merle, § 29 Rz. 19; ebenso

beschleunigt wird, wenn die Wohnungseigentümer sich über die Zusammensetzung des Beirats mehrheitlich einig sind. Zudem kommen auch keine persönlichen Misshelligkeiten auf, wenn die Beiratsmitglieder mit einheitlichen Stimmverhältnissen bestellt werden. Andererseits soll das Mehrheitsprinzip sicherstellen, dass der Beirat das Vertrauen der überwiegenden Zahl der Wohnungseigentümer genießt. Es ist durchaus möglich, dass die Mehrheit der Wohnungseigentümer einen bestimmten Kandidaten nicht zum Beiratsmitglied bestellen möchte, andererseits aber auch ein Scheitern der gesamten Beiratsbestellung vermeiden will und sich deshalb bei einer „Blockwahl“ zur Ja-Stimme genötigt sieht. Sachgerecht erscheint es daher, die Bestellung zum Beiratsmitglied einzeln vorzunehmen, falls auch nur ein einziger Wohnungseigentümer dies verlangt. Persönlichen Verstimmungen kann dann dadurch vorgebeugt werden, dass – gleichfalls auf Verlangen mindestens eines Wohnungseigentümers – die Abstimmung geheim stattfindet.[49] Dem Versammlungsleiter obliegt es nämlich, sofern er nicht durch eine Vereinbarung der Wohnungseigentümer gebunden ist, das Abstimmungsverfahren in einer sachdienlichen Weise auszugestalten. Bei der Bestellung der Mitglieder des Verwaltungsbeirats geht es um eine Entscheidung über eine persönliche Vertrauensstellung. Begehrt ein Wohnungseigentümer, dass einzeln und geheim abgestimmt wird, so ist das darin regelmäßig zum Ausdruck kommende Anliegen, zur Vermeidung persönlicher Konflikte seine Vorbehalte gegenüber bestimmten Kandidaten nicht vor der Gemeinschaft offen legen zu müssen, zu respektieren.[50] Der Versammlungsleiter muss dann nicht erst einen Mehrheitsbeschluss[51] herbeiführen, um eine einzeln und geheim erfolgende Abstimmung durchzuführen.

---

für Parteiorgane BGH, Urt. v. 17.12.1973 – II ZR 477/71, NJW 1974, 183 ff.; für den Vorstand einer Rechtsanwaltskammer BGH, Beschl. v. 13.4.1992 – AnwZ (B) 2/92, BGHZ 118, 121, 124; für die Listenwahl eines Vereinsvorstandes OLG Frankfurt, Beschl. v. 16.4.1984 – 20 W 861/83, RPfl 1984, 360. Für Zulässigkeit der „Blockwahl“ hingegen LG Schweinfurt WuM 1997, 641; Staudinger/*Bub*, § 29 Rz. 30.

49 Für geheime Abstimmung als Grundregel *Brych*, PiG 32, S. 39, 44.

50 Im Verhältnis der Wohnungseigentümer untereinander lässt sich das Gebot, auf Verlangen einzeln und geheim abzustimmen, daher durchaus als Ausfluss der wohnungseigentumsrechtlichen Treuepflicht (s. dazu *Armbrüster* in Festschrift Merle, 2000, S. 1 ff.) ansehen.

51 Vgl. zur Möglichkeit eines solchen Beschlusses *Maas*, Verwaltungsbeirat, S. 79 f.; Staudinger/*Bub*, § 29 Rz. 17.

In dieser flexiblen Lösung lässt sich der Ausdruck eines allgemeinen Prinzips zur Konfliktvermeidung in der Wohnungseigentümergemeinschaft sehen: Man sollte für die Praxis in den unproblematischen Fällen keine unnötigen Hürden aufbauen, andererseits den berechtigten Interessen einzelner Wohnungseigentümer Rechnung tragen – die Betroffenen sollen sich dann aber rechtzeitig, also in der Eigentümerversammlung und nicht erst bei Gericht, mit ihrem Anliegen melden. Ein entsprechender Hinweis des Verwalters kann dabei viel zur Vermeidung unnötiger Rechtsstreitigkeiten beitragen.

dd) Stimmberechtigung

Bei der Abstimmung kann jeder Kandidat selbst mitstimmen.[52] Stimmberechtigt ist auch der Verwalter, wenn er zugleich Wohnungseigentümer ist.[53]

ee) Verstoß gegen die Grundsätze ordnungsgemäßer Verwaltung

Wird ein Kandidat mehrheitlich gewählt, obwohl zu den überstimmten Wohnungseigentümern keinerlei Vertrauensverhältnis besteht, kann die Bestellung den Grundsätzen ordnungsgemäßer Verwaltung widersprechen (§ 21 Abs. 3 WEG).[54]

b) Annahme der Bestellung durch das Beiratsmitglied

Nimmt das Beiratsmitglied die Bestellung an, so übernimmt es damit die den Beirat kraft Gesetzes treffenden Pflichten (s. dazu die nachfolgenden Ausführungen von *Drasdo*). Die Annahme kann auch schlüssig erklärt werden.[55] Fehlt es an einer Annahme – praktisch wichtig ist dies vor allem bei in ihrer Abwesenheit zu Beiratsmitglie-

52 *Maas*, Verwaltungsbeirat, S. 88 ff.; *H. Müller*, Praktische Fragen, Rz. 540; Staudinger/*Bub*, § 29 Rz. 31.

53 *Maas*, Verwaltungsbeirat, S. 86; *H. Müller*, Praktische Fragen, Rz. 540; Staudinger/*Bub*, § 29 Rz. 31.

54 BayObLG WuM 1990, 322; *Niedenführ* in Niedenführ/Schulze, § 29 Rz. 2; *Merle* in Bärmann/Pick/Merle, § 29 Rz. 21; Staudinger/*Bub*, § 29 Rz. 38.

55 Staudinger/*Bub*, § 29 Rz. 32.

dern bestellten Wohnungseigentümern –, so wird auch die Organstellung nicht begründet.[56]

c) *Wirksamwerden der Bestellung*

Mit der Annahme der Bestellung ist der Wohnungseigentümer nicht zwangsläufig sofort Beiratsmitglied. Die Bestellung kann für einen künftigen Zeitpunkt erfolgen. Sie kann auch aufschiebend bedingt sein. Als Bedingung kommt insbesondere das Ausscheiden eines Beiratsmitglieds in Betracht.[57] In diesem Fall bedarf es für die Bestellung eines Ersatzbeiratsmitgliedes („Nachrückers") keiner dies gestattenden Vereinbarung;[58] aus dem Fehlen einer dem § 101 Abs. 3 AktG entsprechenden Regelung darf insoweit kein Umkehrschluss gezogen werden.[59] Es ist wiederum zu beachten, dass die Regelungsdichte des WEG – gerade soweit es um den Beirat geht – in keiner Weise mit derjenigen gesellschaftsrechtlicher Gesetzeswerke wie des AktG vergleichbar ist.

3. Schuldrechtlicher Beiratsvertrag

Ähnlich wie bei der Bestellung anderer Organe – namentlich des Verwalters –, lassen sich auch bei Beiratsmitgliedern zwei Rechtsverhältnisse unterscheiden:[60] Neben die gerade erörterte Organstellung tritt ein *schuldrechtlicher Vertrag* (Auftrag oder entgeltliche Geschäftsbesorgung). Dieser Vertrag kommt mit der Annahme der Bestellung durch das Beiratsmitglied zumindest stillschweigend zustande.[61] Praktische Bedeutung hat die Unterscheidung zwischen den Organpflichten und den Pflichten aus dem Beiratsvertrag zum einen dann, wenn in Letzterem besondere Vereinbarungen getroffen

56 *Gerauer*, ZMR 1995, 293, 294; *Maas*, Verwaltungsbeirat, S. 53, 63; Staudinger/*Bub*, § 29 Rz. 32.

57 *Maas*, Verwaltungsbeirat, S. 49; *Merle* in Bärmann/Pick/Merle, § 29 Rz. 23; Staudinger/*Bub*, § 29 Rz. 15 a.

58 *Maas*, Verwaltungsbeirat, S. 50; Staudinger/*Bub*, § 29 Rz. 15 a.

59 So aber *Drasdo*, Verwaltungsbeirat, S. 41; *ders.* in Deckert, ETW 4, S. 823.

60 *Merle* in Bärmann/Pick/Merle, § 29 Rz. 18; abw. *Gerauer*, ZMR 1995, 293.

61 *Merle* in Bärmann/Pick/Merle, § 29 Rz. 24. Insoweit unklar *Maas*, Verwaltungsbeirat, S. 55 ff., 64.

werden, zum anderen dann, wenn die Organstellung beendet ist, der Beiratsvertrag aber noch besteht (s. dazu III 3).

III. Beendigung der Mitgliedschaft, insbesondere: Abberufung

Die Frage nach der Abberufung eines Beiratsmitglieds durch die Eigentümergemeinschaft stellt sich nur dann, wenn die Mitgliedstellung im Beirat nicht bereits aufgrund eines anderen Tatbestandes beendet ist. Im Folgenden sollen daher zunächst die sonstigen Beendigungsgründe kurz dargestellt werden (s. dazu auch den Beitrag von *Bub*, S. 1 ff.).

1. Automatische Beendigung

a) Fristablauf

Das Gesetz gibt keine Höchstdauer der Bestellung zum Beiratsmitglied vor (anders als für die Bestellung zum Verwalter: maximal fünf Jahre, § 26 Abs. 1 S. 2 WEG). War die Bestellung auf Zeit erfolgt, so endet die Mitgliedstellung automatisch mit Ablauf der Frist. Entsprechendes gilt für die Bestellung unter einer auflösenden Bedingung. Die Amtsstellung ist im Übrigen höchstpersönlich[62] und damit auch nicht vererblich.[63]

b) Wegfall der persönlichen Voraussetzungen

Wird ein Beiratsmitglied zum Verwalter bestellt, so endet mit Antritt dieses Amtes seine Mitgliedschaft im Beirat.[64] Entsprechendes gilt vorbehaltlich abweichender Vereinbarung, wenn ein Mitglied die Stellung als Wohnungseigentümer verliert.[65] Letzteres ist freilich

62 Staudinger/*Bub*, § 29 Rz. 4.
63 Staudinger/*Bub*, § 29 Rz. 49.
64 Staudinger/*Bub*, § 29 Rz. 45.
65 BayObLG, Beschl. v. 5.11.1992 – 2 Z BR 77/92, BayObLGZ 1992, 336, 340 (unter zutr. Hinweis darauf, dass die Mitgliedschaft bei einem erneuten Eintritt in die Eigentümergemeinschaft nicht automatisch wieder auflebt; dem folgend z. B. Staudinger/*Bub*, § 29 Rz. 44a); Bärmann/*Pick*, § 29 Rz. 3;

umstritten. Als Gegenargument wird vorgebracht, es sei „nicht einzusehen, wieso eine erfolgte Entlohnung [des Beiratsmitgliedes, Anm. des Verf.] nicht auch zur Einhaltung der Erfüllung [seiner Pflichten als Beiratsmitglied, Anm. des Verf.] führen"[66] solle. Indessen liegt darin kein überzeugender Grund, die Mitgliedschaft im Beirat über die Zeitdauer der Stellung als Wohnungseigentümer hinaus auszudehnen. Entscheidend gegen eine solche Ausdehnung spricht der Aspekt, dass es sich um eine Vertrauensstellung handelt, die mit weitreichenden Einsichts- und Informationsrechten verbunden ist. Es ist nicht ersichtlich, wieso einem nach seinem Ausscheiden aus der Gemeinschaft nicht mehr legitim persönlich interessierten ehemaligen Beiratsmitglied weiterhin der Zugang zu diesen Informationen verschafft werden sollte. Entsprechendes gilt hinsichtlich der dem Beirat zukommenden Einflussmöglichkeiten. Das Gesetz hat die Beiratsstellung in § 29 Abs. 1 S. 2 WEG bewusst ausschließlich Wohnungseigentümern eröffnet. Hinzu kommt, dass in einem entgeltlichen Beiratsvertrag – der in der Praxis ohnehin den Ausnahmefall darstellt – ohne weiteres vereinbart werden kann, dass auch die Rechte und Pflichten aus dem Beiratsvertrag enden, wenn das Beiratsmitglied aus der Eigentümergemeinschaft ausscheidet.

Haben die Wohnungseigentümer nach § 18 WEG die *Entziehung* des Wohnungseigentums beschlossen, so führt nicht bereits dieser Beschluss zum Verlust der Beiratsstellung. Allerdings wird der Entziehungsgrund in aller Regel zugleich auch bei entgeltlicher Bestellung die außerordentliche Abberufung aus wichtigem Grund rechtfertigen (dazu sogleich).

2. Gewillkürte Beendigung

a) Niederlegung des Beiratsamtes

Das Beiratsmitglied kann sein unentgeltlich übernommenes Amt grundsätzlich jederzeit niederlegen,[67] und zwar nach den Regeln

Maas, Verwaltungsbeirat, S. 67. Maßgeblich ist der Zeitpunkt der Eigentumsumschreibung im Grundbuch.

66 *Sauren*, WEG, 3. Aufl. 1999, § 29 Rz. 6.

67 KG, Beschl. v. 8.1.1997 – 24 W 7947/95, GE 1997, 375; *Maas*, Verwaltungsbeirat, S. 77 f.; *Merle* in Bärmann/Pick/Merle, § 29 Rz. 30; Staudinger/*Bub*, § 29 Rz. 46.

über die Kündigung eines Auftrages durch den Beauftragten (§ 671 Abs. 1 BGB). Es handelt sich um eine einseitige Erklärung mit Gestaltungswirkung: Mit Zugang der Erklärung bei der Eigentümergemeinschaft, die durch den Verwalter gesetzlich vertreten wird, endet die Mitgliedschaft. In dem eingangs erwähnten ersten Beispielsfall ist der Wohnungseigentümer daher ausgeschieden, vorausgesetzt, seine Erklärung ist tatsächlich als Niederlegung des Beiratsamtes zu verstehen. Eine Anfechtung der Erklärung entsprechend § 119 BGB würde einen Irrtum voraussetzen. Dafür ist in dem Beispielsfall nichts ersichtlich.

b) Abberufung durch die Gemeinschaft

aa) Grundsatz

Ebenso wie die Bestellung können die Wohnungseigentümer auch die Abberufung durch einfachen Mehrheitsbeschluss vornehmen,[68] und zwar nicht nur diejenige des Beirats im Ganzen, sondern auch eines einzelnen Beiratsmitgliedes.[69] Dabei ist der betroffene Wohnungseigentümer ebenso wie bei seiner Bestellung selbst stimmberechtigt.

bb) Voraussetzungen

Eine Abberufung von Beiratsmitgliedern ist vorbehaltlich abweichender Vereinbarung (s. dazu § 2 Abs. 4 des nachstehend abgedruckten Vorschlags für ein Beiratsstatut) *jederzeit* möglich.[70] Dies gilt im Hinblick auf die mit dem Beiratsamt verbundene besondere Vertrauensstellung auch vor Ablauf einer vereinbarten Frist;[71] eines

---

68 OLG Zweibrücken, Beschl. v. 10.6.1987 – 3 W 53/87, NJW-RR 1987, 1366, 1367; KG, Beschl. v. 8.1.1997 – 24 W 7947/95, GE 1997, 375 (entsprechende Anwendung von § 671 Abs. 1 BGB); *Merle* in Bärmann/Pick/Merle, § 29 Rz. 27 f.

69 Zutr. OLG Zweibrücken, Beschl. v. 10.6.1987 – 3 W 53/87, NJW-RR 1987, 1366, 1367.

70 OLG Zweibrücken, Beschl. v. 10.6.1987 – 3 W 53/87, NJW-RR 1987, 1366, 1367; *Bärmann/Pick*, § 29 Rz. 2.

71 *Niedenführ* in Niedenführ/Schulze, § 29 Rz. 3; Staudinger/*Bub*, § 29 Rz. 42 (2. Abs., abweichend aber offenbar im 3. Abs. zum entgeltlichen Ge-

wichtigen Grundes bedarf es nicht (§ 671 Abs. 1 BGB).[72] Die Abberufung darf freilich nicht willkürlich erfolgen. Dies folgt aus der Bindung an die Grundsätze ordnungsgemäßer Verwaltung (§ 21 Abs. 3 WEG). Die Regel der jederzeitigen Abberufbarkeit gilt entgegen einer im Schrifttum vertretenen Ansicht[73] auch dann, wenn das Beiratsmitglied eine Vergütung erhält. Allerdings wird in diesem Fall eine grundlose Abberufung regelmäßig gegen die Grundsätze ordnungsgemäßer Verwaltung verstoßen, wenn das Entgelt weitergezahlt werden muss. Stets im Rahmen ordnungsgemäßer Verwaltung bewegt sich hingegen auch bei entgeltlicher Beiratsstellung eine *außerordentliche* Abberufung. Sie setzt voraus, dass den übrigen Wohnungseigentümern die weitere Zusammenarbeit mit dem Beiratsmitglied unzumutbar ist, weil die Vertrauensgrundlage entfallen ist.[74] Das Recht zu einer derartigen außerordentlichen Abberufung aus wichtigem Grund ist nicht abdingbar.[75] Bei der Beschlussfassung über die außerordentliche Abberufung hat das betroffene Beiratsmitglied gemäß einem allgemeinen verbandsrechtlichen Grundsatz (vgl. §§ 117, 127, 140 HGB; § 712 Abs. 1 BGB) kein Stimmrecht.[76]

3. Auswirkungen auf den schuldrechtlichen Beiratsvertrag

Mit der Beendigung des Amtes ist in der Regel die Beendigung des schuldrechtlichen Beiratsvertrages verbunden.[77] Anders ist dies, wenn das Beiratsmitglied eine Vergütung erhält: Mit der (bestandskräftigen) Abberufung ohne wichtigen Grund endet dann die Organ-

---

schäftsbesorgungsvertrag); wohl auch Weitnauer/*Lüke*, § 29 Rz. 2; a.A. *Merle* in Bärmann/Pick/Merle, § 29 Rz. 28 f.

72 Staudinger/*Bub*, § 29 Rz. 42; a.A. *Kahlen*, GE 1986, 26, 27.

73 Staudinger/*Bub*, § 29 Rz. 42 (3. Absatz, insoweit ohne klare Differenzierung zwischen Abberufung aus der Organstellung und Kündigung des zugrunde liegenden entgeltlichen Beiratsvertrages).

74 Die außerordentliche Abberufung kann nicht durch Vereinbarung ausgeschlossen oder auch nur erschwert werden; *Merle* in Bärmann/Pick/Merle, § 29 Rz. 29.

75 *Maas*, Verwaltungsbeirat, S. 71.

76 *Drasdo*, Verwaltungsbeirat, S. 146 f.; *Maas*, Verwaltungsbeirat, S. 92; *Merle* in Bärmann/Pick/Merle, § 29 Rz. 27; Staudinger/*Bub*, § 29 Rz. 42.

77 *Merle* in Bärmann/Pick/Merle, § 29 Rz. 31. Vgl. für die Amtsniederlegung eines GmbH-Geschäftsführers BGH, Urt. v. 14.7.1980 – II ZR 161/79, BGHZ 78, 82, 84.

stellung sofort, während das Geschäftsbesorgungsverhältnis bis zum Ablauf der Kündigungsfrist nach § 621 BGB fortbesteht.[78]

IV. Willensbildung und Beschlussfassung im Beirat

1. Einberufung und Durchführung von Beiratssitzungen

Der Vorsitzende beruft „nach Bedarf" die Beiratssitzungen ein (§ 29 Abs. 4 WEG). Es ist also keine fixe Zahl von Sitzungen vorgeschrieben. Aus der Aufgabe, Wirtschaftsplan und Abrechnung zu prüfen, folgt aber, dass mindestens eine Sitzung pro Wirtschaftsjahr abzuhalten ist.[79] Umstritten ist, ob der *Verwalter* die Einberufung des Beirats verlangen kann.[80] Für ein solches Recht wird vorgebracht, dass der Beirat den Verwalter zu unterstützen hat.[81] Dagegen spricht aber entscheidend, dass der Verwalter weder einen Anspruch auf Errichtung eines Beirats hat noch diesem angehören darf. Ein *Wohnungseigentümer* wird nur ganz ausnahmsweise, gestützt auf § 21 Abs. 4 WEG, die Einberufung einer Beiratssitzung verlangen können.[82]

Was die Form und Frist der Einberufung angeht, so enthält das Gesetz keine Vorgaben. Insoweit sind zwar grundsätzlich die Regeln für die Einberufung der Eigentümerversammlung (§ 24 Abs. 4 WEG) entsprechend heranzuziehen.[83] Demnach hat die Einladung grundsätzlich schriftlich mindestens eine Woche vor der Sitzung unter Angabe der Tagesordnung (vgl. § 23 Abs. 2 WEG) zu erfolgen. In der Praxis wird freilich hiervon meist stillschweigend abgewichen,

78 *Maas*, Verwaltungsbeirat, S. 73; *Merle* in Bärmann/Pick/Merle, § 29 Rz. 32.

79 *Maas*, Verwaltungsbeirat, S. 109 f.; *Merle* in Bärmann/Pick/Merle, § 29 Rz. 36; Staudinger/*Bub*, § 29 Rz. 129.

80 Dafür Staudinger/*Bub*, § 29 Rz. 130; dagegen *Bärmann*, Wohnungseigentum, Rz. 666; *Drasdo*, Verwaltungsbeirat, S. 64; *Maas*, Verwaltungsbeirat, S. 110; *Merle* in Bärmann/Pick/Merle, § 29 Rz. 38.

81 Staudinger/*Bub*, § 29 Rz. 130.

82 *Maas*, Verwaltungsbeirat, S. 111 ff.; *Merle* in Bärmann/Pick/Merle, § 29 Rz. 38; Staudinger/*Bub*, § 29 Rz. 130; generell einen Anspruch ablehnend *Bärmann/Pick*, § 29 Rz. 14.

83 *Bärmann*, Wohnungseigentum, Rz. 666; *Drasdo*, Verwaltungsbeirat, S. 64; *Merle* in Bärmann/Pick/Merle, § 29 Rz. 39; der Sache nach auch Staudinger/*Bub*, § 29 Rz. 136; *Kahlen*, GE 1988, 859, 861 (a.A. aber ders., GE 1986, 26, 27).

was – anders als hinsichtlich der Eigentümerversammlung – ohne weiteres möglich ist.[84] Die formalen Regeln für die Einberufung einer Beiratssitzung können schon deshalb weniger streng sein, weil es sich um ein überschaubares Gremium mit begrenzten Aufgaben handelt.

Versammlungsleiter ist in der Regel der Vorsitzende des Beirats.[85] Zur *Teilnahme* an den Beiratssitzungen sind der Verwalter oder Dritte nur berechtigt, wenn sie in der Geschäftsordnung oder durch Beiratsbeschluss zugelassen sind.[86] Eine Regel, wonach der Verwalter grundsätzlich an den Sitzungen teilnehmen sollte,[87] ist abzulehnen;[88] damit würde die Unterstützungsfunktion des Beirats (vgl. § 29 Abs. 2 WEG) gegenüber seiner Kontrollfunktion (vgl. § 29 Abs. 3 WEG) allzu sehr in den Vordergrund gerückt. Ein souveräner Verwalter drängt sich nicht gegen den erklärten Willen der Beiratsmitglieder auf. In der Praxis kommt es insoweit freilich nur selten zu Konflikten; meist sehen beide Seiten in der Anwesenheit des anderen Organs eine Unterstützung und nicht eine Behinderung der Erfüllung ihrer eigenen Aufgaben.

2. Abstimmung

a) Beschlussfähigkeit

Beschlussfähig ist der Beirat nach verbreiteter Ansicht[89] dann, wenn mehr als die Hälfte der Mitglieder erschienen sind (analoge Anwendung von § 25 Abs. 3 WEG). Richtigerweise muss es indessen genügen, wenn mehr als die Hälfte der Mitglieder sich an der Abstimmung beteiligen; eine persönliche Anwesenheit ist nicht erforderlich.[90] Es wäre nämlich inkonsequent, einerseits zutreffend

84 *Kahlen*, GE 1986, 26, 27; Staudinger/*Bub*, § 29 Rz. 137.

85 *Maas*, Verwaltungsbeirat, S. 115; *Merle* in Bärmann/Pick/Merle, § 29 Rz. 40; Staudinger/*Bub*, § 29 Rz. 138.

86 *Maas*, Verwaltungsbeirat, S. 122; *Merle* in Bärmann/Pick/Merle, § 29 Rz. 44; Staudinger/*Bub*, § 29 Rz. 140.

87 Staudinger/*Bub*, § 29 Rz. 140.

88 Vgl. auch *Maas*, Verwaltungsbeirat, S. 122 f. (gegen die Zulässigkeit der Einräumung eines generellen Anwesenheitsrechts durch die Gemeinschaft).

89 *Maas*, Verwaltungsbeirat, S. 116; *Merle* in Bärmann/Pick/Merle, § 29 Rz. 41; *Niedenführ* in Niedenführ/Schulze, § 29 Rz. 16.

90 Staudinger/*Bub*, § 29 Rz. 141.

die telefonische oder schriftliche Stimmabgabe für zulässig zu halten (s. sogleich c), andererseits jedoch für die Beschlussfähigkeit auf persönlichem Erscheinen zu bestehen. Zwar ist es richtig, dass in der Regel die Beiratsmitglieder unter dem Eindruck einer mündlichen Aussprache ihre Meinung leichter bilden oder ändern können. In der Praxis treffen sich die Beiratsmitglieder daher meist zu Sitzungen. Indessen erscheint es bei einem so überschaubaren Gremium wie dem Beirat im Interesse einer Erleichterung der Beschlussfassung – nicht zuletzt bei eilbedürftigen Angelegenheiten – nicht als sachgerecht, ein persönliches Zusammentreffen der Mehrheit *zwingend* vorzuschreiben. Ebenso wie hinsichtlich der Einberufung der Beiratssitzungen (oben 1) sollte man auch bezüglich der Beschlussfähigkeit das Organisationsrecht des Beirats von zwingenden Regeln möglichst freihalten.

b) *Stimmberechtigung*

Stimmberechtigt ist grundsätzlich jedes Beiratsmitglied. Nach allgemeinen Grundsätzen ist ein Mitglied aber von der Abstimmung ausgeschlossen, sofern es um die Vornahme oder Abwicklung eines auf das Gemeinschaftseigentum bezogenen Rechtsgeschäfts mit ihm geht (z.B. Erteilung der Zustimmung zur Veräußerung) oder um einen Rechtsstreit der anderen Wohnungseigentümer gegen ihn (vgl. § 5 Abs. 3 des nachstehend abgedruckten Vorschlags für ein Beiratsstatut).

c) *Abstimmungsverfahren*

Was das Abstimmungsverfahren angeht, so herrscht weitgehend Freiheit. So kann die Abstimmung telefonisch oder schriftlich erfolgen.[91] Auch die Entsendung eines Stimmboten ist möglich. Eine *geheime* Abstimmung empfiehlt sich aus Sicht der Beiratsmitglieder nicht, da sie bei fehlerhaften Mehrheitsbeschlüssen Probleme bei der Haftungszuordnung aufwerfen kann: Ein in geheimer Abstimmung unterliegendes Beiratsmitglied wird sich gegen Haftungsansprüche nicht erfolgreich unter Hinweis darauf wehren können, es habe gegen den schädigenden Beschluss gestimmt.

91 Staudinger/*Bub*, § 29 Rz. 132. – Jedes Beiratsmitglied kann Anträge zur Abstimmung stellen.

Eine Vertretung bei der Beschlussfassung ist wegen der höchstpersönlichen Stellung des Beiratsmitglieds unzulässig,[92] wenn sie nicht durch Vereinbarung zugelassen wurde.[93] Dies wird in der Praxis oft übersehen, wenn beispielsweise Ehegatten anstelle ihres Partners an der Abstimmung im Beirat teilnehmen.

d) *Mehrheitserfordernisse*

Grundsätzlich genügt für einen Beiratsbeschluss die einfache Mehrheit nach Köpfen.[94] Eine abweichende Vereinbarung ist möglich. Ein Beispiel bieten Zustimmungserfordernisse für den Fall, dass der Verwalter von einer allgemeinen Prozessführungsermächtigung Gebrauch machen möchte. Hier kommt es aber auf die genaue Formulierung an: Heißt es in der Vereinbarung nur, die Prozessführung bedürfe der Zustimmung „des Beirats",[95] so verbleibt es bei der Mehrheitsregel. Soll hingegen die Zustimmung „aller Beiratsmitglieder" erforderlich sein,[96] so bedeutet dies, dass der Verwalter einen einstimmigen Beiratsbeschluss oder die Einzelzustimmungen aller Beiratsmitglieder benötigt.

3. Bekanntgabe und Dokumentation der Beschlussergebnisse

Der Vorsitzende hat das Beschlussergebnis bekannt zu geben, und zwar in der Eigentümerversammlung oder gegenüber dem Verwalter.[97] Einem überstimmten Beiratsmitglied ist es gestattet, auf seine abweichende eigene Ansicht hinzuweisen.[98] Dies kann von entscheidender Bedeutung sein im Hinblick darauf, dass bei Fehlent-

---

92 Allg. Staudinger/*Bub*, § 29 Rz. 4; vgl. auch § 664 Abs. 1 S. 1 BGB.

93 *Drasdo*, Verwaltungsbeirat, S. 40; *Maas*, Verwaltungsbeirat, S. 118; Staudinger/*Bub*, § 29 Rz. 15 a, 132.

94 OLG Zweibrücken, Beschl. v. 10.6.1987 – 3 W 53/87, NJW-RR 1987, 1366, 1367; *Maas*, Verwaltungsbeirat, S. 116 f.; *Niedenführ* in Niedenführ/Schulze, § 29 Rz. 16; Staudinger/*Bub*, § 29 Rz. 131.

95 S. den Sachverhalt von BayObLG, Beschl. v. 16.6.1988 – BReg. 2Z 46/88, BayObLGZ 1988, 212.

96 So etwa im Sachverhalt von OLG Zweibrücken, Beschl. v. 10.6.1987 – 3 W 53/87, NJW-RR 1987, 1366.

97 Staudinger/*Bub*, § 29 Rz. 134.

98 Staudinger/*Bub*, § 29 Rz. 135.

scheidungen nicht der Beirat als Organ haftet, sondern jedes Beiratsmitglied persönlich, und zwar nur für eigenes Verschulden (s. dazu näher den nachfolgenden Beitrag von *Gottschalg*).[99] Im zweiten der eingangs genannten Beispielsfälle – Mehrheitsbeschluss zur Ordnungsmäßigkeit der Verwalterabrechnung – kann und sollte das Beiratsmitglied daher selbst der Gemeinschaft mitteilen, dass und warum es die Mehrheitsansicht nicht teilt.

Ganz allgemein kann die Eigentümergemeinschaft von den Beiratsmitgliedern entsprechend § 666 BGB Auskunft über die Tätigkeit des Beirats verlangen.[100] Allerdings trifft die Beiratsmitglieder keine einklagbare Pflicht, nach Prüfung der Jahresabrechnung einen Prüfbericht zu erstatten.[101] Eine gesetzliche Pflicht, die Beschlussergebnisse durch ein Protokoll zu dokumentieren, besteht gleichfalls nicht (anders als bei der Eigentümerversammlung, s. § 24 Abs. 6 WEG).[102] Es empfiehlt sich aber, zu Beweiszwecken ein Protokoll zu erstellen.[103]

V. Fehlerhafte Beiratsbeschlüsse

Verstößt ein Beiratsbeschluss gegen das Gesetz, eine Vereinbarung oder einen Mehrheitsbeschluss der Wohnungseigentümer, so ist er nicht anfechtbar, sondern ipso iure nichtig.[104] Praktisch bedeutsam ist dies etwa, wenn der Beirat für die Zustimmung zur Veräußerung (§ 12 WEG) oder für Verfügungen über Gemeinschaftsgelder (§ 27

99 S. auch Staudinger/*Bub*, § 29 Rz. 64.

100 BayObLG, Beschl. v. 9.6.1994 – 2 Z BR 27/94, ZMR 1994, 575, 576; Staudinger/*Bub*, § 29 Rz. 52 f. (auch mit Hinweis auf Individualansprüche gem. § 242 BGB).

101 KG, Beschl. v. 8.1.1997 – 24 W 7947/95, GE 1997, 375.

102 Staudinger/*Bub*, § 29 Rz. 142; wohl auch *Drasdo*, Verwaltungsbeirat, S. 66; a.A. *Niedenführ* in Niedenführ/Schulze, § 29 Rz. 16.

103 *Bärmann*, Wohnungseigentum, Rz. 666; *Bärmann/Pick*, § 29 Rz. 5; *Drasdo*, Verwaltungsbeirat, S. 65 f.; *Kahlen* GE 1988, 859, 861; Maas, Verwaltungsbeirat, S. 123 f.

104 *Merle* in Bärmann/Pick/Merle, § 29 Rz. 46; Staudinger/*Bub*, § 29 Rz. 135 a.; s. auch *Maas*, Verwaltungsbeirat, S. 126 ff. zur ausnahmsweisen Möglichkeit einer Anfechtungsklage.

Abs. 4 WEG) zuständig ist.[105] Zur Haftung der Beiratsmitglieder in solchen Fällen sei wiederum auf den Beitrag von *Gottschalg* verwiesen.

VI. Ergebnisse

Insgesamt lässt sich festhalten, dass das Organisationsrecht des Beirats unterschiedlichen Regeln folgt, je nachdem, ob es um den Status als Beiratsmitglied oder um die Willensbildung innerhalb des Beirats geht. Hinsichtlich der Statusfragen, insbesondere der Bestellung und Abberufung von Beiratsmitgliedern, bestehen strenge formale Anforderungen. Abweichungen von den gesetzlichen Vorgaben bedürfen insoweit einer Vereinbarung der Wohnungseigentümer. Was demgegenüber die Willensbildung der Beiratsmitglieder angeht, so gelten weitaus weniger strenge Regeln als für die Beschlussfassung der Wohnungseigentümer. Im Einzelnen lassen sich folgende Ergebnisse festhalten:

1. Für eine generelle Abweichung von der gesetzlich vorgesehenen Zusammensetzung des Beirats (*gesetzesändernde Dauerregelung*) bedarf es einer Vereinbarung der Wohnungseigentümer. Eine von den gesetzlichen Vorgaben abweichende Bestimmung von Beiratsmitgliedern (*gesetzeswidrige Einzelfallregelung*) kann hingegen durch einen lediglich anfechtbaren, der Bestandskraft fähigen Mehrheitsbeschluss erfolgen.
2. Der Beirat besteht erst, wenn sämtliche Mitglieder bestellt sind und die Bestellung angenommen haben. Das spätere Ausscheiden eines Beiratsmitglieds berührt die Existenz des Beirats hingegen nicht, sofern nur mindestens ein Mitglied verbleibt.
3. Der Verwalter kann nicht Beiratsmitglied sein. Ist er Wohnungseigentümer, so ist er freilich bei der Bestimmung der Beiratsmitglieder stimmberechtigt.
4. Die Beiratsmitglieder werden mit einfacher Mehrheit der erschienenen stimmberechtigten Wohnungseigentümer bestimmt;

105 Diese Fälle übergeht *Drasdo* (Verwaltungsbeirat, S. 66), wenn er meint, dass die Beschlüsse des Beirats keine unmittelbare Außenwirkung haben könnten.

Stimmenthaltungen werden nicht mitgezählt. Eine sog. „Blockwahl" ist zulässig, wenn nicht ein Wohnungseigentümer vor Einleitung der Stimmabgabe eine Einzelabstimmung verlangt.

5. Ein Beiratsmitglied kann sein Amt jederzeit niederlegen. Die Gemeinschaft kann es jederzeit durch einfachen Mehrheitsbeschluss abberufen. Erhält das Beiratsmitglied eine Vergütung, so verstößt eine vorzeitige Abberufung ohne wichtigen Grund jedoch gegen die Grundsätze ordnungsgemäßer Verwaltung.
6. Für die Formalien für die Einberufung der Beiratssitzungen gelten die Regeln für die Eigentümerversammlung (schriftliche Ladung mit Angabe der Tagesordnung, Wochenfrist) entsprechend; einvernehmliche Abweichungen sind jedoch ohne weiteres auch stillschweigend möglich.
7. Beschlussfähig ist die Beiratsversammlung, wenn mehr als die Hälfte der Beiratsmitglieder sich an der Abstimmung beteiligen. Persönliche Anwesenheit ist hierfür nicht erforderlich; eine Vertretung ist jedoch unzulässig.
8. Ein Beiratsmitglied ist in der Beiratsversammlung nicht stimmberechtigt, sofern es um Rechtsgeschäfte über das Gemeinschaftseigentum oder um Rechtsstreite mit ihm geht.
9. Ein in der Beiratsversammlung überstimmtes Beiratsmitglied kann und sollte in der Eigentümerversammlung auf seine Gegenansicht hinweisen.
10. Eine Dokumentation der Beiratsbeschlüsse ist nicht vorgeschrieben, aber aus Beweisgründen empfehlenswert.

VII. Anhang: Vorschlag eines Statuts für den Verwaltungsbeirat

Der Beirat kann sich durch Mehrheitsbeschluss eine Geschäftsordnung geben.[106] Andererseits ist auch die Eigentümergemeinschaft in der Lage, außer über die Pflicht zur Errichtung eines Beirats[107]

---

106 *Kahlen*, GE 1988, 859, 861; Staudinger/*Bub*, § 29 Rz. 23; vgl. auch für den Aufsichtsrat einer AG BGH, Urt. v. 5.6.1975 – II ZR 156/73, BGHZ 64, 325, 327 f.

107 Eine derartige Pflicht kann wirksam vereinbart werden; OLG Köln, Beschl. v. 18.2.1972 – 16 Wx 124/71, RPfl 1972, 261.

mehrheitlich über dessen Organisation und Willensbildung zu beschließen. Eine solche „organexterne" Geschäftsordnung (Statut) hat den Vorzug, dass sie – im Gegensatz zur „organinternen" – auch für künftige Beiräte wirkt.[108] Im Folgenden wird ein Vorschlag für ein derartiges, durch die Eigentümergemeinschaft zu beschließendes Statut unterbreitet (zum Einstimmigkeitserfordernis bei Abweichungen vom Gesetz s. oben II 1).[109] Der Vorschlag kann durch eine Haftungsbegrenzungsregel zugunsten der Beiratsmitglieder ergänzt werden; zu entsprechenden Gestaltungsmöglichkeiten sei auf den Beitrag von *Gottschalg* verwiesen. Gibt sich der Beirat selbst eine Geschäftsordnung, so entfällt § 1 des Vorschlages.

Statut des Verwaltungsbeirats der Wohnungseigentümergemeinschaft X-Straße in Y

§ 1 Zusammensetzung des Beirats

(1) Die Wohnungseigentümergemeinschaft hat einen Beirat, der aus ... Mitgliedern (einschließlich des Vorsitzenden) besteht.

(2) Beiratsmitglied kann jeder Wohnungseigentümer mit Ausnahme des Verwalters sein.

(3) Die Beiratsmitglieder werden von der Eigentümerversammlung mit einfacher Mehrheit der erschienenen stimmberechtigten Wohnungseigentümer bestimmt. Auf Verlangen eines Wohnungseigentümers hat die Abstimmung geheim und/oder für jeden Kandidaten einzeln zu erfolgen.

§ 2 Dauer der Mitgliedschaft

(1) Die Amtszeit des Beiratsmitglieds beträgt ... Jahre ab der Annahme der Bestellung durch den Gewählten. Nach Ablauf dieser Zeit bleibt ein Beiratsmitglied so lange im Amt, bis ein Nachfolger bestellt ist. Scheidet ein Beiratsmitglied vorzeitig aus, so soll auf der nächsten ordentlichen Eigentümerversamm-

108 *Niedenführ* in Niedenführ/Schulze, § 29 Rz. 2; Staudinger/*Bub*, § 29 Rz. 128.

109 Vgl. auch den in einigen Punkten abweichenden Vorschlag von *Drasdo*, Verwaltungsbeirat, S. 161 ff.

lung ein Nachfolger bestellt werden. Die erneute Bestellung von Beiratsmitgliedern ist zulässig.

(2) Jedes Beiratsmitglied kann sein Amt vorzeitig ohne Angabe von Gründen niederlegen. Bei der Wahl des Zeitpunktes ist jedoch auf die berechtigten Belange der Eigentümergemeinschaft Rücksicht zu nehmen.

(3) Veräußert ein Beiratsmitglied sein Wohnungseigentum, so endet die Mitgliedschaft mit Ablauf des Tages, an dem die Eigentumsumschreibung im Grundbuch erfolgt. Die Mitgliedschaft endet auch mit Eintritt der Rechtskraft eines Urteils, durch das ein Beiratsmitglied zur Veräußerung seines Wohnungseigentums verurteilt wird.

(4) Die Abberufung eines Beiratsmitglieds durch die Eigentümerversammlung setzt einen wichtigen Grund voraus. Ein solcher liegt vor, wenn der Eigentümergemeinschaft die weitere Beiratsmitgliedschaft unter Berücksichtigung aller Umstände unzumutbar ist. Der Abberufungsbeschluss bedarf der einfachen Mehrheit der erschienenen stimmberechtigten Wohnungseigentümer.

§ 3 Vorsitz

(1) Der Verwaltungsbeirat wählt aus seiner Mitte einen Vorsitzenden und dessen Stellvertreter. Die Wahl findet auf der ersten Beiratssitzung nach der Bestellung des ersten Beirates, sodann jeweils auf der ersten Beiratssitzung nach der Bestellung eines neuen Beiratsmitglieds statt.

(2) Der Vorsitzende beruft die Beiratssitzungen ein. Er gibt die Stellungnahmen des Verwaltungsbeirats gegenüber dem Verwalter und der Eigentümergemeinschaft ab. Im Einzelfall kann er diese Aufgaben auf andere Beiratsmitglieder übertragen. Ist er verhindert, so übernimmt sein Stellvertreter die genannten Aufgaben.

§ 4 Beiratssitzungen

(1) Beiratssitzungen finden nach Bedarf statt, mindestens jedoch einmal im Wirtschaftsjahr.

(2) Die Einberufung erfolgt mit einer Frist von ... Wochen, bei besonderer Eilbedürftigkeit mit entsprechend kürzerer Frist.

§ 5 Beschlussfassung

(1) Der Verwaltungsbeirat entscheidet über die ihm durch Gesetz und durch Vereinbarung oder Beschluss der Wohnungseigentümer zugewiesenen Angelegenheiten mit einfacher Mehrheit. Jedes Beiratsmitglied hat eine Stimme.

(2) Die Beiratsversammlung ist beschlussfähig, wenn mehr als die Hälfte der Beiratsmitglieder persönlich anwesend sind. Eine Vertretung ist unzulässig.

(3) Ein Beiratsmitglied ist von der Abstimmung ausgeschlossen, wenn die Beschlussfassung die Vornahme oder Abwicklung eines auf das gemeinschaftliche Eigentum bezogenen Rechtsgeschäfts mit ihm oder die Einleitung oder Erledigung eines Rechtsstreits der anderen Wohnungseigentümer gegen ihn betrifft.

(4) Über die gefassten Beschlüsse hat der Vorsitzende ein schriftliches Protokoll anzufertigen. Dieses ist spätestens vier Wochen nach der Beschlussfassung allen Beiratsmitgliedern sowie dem Verwalter zu übermitteln. Auf der nachfolgenden Beiratsversammlung ist über die Genehmigung des Protokolls zu beschließen.

Die gesetzlichen Aufgaben und Pflichten der Mitglieder des Verwaltungsbeirates

Michael Drasdo
Rechtsanwalt, Neuss

Inhaltsübersicht

A. Einführung

Im Bereich des Wohnungseigentumsrechts scheint, wie die Praxis der Verwaltung zeigt, hinsichtlich der Aufgaben der Mitglieder des Verwaltungsbeirates allgemein Unsicherheit oder Unwissen zu herrschen. Worauf dies zurückzuführen ist, kann nur vermutet werden. Die Mitglieder des Verwaltungsbeirates verkennen häufig ihre Aufgaben, weil sie das Organ mit dem eines Aufsichtsrates im Sinne der gesellschaftsrechtlichen Normen verwechseln. Verwalter räumen den Mitgliedern des Verwaltungsbeirates häufig nicht aus rechtlichen, sondern aus geschäftspolitischen Erwägungen hinaus Kompetenzen ein, die im Gesetz keine Rechtsgrundlage finden.

Unklar ist häufig bereits die rechtliche Einordnung des Beirates. Soweit ersichtlich, werden eindeutige und übereinstimmende Standpunkte nicht eingenommen[1]. Man begnügt sich mit der Umschreibung gesetzlich geschilderter und vertraglich oder durch Beschlussfassungen zuzuweisender Aufgaben.

Die Einschätzungen reichen von einem dem Aufsichtsrat im Sinne der §§ 95 ff. AktG entsprechenden Organ[2] über ein Rechnungsprüfungsgremium[3] und einen „Sachverständigenrat“[4] bis zum beratenden Organ ohne Verantwortung[5] und Treuhänder.

Mit einem Aufsichtsrat im gesellschaftsrechtlichen Verständnis kann der Verwaltungsbeirat nicht verglichen werden[6]. Ein Aufsichtsrat hat vom Gesetzgeber fest umrissene Aufgaben und Kompe-

1 Vgl. *Bärmann/Pick*, § 29 Rz. 1; *Merle* in Bärmann/Pick/Merle, § 29 Rz. 2; *Bärmann* in PiG 22, S. 227; *Linderhaus*, Wohnungseigentum und Erbbaurecht, 1. Aufl., 1988, S. 96; *Peters* in PiG 2, S. 49.

2 Vgl. Expertenkommission der Bundesregierung, BT-Drucks. 13/159, S. 45; *Sauren*, § 29 Rz. 1; vgl. auch *ders.* in ZMR 1984, 325; *Schmidt* in BIGBW 1984, 142.

3 Vgl. *Bärmann/Pick*, § 29 Rz. 6.

4 Vgl. *Brych* in WE 1990, 15; *ders.* in WE 1990, 43.

5 So wohl *Niedenführ/Schulze*, § 29 Rz. 7.

6 Vgl. BayObLG, Beschl. v. 22.6.1995, Az.: 2 Z BR 48/95, PuR 1995, 519; OLG Düsseldorf, Beschl. v. 24.9.1997, Az.: 3 Wx 221/97, NZM 1998, 36; *Merle* in Bärmann/Pick/Merle, § 29 Rz. 2; *Staudinger/Bub*, § 29 Rz. 5; *Seuß* in Bärmann/Seuß, Praxis des Wohnungseigentums, 4. Aufl., 1996, Teil B, Rz. 655; *Suilmann*, Das Beschlussmängelverfahren im Wohnungseigentumsrecht, 1. Aufl., 1998, S. 185; *Gottschalg* in ZWE 2000, 50; *Müller* in PiG 32, S. 13; *Peters* in PiG 2, S. 49; *Seuß* in WE 1995, 294.

tenzen, die weitestgehend nicht eingeschränkt werden können, erhalten. Seine Einrichtung ist nicht disponibel[7]. Die Mitglieder des Aufsichtsrates haben neben anderweitigen Aufgaben vor allem die Geschäftsführung des Vorstandes zu überwachen. Alle diese den Aufsichtsrat charakterisierenden Befugnisse stehen dem Verwaltungsbeirat im Sinne des § 29 WEG nach der gesetzlichen Regelung nicht zu. Er ist bei der Ausübung der Tätigkeit auf die Zustimmung der Eigentümer angewiesen[8], was letztlich durch Vereinbarung oder Beschluss erfolgt. Eigenständige Rechte besitzt er als Gesamtgremium bis auf die Prüfungen nach § 29 Absatz 3 WEG nicht.

Der Verwaltungsbeirat ist jedoch auch nicht nur ein Rechnungsprüfungsorgan[9]. Als solches obläge ihm nur die umfassende Prüfung des gesamten Rechnungswesens. Nach der Aufgabenumschreibung für die Tätigkeit der Beiratsmitglieder in § 29 Absatz 2 WEG soll jedoch in erster Linie eine Unterstützung des Verwalters bei der Durchführung seiner Aufgaben erfolgen. Die in § 29 Absatz 3 WEG geschilderten und angedeuteten Rechnungsprüfungsaufgaben spielen nur eine, wenn auch nicht unwichtige Nebenrolle. Sie dient auch nicht primär der Kontrolle der Verwaltung im Sinne einer Aufsichtsfunktion, sondern soll den Eigentümern helfen, eine sachgerechte Überprüfung der Verwaltung durchzuführen[10].

Die Funktion eines „Sachverständigenrates" soll der Beirat ebenfalls nicht übernehmen. Eine diesbezügliche Aufgabenumschreibung mutet bereits kurios an, da sich die Mitglieder des Beirates regelmäßig aus den Eigentümern rekrutieren und damit die Erlangung sachverständigen Rates zum Zufall wird, weil nicht für jede Gemeinschaft vorausgesetzt werden kann, dass entsprechend sachkundige Personen zu ihren Mitgliedern zählen. Zwar wäre die sachverständige Unterstützung des Verwalters durch Mitglieder des Beirates wünschenswert und zweckmäßig, sie widerspricht in ihrer Ausschließlichkeit aber auch der Intention des § 29 WEG. Durch den Beirat muss nämlich auch gewährleistet werden, dass durch die Wohnungseigentümer als Laien der Verwaltung auf den Verwalter

7 Vgl. insoweit nur die zwingenden Bestimmungen der §§ 95 ff. AktG.

8 Vgl. *Röll* in Münchener Kommentar, § 29 WEG Rz. 8; *ders.*, Handbuch für Wohnungseigentümer und Verwalter, 7. Aufl., 1996, S. 159.

9 Erstaunlicherweise lehnt *J. Fischer* in DIV 1997, 256 diese Aufgabe des Verwaltungsbeirates trotz der ausdrücklichen gesetzlichen Regelung ab.

10 Vgl. *Niedenführ/Schulze*, § 29 Rz. 7; *Weitnauer/Lüke*, § 29 Rz. 1 und 4.

permanent Einfluss genommen werden kann, um ihre Interessen hinreichend zu vertreten[11]. Dies wäre mit der Funktion des Beirates als „Sachverständigengremium“ nicht zu vereinbaren.

Ein beratendes Organ ohne Verantwortung stellt der Verwaltungsbeirat ebenfalls nicht dar[12]. Gegen eine solche Einstufung als Beratungsorgan spricht bereits die in § 29 Absatz 3 WEG angesprochene Prüfungskompetenz. Aus dem Begriff der Unterstützung in § 29 Absatz 2 WEG kann eine reine Beratungsfunktion ebenfalls nicht abgeleitet werden, denn eine Unterstützung kann sowohl durch Rat als auch durch Tat erfolgen. Dass die Mitglieder des Beirates keine Verantwortung übernehmen sollen, wird gemeinhin nicht angenommen, da Übereinstimmung besteht, dass eine Haftung des Beirates und seiner Mitglieder gegeben sein kann[13].

Die Auffassung, dass der Verwaltungsbeirat die Stellung eines Treuhänders haben soll, ist schon im Ansatz nicht nachvollziehbar[14]. Es ist bereits nicht ersichtlich, welche fremden Rechte die Mitglieder

11 Vgl. *Merle* in Bärmann/Pick/Merle, § 29 Rz. 1; *Niedenführ/Schulze*, § 29 Rz. 7; *Röll* in Münchener Kommentar, § 29 WEG Rz. 1; *Weitnauer/Lüke*, § 29 Rz. 1.

12 So nunmehr auch *Staudinger/Bub*, § 29 Rz. 6; *Gottschalg* in ZWE 2000, 50; *von Rechenberg/Rieke* in MDR 1998, 38.

13 Vgl. nur BayObLG, Beschl. v. 12.6.1991, Az.: BReg 2 Z 49/91, WuM 1991, 443; OLG Düsseldorf, Beschl. v. 24.9.1997, Az.: 3 Wx 221/97, NZM 1998, 36; OLG Zweibrücken, Beschl. v. 10.6.1987, Az.: 3 W 53/87, WE 1987, 163; *Merle* in Bärmann/Pick/Merle, § 29 Rz. 103; *Staudinger/Bub*, § 29 Rz. 64; *Niedenführ/Schulze*, § 29 Rz. 18; *Palandt/Bassenge*, § 29 WEG, Rz. 1; *Sauren*, § 29 Rz. 10; *Weitnauer/Lüke*, § 29 Rz. 5; *Wienecke/Bohndick*, § 29 Anm. 1 a.E.; *Bärmann*, Wohnungseigentum, 1. Aufl., 1991, S. 386; *Belz*, Handbuch des Wohnungseigentums, 3. Aufl., 1996, S. 448; *Bielefeld*, Der Wohnungseigentümer, 5. Aufl., 1995, S. 540; *Bub*, Wohnungseigentum von A-Z, 6. Aufl., 1991, S. 486; *Müller*, Praktische Fragen des Wohnungseigentums, 3. Aufl., 1999, S. 447; *Röll*, Handbuch für Wohnungseigentümer und Verwalter, 7. Aufl., 1996, S. 191; *Seuß*, Die Eigentumswohnung, 10. Aufl., 1993, S. 591; *Tresper*, Wohnungseigentum in der Praxis, 5. Aufl., 1983, S. 150; *Wellkamp*, Rechtshandbuch Wohnungseigentum, 1. Aufl., 1998, S. 289; *Bub* in DIV 1998, Heft 3, 114; *Deckert* in DerWE 1990, 82; *Drasdo* in NZM 1998, 15; *von Rechenberg/Rieke* in MDR 1998, 38; *Sauren* in ZMR 1984, 325; *Schmidt* in BlGBW 1976, 61; *Seuß* in WE 1995, 294; *Weimar* in ZMR 1981, 97; wohl auch *von Rechenberg* in DerWE 1996, 163.

14 So auch LG Stuttgart, Beschl. v. 28.12.1976, Az.: 2 Akt E 1/76, NJW 1977, 535 zum Aufsichtsrat der Aktiengesellschaft.

des Beirates wahrnehmen sollen. Regelmäßig übernehmen die Mitglieder des Beirates ein höchstpersönliches Amt[15] und werden dadurch mit gesetzlich und vertraglich festgelegten Aufgaben betraut oder mit dahin gehenden Vollmachten ausgestattet. Darin liegt jedoch kein Treuhandverhältnis, weil es an der dafür charakteristischen Übertragung von mehr Rechten im Außenverhältnis, als im Innenverhältnis vorbehalten sind[16], mangelt und eine Rechtsübertragung mit der Wahl zum Mitglied des Verwaltungsbeirates nicht vorgenommen wird.

Die Mitglieder des Verwaltungsbeirates sind wegen ihrer quasiorganschaftlichen Stellung auch keine Arbeitnehmer[17]. Insoweit gelten für sie, auch wenn ihre Tätigkeit gegen Vergütung erfolgen sollte, nicht die arbeitsrechtlichen Vorschriften, sodass sie auch bei der Anzahl der Arbeitnehmer der Gemeinschaft im Hinblick auf die Anwendbarkeit des KSchG nach dessen § 23 Absatz 1 Satz 2 nicht mitzurechnen sind. Dies schließt jedoch nicht aus, dass durch Mitglieder des Verwaltungsbeirates gegenüber der Wohnungseigentümergemeinschaft unabhängig von diesem Amt ein Rechtsverhältnis in der Form eines Anstellungsvertrages eingegangen wird[18]. In Betracht kommt beispielsweise die Beschäftigung als Hausmeister oder als geringfügig beschäftigte Person im Sinne des § 40 a EStG für anderweitige Tätigkeiten. In solchen Fällen liegt zwar eine Arbeitnehmerstellung vor. Mit der Mitgliedschaft im Verwaltungsbeirat hat sie jedoch nichts gemein. Mögliche Interessenkollisionen können bei Vorlage solcher Gestaltungen nicht ausgeschlossen werden, weil die Interessen des Betroffenen als Angestellten in der Regel denen des Arbeitgebers, dessen Position er gleichzeitig einnimmt, zuwiderlaufen. Dies ist jedoch nicht nur bei den Mitgliedern des Verwaltungsbeirates, sondern letztlich bei jedem Wohnungseigentümer der Fall.

Letztlich verbleibt noch ein Vergleich des Verwaltungsbeirates mit dem Gläubigerausschuss im Sinne der §§ 67 ff. InsO. Bei diesem handelt es sich um ein selbständiges Hilfsorgan innerhalb des Insol-

15 Vgl. *Bielefeld*, Der Wohnungseigentümer, 5. Aufl., 1995, S. 530.

16 Vgl. nur *Palandt/Heinrichs*, Überbl. vor § 104 Rz. 25.

17 Vgl. ArbG Düsseldorf, Urt. v. 30.4.1996, Az.: 5 Ca 349/96 (nicht veröffentlicht); *Sauren* in WE 1996, 322.

18 Vgl. *Sauren* in WE 1996, 322.

venzverfahrens[19]. Auch seine Einrichtung ist fakultativ, weil in das Ermessen des Gerichtes oder der Gläubigerversammlung gestellt. Dem Gläubigerausschuss sind eigenständige Rechte der Unterstützung und auch der Überwachung des Insolvenzverwalters gemäß § 69 InsO eingeräumt worden. Dennoch bestehen gegenüber dem Insolvenzverwalter keine Weisungsrechte[20]. Der Unterschied zum Beirat nach dem WEG besteht aber zunächst darin, dass die Mitglieder des Gläubigerausschusses nach § 73 Absatz 1 InsO gegen Vergütung tätig werden[21]. Die wesentliche Differenz besteht jedoch darin, dass zwischen den Mitgliedern des Gläubigerausschusses und den Insolvenzgläubigern, die diese auf der Gläubigerversammlung nach § 68 Absatz 2 InsO wählen, ein Auftragsverhältnis nicht besteht[22]. Darüber hinaus kann der Gläubigerausschuss – anders als der Verwaltungsbeirat – bis zum Zusammentreten der Gläubigerversammlung ohne Mitwirkung der an dem Insolvenzverfahren beteiligten Personen im Gegensatz zur Wohnungseigentümerversammlung – durch das Gericht nach § 67 Absatz 1 InsO bestellt werden.

Die Institution des Verwaltungsbeirates im Sinne des § 29 WEG ist daher am ehesten, weil die oben genannten Vergleiche alle nicht eindeutig passen, mit der im gesamten Gesellschaftsrecht anerkannten[23], gesetzlich nicht ausdrücklich geregelten Einrichtung eines Beirates zu vergleichen[24]. Dieses von den Gesellschaftern durch entsprechende Vereinbarung geschaffene Organ kann neben den gesetzlich vorgesehenen eingerichtet werden[25] und in weisungsabhängiger oder -unabhängiger Form bestehen[26]. Die so weit in ihrer

19 Vgl. *Kilger/Schmidt*, § 87 KO a.F. Anm. 1; *Frege* in NZG 1999, 478.

20 Vgl. *Kilger/Schmidt*, § 88 KO a.F. Anm. 1a); *Frege* in NZG 1999, 478.

21 Eine unentgeltliche Tätigkeit ist jedoch zulässig, vgl. RG JW 1936, 2927.

22 Vgl. *Kilger/Schmidt*, § 87 KO a.F. Anm. 1.

23 Vgl. BGH, Urt. v. 16.11.1978, Az.: II ZR 94/77, BGHZ 72, 383, Urt. v. 24.3.1980, Az.: II ZR 88/79; BGHZ 76, 338; für die GmbH & Co. KG; BGH, Urt. v. 8.11.1989, Az.: IVa ZR 163/88, NJW-RR 1990, 219; 1991, 1248; *Hoffmann*, Der Aufsichtsrat, 3. Aufl., 1994, S. 29 für die Aktiengesellschaft.

24 Dem folgend *Staudinger/Bub*, § 29 Rz. 7; *Wellkamp*, Rechtshandbuch Wohnungseigentum, 1. Aufl., 1998, S. 274.

25 Vgl. *Hoffmann*, Der Aufsichtsrat, 3. Aufl., 1994, S. 29; *Ruter/Thümmel*, Beiräte in mittelständischen Familienunternehmen, 1. Aufl., 1994, S. 59.

26 Vgl. die Ausführungen von *Ruter/Thümmel*, Beiräte in mittelständischen Familienunternehmen, 1. Aufl., 1994, S. 60, auch im Hinblick auf eventuell bestehende Dienstverhältnisse zwischen dem Beirat und der Gesell-

Errichtung im Gesellschaftsrecht anerkannte Institution des Beirates muss hinsichtlich ihrer Befugnisse und Aufgaben daher durch den Gesellschaftsvertrag ausgestaltet werden. Seine Mitglieder haben die Interessen der Gesellschaft und nicht die ihrer Anteilseigner oder Gesellschafter wahrzunehmen[27] und als Hilfsorgan der Gesellschafterversammlung je nach vertraglicher Ausgestaltung aus Gesellschaftern oder dritten Personen zu bestehen[28].

Diese Beschreibung des im Gesellschaftsrecht allgemein anerkannten Beirates trifft am ehesten auf das Organ der Wohnungseigentümergemeinschaft zu. Mit der Vorschrift des § 29 WEG macht der Gesetzgeber den Eigentümern lediglich einen Vorschlag zur Institution des Beirates. Die Bestimmung des § 29 WEG ist dispositives Recht und kann somit durch eine Vereinbarung vollkommen ausgeschlossen, erweitert oder übernommen werden.

Durch die Einführung des Beirates greifen die Eigentümer letztlich nur den Vorschlag des Gesetzgebers auf. Es liegt an ihnen, die Rechte, Pflichten, Aufgaben und Befugnisse dieses Organs auszugestalten. Dies erfolgt durch Vereinbarungen in der Gemeinschaftsordnung[29] oder durch Beschlussfassungen[30].

Der Beirat ist somit im Vergleich zu anderen gesetzlich geregelten Organen des Gesellschaftsrechtes als solches „sui generis“ zu bezeichnen, weil mangels gesetzlicher Institutionsverpflichtung und Freiheit der Ausgestaltung seiner Aufgaben, Rechte, Pflichten und Befugnisse eine Parallele zu anderen gesellschaftsrechtlichen Erscheinungsformen von Organen nicht gezogen werden kann[31].

---

schaft sowie den Gesellschaftern. Insoweit liegt zwischen der Gesellschaft und dem Beirat regelmäßig ein Dienstvertrag vor, vgl. nur BGH, Urt. v. 14.4.1975, Az.: II ZR 147/73, NJW 1975, 1318; Urt. v. 22.10.1984, Az.: II ZR 2/84, NJW 1985, 1900.

27 Vgl. BGH, Urt. v. 22.10.1984, Az.: II ZR 2/84, NJW 1985, 1900.

28 Vgl. dazu nur die grundsätzlichen Erwägungen von *Ruter/Thümmel*, Beiräte in mittelständischen Familienunternehmen, 1. Aufl., 1994, S. 78.

29 Vgl. OLG Frankfurt, Urt. v. 23.9.1975, Az.: 22 U 255/73, NJW 1975, 2297; *Weitnauer/Lüke*, § 29 Rz. 4; *Seuß*, Die Eigentumswohnung, 10. Aufl., 1993, S. 478.

30 Vgl. OLG Zweibrücken, Beschl. v. 10.6.1987, Az.: 3 W 53/87, DerWE 1987, 137; *Niedenführ/Schulze*, § 29 Rz. 12; *Bärmann*, Wohnungseigentum, 1. Aufl., 1991, S. 379; *Bub*, S. 485; *Seuß*, Die Eigentumswohnung, 10. Aufl., 1993, S. 478.

31 Dem folgend *Gottschalg* in ZWE 2000, 50.

B. Die gesetzlichen Aufgaben des Verwaltungsbeirates

Die Aufgaben des Verwaltungsbeirates sind im Gesetz nur in zwei Punkten aufgeführt. Einmal handelt es sich um die Unterstützung des Verwalters nach § 29 Absatz 2 WEG. Darüber hinaus legt § 29 Absatz 3 WEG fest, dass der Wirtschaftsplan, die Abrechnung, die Rechnungslegung und die Kostenanschläge vor Beschlussfassung durch die Wohnungseigentümerversammlung durch die Beiratsmitglieder geprüft und mit einer Stellungnahme versehen werden.

Unstreitig ist, dass es nicht Aufgabe des Verwaltungsbeirates ist, die laufende Verwaltertätigkeit zu überwachen, wenn eine diesbezügliche Regelung in der Gemeinschaftsordnung nicht vorliegt[32]. Der Verwaltungsbeirat stellt nämlich keinen Aufsichtsrat im Sinne der §§ 95 ff. AktG dar[33]. Eine Überwachungsberechtigung liegt dennoch vor[34]. Dies ergibt sich aus den verschiedenen Aufgaben, insbesondere den Rechnungsprüfungsverpflichtungen, des Verwaltungsbeirates. Ohne eine solche Überwachungsmöglichkeit könnten die Mitglieder des Verwaltungsbeirates auch nur unzureichend die ihnen obliegenden Verpflichtungen erfüllen und die ihnen zustehenden Rechte ausüben. Weisungsrechte gegenüber dem Verwalter ergeben sich aus den Überwachungsrechten jedoch nicht, soweit nicht durch Vereinbarung oder Beschlüsse dahin gehende Rechte zugewiesen worden sind[35]. Allerdings liegt in der Behinderung der Arbeit des Verwaltungsbeirates im Rahmen der Rechnungsprüfung, beispielsweise durch Verweigerung der Einsicht in die Buchungsunterlagen oder eine Hinauszögerung der Überlassung der für die Prüfung notwendigen Akten, ein wichtiger Grund für die sofortige Abberufung des Verwalters[36].

---

32 Vgl. nur BayObLG, Beschl. v. 22.6.1995, Az.: 2 Z BR 48/95, WE 1996, 234; AG Trier, Beschl. v. 21.6.1999, Az.: 8 UR II 12/99 WEG, WuM 1999, 482; *Staudinger/Bub*, § 29 Rz. 93; *Wellkamp*, Rechtshandbuch Wohnungseigentum, 1. Aufl., 1998, S. 282; *Herrlein* in DIV 1996, Heft 3, S. 17; *Müller* in PiG 32, S. 13; *Peters* in Pig 2, S. 49; wohl auch *Belz*, Handbuch des Wohnungseigentums, 3. Aufl., 1996, S. 445.

33 Vgl. *Merle* in Bärmann/Pick/Merle, § 29 Rz. 2; *Seuß* in WE 1995, 294.

34 Vgl. *Bub*, Das Finanz- und Rechnungswesen der Wohnungseigentümergemeinschaft, 2. Aufl., 1996, S. 199; *Seuß* in Bärmann/Seuß, Praxis des Wohnungseigentums, 4. Aufl., 1996, Teil B, Rz. 667; *Müller* in PiG 32, S. 13.

35 Vgl. BayObLG, Beschl. v. 22.6.1995, Az.: 2 Z BR 29/95, WuM 1995, 678 (Ls).

36 Vgl. BayObLG, Beschl. v. 9.8.1990, Az.: 1b Z 25/89, WE 1991, 358.

Nicht zu den spezifischen Aufgaben des Verwaltungsbeirates gehört entgegen der Auffassung von Seuß[37], im Falle des Fehlens eines Verwalters bei dem Amtsgericht einen Antrag auf Bestellung eines so genannten Notverwalters nach § 26 Absatz 3 WEG zu stellen. Zum einen steht dieses Recht jedem Wohnungseigentümer und nach dem ausdrücklichen Wortlaut sogar einem Dritten zu, wenn dieser ein berechtigtes Interesse hat. Zum anderen kann nach § 24 Absatz 3 WEG gerade der Vorsitzende des Verwaltungsbeirates eine Wohnungseigentümerversammlung zum Zwecke der Bestellung eines Verwalters einberufen.

I. Die gesetzlichen Aufgaben aller Mitglieder des Verwaltungsbeirates

1. Die Unterstützung des Verwalters

In § 29 Absatz 2 WEG ist die Aufgabe der Unterstützung des Verwalters nur erwähnt. Was dies inhaltlich bedeutet, bleibt offen. Diese Unterstützung, was sich bereits aus dem Begriff selber ergibt, bedeutet keinesfalls, dass der Verwaltungsbeirat die Aufgaben des Verwalters übernehmen kann. Dies folgt auch aus dem gesetzlichen Verbot der Einschränkung von dessen Aufgaben und Befugnissen nach § 27 Absatz 3 WEG. Die Verantwortung für die Tätigkeit der Verwaltung verbleibt demnach in der Person des Verwalters[38]. Er kann sich daher auch nicht auf eine Zustimmung des Verwaltungsbeirates zu seiner möglichen Entschuldigung berufen. Dennoch sollten die Mitglieder des Beirates und die Wohnungseigentümer darauf achten, dass bei dem Verwalter nicht ein dahin gehender Vertrauenstatbestand geschaffen wird. Andernfalls könnte sich dieser im Rahmen einer Art Anscheinsvollmacht bei Duldung des Einflusses des Beirates auf die Verwaltung exkulpieren. Der Verwaltungsbeirat hat demnach nur eine mitarbeitende Funktion[39].

37 Vgl. *Seuß* in Bärmann/Seuß, Praxis des Wohnungseigentums, 4. Aufl., 1996, Teil B, Rz. 665; *Seuß* in WE 1995, 294.

38 Vgl. *Staudinger/Bub*, § 29 Rz. 88; *Bärmann*, Wohnungseigentum, 1. Aufl., 1991, S. 381; *Bielefeld*, Der Wohnungseigentümer, 5. Aufl., 1995, S. 532.

39 Vgl. *Müller*, Praktische Fragen des Wohnungseigentums, 3. Aufl., 1999, S. 443.

Aus dieser unterstützenden und mitarbeitenden Aufgabe des Beirates folgt, dass dies lediglich auf das Verhältnis zwischen ihm, den Eigentümern und dem Verwalter beschränkt ist. Eine Vertretungsbefugnis des Beirates für die Gemeinschaft ergibt sich aus der Regelung des § 29 Absatz 2 WEG nicht[40]. Dies gilt sowohl gegenüber dem Verwalter[41] als auch gegenüber dritten Personen[42].

Unstreitig ist heute, dass die Unterstützung des Verwalters durch den Verwaltungsbeirat sich auf die Vorbereitung der Wohnungseigentümerversammlung und die Tagesordnung[43], die Mithilfe bei Ausführungen von Beschlüssen[44] und Durchsetzen der Hausordnung[45], die Hilfe bei der Durchführung von Instandsetzungs- und -haltungsarbeiten[46] sowie die Angebotseinholungen und Auswahl von Handwerkern[47], die Verwaltung der gemeinschaftlichen Vermögenswerte[48] und nicht zuletzt die Information der Eigentümer[49] erstreckt.

40 Vgl. *Bielefeld*, Der Wohnungseigentümer, 5. Aufl., 1995, S. 532; wohl auch *Lüke* in WE 1996, 372.

41 Vgl. OLG Frankfurt, Beschl. v. 13.9.1974, Az.: 20 W 475/74, NJW 1975, 545 für die Kündigung des Verwaltungsvertrages durch den Beirat.

42 Vgl. *Bielefeld*, Der Wohnungseigentümer, 5. Aufl., 1995, S. 532.

43 Vgl. *Merle* in Bärmann/Pick/Merle, § 29 Rz. 50; *Staudinger/Bub*, § 29 Rz. 90; *Seuß* in Bärmann/Seuß, Praxis des Wohnungseigentums, 4. Aufl., 1996, Teil B, Rz. 665; *Bärmann*, Wohnungseigentum, 1. Aufl., 1991, S. 383; *Bielefeld*, Der Wohnungseigentümer, 5. Aufl., 1995, S. 531; *Peters*, Verwaltungsbeiräte im Wohnungseigentum, 3. Aufl., 1985, S. 45; *Müller*, Praktische Fragen des Wohnungseigentums, 3. Aufl., 1999, S. 443.

44 Vgl. *Merle* in Bärmann/Pick/Merle, § 29 Rz. 50; *Peters*, Verwaltungsbeiräte im Wohnungseigentum, 3. Aufl., 1985, S. 56.

45 Vgl. *Merle* in Bärmann/Pick/Merle, § 29 Rz. 50; *Staudinger/Bub*, § 29 Rz. 90; *Bielefeld*, Der Wohnungseigentümer, 5. Aufl., 1995, S. 531; *Peters*, Verwaltungsbeiräte im Wohnungseigentum, 3. Aufl., 1985, S. 56.

46 Vgl. *Seuß* in Bärmann/Seuß, Praxis des Wohnungseigentums, 4. Aufl., 1996, Teil B, Rz. 665; *Peters*, Verwaltungsbeiräte im Wohnungseigentum, 3. Aufl., 1985, S. 57.

47 Vgl. *Merle* in Bärmann/Pick/Merle, § 29 Rz. 51; *Bärmann*, Wohnungseigentum, 1. Aufl., 1991, S. 383; *Müller*, Praktische Fragen des Wohnungseigentums, 3. Aufl., 1999, S. 443; *Brych* in WE 1990, 15.

48 Vgl. *Staudinger/Bub*, § 29 Rz. 90; *Bärmann*, Wohnungseigentum, 1. Aufl., 1991, S. 383; *Bielefeld*, Der Wohnungseigentümer, 5. Aufl., 1995, S. 532; *Peters*, Verwaltungsbeiräte im Wohnungseigentum, 3. Aufl., 1985, S. 61.

49 Vgl. *Müller*, Praktische Fragen des Wohnungseigentums, 3. Aufl., 1999, S. 443.

2. Prüfungsaufgaben des Beirates

Die Regelung des § 29 Absatz 3 WEG legt fest, dass die dort genannten Rechenwerke durch den Beirat vor der Beschlussfassung durch die Wohnungseigentümerversammlung geprüft werden sollen. Durch die Verwendung des Wortes „sollen“ wird damit zunächst eine gesetzliche Verpflichtung des Verwaltungsbeirates konstituiert. Soweit angenommen wird, dass es sich bei der Bestimmung lediglich um eine Empfehlung des Gesetzgebers handelt[50], kann dem nicht gefolgt werden. Durch die Verwendung des Wortes „sollen“ geht der Gesetzgeber eindeutig über die bloße Einräumung einer Berechtigung hinaus[51]. Insoweit ist auch nicht nachvollziehbar, dass das Amtsgericht Düsseldorf[52] die Übertragung der Kontrolle der Abrechnung auf den Verwaltungsbeirat ausdrücklich für unbedenklich hält. Es handelt sich um eine diesem durch Gesetz zugewiesene Aufgabe.

Eine Übertragung der Prüfungsaufgaben auf einzelne Mitglieder des Verwaltungsbeirates auf Grund interner Absprachen zwischen diesen erscheint zulässig[53]. Ein Beschluss des Verwaltungsbeirates hinsichtlich dieser Aufgabenverteilung ist erforderlich. Die verbleibenden werden dadurch nicht von ihrem Prüfungsrecht ausgeschlossen. Handelt ein Beiratsmitglied ohne Absprache oder Beschluss alleine, so liegt keine Prüfung des Verwaltungsbeirates vor, sondern wird von dem individuellen Einsichts- und Prüfungsrecht eines jeden Wohnungseigentümers Gebrauch gemacht[54].

Der Sinn und Zweck der Prüfung besteht aus zwei Komponenten. Zum einen soll die Redlichkeit des Verwalters als Treuhänder fremden Vermögens und die Durchführung einer ordnungsmäßigen Verwaltung kontrolliert werden. Zum anderen ist beabsichtigt, die Überprüfung der Verteilung der angefallenen Kosten auf die Mitglie-

---

50 So wohl *Stein/Schröder* in WE 1994, 321; offen gelassen von *Wellkamp*, Rechtshandbuch Wohnungseigentum, 1. Aufl., 1998, S. 283.

51 Dieser Auffassung wohl folgend *Merle* in Bärmann/Pick/Merle, § 29 Rz. 56; *Staudinger/Bub*, § 29 Rz. 100; *Jennißen*, Die Verwaltungsabrechnung nach dem WEG, 4. Aufl., 1999, S. 151; *Bub* in DIV 1998, Heft 3, 114; *Herrlein* in DIV 1996, Heft 3, S. 17.

52 Vgl. Amtsgericht Düsseldorf, Beschl. v. 16.10.1992, Az.: 291 II 169/91 (nicht veröffentlicht); *Strobel* in WE 1997, 328.

53 Vgl. *Deckert*, ETW, Gruppe 4, S. 241; *Strobel* in WE 1997, 328.

54 Vgl. *Strobel* in WE 1997, 328.

der der Wohnungseigentümergemeinschaft nach den für die geltenden Regelungen vorzunehmen. Innerhalb der Prüfung ist zwischen diesen beiden Zielsetzungen zu unterscheiden. Dies ergibt sich auch aus der Systematik der Vorschriften des WEG. Während die Bestimmung des § 28 Absatz 3 WEG die Kontrolle des Verwalters verfolgt, soll durch § 16 Absatz 1 und 2 WEG die Umlage der Nutzungen und Kosten auf die einzelnen Eigentümer vorgenommen werden. Diese Zweiteilung der Prüfung ist während ihrer gesamten Dauer durch die Mitglieder des Verwaltungsbeirates zu beachten.

Wie jede Prüfung im Bereich des Wirtschaftslebens hat auch die des § 29 Absatz 3 WEG neutral und unabhängig, soweit dies im Rahmen der Stellung als Verwaltungsbeirat und der damit naturgemäß verbundenen Interessenkollision als Miteigentümer möglich ist, zu erfolgen[55]. Die Mitglieder des Verwaltungsbeirates haben weder den Verwalter zu schützen noch unnötig mit Vorwürfen zu belasten. Beide Verhaltensweisen sind einer sachgerechten Prüfung und der damit verbundenen Verantwortung nicht dienlich. Das Verschweigen von Feststellungen kann, wenn diese strafrechtliche Grundlagen haben, auch für die Mitglieder des Verwaltungsbeirates diesbezüglich von Bedeutung sein[56].

Die Prüfung der Abrechnungsunterlagen durch den Verwaltungsbeirat hat am Ort der Verwaltung zu erfolgen[57]. Regelmäßig ist dies der Geschäftssitz des Verwalters. Die üblichen Bürozeiten sind zu beachten. Anderweitige Vereinbarungen sind jedoch zulässig[58]. Der Geschäftssitz des Verwalters ist dann nicht entscheidend, wenn es sich um eine Verwaltung handelt, die ihren Sitz nicht in erreichbarer Nähe der Wohnungseigentümergemeinschaft hat. In solchen Fällen ist die Prüfung am Ort der belegenen Sache durchzuführen[59].

---

55 Vgl. *Strobel* in WE 1997, 328.

56 Zu denken ist etwa an die Beihilfe im Sinne des § 27 StGB, die Begünstigung nach § 257 StGB oder die Strafvereitelung nach § 258 StGB. Hinzuweisen ist jedoch deutlich darauf, dass ein zivilrechtliches Fehlverhalten oder ein wirtschaftliches Unvermögen des Verwalters keine Straftat darstellt.

57 Vgl. *Gehrke* in Immobilien PuR 1997, Heft 2, 28.

58 Vgl. BayObLG, Beschl. v. 3.5.1972, Az.: 2 Z 7/72, BayObLGZ 1972, 161; OLG Karlsruhe, Beschl. v. 21.4.1976, Az.: 3 W 8/76, OLGZ 1976, 273; *Deckert*, ETW, Gruppe 4, S. 242.

59 Vgl. OLG Karlsruhe, Beschl. v. 21.8.1969, Az.: 3 W 47/69, NJW 1969, 1968; wohl auch *Deckert*, ETW, Gruppe 4, S. 242.

Grundsätzlich bestehen auch gerade bei großen Gemeinschaften keine Bedenken, wenn die Prüfungsunterlagen von den Verwaltungsbeiratsmitgliedern mitgenommen werden. Zurückbehaltungsrechte hat der Verwalter hier nicht, da es sich um Unterlagen der Gemeinschaft handelt[60].

Es versteht sich von selbst, dass eine Prüfung der Abrechnungsunterlagen erst erfolgen sollte, wenn die erforderlichen Vorarbeiten des Verwalters abgeschlossen sind. Dies kann jedoch nicht ausschließen, dass die Mitglieder des Verwaltungsbeirates auch zu einem Zeitpunkt Einsicht in die Abrechnungs- und Prüfungsunterlagen verlangen können, zu dem eine Abrechnung durch den Verwalter noch nicht fertig gestellt ist. Andernfalls bestände die Möglichkeit, dass der Verwalter sich durch die Nichterstellung und die mangelnde Vorbereitung der Abrechnung der Prüfung durch die Verwaltungsbeiratsmitglieder entziehen könnte. Da die herrschende Auffassung[61] davon ausgeht, dass die Abrechnung innerhalb eines Zeitraumes von sechs Monaten nach Ablauf der Bewirtschaftungsperiode zu erstellen ist, ergibt sich daraus im Zweifel auch der Prüfungszeitpunkt.

Für die Prüfung ist zwingend erforderlich, dass den Prüfern alle Unterlagen der Verwaltung, die auf die Abrechnung in rechnerischer oder sachlicher Hinsicht mittel- oder unmittelbar Einfluss nehmen können, ausgehändigt werden. Zwingend dürfte demnach sein, dass den Prüfern sämtliche Kontoauszüge aller für die Wohnungseigentümergemeinschaft geführten Konten, Kassenbücher ausgehändigt und ihnen die Belege zu den Einnahmen und Ausgaben zur Verfügung gestellt werden. Ohne diese Unterlagen kann eine Prüfung nicht oder nur unvollständig erfolgen. Sie wäre insoweit sinnlos. Weigert sich der Verwalter, die entsprechenden Unterlagen zur Verfügung zu stellen, kann die Prüfung bereits zu diesem Zeitpunkt als ergebnislos abgebrochen werden.

---

60 Die Verweigerung der Gewährung der Einsicht in die Abrechnungsunterlagen gegenüber den zur Prüfung berufenen Wohnungseigentümern kann einen Grund für die Abberufung des Verwalters aus wichtigem Grunde darstellen, vgl. BayObLG, Beschl. v. 9.8.1990, Az.: BReg 1 b Z 25/89, WuM 1990, 464.

61 Vgl. BayObLG, Beschl. v. 15.3.1990, Az.: 2 Z 18/90, WE 1991, 223; *Merle* in Bärmann/Pick/Merle, § 28 Rz. 55; *Sauren*, § 28 Rz. 16; *Bielefeld*, Der Wohnungseigentümer, 5. Aufl., 1995, S. 555.

Wie die Prüfung inhaltlich gestaltet werden soll und welchen Umfang diese einzunehmen hat, kommt in der Vorschrift nicht zum Ausdruck. Aufgrund dessen wird man davon ausgehen müssen, dass die allgemein geltenden Prüfungsgrundsätze Anwendung zu finden haben[62]. Die Prüfung besteht demnach zunächst aus einer rechnerischen und dann einer sachlichen Prüfung[63]. Letztlich muss kontrolliert werden, ob die zu verteilenden Einnahmen und Ausgaben nach dem zutreffenden Verteilungsschlüssel umgelegt wurden und ob in den Einzelwirtschaftsplänen und -abrechnungen die jeweiligen Vorauszahlungen zutreffend berücksichtigt worden sind[64]. Abschließend erfolgt dann die in § 29 Absatz 3 WEG vorgesehene Stellungnahme des Verwaltungsbeirates. Selbstverständlich wie bei jeder Prüfung ist, dass die Unterlagen in vollständiger Form vorliegen müssen[65].

Die Prüfer sollten sich nicht dazu verleiten lassen, von dem Verwalter vorgegebene Listen abzuhaken oder nur nach den von diesem vorgelegten Unterlagen vorzugehen. Im Rahmen einer sachgerechten Prüfungsvorbereitung muss ein eigenes, auf die betreffende Wohnungseigentümergemeinschaft ausgerichtetes Prüfungskonzept des Verwaltungsbeirates vorliegen[66].

Ob der Verwaltungsbeirat jede einzelne Buchung oder nur stichprobenartig prüft, muss in sein pflichtgemäßes Ermessen gestellt wer-

62 Vgl. zu diesen Prüfungsgrundsätzen allgemein Gablers Wirtschaftslexikon, 12. Aufl., 1988, Band 2, S. 1098, Stichwort „Prüfung".

63 Vgl. OLG Düsseldorf, Beschl. v. 24.9.1997, Az.: 3 Wx 221/97, NZM 1998, 36; so wohl im Ergebnis auch *Bub*, Das Finanz- und Rechnungswesen der Wohnungseigentümergemeinschaft, 2. Aufl., 1996, S. 31, 97.

64 Vgl. auch *Bader* in DerWE 1991, 51 zur Verpflichtung des Verwaltungsbeirates, bei der Prüfung nach § 29 Absatz 3 WEG die Einzelabrechnungen in die Belegprüfung einzubeziehen. Insoweit erscheint dies aber widersprüchlich zu seinen übrigen Ausführungen, die entgegen der herrschenden Meinung davon ausgehen, dass eine Beschlussfassung sich nur auf die Gesamt-, nicht aber auf die Einzelabrechnung erstrecken müsse. Denn besteht die Abrechnung nur aus der Rechnungslegung über die Gesamteinnahmen und -ausgaben, braucht sich der Verwaltungsbeirat nicht um die Einzelabrechnungen zu kümmern, da diese nach der von Bader vertretenen Auffassung nicht der gemeinschaftlichen Verwaltung zuzurechnen sind.

65 Vgl. *Stein/Schröder* in WE 1994, 321.

66 Vgl. *Bub* in DIV 1998, Heft 3, 114; *Strobel* in WE 1997, 328.

den[67]. Wenn sich bei einer stichprobenartigen Prüfung herausstellt, dass Fehler auftreten, verpflichtet dies, genauere Ermittlungen anzustellen und gegebenenfalls jeden Vorfall zu begutachten.

Die Prüfungsberechtigung und -verpflichtung des Verwaltungsbeirates ist unmittelbar verbunden mit dem Recht, von dem Verwalter jederzeit Auskunft über die laufende Verwaltungstätigkeit und Einsicht in alle Unterlagen und die Buchführung zu verlangen[68]. Diese Befugnis kann nur durch das so genannte Schikaneverbot im Sinne des § 226 BGB beschränkt werden[69]. Das läge vor, wenn die Prüfungen und Einsichtnahmen ausschließlich den Zweck haben, den Verwalter zu schädigen, dessen Arbeitsweise zu beeinträchtigen und sich in wiederholenden und unnützen Nachfragen zu erschöpfen. Bevor ein solcher Verstoß jedoch dem Verwaltungsbeirat vorgeworfen wird, sollte darauf geachtet werden, dass tatsächlich nicht sachliche Gründe vorliegen. Eine gewisse Zurückhaltung ist insofern geboten. Fehlendes Verständnis eines Verwaltungsbeiratsmitgliedes, welches zu häufigeren Nachfragen führt, stellt jedenfalls keine Schikane dar[70], sollte aber Anlass zur Frage der Befähigung für die Amtsausübung geben.

Das Gesetz schreibt für die Wohnungseigentümergemeinschaft keine bestimmte Art der Buchführung vor. Insoweit kann die so genannte einfache oder doppelte Buchführung Anwendung finden. Welche Art bei der Wohnungseigentümergemeinschaft zur Anwendung kommt, ist im Rahmen des Grundsatzes der ordnungsgemäßen Verwaltung zu entscheiden. Diese orientiert sich damit an der

---

67 Vgl. auch *Staudinger/Bub*, § 29 Rz. 105; *Bub*, Das Finanz- und Rechnungswesen der Wohnungseigentümergemeinschaft, 2. Aufl., 1996, S. 31, 97; *Bub* in DIV 1998, Heft 3, 114; *Drasdo* in NZM 1998, 15.

68 Vgl. *Merle* in Bärmann/Pick/Merle, § 29 Rz. 57; *Bielefeld*, Der Wohnungseigentümer, 5. Aufl., 1995, S. 533.

69 Vgl. BayObLG, Beschl. v. 17.7.1972, Az.: 2 Z 16/72, Rpfleger 1972, 411; OLG Hamm, Beschl. v. 24.1.1985, Az.: 15 W 450/84, OLGZ 1985, 147; OLG Frankfurt, Beschl. v. 31.3.1995, Az.: 20 W 179/94, zit. bei *Deckert*, Gruppe 2, S. 2482; *Jennißen*, Die Verwalterabrechnung nach dem WEG, 4. Aufl., 1999, S. 162.

70 Nach OLG Frankfurt, Beschl. v. 6.3.1979, Az.: 3 Ws 9-25, 84-85/79, NJW 1979, 1613 muss jeder andere Zweck als eine Schadenszufügung ausgeschlossen sein, was bei mangelndem Verständnis und dem damit verbundenen Wiederholungsbedürfnis der Fall sein wird.

jeweiligen Notwendigkeit, sodass das dem Verwalter zustehende Wahlrecht dementsprechend eingeschränkt wird[71].

Ob bei umfangreichen Prüfungen wegen der Größe der Gemeinschaft der Beirat die Prüfung dritten Personen, wie Wirtschaftsprüfern oder vereidigten Buchprüfern, überlassen kann[72], erscheint zweifelhaft, da es sich um eine gesetzlich geregelte Aufgabe des Verwaltungsbeirates handelt[73]. Diese kann nicht durch seine Mitglieder in eigener Regie auf dritte Personen übertragen werden. Wenn der Beirat sich aus fachlichen oder sonstigen Gründen zur Überprüfung nicht in der Lage sieht, darf das Amt nicht ausgeübt werden. Der Einwand von Wellkamp[74], dass von ehrenamtlich tätigen Personen nicht die gleiche Fachkunde wie von entgeltlich handelnden verlangt und erwartet werden kann, ist nicht überzeugend. Denn die Ausübung einer ehrenamtlichen Tätigkeit ist kein Argument für eine Schlechtleistung[75].

Die Zulässigkeit der Übertragung auf Dritte durch Mehrheitsbeschluss[76] erscheint mir zumindest so lange zweifelhaft, wie ein Beirat eingesetzt ist oder andere Mitglieder der Gemeinschaft in der Lage sind, diese Aufgabe wahrzunehmen. Jedoch dürfte *Strobel*[77] zuzustimmen sein, dass in solchen Fällen, die Zulässigkeit eines externen Prüfers unterstellt, ein Wirtschaftsprüfer mangels Kenntnisse des WEG nicht der fachlich bestens geeignete Prüfer ist. Ein in Wohnungseigentumssachen und Buchhaltungsproblemen erfahrener Rechtsanwalt wird zu der Prüfung eher in der Lage sein.

71 Vgl. *Bub*, Das Finanz- und Rechnungswesen der Wohnungseigentümergemeinschaft, 2. Aufl., 1996, S. 51; für eine freie Wahl insoweit unzutreffend *Stein/Schröder* in WE 1994, 321.

72 So *Stein/Schröder* in WE 1994, 321.

73 Der hier vertretenen Auffassung folgend *Merle* in Bärmann/Pick/Merle, § 29 Rz. 56; *Staudinger/Bub*, § 29 Rz. 102.

74 Vgl. *Wellkamp*, Rechtshandbuch Wohnungseigentum, 1. Aufl., 1998, S. 284.

75 Vgl. OLG Düsseldorf, Beschl. v. 24.9.1997, Az.: 3 Wx 221/97, NZM 1998, 36; *Drasdo* in NZM 1998, 15.

76 So jedoch die von *Jennißen*, Die Verwalterabrechnung nach dem WEG, 4. Aufl., 1999, S. 154 und *Strobel* in WE 1997, 328 in Betracht gezogene Möglichkeit.

77 Vgl. *Strobel* in WE 1997, 328.

Ob über die Prüfung ein Protokoll erstellt werden soll, wie dies von *Stein/Schröder*[78] vorgeschlagen wird, mag dahinstehen. Schaden kann dies jedenfalls nicht. Eine gesetzliche Notwendigkeit ist jedoch nicht gegeben. Das Prüfungsprotokoll kann jedoch keinen Nachweis über die ordnungsgemäße Prüfung geben, da zumindest in der von *Stein/Schröder*[79] vorgeschlagenen Form nicht ersichtlich ist, mit welcher Methode[80] und in welcher Intensität die Prüfung durchgeführt wurde. Dahin gehende Vermerke müssten zumindest aufgenommen werden, um die gewünschte Beweisfunktion zu erhalten. Wenn ein Protokoll erstellt wird, ist dieses von den Prüfern, nicht jedoch von dem Verwalter[81], weil dieser gerade nicht prüft, sondern geprüft wird, zu unterzeichnen.

Die Abrechnung selbst stellt eine reine Einnahmen-/Ausgabenrechnung im Sinne des § 259 BGB dar[82], sodass Abgrenzungen nicht

78 Vgl. *Stein/Schröder* in WE 1994, 321; vgl. auch *Peters*, Verwaltungsbeiräte im Wohnungseigentum, 3. Aufl., 1985, S. 25.

79 Vgl. *Stein/Schröder* in WE 1994, 321.

80 Vgl. jedoch zu der Methode der Prüfung durch den Verwaltungsbeirat die Hinweise bei *Deckert*, ETW, Gruppe 4, S. 244, die jedoch wegen der dort vorgeschlagenen Vergleichsrechnungen und Inventaraufstellungen nahezu den Charakter eines Lageberichtes im Sinne der §§ 284 ff. HGB vermitteln.

81 So aber unzutreffend *Gehrke* in Immobilien PuR 1997, Heft 3, 34.

82 Vgl. BayObLG, Beschl. v. 19.3.1973, Az.: BReg 2 Z 5/73, NJW 1973, 1086 (Ls); Beschl. v. 23.4.1993, Az.: 2 Z BR 113/92, WuM 1993, 485; Beschl. v. 18.3.1993, Az.: 2 Z BR 108/92, WuM 1993, 486; Beschl. v. 10.3.1994, Az.: 2 Z BR 11/94, WuM 1994, 498; Beschl. v. 10.7.1998, Az.: 2 Z BR 49/98, WuM 1998, 750; Beschl. v. 30.3.1992, Az.: 24 W 6339/91, WE 1992, 284; modifizierend gegen die herrschende Meinung KG, Beschl. v. 28.1.1994, Az.: 24 W 1145/93, WuM 1994, 400; OLG Düsseldorf, Beschl. v. 24.4.1989, Az.: 3 Wx 305/88, WE 1991, 251; Beschl. v. 26.6.1991, Az.: 3 Wx 182/91, WuM 1991, 619; OLG Frankfurt, Beschl. v. 20.6.1984, Az.: 20 W 602/83, OLGZ 1984, 333; OLG Stuttgart, Beschl. v. 31.10.1989, Az.: 8 W 37/89, WE 1990, 106; PfälzOLG Zweibrücken, Beschl. v. 3.11.1998, Az.: 3 W 224/98, ZMR 1999, 66; *Bärmann*, Wohnungseigentum, 1. Aufl., 1991, S. 382; *Merle* in Bärmann/Pick/Merle, § 28 Rz. 64; *Niedenführ/Schulze*, § 48 Rz. 17; *Weitnauer/Hauger*, § 28 Rz. 24; *Wienecke/Bohndick*, § 28 Anm. 4; *Bub*, Wohnungseigentum von A-Z, 6. Aufl., 1991, S. 15; *Bub*, Das Finanz- und Rechnungswesen der Wohnungseigentümergemeinschaft, 2. Aufl., 1996, S. 59; *Müller*, Praktische Fragen des Wohnungseigentums, 3. Aufl., 1999, S. 230; *Bader* in DerWE 1991, 88; *Bub* in WE 1993, 3; *Drasdo* in WuM 1993, 444; *Röll* in WE 1993, 96; *Sauren* in WE 1993, 62; *Seuß* in WE 1993, 32 und 68.

zulässig sind. Der gegenteiligen Auffassung der Literatur[83] kann insoweit wegen der eindeutigen gesetzlichen Regelungen nicht gefolgt werden. Soweit *Stein/Schröder*[84] und *Gehrke*[85] in ihrer Prüfungsanweisung daher auf die Abklärung von Verrechnungskonten hinweisen, ist dies bereits im Ansatz nicht zutreffend, weil solche Kontenführungen nicht einer ordnungsgemäßen Abrechnung im Sinne der §§ 259 ff. BGB entsprechen. Zu achten ist auch darauf, dass in der Praxis oft nicht zwischen der Abrechnung im Sinne des § 28 Absatz 3 WEG, die den Eigentümern eine Kontrolle über die Verwaltung liefern soll, und der Kostenverteilung nach § 16 Absatz 2 WEG, die nur dem internen Lastenausgleich zwischen den Eigentümern dient, unterschieden wird[86]. Nur in dem Verhältnis der Eigentümer zueinander gelten auch die eine Abgrenzung zulassenden Vorschriften der HeizkVO, welche für die Abrechnung des Verwalters ohne Bedeutung ist[87], sodass dieser unabhängig von der Menge der verbrauchten Energiestoffe die einzelnen Ausgaben nachzuweisen hat.

Der Wirtschaftsplan und die Abrechnung beziehen sich nach den Regelungen des § 28 Absatz 1 und 3 WEG auf das jeweilige Wirtschaftsjahr, sodass dieses auch der Prüfung durch den Beirat unterliegt. Während Abrechnung und Wirtschaftsplan sich aus der Gesamt- und Einzeldarstellung zusammensetzen und der Verteilung der Kosten und Lasten dienen, hat die Rechnungslegung nach § 28 Absatz 4 WEG ausschließlich eine Kontrolle der Verwaltung zum Zweck. Sie beinhaltet daher nur eine Auflistung der Einnahmen und Ausgaben. Sie ist, da sie jederzeit durch Beschluss verlangt werden kann, unabhängig von dem jeweiligen Wirtschaftsjahr.

a) Die rechnerische Prüfung

Im Rahmen der rechnerischen Prüfung ist zunächst festzuhalten, ob die erfolgten Einnahmen und Ausgaben sich mit den angegebenen

83 Vgl. *Bertram* in WE 1991, 246; *Giese* in DerWE 1992, 134; *ders.* in WE 1993, 64; *Schröder/Münstermann-Schlichtmann* in WE 1991, 174; *Stein* in WE 1993, 72; vgl. auch *Jennißen*, Die Verwalterabrechnung nach dem WEG, 4. Aufl., 1999, S. 59.

84 Vgl. *Stein/Schröder* in WE 1994, 321.

85 Vgl. *Gehrke* in Immobilien PuR 1997, Heft 3, 34.

86 Vgl. dazu *Drasdo* in WuM 1993, 444.

87 Vgl. *Drasdo* in WuM 1993, 444.

Kontenständen decken. Insoweit kann die einfache Formel „Einnahmen minus Ausgaben" unter Berücksichtigung der Kontenstände Anwendung finden. Demzufolge ist zunächst folgender Rechnungsvorgang aufzustellen: Anfangsbestand + Einnahmen ./. Ausgaben = Endbestand[88]. Diese Rechnung ist für jedes für die Gemeinschaft geführte Konto und eine eventuelle Kasse vorzunehmen. Treten dort Differenzen auf, so ist die Abrechnung bereits hier fehlerhaft. Es ist dann zu prüfen, ob in der Buchhaltung tatsächlich alle Vorgänge erfasst wurden, was am ehesten durch einen Abgleich der Kontoauszüge beziehungsweise des Kassenbuches mit den vorgenommenen Buchungen erfolgen kann.

Die nicht zulässigen Abgrenzungen treten, wenn der Verwalter sie vorgenommen hat, in der Regel bei dem Kontenabgleich sofort in Erscheinung. Im Zweifel sind gerade die Monate Januar und Dezember hinsichtlich der in ihnen erfolgten Zahlungsein- und -ausgänge besonders zu prüfen[89]. Ebenso fällt auf, wenn die Abrechnung fälschlicherweise mit so genannten „Soll-Werten" statt zutreffend mit „Ist-Zahlen" erstellt wurde.

aa) Die Prüfung der Einnahmen

Bei der Prüfung der Einnahmen ist darauf zu achten, dass der Verwalter auch alle Zahlungen zu Gunsten der Wohnungseigentümergemeinschaft erfasst hat.

Zu diesen zählen alle Zahlungen der Wohnungseigentümer nach dem Wirtschaftsplan, nach den Abrechnungen der Vorjahre und auf eventuell titulierte Forderungen. Dazu ist die Kenntnis der Prüfer von den einzelnen Wirtschaftsplänen, Abrechnungen und Titeln erforderlich.

Soweit Zahlungen durch dritte Personen erfolgen, muss den Prüfern zur Kontrolle der jeweilige Beleg vorgelegt werden. Ist ein solcher nicht vorhanden, so ist die Zahlung anderweitig aufzuklären.

Die Prüfung der Vollständigkeit der Einnahmen ist insoweit mit Schwierigkeiten verbunden, als dass Zahlungen nicht unmittelbar

88 So schon *Peters*, Verwaltungsbeiräte im Wohnungseigentum, 3. Aufl., 1985, S. 37; dem folgend auch *Merle* in Bärmann/Pick/Merle, § 29 Rz. 60; *Strobel* in WE 1997, 328.

89 Vgl. *Strobel* in WE 1997, 328.

an die Wohnungseigentümergemeinschaft, sondern eventuell auf andere Konten des Verwalters oder auf solche anderer Gemeinschaften erbracht werden. Es ist nahe liegend, dass insoweit der Verwalter leicht Manipulationen vornehmen kann. Eine Kontrolle kann nur insoweit erfolgen, als dass die Prüfer, wenn sich eine Unvollständigkeit der Zahlungserfassung abzeichnet, Nachfragen bei den Schuldnern der Gemeinschaft stellen. Vorsorglich sollte von dem Verwalter eine Bestätigung verlangt werden, dass ihm anderweitige Zahlungen zu Gunsten der Wohnungseigentümergemeinschaft nicht bekannt sind.

Lassen sich Zahlungen auf die Konten der Wohnungseigentümergemeinschaft nicht zuordnen oder lässt sich ihr Absender nicht identifizieren, so bedeutet dies nicht, dass die entsprechenden Vorgänge außer Acht gelassen werden können. Sie sind vielmehr als „dubiose" Vorgänge darzustellen. Eine Umbuchung der nicht identifizierbaren Beträge auf eigene Konten des Verwalters darf jedenfalls nicht vorgenommen werden. Denn zum einen sind sie dem Vermögen der Gemeinschaft und nicht dem des Verwalters zugeführt worden. Zum anderen werden im Zweifel auch die Wohnungseigentümer nach den Grundsätzen der ungerechtfertigten Bereicherung im Sinne der §§ 812 ff. BGB hinsichtlich der Rückzahlung in Anspruch genommen. Befinden sich die Beträge in diesen Fällen auf den Konten des Verwalters, kann dies zu erheblichen Schwierigkeiten führen, wenn sie, aus welchen Gründen auch immer, nicht zurückzuerlangen sind. Die Wohnungseigentümer werden dann doppelt in Anspruch genommen.

bb) Die Prüfung der Ausgaben

Bei der Prüfung der Ausgaben ist zu beachten, dass nur solche in die Abrechnung eingestellt werden, die auch die Wohnungseigentümergemeinschaft betreffen.

Zu achten ist zunächst darauf, dass der Verwalter nicht verschiedene Objekte seiner Verwaltung verwechselt hat. Ebenso muss ausgeschlossen werden, dass der Verwalter Zahlungen, die ausschließlich ihn oder sein Unternehmen betreffen, über die Konten der Gemeinschaft abwickelt.

Rechnungen zu Lasten der Wohnungseigentümergemeinschaft müssen auch auf diese ausgestellt sein. Insoweit ist die Bezeichnung „Wohnungseigentümergemeinschaft A-Straße XX/B-Platz YY in C-Stadt“ oder „Wohnungseigentümergemeinschaft A-Straße XX/B-Platz YY in C-Stadt, vertreten durch oder zu Händen des Verwalters“ erforderlich und ausreichend. Rechnungen, die auf den Verwalter, mögen sie auch die Gemeinschaft betreffen, ausgestellt sind, stellen keine Rechnungen zu Lasten der Wohnungseigentümergemeinschaft dar[90]. Sie dürfen nicht in die Abrechnung einfließen.

Aus der Pflicht zur Erfassung aller Einnahmen und Ausgaben folgt weiterhin, dass auch solche Ausgaben in der Abrechnung in Erscheinung zu treten haben, welche die Wohnungseigentümergemeinschaft nicht betreffen[91]. Andernfalls wird gegen das Prinzip einer Einnahmen-/Ausgabenrechnung verstoßen. Zudem sind sonst die Kontenentwicklungen nicht nachvollziehbar. Die Frage hinsichtlich der Berechtigung der Ausgaben ist im Rahmen der sachlichen Prüfung zu erwähnen. Unberechtigte Ausgaben beeinflussen daher nicht die Richtigkeit der Abrechnung, sondern haben ihre Beurteilung im Rahmen der Entlastung des Verwalters zu erfahren[92].

cc) Die Darstellung der Instandhaltungsrückstellung

Erstaunlicherweise bereitet gerade die Darstellung der Instandhaltungsrücklage und die der Kontenentwicklung in der Abrechnung der Wohnungseigentümergemeinschaft erhebliche Schwierigkeiten. Immer wieder ist zu beobachten, dass die erforderlichen Angaben unrichtig, unvollständig oder nicht erfolgen.

In der Abrechnung ist unter anderem die Entwicklung der Instandhaltungsrücklage darzustellen[93]. Die Eigentümer sollten einen Überblick

---

90 Vgl. *Gehrke* in Immobilien PuR, Heft 2, 1997, 28.

91 Vgl. BayObLG, Beschl. v. 31.10.1989, Az.: 1 b Z 26/88, DerWE 1990, 28; KG, Beschl. v. 30.3.1992, Az.: 24 W 6339/91, WE 1992, 284; OLG Düsseldorf, Beschl. v. 26.6.1991, Az.: 3 Wx 182/91, WuM 1991, 619; *Drasdo* in DerWE 1990, 46; *Hauger* in WE 1995, 177; *Schmidt* in DerWE 1990, 44; a.A. wohl *Sauren* in DerWE 1990, 26.

92 Vgl. BayObLG, Beschl. v. 31.10.1989, Az.: 1 b Z 26/88, DerWE 1990, 28; KG, Beschl. v. 30.3.1992, Az.: 24 W 6339/91, WE 1992, 284; OLG Düsseldorf, Beschl. v. 26.6.1991, Az.: 3 Wx 182/91, WuM 1991, 619; *Drasdo* in DerWE 1990, 46; *Schmidt* in DerWE 1990, 44.

93 Vgl. OLG Hamm, Beschl. v. 3.3.1975, Az.: 15 W 183/73, OLGZ 1975, 160.

über die vorhandenen Vermögenswerte der Gemeinschaft erhalten[94]. Die Darstellung hat in der Weise zu erfolgen, dass der Anfangsbestand vermehrt um die Zuführungen, vermindert um die Entnahmen und das daraus resultierende Ergebnis angegeben wird[95].

Diese Angabe über den Bestand der Instandhaltungsrückstellung stellt nur deren Entwicklung aus den Konten der Buchhaltung dar. Eine Übereinstimmung der Angaben mit den Beständen auf bestimmten, möglicherweise für die Anlage der Instandhaltungsrückstellung vorgesehenen Bank- oder Depotkonten der Wohnungseigentümergemeinschaft muss sich daraus nicht zwingend ergeben. Denn die Anlage der Instandhaltungsrückstellung muss nicht mit deren tatsächlichem Bestand übereinstimmen. Es besteht nämlich kein Grundsatz, dass diese auf bestimmten oder gesonderten Bankkonten anzulegen ist[96]. Soweit *Sauren*[97] dies für bedenklich hält, weil die Möglichkeit des Missbrauches der Instandhaltungsrücklage bestehen könnte, ist dieser Auffassung nicht zu folgen. Denn die theoretische Möglichkeit einer missbräuchlichen Verwendung der Instandhaltungsrücklage ist auch bei einem gesonderten Konto gegeben.

Aber auch wenn Vereinbarungen der Wohnungseigentümer oder Beschlüsse der Gemeinschaft hinsichtlich einer getrennten Kontenführung zwischen Rücklage und laufenden Kosten vorliegen sollten, kann im Rahmen der Abrechnung nicht auf deren Vorgaben abgestellt werden. Zum einen sind die tatsächlichen Verhältnisse, die mit den Vereinbarungen und Beschlüssen nicht in Einklang stehen müssen, darzustellen. Zum anderen kann es sachliche Gründe geben, warum eine Übereinstimmung nicht vorliegen kann, etwa weil zum Ende des Wirtschaftsjahres aus bank- oder buchungstechnischen Gründen ein Übertrag nicht mehr möglich war. Auch dritte Personen können Gelder, ohne dass diese der Rücklage zuzurechnen sind, auf das für diese geführte Konto überwiesen haben. Dies kann der Fall sein, wenn die aus der Rücklage erwirtschafteten Zinsen nicht ihr

94 Vgl. nur BayObLG, Beschl. v. 9.8.1990, Az.: BReg 2 Z 79/90, WuM 1990, 459.

95 Vgl. *Merle* in Bärmann/Pick/Merle, § 29 Rz. 60; *Drasdo*, Der Verwaltungsbeirat nach dem WEG, 2. Aufl., 1999, S. 54; *Peters*, S. 37.

96 Vgl. KG, Beschl. v. 13.4.1987, Az.: 24 W 5174/86, NJW-RR 1987, 1160; *Merle* in Bärmann/Pick/Merle, § 27 Rz. 88; *Bub* in PiG, Band 27, S. 95; *ders.* in WE 1988, 114.

97 Vgl. *Sauren*, § 27 Rz. 36.

unmittelbar zuzuführen sind[98], die Bank diese jedoch dem Konto gutschreibt.

Wenn auch der Verwalter verpflichtet ist, die Beschlüsse der Gemeinschaft umzusetzen[99] und eine zinsgünstige Anlage des Vermögens vorzunehmen[100], können Verletzungen dieser Grundsätze im Rahmen der Abrechnung und der Darstellung der Instandsetzungsrücklage nicht von Bedeutung sein. Diese Frage ist vielmehr im Rahmen seiner Entlastung zu beurteilen.

dd) Die Darstellung der Kontenentwicklung

Neben der Darstellung der Entwicklung der Instandhaltungsrücklage ist nach allgemeiner Auffassung[101] auch eine Ausweisung der Kontenentwicklungen vorzunehmen. Der Sinn dieser Angabe liegt darin, dass die Wohnungseigentümer im Rahmen der Abrechnung sollen feststellen können, ob die erfolgten Einnahmen und Ausgaben sich im Ergebnis rechnerisch mit den angegebenen Kontenständen decken. Insoweit kann wieder die einfache Formel „Einnahmen minus Ausgaben" unter Berücksichtigung der Kontenstände Anwendung finden. Demzufolge ist wiederum zunächst folgender Rechnungsvorgang aufzustellen: Anfangsbestand + Einnahmen = Summe ./. Ausgaben = Endbestand[102]. Diese Rechnung ist für jedes für

98 Vgl. zu der nicht automatischen Zuführung der aus der Rücklage erwirtschafteten Zinsen zu dieser OLG Düsseldorf, Beschl. v. 16.11.1990, Az.: 3 Wx 122/90 (nicht veröffentlicht); OLG Düsseldorf, Beschl. v. 16.8.1993, Az.: 3 Wx 230/91 (nicht veröffentlicht).

99 Dies folgt aus der zwingenden Bestimmung des § 27 Absatz 1 Nummer 1, erste Alternative WEG.

100 Vgl. BayObLG NJW-RR 1995, 530.

101 Vgl. BayObLG, Beschl. v. 19.3.1973, Az.: BReg 2 Z 5/73, NJW 1973, 1086 (Ls); Beschl. v. 5.5.1993, Az.: 2 Z BR 29/93, WuM 1993, 488; OLG Düsseldorf, Beschl. v. 24.4.1989, Az.: 3 Wx 305/88, WE 1991, 251; OLG Stuttgart, Beschl. v. 31.10.1989, Az.: 3 W 37/89, WE 1990, 106; *Merle* in Bärmann/Pick/Merle, § 28 Rz. 63; *Bub*, A-Z, S. 16 und 19; *Müller*, Praktische Fagen des Wohnungseigentums, 3. Aufl., 1999, S. 216; *Bader* in DerWE 1991, 88; *Bub* in WE 1993, 3; *Drasdo* in WuM 1993, 444; *Röll* in WE 1993, 96; *Sauren* in WE 1993, 62; *Seuß* in WE 1993, 32.

102 So schon *Peters*, Verwaltungsbeiräte im Wohnungseigentum, 3. Aufl., 1985, S. 37; dem folgend auch *Merle* in Bärmann/Pick/Merle, § 29 Rz. 60; *Drasdo*, Der Verwaltungsbeirat nach dem WEG, 2. Aufl., 1999, S. 54.

die Gemeinschaft geführte Konto und eine eventuelle Kasse vorzunehmen. Treten insoweit Differenzen auf, so ist die Abrechnung bereits hier fehlerhaft.

Aus der Angabe der Kontenstände für jedes einzelne für die Gemeinschaft geführte Bankkonto und der Bestände des Kassenbuches lässt sich überprüfen, ob auch eine gesamte Richtigkeit der Abrechnung und des Rechnungswesens des Verwalters gegeben ist. Addiert man jeweils alle Anfangstatbestände, Einnahmen und Ausgaben und Endbestände, so erhält man eine Darstellung der gesamten Vermögensbewegungen der Gemeinschaft. Die in den Konten und der Kasse jeweils ausgewiesenen Einnahmen und Ausgaben müssen mit denen der Gesamt- und Einzelabrechnung übereinstimmen. Ist dies nicht der Fall, liegt in der Abrechnung ein Fehler vor.

b) Die sachliche Prüfung

Unter diesem Prüfungsschritt versteht man die Kontrolle darüber, ob die gebuchten Einnahmen und Ausgaben zum einen tatsächlich der Gemeinschaft zuzuordnen sind und zum anderen eine objektive Notwendigkeit für die Ausgabe bestand[103]. Hier ist darauf zu achten, ob der Verwalter auch nur solche Ausgaben getätigt hat, zu denen er verpflichtet war, demnach keine Überzahlungen vorlagen und beispielsweise Skonti genutzt wurden oder Gelder in zinsgünstiger Weise zur Anlage gekommen sind[104]. Hingewiesen sei darauf, dass auch solche eventuell als fehlerhaft beurteilten Positionen die Richtigkeit der Abrechnung als solche nicht berühren. Hier stellt sich vielmehr die Frage der Entlastung des Verwalters, da auch unberechtigte Positionen in der Abrechnung zu erscheinen haben[105]. Andernfalls wären auch die Kontenstände bei der Abgleichung der Buchungen nicht nachvollziehbar.

103 Vgl. *Gehrke* in Immobilien PuR 1997, Heft 3, 34.

104 Vgl. *Gehrke* in Immobilien PuR 1997, Heft 2, 28; zur Verpflichtung einer zinsgünstigen Anlage der Gelder der Gemeinschaft BayObLG, Beschl. v. 20.12.1994, Az.: 2 Z BR 106/94, NJW-RR 1995, 530.

105 Vgl. BayObLG, Beschl. v. 12.12.1988, Az.: BReg 2 Z 10/88, WE 1990, 28; OLG Düsseldorf, Beschl. v. 26.6.1991, Az.: 3 Wx 182/91, WuM 1991, 619; *Merle* in Bärmann/Pick/Merle, § 28 Rz. 72; *Deckert*, ETW, Gruppe 4, S. 230; *Drasdo* in DerWE 1990, 46; *Schmidt* in DerWE 1990, 44.

c) Die Prüfung der Kostenverteilung

Wenn auch § 29 Absatz 3 WEG nicht die Verteilung der Einnahmen und Ausgaben im Sinne des § 16 Absatz 2 und 5 erwähnt, kann in der Praxis davon ausgegangen werden, dass der Verwaltungsbeirat auch insoweit eine Prüfung vornehmen soll[106]. Maßstab sind die genannten gesetzlichen Regelungen oder die sie ersetzenden Vereinbarungen der Gemeinschaftsordnung oder der gefassten Beschlüsse der Wohnungseigentümerversammlungen sowie die HeizkVO. Besonderheiten im Zusammenhang mit Mehrhausanlagen oder sonstigen Kostenzuordnungen auf einzelne Sondereigentumsrechte, insbesondere die sich aus der Rechtsfolge des § 16 Absatz 3 WEG ergebenden[107], sind zu beachten.

In diesem Zusammenhang ist natürlich auch zu kontrollieren, dass Vorauszahlungen der Eigentümer zutreffend erfasst und angerechnet wurden. Nach den obigen Ausführungen muss der Beirat nach seinem pflichtgemäß auszuübenden Ermessen entscheiden, in welchem Umfange er die Einzelkonten der Eigentümer prüfen will. Bestehen Zweifel an einer ordnungsgemäßen Verbuchung, werden sich diese Einzelprüfungen nicht vermeiden lassen.

d) Der Vermögensstatus der Abrechnung

Nach unbestrittener Auffassung ist zu der Abrechnung des Verwalters ein Vermögensstatus zu rechnen, damit die Eigentümer erkennen können, welche Vermögenswerte sich auf Bankkonten befinden, welche Schulden einzelne Eigentümer oder dritte Personen haben und welche Forderungen die Gemeinschaft gegen sich gelten lassen muss[108]. Um eine Bilanz handelt es sich dabei nicht. Mit der Aufstellung der Vermögensübersicht wird lediglich eine Information in schriftlicher Form geliefert, die der Verwalter in Erfüllung seiner Rechenschaftspflicht aus dem Geschäftsbesorgungs- oder Auftragsverhältnis gemäß § 660 BGB ehedem, spätestens in der Wohnungseigentümerversammlung mündlich zu erteilen hätte[109].

106 Vgl. *Peters* in PiG 2, S. 49; *Stein/Schröder* in WE 1994, 321.

107 Vgl. OLG Hamm, Beschl. v. 24.3.1997, Az.: 15 W 314/96, WE 1997, 387.

108 Vgl. nur *Merle* in Bärmann/Pick/Merle, § 28 Rz. 28; *Jennißen*, Die Verwalterabrechnung nach dem WEG, 3. Aufl., 1995, S. 44.

109 Vgl. *Niedenführ/Schulze*, § 28 Rz. 45 und 95; *Drasdo* in WuM 1993, 444.

Es handelt sich bei dem Vermögensstatus demnach um einen unselbständigen Anhang der Abrechnung.

Bei der Überprüfung dieser Aufstellung der Forderungen und Verbindlichkeiten sowie Vermögenswerte der Gemeinschaft ist ersichtlich, ob der Verwalter die Nichterfüllung der Verpflichtungen der Eigentümer und anderer Personen überprüft hat, ob er für die Gemeinschaft rechtzeitig deren Zahlungsverpflichtungen nachgekommen ist und ob er im Hinblick auf die Geldbestände eine ordnungsgemäße Verwaltung durchführte. Ebenso kann ersehen werden, ob Forderungen der Vergangenheit beigetrieben werden konnten beziehungsweise Schulden der Eigentümer aus vorangegangenen Wirtschaftsjahren ausgeglichen worden sind.

e) Die Stellungnahme des Verwaltungsbeirates

Die nach § 29 Absatz 3 WEG vorgesehene Stellungnahme des Beirates zur Prüfung kann sowohl schriftlich als auch in der Wohnungseigentümerversammlung mündlich abgegeben werden[110].

Die Erstellung eines Prüfungsberichtes kann nach der Auffassung des KG[111] jedenfalls nicht gefordert werden. Die Begründung des Senates, dass dies aus der in der Regel ehrenamtlichen Tätigkeit der Mitglieder des Verwaltungsbeirates folge, vermag hingegen nicht zu überzeugen. Dennoch ist diese Ansicht im Ergebnis zutreffend, da aus dem Begriff der Stellungnahme in § 29 Absatz 3 WEG weder ein Rückschluss auf die Verpflichtung zur Erstellung eines mündlichen noch eines schriftlichen Prüfungsberichtes gezogen werden kann. Unstreitig dürfte jedoch sein, dass durch die Gemeinschaftsordnung die Erstellung eines schriftlichen Prüfungsberichtes vorgeschrieben werden kann. Für den Fall einer entgeltlichen Tätigkeit der Mitglieder des Verwaltungsbeirates kann die Erstellung eines schriftlichen Prüfungsberichtes ebenfalls vereinbart werden.

---

110 Vgl. *Merle* in Bärmann/Pick/Merle, § 29 Rz. 64; *Staudinger/Bub*, § 29 Rz. 107; *Bielefeld*, Der Wohnungseigentümer, 5. Aufl., 1995, S. 533; *Bub*, Das Finanz- und Rechnungswesen der Wohnungseigentümergemeinschaft, 2. Aufl., 1996, S. 37, 91; *Herrlein* in DIV 1996, Heft 3, S. 17; *Strobel* in WE 1997, 328.

111 Vgl. *Bub* in DIV 1998, Heft 3, 114.

Erfolgt eine schriftliche Stellungnahme des Verwaltungsbeirates, so kann es sinnvoll sein, dass der Verwalter diese den Wohnungseigentümern mit der Versendung der Einladung zur Wohnungseigentümerversammlung zukommen lässt. Eine dahin gehende Verpflichtung besteht jedoch nicht[112]. Denn einerseits findet sich dafür keine gesetzliche Grundlage und andererseits kann der Verwaltungsbeirat dies auf Kosten der Wohnungseigentümergemeinschaft[113] selbst vornehmen. Gegebenenfalls ist es auch sachgerecht, wenn der Verwalter die Stellungnahme zunächst nicht zur Kenntnis erhält, was sich bei einer Versendung durch ihn nicht vermeiden ließe.

Aus dem Begriff der Stellungnahme folgt, dass ein abschließendes Urteil des Beirates über das Ergebnis der Prüfung nicht verlangt wird. Der Beirat soll lediglich einen Bericht über die Feststellungen abgeben. Wichtigste Aufgabe der abzugebenden Stellungnahme ist daher die ergänzende Unterrichtung der Wohnungseigentümerversammlung über die Art und Weise, mit welcher der Verwalter seinen Aufgaben bezüglich der Abrechnung und des Wirtschaftsplanes gerecht geworden ist[114]. Das abschließende Urteil über den Gegenstand der Prüfung haben die Wohnungseigentümer auf der Versammlung, welche die Abrechnung durch Beschluss feststellen soll. Dies bedeutet jedoch nicht, dass sich der Beirat jedweder wertenden Aussage enthalten muss. Vielmehr sollen durchaus qualitative Feststellungen erfolgen[115]. Dabei ist jedoch danach zu differenzieren, ob es sich bei möglicherweise festgestellten Verstößen um Einzelfälle nach unterschiedlichem Gewicht oder um organisatorische Defizite in der Buchhaltung des Verwalters handelt.

Ein Prüfungsvermerk im Sinne des § 322 HGB entsprechend der Regelung für die Jahresabschlüsse der bilanzierungspflichtigen Unternehmen ist nicht vorgesehen und nicht erforderlich[116].

---

112 Anders HansOLG Hamburg, Beschl. v. 22.8.1988, Az.: 2 W 84/86 (nicht veröffentlicht); ebenfalls a.A., wenn auch ohne Begründung, *Merle* in Bärmann/Pick/Merle, § 29 Rz. 64.

113 Insoweit dürfte es sich um sonstige Verwaltungskosten im Sinne des § 16 Absatz 2 WEG handeln.

114 Vgl. BayObLG, Beschl. v. 14.6.1995, Az.: 2 Z BR 29/95, WuM 1995, 678 (Ls) zu der Informationspflicht des Verwaltungsbeirates über die festgestellten Mängel der Tätigkeit des Verwalters.

115 Vgl. *Staudinger/Bub*, § 29 Rz. 108 und § 28 Rz. 399.

116 A.A. offenbar *Strobel* in WE 1997, 328; eine Begründung erfolgt jedoch insoweit nicht.

Aus diesen Darstellungen folgt, dass gewisse Überschneidungen sich bei der Beurteilung der Abrechnung und der Frage der Entlastung nicht vermeiden lassen. Mag die Abrechnung auch rechnerisch zutreffen, bedeutet dies nicht, dass eine Entlastung zu erteilen ist. Denn die rechnerische Richtigkeit der Abrechnung sagt nichts darüber aus, ob der Verwalter eine ordnungsgemäße Tätigkeit ausgeübt hat und ob ihm nicht sachlich in der Bewirtschaftung Fehler unterlaufen sind. Eine Abrechnung kann demnach auch bei sachlich fehlerhaftem Verhalten des Verwalters zutreffend sein, die Entlastung ist jedoch dann zu versagen[117].

Im Hinblick darauf, dass die Entscheidung über die Akzeptanz der Abrechnung nicht dem Verwaltungsbeirat, sondern der Wohnungseigentümerversammlung obliegt, müssen an dieser die Mitglieder des Verwaltungsbeirates auch nicht teilnehmen[118]. Wegen eventueller Rückfragen bezüglich der Prüfung mag dies jedoch sachgerecht sein. Jedenfalls ist die Nichtteilnahme oder die Nichteinladung[119] der Verwaltungsbeiratsmitglieder alleine kein Grund für die Anfechtung der Abrechnung[120]. Deren Richtigkeit hängt nämlich nicht von der Anwesenheit aller oder einzelner Mitglieder des Verwaltungsbeirats in der Wohnungseigentümerversammlung ab.

f) Die Prüfung der Kostenanschläge

Soweit § 29 Absatz 3 WEG auch die Prüfung der Kostenanschläge vorsieht, ist offen, ob darunter die Kostenvoranschläge von dritten

117 Vgl. BayObLG, Beschl. v. 12.12.1988, Az.: BReg 2 Z 10/88, WE 1990, 28; KG, Beschl. v. 30.3.1992, Az.: 24 W 6339/91, WE 1992, 284; OLG Düsseldorf, Beschl. v. 26.6.1991, Az.: 3 Wx 182/91, WuM 1991, 619; *Drasdo* in DerWE 1990, 46; *Schmidt* in DerWE 1990, 44, jeweils für durch die Verwaltung unberechtigt vorgenommene Ausgaben.

118 Vgl. *Staudinger/Bub*, § 29 Rz. 10; *Bub*, Das Finanz- und Rechnungswesen der Wohnungseigentümergemeinschaft, 2. Aufl., 1996, S. 98.

119 Auch der zum Mitglied des Verwaltungsbeirates gewählte Nichteigentümer ist zu der Wohnungseigentümerversammlung einzuladen und kann daher an dieser auch bei sonst entgegenstehenden Vereinbarungen der Gemeinschaftsordnung teilnehmen, vgl. *Weitnauer/Lüke*, § 29 Rz. 4; *Bub*, Das Finanz- und Rechnungswesen der Wohnungseigentümergemeinschaft, 2. Aufl., 1996, S. 98; offen gelassen BayObLG NJW-RR 1988, 270.

120 Vgl. BayObLG, Beschl. v. 28.10.1987, Az.: 2 Z 124/87, NJW-RR 1988, 270.

Personen oder die Kostenansätze in dem Wirtschaftsplan zu verstehen sind. Aus dem gesetzestechnischen Zusammenhang könnte der Rückschluss zu ziehen sein, dass Letztere gemeint sind. Andererseits ist dem Gesetz in § 650 BGB der Begriff des Kostenanschlages nicht fremd. Dort bezieht er sich auf eine Mitteilung des Unternehmers für die zu erwartenden Kosten eines Gewerkes. Da die Prüfung der Kostenansätze für die voraussichtlichen Ausgaben letztlich bereits im Zusammenhang mit der Kontrolle über den Wirtschaftsplan erfolgt, muss davon ausgegangen werden, dass in § 29 Absatz 3 WEG nicht ein Kostenansatz, sondern die Planungen dritter Personen über zu erwartende Ausgaben gemeint sind.

Aufgabe des Beirates in diesem Zusammenhang ist daher die Prüfung, ob die zu erwartenden Ausgaben für die geplanten Beauftragungen der Höhe und der Sache nach gerechtfertigt sind, ob die von der Gemeinschaft gesetzten Bedingungen bei der Auftragsvergabe beachtet wurden, ob Angebote vollständig sind und ob eine rechnerische Richtigkeit des Angebotes vorliegt[121].

Ob ein durchschnittlich besetzter Beirat in jedem Fachbereich dazu in der Lage ist, erscheint jedoch zweifelhaft. Andererseits wird bei größeren Instandsetzungsarbeiten von der Gemeinschaft ehedem ein Techniker wegen der bauordnungsrechtlichen Vorschriften hinzugezogen werden müssen. Die Kostenanschlagsprüfung des Beirates wird sich daher in der Praxis auf kleinere Reparaturen beschränken. Dazu dürften Beiratsmitglieder in der Lage sein.

II. Die gesetzlichen Aufgaben des Verwaltungsbeiratsvorsitzenden

Dem Vorsitzenden des Verwaltungsbeirates sind zunächst durch das Gesetz verschiedene Aufgaben zugewiesen.

121 Vgl. wegen weiterer Einzelheiten *Peters* in PiG 2, S. 49.

1. Die Sitzungen des Verwaltungsbeirates

a) Einberufung der Verwaltungsbeiratssitzungen

Nach § 29 Absatz 4 WEG wird der Beirat von seinem Vorsitzenden nach Bedarf zu Versammlungen einberufen. Wann ein solcher Bedarf gegeben ist, muss anhand des Einzelfalles beurteilt werden. Maßgeblich ist, ob nach den Grundsätzen einer ordnungsgemäßen Verwaltung die Zusammenkunft der Beiratsmitglieder als notwendig anzusehen ist[122].

Weigert sich der Vorsitzende widerrechtlich, die Einberufung vorzunehmen, so hat jedes Mitglied das Recht – unter Umständen die Pflicht – den Verwaltungsbeirat zusammenzurufen[123].

Ebenso wenig wie der Verwalter[124] haben die Eigentümer[125] das Recht, die Einberufung einer Beiratsversammlung zu verlangen oder zu veranlassen. Über die Abhaltung seiner Sitzungen entscheidet ausschließlich der Beirat selbst.

Soweit Merle[126] einen dahin gehenden Anspruch der Eigentümer nach den Grundsätzen ordnungsmäßiger Verwaltung im Sinne des § 21 Absatz 4 WEG in Betracht zieht, erscheint mir dies selbst in den Fällen, in denen eine Handlung des Beirates erforderlich ist, mangels Existenz einer dem § 24 Absatz 2 WEG entsprechenden Bestimmung nicht zutreffend. Die Frage der Berechtigung der Nichtabhaltung von Sitzungen ist bei der Beschlussfassung über die Entlastung der Verwaltungsbeiratsmitglieder zu klären.

Die Form und Frist der Einberufung ist im Gesetz nicht geregelt. Es bietet sich jedoch an, an die Vorschrift des § 24 Absatz 4 WEG für die Einberufung der Wohnungseigentümerversammlung anzuknüpfen oder entsprechende diesbezügliche Regelungen der Gemein-

---

122 Der pauschale Hinweis, dass eine Sitzung im Wirtschaftsjahr in der Regel ausreichend sei, so *Merle* in Bärmann/Pick/Merle, § 29 Rz. 37; *Peters*, Verwaltungsbeiräte im Wohnungseigentum, 3. Aufl., 1985, S. 17, dürfte nicht richtig sein.

123 Vgl. *Merle* in Bärmann/Pick/Merle, § 29 Rz. 37; *Bielefeld*, Der Wohnungseigentümer, 5. Aufl., 1995, S. 529; *Bub*, Wohnungseigentümer von A-Z, 6. Aufl., 1991, S. 484.

124 Vgl. *Merle* in Bärmann/Pick/Merle, § 29 Rz. 38; *Bärmann*, Wohnungseigentum, 1. Aufl., 1991, S. 385.

125 Vgl. *Bielefeld*, Der Wohnungseigentümer, 5. Aufl., 1995, S. 529.

126 Vgl. *Merle* in Bärmann/Pick/Merle, § 29 Rz. 38.

schaftsordnung zu beachten[127]. Die Einladung hat daher unter Wochenfrist schriftlich zu erfolgen. Ein Verstoß hat jedoch keine Auswirkungen, wenn nicht in besonderen Fällen eine Kausalität nachgewiesen werden kann. Dies ist eventuell der Fall, wenn eine einzuholende Mehrheitsentscheidung des Beirates anders ausfiele, wenn bei einer fristgemäßen Einladung alle Beiratsmitglieder hätten erscheinen und damit ein anderweitiges Ergebnis herbeiführen können.

Bei der Einberufung sollte, zumindest wenn es sich nicht um eine Routinesitzung handelt, eine Tagesordnung vorgelegt werden. Solche Routinesitzungen sind nicht ausgeschlossen, da § 29 Absatz 4 WEG mit dem Bedarfsgebot nur eine Mindestanforderung aufstellt. Zudem können bei kontinuierlichen Aufgaben Routineversammlungen des Beirates dem Bedarf entsprechen.

b) Der Vorsitz in der Sitzung des Verwaltungsbeirates

In den Sitzungen des Beirates übernimmt dessen Vorsitzender die Leitung. Sollte dieser abwesend sein oder sich weigern, fällt diese Aufgabe seinem Stellvertreter zu. Will ein anderes Mitglied des Beirates diese Aufgabe übernehmen, erfordert ein solches Vorgehen eine vorherige Beschlussfassung[128], für die eine einfache Mehrheit ausreichend ist.

2. Die Unterzeichnung der Versammlungsniederschrift

Die Niederschrift über die Beschlüsse der Wohnungseigentümerversammlung ist, wenn ein Verwaltungsbeirat bestellt ist[129], unter

127 So nunmehr auch *Merle* in Bärmann/Pick/Merle, § 29 Rz. 39; *Staudinger/Bub*, § 29 Rz. 136.

128 Vgl. *Merle* in Bärmann/Pick/Merle, § 29 Rz. 40; *Bielefeld*, Der Wohnungseigentümer, 5. Aufl., 1995, S. 529.

129 Vgl. insoweit auch OLG Oldenburg, Beschl. v. 16.3.1984, Az.: 5 W 41/83, ZMR 1985, 30, wonach, wenn ein Beirat nicht bestellt ist, die Unterschrift des Vorsitzenden nicht verlangt werden kann, weil § 24 Absatz 6 WEG von einem „bestellten" und nicht von einem „zu bestellenden" Verwaltungsbeirat ausgeht. Ist ein solcher nicht bestellt, ist nach dem Wortlaut des § 24 Absatz 6 WEG die Unterzeichnung durch den Versammlungsleiter und einen Wohnungseigentümer ausreichend, vgl. *Röll*, Handbuch für Wohnungseigentümer und Verwalter, 7. Aufl., 1996, S. 159.

anderem von dessen Vorsitzendem gemäß § 24 Absatz 6 WEG zu unterzeichnen[130]. Diese Unterzeichnung ist keine Wirksamkeitsvoraussetzung für eine Beschlussfassung[131], sondern soll nur die Protokollierung als zutreffend dokumentieren. Da das Protokoll als reine Privaturkunde im Sinne des § 416 ZPO nur eine beschränkte Beweiskraft hat[132], können und sollen durch die Gegenzeichnung lediglich Unrichtigkeiten soweit wie möglich vermieden werden.

Davon zu unterscheiden ist die Pflicht zur Protokollierung und Unterzeichnung, wenn dieses in Ergänzung zu § 23 WEG als Gültigkeitsvoraussetzung einer Beschlussfassung vereinbart wurde[133]. Denn in diesen Fällen war eine Erschwerung der Beschlussfassung tatsächlich durch den teilenden Eigentümer gewollt.

Sollte der Vorsitzende des Verwaltungsbeirates auch gleichzeitig der Versammlungsleiter sein, was in den Fällen des § 24 Absatz 3 WEG in Betracht kommen dürfte, ist es nicht erforderlich, dass er die Niederschrift einmal in dieser Funktion und einmal als Vorsitzender des Beirates unterzeichnet[134]. Dies wäre bloße Förmelei.

Nimmt ein stellvertretender Beiratsvorsitzender neben dem als Versammlungsleiter auftretenden Vorsitzenden des Verwaltungsbeirates an einer solchen Versammlung teil, ist das Protokoll jedoch von diesem zu unterzeichnen, da er insoweit seine Vertreterrolle ausübt[135].

---

130 Zur Möglichkeit, die Anzahl der erforderlichen Unterschriften oder die im Gesetz genannten Personen zu verändern, BayObLG WuM 1989, 534; *Staudinger/Bub*, § 23 Rz. 25.

131 Vgl. BayObLG, Beschl. v. 21.2.1973, Az.: 2 Z 3/73, BayObLGZ 1973, 68; 1980, 29; KG, Beschl. v. 18.3.1993, Az.: 24 W 1386/93, WE 1994, 45; HansOLG Hamburg, Beschl. v. 17.12.1996, Az.: 2 Wx 87/94 (nicht veröffentlicht); *Merle* in Bärmann/Pick/Merle, § 24 Rz. 110, 112; *Weitnauer/Lüke*, § 24 Rz. 19; *A. Fischer* in ZfIR 2000, 325; *Peters* in PiG 2, S. 49.

132 Vgl. BayObLG, Beschl. v. 27.10.1989, Az.: 2 Z 75/89, NJW-RR 1990, 210; *Weitnauer/Lüke*, § 24 Rz. 20.

133 Vgl. BGH, Beschl. v. 3.7.1997, Az.: V ZB 2/97, ZfIR 1997, 549; OLG Oldenburg, Beschl. v. 16.3.1984, Az.: 5 W 41/83, ZMR 1985, 30; *A. Fischer* in ZfIR 2000, 325.

134 Vgl. LG Lübeck, Beschl. v. 11.2.1991, Az.: 7 T 70/91, Rpfleger 1991, 309.

135 So wohl LG Lübeck, Beschl. v. 11.2.1991, Az.: 7 T 70/91, Rpfleger 1991, 309.

Nimmt der Vorsitzende des Verwaltungsbeirates an der betroffenen Wohnungseigentümerversammlung nicht teil, kann er die Unterzeichnung der Niederschrift nicht vornehmen[136]. War er nicht anwesend, ist es ihm unmöglich, die Übereinstimmung von Beschlussfassung und Protokollierung durch seine Unterschrift zu bestätigen[137]. Ist auch der Stellvertreter nicht anwesend, muss die Unterschrift insoweit entfallen[138]. Andere Mitglieder des Verwaltungsbeirates können wegen der eindeutigen Regelung des Gesetzes auch nicht ersatz- oder vertretungsweise die Unterschrift leisten. Sie zeichnen in solchen Fällen wie jeder andere Eigentümer.

3. Die Aufgaben im Zusammenhang mit der Wohnungseigentümerversammlung

a) Einberufung der Wohnungseigentümerversammlung

Nach der Regelung des § 24 Absatz 3 WEG darf der Vorsitzende des Verwaltungsbeirates, wenn ein Verwalter fehlt oder sich pflichtwidrig weigert, eine Wohnungseigentümerversammlung einzuberufen, dies selber vornehmen. Dies gilt nicht nur für die Eigentümerversammlung, sondern unter den Voraussetzungen des § 24 Absatz 3 WEG auch für die schriftliche Beschlussfassung im Sinne des § 23 Absatz 3 WEG[139]. Dies folgt bereits daraus, dass die schriftliche Beschlussfassung hinsichtlich der Ergreifung der Initiative zu diesem Verfahren nicht auf § 24 Absatz 1 WEG verweist, so dass von jedem Eigentümer das entsprechende Verfahren eingeleitet werden kann[140].

---

136 Vgl. *Merle* in Bärmann/Pick/Merle, § 24 Rz. 107 und § 29 Rz. 71; *Röll*, Handbuch für Wohnungseigentümer und Verwalter, 7. Aufl., 1996, S. 159; *A. Fischer* in ZfIR 2000, 325.

137 Vgl. *Röll*, Handbuch für Wohnungseigentümer und Verwalter, 7. Aufl., 1996, S. 159.

138 Vgl. *Merle* in Bärmann/Pick/Merle, § 24 Rz. 107.

139 Vgl. *Merle* in Bärmann/Pick/Merle, § 23 Rz. 85; *Staudinger/Bub*, § 23 Rz. 205.

140 Vgl. *Bärmann/Pick*, § 23 Rz. 11; *Merle* in Bärmann/Pick/Merle, § 23 Rz. 85; *Röll* in Münchener Kommentar zum BGB, § 23 Rz. 6; *Palandt/Bassenge*, § 23 Rz. 5; *Staudinger/Bub*, § 23 Rz. 205; *F. Schmidt* in ZWE 2000, 155.

Bub[141] geht davon aus, dass den Wohnungseigentümern gegenüber dem Vorsitzenden des Verwaltungsbeirates ein einklagbarer Anspruch auf Einberufung der Versammlung zustehe. Dies ist jedoch nicht zutreffend. Nach dem Wortlaut des § 24 Absatz 3 WEG liegt eine so genannte „Kann"-Bestimmung vor. Diese räumt dem Vorsitzenden des Verwaltungsbeirates daher zwar das Recht der Einberufung unter den genannten Voraussetzungen ein, begründet aber keine dahin gehende Verpflichtung[142]. Der Vorsitzende des Verwaltungsbeirates kann daher nicht zu der Einberufung gezwungen werden. Formell wäre ein solches Verfahren zwar nach § 43 Absatz 1 Nummer 1 WEG sicherlich nicht mit Schwierigkeiten verbunden. Aus prozessökonomischen Gründen dürfte dieses aber dennoch abzulehnen sein, weil insoweit jeder Wohnungseigentümer sich selbst zu der Einberufung der Versammlung könnte ermächtigen lassen[143] oder auf den Antrag nach §§ 26 Absatz 3, 43 Absatz 1 Nummer 3 WEG verwiesen werden kann.

Da es sich um eine von § 24 Absatz 1 WEG abweichende Ausnahmevorschrift handelt, sind die Voraussetzungen streng zu prüfen. Eine unberechtigte Einberufung durch den Vorsitzenden des Verwaltungsbeirates stellt allerdings nur einen Anfechtungs-, jedoch keinen Nichtigkeitsgrund dar[144].

Bei der Einberufung hat der Verwaltungsbeiratsvorsitzende alle Regelungen des Gesetzes, der Gemeinschaftsordnung und der bereits gefassten Beschlüsse vorhergehender Versammlungen, die auch im Falle der Einberufung durch den Verwalter Anwendung fänden, zu beachten. Da derjenige, der zur Einberufung berechtigt ist, die Versammlung auch absagen oder verlegen kann[145], muss dieses

141 Vgl. *Staudinger/Bub*, § 24 Rz. 77.

142 Vgl. *Merle* in Bärmann/Pick/Merle, § 23 Rz. 32; § 29 Rz. 68; *A. Fischer* in ZfIR 2000, 325.

143 Vgl. *Niedenführ* in DIV 1996, Heft 4, S. 8.

144 Vgl. BayObLG, Beschl. v. 25.9.1986, Az.: 2 Z 81/86, NJW-RR 1987, 204; Beschl. v. 29.11.1990, Az.: BReg 2 Z 72/90, WuM 1991, 131; KG, Beschl. v. 27.8.1986, Az.: 24 W 1747/86, NJW 1987, 386; OLG Hamm, Beschl. v. 2.9.1996, Az.: 15 W 138/96, NJW-RR 1997, 523; OLG Stuttgart, Beschl. v. 10.10.1989, Az.: 8 W 625/88, ZMR 1989, 468; wohl auch OLG Hamm, Beschl. v. 19.4.1995, Az.: 15 W 26/95, WE 1996, 33; *Wangemann*, Die Eigentümerversammlung nach dem WEG, 1. Aufl., 1994, S. 81; vgl. auch *Niedenführ* in DIV 1996, Heft 4, S. 8.

145 Vgl. OLG Hamm, Beschl. v. 4.7.1980, Az.: 15 W 177/79, OLGZ 1981, 24.

Recht auch dem Vorsitzenden des Verwaltungsbeirates im Falle der Voraussetzungen des § 24 Absatz 3 WEG zugestanden werden.

Einzuladen sind alle Wohnungseigentümer. Liegt dem Vorsitzenden des Verwaltungsbeirates eine Liste mit deren Namen und Anschriften nicht vor und sind die notwendigen Angaben ihm nicht anderweitig bekannt, muss der Verwalter nach den Ausführungen von *Müller*[146] die entsprechenden Unterlagen zur Verfügung stellen. Unklar bleibt nach dieser Auffassung, wie dieser Anspruch durchgesetzt werden soll, wenn wegen der Weigerung der Einberufung zu einer Wohnungseigentümerversammlung durch den Verwalter ehedem mit Schwierigkeiten zu rechnen ist. Denkbar dürfte insoweit nur sein, dass der Vorsitzende des Verwaltungsbeirates gegen den Verwalter ein entsprechendes gerichtliches Verfahren anstrebt und gegenüber dem Gericht anregt, vorab durch eine einstweilige Anordnung gemäß § 44 Absatz 3 WEG zu entscheiden. Da aber an diesem Verfahren die Wohnungseigentümer nach § 43 Absatz 3 Nummer 2 WEG zu beteiligen sind, ergeben sich auch daraus Schwierigkeiten, da ihnen der Antrag und die Entscheidung des Gerichtes zugestellt werden müssen, was nur möglich ist, wenn diese entgegen dem Inhalt des Verfahrens bekannt sind. Es verbleibt nur der Ausweg, dass der Richter die einstweilige Anordnung erlässt und nach deren Vollstreckung die Zustellungen vorgenommen werden.

Im Hinblick auf das Fehlen eines Verwalters kann auf die Rechtsauffassungen zu § 26 WEG verwiesen werden. Ein „Fehlen" liegt daher zunächst vor, wenn eine Bestellung unterblieben ist[147], der Bestellungszeitraum ohne Neubestellung abgelaufen ist[148] oder sogar eine Abberufung des Verwalters vorliegt[149]. Dem Fehlen eines Verwalters ist gleichzustellen, wenn dieser aus sachlichen Gründen an der Ausübung des Amtes, zum Beispiel aus den Gründen des § 181 BGB,

146 Vgl. BayObLG, Beschl. v. 19.6.1984, Az.: 2 Z 32/84, MDR 1984, 849; *Müller*, Praktische Fragen des Wohnungseigentums, 3. Aufl., 1999, S. 299.

147 Vgl. *Staudinger/Bub*, § 24 Rz. 71a; *Wangemann*, Die Eigentümerversammlung nach dem WEG, 1. Aufl., 1994, S. 80.

148 Vgl. *Merle* in Bärmann/Pick/Merle, § 24 Rz. 20; *Staudinger/Bub*, § 24 Rz. 71a; *Wangemann*, Die Eigentümerversammlung nach dem WEG, 1. Aufl., 1994, S. 80.

149 Vgl. *Staudinger/Bub*, § 24 Rz. 71a; *Wangemann*, Die Eigentümerversammlung nach dem WEG, 1. Aufl., 1994, S. 80.

gehindert ist[150]. Kein Fehlen ist hingegen vorliegend, wenn der Verwalter lediglich wegen eines Urlaubes oder einer Geschäftsreise abwesend ist[151]. Sollte der Verwalter an der Ausübung seines Amtes aus gesundheitlichen Gründen auf Dauer gehindert sein, weil er beispielsweise wegen einer fortdauernden Krankheit nicht in der Lage ist, seinen Beruf auszuüben, wird man ebenfalls davon ausgehen können, dass ein „Fehlen" im Sinne des § 24 Absatz 3 WEG vorliegt[152]. Es darf daher nicht nur eine vorübergehende Abwesenheit vorliegen. Die von *Wangemann*[153] daran geäußerte Kritik ist meines Erachtens nicht überzeugend. Wangemann will diese Verhinderung des Verwalters unter dem Gesichtspunkt der unberechtigten Weigerung betrachten. Dies stößt aber auf Bedenken, weil eine Weigerung ein bewusstes Verhalten zur Nichtabhaltung der geforderten oder erforderlichen Versammlung voraussetzt[154], was in den geschilderten Fällen nicht angenommen werden kann. Das „Fehlen" eines Verwalters liegt ebenfalls nicht vor, wenn der Beschluss über dessen Bestellung angefochten, eine Entscheidung in diesem Verfahren jedoch noch nicht getroffen wurde[155]. Zum einen ist ein Beschluss nach der gesetzlichen Regelung des § 23 Absatz 4 Satz 1 WEG bis zu seiner rechtskräftigen Aufhebung durch eine gerichtliche Entscheidung gültig. Zum anderen ist in entsprechender Anwendung des § 32 FGG davon auszugehen, dass die Handlungen eines Verwalters auch im Falle der Anfechtung des dessen Bestellung begründenden Beschlusses rechtswirksam sind, weil ansonsten ein lange andauernder, für eine ordnungsmäßige Verwaltung unhaltbarer Schwebezustand geschaffen würde[156].

---

150 Vgl. *Palandt/Bassenge*, § 24 WEG Rz. 4.

151 Vgl. *Staudinger/Bub*, § 24 Rz. 71a.

152 Vgl. *Merle* in Bärmann/Pick/Merle, § 24 Rz. 20; *A. Fischer* in ZfIR 2000, 325.

153 Vgl. *Wangemann*, Die Eigentümerversammlung nach dem WEG, 1. Aufl., 1994, S. 80. Fn. 4.

154 Vgl. OLG Hamm, Beschl. v. 4.7.1980, Az.: 15 W 177/79, OLGZ 1981, 24.

155 Vgl. OLG Hamm, Beschl. v. 19.4.1995, Az.: 15 W 26/95, WE 1996, 33; *Merle* in Bärmann/Pick/Merle, § 24 Rz. 20; *Staudinger/Bub*, § 24 Rz. 71a.

156 Vgl. BayObLG, Beschl. v. 13.9.1990, Az.: 2 Z 100/90, NJW-RR 1991, 531; KG, Beschl. v. 17.11.1989, Az.: 24 W 5042/89, NJW-RR 1990, 153; OLG Hamm, Beschl. v. 19.4.1995, Az.: 15 W 26/95, WE 1996, 33.

Soweit das BayObLG[157] im Rahmen des § 26 Absatz 3 WEG davon ausgeht, dass ein „Fehlen" des Verwalters auch in einer grundlosen Verweigerung der Tätigkeit gesehen werden kann, ist diese Auffassung auf die Regelung des § 24 Absatz 3 WEG nicht übertragbar, da in diesem Fall dessen zweite Alternative eingreift.

Eine pflichtwidrige Weigerung der Einberufung einer Wohnungseigentümerversammlung muss nach der zweiten Alternative des § 24 Absatz 3 WEG vorliegen. Jede rechtmäßige Weigerung des Verwalters führt zur Anfechtbarkeit der Beschlüsse, die auf der von dem Verwaltungsbeiratsvorsitzenden einberufenen Versammlung gefasst werden sollten[158].

Die Pflichtwidrigkeit orientiert sich an den Regelungen des WEG, der Gemeinschaftsordnung und dem Verwaltungsvertrag.

Der Begriff der Weigerung erfordert ein bewusstes Handeln oder Unterlassen. Eine Weigerung in diesem Sinne liegt vor, wenn der Verwalter trotz Hinweises oder Aufforderung eine auf die Einberufung der Versammlung gerichtete Tätigkeit nicht entfaltet[159].

Wie sich aus dem Begriff der Pflichtwidrigkeit ergibt, kann eine rechtmäßige Weigerung des Verwalters das Einberufungsrecht des Verwaltungsbeiratsvorsitzenden nicht begründen. Die Pflichtwidrigkeit des Handelns des Verwalters bezieht sich nicht auf die Verwaltungstätigkeit im Allgemeinen, mag diese auch die Notwendigkeit der Einberufung begründen, sondern nur auf die Weigerung zur Einberufung als solche.

Die Verpflichtung zur Einberufung einer Versammlung ergibt sich zunächst aus den Gründen des § 24 Absatz 1 und 2 WEG. Die Einberufung muss daher durch den Verwalter erfolgen, wenn die dort genannten Tatbestände objektiv erfüllt sind. Weigert sich der Verwalter, liegt eine Pflichtwidrigkeit vor, so dass die Befugnis der Verwaltungsbeiratsvorsitzenden einsetzt. Eine Entschuldigung kann nur in den Gründen der so genannten „höheren Gewalt" gefunden werden.

157 Vgl. BayObLG, Beschl. v. 28.11.1988, Az.: 1 b Z 17/88, WE 1990, 27.

158 Vgl. *Merle* in Bärmann/Pick/Merle, § 24 Rz. 21; *Staudinger/Bub*, § 24 Rz. 74; *Weitnauer/Lüke*, § 24 Rz. 5; *Wangemann*, Die Eigentümerversammlung nach dem WEG, 1. Aufl., 1994, S. 80; *A. Fischer* in ZfIR 2000, 325; *Müller* in PiG 25, S. 23.

159 Vgl. auch *Wangemann*, Die Eigentümerversammlung nach dem WEG, 1. Aufl., 1994, S. 81.

Nach § 24 Absatz 1 WEG ist eine Versammlung der Wohnungseigentümer mindestens einmal innerhalb des Wirtschaftsjahres einzuberufen. Weitere Gründe können in der Gemeinschaftsordnung vereinbart werden und führen nach Vorlage der objektiven Voraussetzungen nach § 24 Absatz 2, 1. Alternative ebenfalls zur Verpflichtung des Verwalters zur Einberufung einer Versammlung.

Darüber hinaus besteht eine Verpflichtung des Verwalters zur Einberufung der Wohnungseigentümerversammlung, wenn dies von mehr als einem Viertel der Wohnungseigentümer unter Angabe von Gründen und des Zweckes verlangt wird, § 24 Absatz 2, 2. Alternative. Ein solches Verlangen muss an den Verwalter herangetragen werden, da es andernfalls an der Pflichtwidrigkeit mangelt, weil der Verwalter von dem Willen der Eigentümer keine Kenntnis haben kann[160]. Nach dem Gesetzeswortlaut ist nicht die Zahl der Miteigentumsanteile entscheidend, sondern es hat eine Berechnung nach Köpfen zu erfolgen[161]. Einzelne Eigentümer können die Einberufung einer Versammlung nicht verlangen[162]. Da § 24 Absatz 2 WEG dispositives Recht darstellt[163], ist es möglich, auch anderweitige Quoten zu vereinbaren, wenn gewährleistet ist, dass ein Minderheitenschutz erhalten bleibt[164]. Hinzuweisen ist in diesem Zusammenhang Bezug nehmend auf die Pflichtwidrigkeit, dass dem Verwalter für den Zeitpunkt der Einberufung ein großer Ermessensspielraum eingeräumt wird[165]. Der Sinn und Zweck der Versammlung dürfen durch die Wahl ihres Zeitpunktes nur nicht vereitelt werden oder im eigenen Interesse des Verwalters – beispielsweise bei einer Beschlussfassung über seine Abberufung – liegen. Jedenfalls kann dem Verwalter der genaue Zeitpunkt für die Einberufung nicht vorgeschrieben werden, wenn er sich bei dessen Auswahl von sachgerechten Gesichtspunkten leiten lässt[166].

160 Vgl. OLG Hamm, Beschl. v. 2.9.1996, Az.: 15 W 138/96, NJW-RR 1997, 523.

161 Vgl. OLG Hamm, Beschl. v. 4.9.1973, Az.: 15 W 34/73, OLGZ 1973, 423.

162 Vgl. OLG Düsseldorf, Beschl. v. 6.7.1994, Az.: 3 Wx 456/92, WE 1994, 375; vgl. auch OLG Frankfurt, Beschl. v. 19.5.1988, Az.: 20 W 206/87, DerWE 1988, 105.

163 Vgl. BayObLG, Beschl. v. 5.10.1972, Az.: 2 Z 54/72, BayObLGZ 1972, 314; *Palandt/Bassenge*, § 24 WEG Rz. 1.

164 Vgl. BayObLG, Beschl. v. 5.10.1972, Az.: 2 Z 54/72, BayObLGZ 1972, 314.

165 Vgl. *Merle* in Bärmann/Pick/Merle, § 24 Rz. 16.

166 Vgl. BayObLG, Beschl. v. 29.11.1990, Az.: 2 Z 72/90, WE 1992, 51, wonach der Gemeinschaft zuzumuten ist, eine Einberufung durch den Verwalter

Letztlich hat die Einberufung einer Wohnungseigentümerversammlung durch den Verwalter zu erfolgen, wenn objektive Umstände nach den Grundsätzen einer ordnungsgemäßen Verwaltung im Sinne des § 21 Absatz 4 WEG dies erfordern[167]. Das ist der Fall, wenn die Eigentümer für die Gewährleistung einer ordnungsgemäßen Verwaltung Beschlüsse fassen müssen, etwa weil ein plötzlicher Sanierungsbedarf besteht[168], weil über bestimmte Maßnahmen schnellstmöglich entschieden werden muss oder weil Verwalter sowie Beirat neu zu bestellen sind. Eine Einberufung einer Wohnungseigentümerversammlung ist auch erforderlich, wenn zur Wiederherstellung geordneter finanzieller Verhältnisse der Gemeinschaft Beschlüsse, etwa zur Erhebung von Sonderumlagen, gefasst werden müssen[169]. Wenn der Verwalter in diesen Fällen nicht für die Einberufung der Versammlung sorgt, handelt er pflichtwidrig.

Nach herrschender Auffassung[170] ist der Vorsitzende in der Wohnungseigentümerversammlung, nach § 24 Absatz 5 in der Regel der Verwalter, berechtigt, die Versammlung aufzulösen. Dies darf jedoch nicht willkürlich erfolgen. Löst nun etwa der Verwalter ohne sachlichen Grund die Versammlung auf, etwa um bestimmte Beschlussfassungen zu verhindern, so wird man dem Vorsitzenden des Verwaltungsbeirates ebenfalls das Recht einräumen müssen, zu der Fortsetzung der Versammlung einberufen zu dürfen, wenn dies nicht unverzüglich durch den Verwalter erfolgen sollte[171]. Andernfalls könnte sich dieser den Folgen des § 24 Absatz 3 WEG dadurch entziehen, dass er eine Versammlung einberuft und diese nach Eröffnung sofort auflöst.

---

mit einer Abweichung von etwa einem Monat hinzunehmen, wenn nicht zwingende Gründe dem entgegenstehen. Dabei ist darauf zu achten, dass selbst für die Abberufung ein zwingender Grund für eine sofortige Einberufung nicht vorliegt, wenn diese nicht auf ganz besondere Umstände gestützt werden kann. Scheidet der Verwalter ehedem in kurzer Zeit aus, ist ein Zuwarten möglich.

167 Vgl. OLG Hamm, Beschl. v. 23.1.1987, Az.: 15 W 429/86 und 15 W 434/86, DerWE 1987, 54; *Niedenführ/Schulze*, § 24 Rz. 2.

168 Vgl. OLG Hamm, Beschl. v. 23.1.1987, Az.: 15 W 429/86 und 15 W 434/86, DerWE 1987, 54.

169 Vgl. OLG Köln, Beschl. v. 7.5.1999, Az.: 16 Wx 21/99, ZMR 1999, 789.

170 Vgl. KG, Beschl. v. 16.9.1988, Az.: 24 W 3200/88, NJW-RR 1989, 17; *Palandt/Bassenge*, § 24 WEG Rz. 6.

171 Vgl. nunmehr auch *Staudinger/Bub*, § 24 Rz. 73.

Im Falle der Absagung oder Verlegung einer Versammlung ohne sachlichen Grund und ohne neuen konkreten und zeitnahen Termin durch den Verwalter ist dem Vorsitzenden des Verwaltungsbeirates ebenfalls das Recht zuzubilligen, eine Versammlung einzuberufen. Wollte man dies nicht zulassen, könnte der Verwalter durch dahin gehende Manipulationen eine Abhaltung der Versammlung auf Dauer verhindern.

b) Gestaltung der Tagesordnung

Die herrschende Meinung[172] folgert aus § 24 Absatz 3 WEG in analoger Anwendung, dass dem Vorsitzenden des Verwaltungsbeirates im Gegensatz zu dem einzelnen Eigentümer[173] das Recht zusteht, die Aufnahme bestimmter Punkte auf die Tagesordnung von dem Verwalter zu verlangen. Dies erscheint zumindest insoweit zweifelhaft, als dass für den Vorschlag des Beiratsvorsitzenden ein objektives Interesse nicht besteht[174]. Dann würde sich der Beiratsvorsitzende von den anderen Mitgliedern des Beirates und den anderen Eigentümern ohne sachlichen Grund unterscheiden. Das Recht zur Gestaltung der Tagesordnung wird man ihm daher nur einräumen können, wenn der Verwalter sich weigert, einen objektiv erforderlichen Tagesordnungspunkt aufzunehmen[175],

172 Vgl. OLG Düsseldorf, Beschl. v. 6.9.1985, Az.: 3 W 145/85, NJW-RR 1986, 86; *Bärmann*, Wohnungseigentum, 1. Aufl., 1991, S. 383; *Wangemann*, Die Eigentümerversammlung nach dem WEG, 1. Aufl., 1994, S. 82.

173 Vgl. OLG Frankfurt, Beschl. v. 19.5.1988, Az.: 20 W 206/87, DerWE 1988, 105, wohl aber soll nach Ansicht des Gerichtes eine Mehrheit von Eigentümern dieses Recht haben. Nach OLG Düsseldorf, Beschl. v. 6.7.1994, Az.: 3 Wx 456/92, WE 1994, 375, hat ein einzelner Wohnungseigentümer aber dann einen Anspruch auf Aufnahme eines Tagesordnungspunktes auf die Tagesordnung einer ordentlichen Wohnungseigentümerversammlung, wenn dies den Anforderungen an eine ordnungsgemäße Verwaltung im Sinne des § 21 Absatz 4 WEG entspricht, weil die Regelung des § 24 Absatz 2 WEG nur für eine außerordentliche Versammlung gelte, vgl. insoweit auch BayObLG, Beschl. v. 23.9.1988, Az.: 2 Z 97/87, WE 1989, 175; Beschl. v. 18.11.1991, Az.: 2 Z 147/91, WE 1992, 234.

174 Vgl. auch *Wangemann*, Die Eigentümerversammlung nach dem WEG, 1. Aufl., 1994, S. 83.

175 Vgl. *Wangemann*, Die Eigentümerversammlung nach dem WEG, 1. Aufl., 1994, S. 83.

oder das Minderheitenquorum des § 24 Absatz 2, 2. Alternative missachtet[176].

Dass in den Fällen der direkten Anwendung des § 24 Absatz 3 WEG der Vorsitzende des Verwaltungsbeirates berechtigt ist, die Tagesordnung alleine zu gestalten, versteht sich von selbst.

III. Die Auskunftspflichten der Mitglieder des Verwaltungsbeirates

1. Bestehen der Auskunftspflicht

Die Auskunftspflicht des Verwaltungsbeirates ergibt sich aus § 666 BGB. Dabei ist gleichgültig, ob seine Mitglieder im Rahmen eines Auftragsverhältnisses unentgeltlich oder bei einem Geschäftsbesorgungsvertrag gegen Vergütung tätig werden. Über die gesetzliche Verweisung des § 675 BGB findet die Vorschrift des § 666 BGB auch dort Anwendung.

Fraglich ist, wem der Verwaltungsbeirat Auskunft über seine Tätigkeit erteilen muss. Auszugehen ist von dem der Tätigkeit zu Grunde liegenden Rechtsverhältnis. Insoweit ist anerkannt, dass die Auskunft bei einer Mehrheit von Auftraggebern grundsätzlich auch nur gegenüber diesen gemäß § 432 Absatz 1 Satz 1 BGB als Gesamtgläubiger zu erteilen ist[177]. Der Verwaltungsbeirat wird aufgrund der Bestellung und der Wahl seiner Mitglieder für die gesamte Gemeinschaft tätig. Von seiner Tätigkeit werden nur gemeinschaftliche Angelegenheiten betroffen, da die Verwaltung des Sondereigentumes dem jeweiligen Eigentümer obliegt[178]. Demzufolge besteht die Auskunftspflicht des Verwaltungsbeirates auch nur gegenüber der Gesamtgemeinschaft[179]. Regelmäßig wird diese Auskunft dann in

176 Vgl. OLG Düsseldorf, Beschl. v. 6.9.1985, Az.: 3 W 145/85, NJW-RR 1986, 96.

177 Vgl. *Staudinger/Bub*, § 29 Rz. 52; *Seiler* in Münchener Kommentar, § 66 Rz. 15; *Palandt/Thomas*, § 666 Rz. 1.

178 Vgl. BayObLG, Beschl. v. 2.3.1979, Az.: 2 Z 17/78, Rpfleger 1979, 216; *Palandt/Bassenge*, § 20 Rz. 1.

179 Vgl. BayObLG, Beschl. v. 3.5.1972, Az.: BReg 2 Z 7/72, NJW 1972, 1377; Beschl. v. 9.6.1994, Az.: 2 Z BR 27/94, ZMR 1994, 575; *Merle* in Bärmann/Pick/Merle, § 29 Rz. 98; *Staudinger/Bub*, § 29 Rz. 52; *Niedenführ/Schulze*, § 29 Rz. 15; *Belz*, Handbuch des Wohnungseigentums, 3. Aufl., 1996, S. 447; *Bielefeld*, Der Wohnungseigentümer, 5. Aufl., 1995, S. 535; *Deckert*

der Wohnungseigentümerversammlung zu erteilen sein, weil anders die gesamte Gemeinschaft kaum oder nur schwerlich erreichbar ist. Dies schließt selbstverständlich nicht aus, dass die Fragen an die Mitglieder des Verwaltungsbeirates durch einzelne Eigentümer gestellt werden, da die Gemeinschaft in dieser Weise als Gesamtheit nicht handeln kann. Soweit *Deckert*[180] die Auffassung bezüglich der Auskunftserteilung nur gegenüber der Gesamtgemeinschaft als zu streng betrachtet und die Verneinung berechtigter Auskunftsersuchen gegenüber einzelnen Eigentümern kritisiert, verkennt er, dass die Auskunftsansprüche nur gegenüber allen Auftraggebern gemäß § 432 Absatz 1 BGB erfüllt werden können[181]. Durch die Erteilung gegenüber nur einem Mitglied der Gemeinschaft wird der Verwaltungsbeirat daher von seiner Verpflichtung nicht frei und setzt sich der Gefahr aus, die Auskunft letztlich mehrmals erteilen zu müssen. Der einzelne Eigentümer kann daher grundsätzlich einen Anspruch auf Auskunftserteilung nicht haben. Soweit der Verwaltungsbeirat einem dahin gerichteten Verlangen dennoch nachkommt, handelt es sich um ein rechtlich nicht erzwingbares Entgegenkommen, welches ihn von weiteren Pflichten nicht entbindet.

---

in DerWE 1990, 82; *Herrlein* in DIV 1996, Heft 3, S. 17; vgl. insoweit auch zu dem nur gemeinschaftlich zustehenden Auskunftsanspruch gegenüber dem Verwalter BayObLG, Beschl. v. 11.2.1988, Az.: BReg 2 Z 88/87, WuM 1988, 191; Beschl. v. 15.3.1990, Az.: BReg 2 Z 18/90, WuM 1990, 368; AG Trier, Beschl. v. 21.6.1999, Az.: 8 UR II 12/99 WEG, WuM 1999, 482; *Bub*, Das Finanz- und Rechnungswesen der Wohnungseigentümergemeinschaft, 2. Aufl., 1996, S. 198 ff.; *Deckert*, ETW, Gruppe 4, S. 29; *Jennißen*, Die Verwalterabrechnung nach dem WEG, 4. Aufl., 1999, S. 152.

180 Vgl. *Deckert*, ETW, Anmerkung zu BayObLG, Beschl. v. 9.6.1994, 2 Z BR 27/94, Gruppe 2, S. 2308.

181 So auch grundsätzlich BGH, Urt. v. 7.12.1995, Az.: III ZR 81/95, WE 1996, 160, zur Bruchteilsgemeinschaft und dem Auskunftsbegehren der einzelnen Mitglieder gegen den Verwalter. Jedoch soll nach der Entscheidung des BGH, Beschl. v. 7.12.1995, Az.: III ZR 81/85, WE 1996, 160, ein individueller Anspruch dann bestehen, wenn die Bruchteilseigentümer über einen größeren Raum örtlich verstreut wohnen. Ob dies auf die Wohnungseigentümergemeinschaft im typischen Falle der Kapitalanleger übertragen werden kann, erscheint bedenklich, da die Wohnungseigentümerversammlung anders als bei der Bruchteilsgemeinschaft als Forum für die Auskunftserteilung zur Verfügung steht.

Dennoch ist anerkannt, dass neben dieser grundsätzlich nur gegenüber allen Eigentümern bestehenden Auskunftsverpflichtung in begründeten Ausnahmefällen auch ein Individualanspruch eines Wohnungseigentümers gegeben sein kann[182]. Ein solcher Anspruch ergibt sich aus dem Gesichtspunkt von Treu und Glauben im Sinne des § 242 BGB. Denkbar für einen solchen individuellen Auskunftsanspruch sind daher nur solche Vorkommnisse, die einen bestimmten Eigentümer betreffen und die gemeinschaftliche Verwaltung nicht tangieren.

Der Auskunftsanspruch bleibt auch nach der Entlastung des Verwaltungsbeirates bestehen[183]. Die gegenteilige Meinung[184] verkennt, dass dann über solche Fragen, die bei der Entlastung nicht bekannt waren, keine Auskunft erlangt werden könnte. Der Anspruch erlischt, wenn die Auskunft in dem erforderlichen Umfange erteilt ist[185], wobei in Fällen berechtigten Interesses auch eine mehrfache Erteilungspflicht denkbar ist[186].

Im Zusammenhang mit der zu erteilenden Auskunft kommt es auch nicht darauf an, ob der Berechtigte sich die erforderlichen und notwendigen Informationen in zumutbarem Rahmen selbst besorgen kann[187].

---

182 Vgl. BayObLG, Beschl. v. 3.5.1972, Az.: BReg 2 Z 7/72, NJW 1972, 1377; Beschl. v. 9.6.1994, Az.: 2 Z BR 27/94, ZMR 1994, 575; für einen solchen individuellen Anspruch gegenüber dem Verwalter vgl. BayObLG, Beschl. v. 11.2.1988, Az.: BReg 2 Z 88/87, WuM 1988, 191; Beschl. v. 15.3.1990, Az.: BReg 2 Z 18/90, WuM 1990, 368; *Merle* in Bärmann/Pick/Merle, § 29 Rz. 98; *Staudinger/Bub*, § 29 Rz. 53; *Bub*, Das Finanz- und Rechnungswesen der Wohnungseigentümergemeinschaft, 2. Aufl., 1996, S. 199; *Deckert*, ETW, Gruppe 4, S. 249.

183 Vgl. OLG Celle, Beschl. v. 13.6.1984, Az.: 4 W 89/94, DerWE 1984, 126 (Ls); *Deckert* in WE 1993, 120 für den Verwalter.

184 Vgl. *Bub*, Das Finanz- und Rechnungswesen der Wohnungseigentümergemeinschaft, 2. Aufl., 1996, S. 202 für den Verwalter.

185 Vgl. *Soergel/Stürner*, § 28 WEG Rz. 5; *Bub*, Das Finanz- und Rechnungswesen der Wohnungseigentümergemeinschaft, 2. Aufl., 1996, S. 202, jeweils für den Verwalter.

186 Vgl. insoweit BGH, Beschl. v. 14.4.1988, Az.: III ZR 28/87, NJW-RR 1988, 1073.

187 Vgl. BGH, Urt. v. 18.6.1999, Az.: IX ZR 311/95, NJW 1998, 2969.

2. Inhalt der Auskunftspflicht

Die Mitglieder des Verwaltungsbeirates brauchen nur über die ihnen obliegenden Verpflichtungen, nicht aber über die des Verwalters Auskunft zu erteilen[188].

Die Auskunftsverpflichtung des Verwaltungsbeirates bestimmt sich hinsichtlich ihres Inhaltes nach der Regelung des § 666 BGB. Demnach ist zwischen den dort genannten drei Varianten, der Übermittlung der erforderlichen Nachrichten, der eigentlichen Auskunftserteilung und der Rechenschaftslegung, zu unterscheiden.

Der Verwaltungsbeirat ist insoweit nicht berechtigt, sein Wissen zurückzuhalten[189]. Ein solches Recht ergibt sich auch nicht aus angeblich übergeordneten Interessen, da die Eigentümer stets ein Interesse an der Information über ihre Geschäfte haben. Auch aus angeblichen datenschutzrechtlichen Gesichtspunkten gibt es keine Gründe, Informationen nicht zu offenbaren[190].

Soweit der Verwaltungsbeirat durch die Gemeinschaft nach der Bestimmung des § 666 BGB in Anspruch genommen wird, entspricht dies dem Recht der Auftraggeber und sollte die Mitglieder des Verwaltungsbeirates nicht diskreditieren. Wenn diese sich jedoch weigern, dem in der Regel berechtigten Verlangen nachzukommen, kann dies zu Misstrauen führen. Es kann weitergehende Ansprüche, wie die Abgabe der eidesstattlichen Versicherung hinsichtlich der Richtigkeit der Informationen nach sich ziehen. Wer die Funktion des Verwaltungsbeiratsmitgliedes bekleiden will, muss sich im Klaren darüber sein, dass er fremde, zumindest nicht nur eigene, Angelegenheiten betreut und über diese den Auftraggebern in jeder Form zu berichten hat.

---

188 Vgl. *Belz*, Handbuch des Wohnungseigentums, 3. Aufl., 1996, S. 447.

189 Vgl. BayObLG, Beschl. v. 22.6.1995, Az.: 2 Z BR 29/95, WuM 1995, 678 (Ls).

190 Vgl. nur OLG Celle, Beschl. v. 13.6.1984, Az.: 4 W 89/84, DerWE 1984, 126 (Ls); OLG Frankfurt, Beschl. v. 7.12.1971, Az.: 20 W 155/71, NJW 1972, 1376; *Müller*, Praktische Fragen des Wohnungseigentums, 3. Aufl., 1999, S. 441; *Drasdo* in NZM 1999, 542; *Müller* in DerWE 1991, 46.

3. Die Informationsverpflichtung

Der Beauftragte hat dem Auftraggeber zunächst alle Nachrichten zukommen zu lassen, die erforderlich sind, um diesen über den Stand der Dinge zu informieren und damit zu gewährleisten, dass dieser von seinen Rechten hinreichend Gebrauch machen kann[191]. Eine ständige, regelmäßige Informationsverpflichtung besteht hingegen nicht[192]. Diese Informationen, die der Auftraggeber als Grundlage für seine sachgerechten Entscheidungen benötigt, haben ausführlich, verständlich und, soweit erforderlich, unverzüglich zu erfolgen. Einer gesonderten Aufforderung bedarf es nach dem eindeutigen Wortlaut der Vorschrift nicht. Eine besondere Informationspflicht besteht gemäß § 665 BGB, wenn der Beauftragte von den Weisungen abweichen will oder, um eine sachgerechte Durchführung des Auftrages zu ermöglichen, muss. Wann und in welcher Form die Benachrichtigung erfolgt, hängt im Wesentlichen von dem Einzelfall des erteilten Auftrages ab, so dass das Informationsverlangen des Auftraggebers nicht das entscheidende Kriterium ist[193].

Für den Verwaltungsbeirat bedeutet dies, dass die Wohnungseigentümer selbstverständlich bei einer Abweichung von dem durch Beschluss erteilten Auftrage zu unterrichten sind[194]. In anderen Fällen ist zu entscheiden, ob ein objektives Bedürfnis für eine Benachrichtigung vorliegt und ob eine Information der Eigentümer notwendig erscheint[195]. Dies dürfte der Fall sein, wenn für die gemeinschaft-

191 Vgl. dazu BayObLG, Beschl. v. 22.6.1995, Az.: 2 Z BR 29/95, WuM 1995, 678 (Ls); *Staudinger/Bub*, § 29 Rz. 56 für den Vorsitzenden des Verwaltungsbeirates; *Seiler* in Münchener Kommentar, § 666 Rz. 5; vgl. auch BayObLG, Beschl. v. 22.6.1995, Az.: 2 Z BR 48/95, WE 1996, 234 zur Informationspflicht des Verwaltungsbeirates gegenüber den Miteigentümern, wenn Mängel der Verwaltung auch ohne bestehende Überwachungspflicht aufgedeckt werden.

192 Vgl. *Seuß* in Bärmann/Seuß, Praxis des Wohnungseigentums, 4. Aufl., 1996, Teil B, Rz. 671, der fälschlicherweise in diesem Zusammenhang von Rechenschaftsverpflichtung spricht.

193 Vgl. *Seiler* in Münchener Kommentar, § 666 Rz. 3; *von Rechenberg/Rieke* in MDR 1998, 38.

194 Vgl. *von Rechenberg/Rieke* in MDR 1998, 38.

195 BayObLG, Beschl. v. 22.6.1995, Az.: 2 Z BR 48/95, WE 1996, 234; *Seuß* in Bärmann/Seuß, Praxis des Wohnungseigentums, 4. Aufl., 1996, Teil B, Rz. 671.

lichen Angelegenheiten eine konkrete Gefahr droht[196]. Der Verwaltungsbeirat muss dann entweder alle Eigentümer unverzüglich schriftlich informieren oder dafür Sorge tragen, dass eine mündliche Information auf einer Eigentümerversammlung erfolgen kann.

4. Die Auskunftserteilung

Auf Verlangen des Auftraggebers hat der Beauftragte auch Auskunft zu erteilen. Wird ein solches Auskunftsbegehren gestellt, kommt es auf die objektive Notwendigkeit der Information nicht an[197]. Verlangt werden kann die Beantwortung einzelner Fragen[198] oder die Abgabe eines Gesamtberichtes[199]. Die Auskunftsverpflichtung geht demnach weiter als die Benachrichtigungspflicht. Missbräuchliche Auskunftsverlangen brauchen nicht beantwortet zu werden[200]. Diese sind gegeben, wenn sie sich nicht auf das Rechtsverhältnis beziehen, bei unangemessen oft verlangten Auskünften oder solchen, die ohne ein berechtigtes Interesse eine erhebliche Ermittlungstätigkeit des Beauftragten erfordern.

Für den Verwaltungsbeirat bedeutet dies, dass er auf Fragen innerhalb der Wohnungseigentümergemeinschaft entsprechend zu antworten hat. Dabei sind ihm Ermittlungen in gewissem Grade, die einen durchschnittlichen Aufwand erfordern, zuzumuten. Bezieht sich das Auskunftsverlangen jedoch auf einen komplexen Sachverhalt, dessen Darstellung eine intensive Vorbereitung erfordert, so muss das entsprechende Begehren zuvor angekündigt werden[201]. Soweit sich Informationen aus seinen eigenen Unterlagen ergeben oder ergeben müssten, kann von einem Verwaltungsbeirat eine umfassende Information verlangt werden.

---

196 Vgl. *Staudinger/Bub*, § 29 Rz. 56 für den Vorsitzenden des Verwaltungsbeirates.

197 Vgl. *Seiler* in Münchener Kommentar, § 666 Rz. 6.

198 Vgl. OLG Karlsruhe, Urt. v. 9.4.1970, Az.: 9 U 86/69, NJW 1971, 1042.

199 Vgl. *Seiler* in Münchener Kommentar, § 666 Rz. 7.

200 Vgl. *Staudinger/Bub*, § 29 Rz. 55.

201 Vgl. BGH, Urt. v. 7.4.1960, Az.: II ZR 143/58, BGHZ 32, 159; OLG Frankfurt, Urt. v. 27.7.1998, Az.: 26 U 4853/97, NZG 1999, 199, beide zur Aktiengesellschaft.

5. Die Rechenschaftslegung

Letztlich verbleibt noch die Pflicht zur Rechenschaftslegung als weitestgehende Verpflichtung des Beauftragten, den Auftraggeber zu informieren. Es hat nicht nur eine Auskunft über den jeweiligen Stand der Angelegenheit zu erfolgen, sondern es ist ein umfassender Bericht über den gesamten Bereich der Geschäftsausführung abzugeben. Diese Rechenschaftslegung hat vollständig, richtig, verständlich und nachprüfbar zu sein. Form und Inhalt der Rechenschaftslegung ergeben sich aus der Art des ihr zu Grunde liegenden Geschäftes und den Umständen des Einzelfalles[202]. Eine besondere Art der Rechenschaftsverpflichtung, die bei dem Verwaltungsbeirat jedoch nur in den seltenen Fällen der Geldverwaltung vorkommen dürfte[203], ergibt sich im Falle der Verwaltung von Einnahmen und Ausgaben in der Form der Rechnungslegung nach den Regelungen der §§ 259 ff. BGB.

Die Wohnungseigentümergemeinschaft kann von dem Verwaltungsbeirat im Rahmen des Auftrags- oder des Geschäftsbesorgungsverhältnisses Rechenschaft verlangen. Dies hat zur Folge, dass über eine gesamte Angelegenheit berichtet werden muss und einzelne Fragen nicht gesondert gestellt werden brauchen. Wenn sich aus einem mündlichen Vortrag die Angelegenheit nicht oder nicht hinreichend deutlich darstellen lässt, muss gegebenenfalls ein schriftlicher Bericht unter Beifügung der Nachweise erfolgen. Weitere Nachfragen sind zum besseren Verständnis oder zur weiteren Nachforschung zulässig und müssen von den Mitgliedern des Verwaltungsbeirates im Sinne der obigen Grundsätze beantwortet werden.

6. Die Kosten der Auskunft

Die mit der Auskunftserteilung verbundenen Kosten hat der Verpflichtete[204], demnach die Mitglieder des Verwaltungsbeirates, zu

202 Vgl. BGH, Urt. v. 30.4.1964, Az.: VII ZR 156/62, BGHZ 41, 318.

203 Vgl. *Staudinger/Bub*, § 29 Rz. 54.

204 Vgl. *Bub*, Das Finanz- und Rechnungswesen der Wohnungseigentümergemeinschaft, 2. Aufl., 1996, S. 202 für die Auskunft des Verwalters; allgemein im Falle der Auskunftsverpflichtung BAG JZ 1985, 628; *Keller* in Münchener Kommentar zum BGB, § 260 Rz. 18.

tragen. Dies folgt daraus, dass es sich um eine von dem Schuldner zu erfüllende Pflicht handelt, die der Gläubiger nicht zu finanzieren braucht. Auslagen sind jedoch zu ersetzen[205].

IV. Die Herausgabepflichten der Mitglieder des Verwaltungsbeirates

Endet das Amt des Verwaltungsbeirates als Ganzes oder die Amtsstellung seiner einzelnen Mitglieder, so haben diese die ihnen für die Auftragserfüllung übergebenen Unterlagen, Gelder und sonstigen Gegenstände an die Wohnungseigentümergemeinschaft herauszugeben[206]. Dies folgt sowohl für den Auftrag als auch für den Geschäftsbesorgungsvertrag aus der Regelung des § 667 BGB. Die Auffassung von Herrlein[207], der diese Pflicht nur für den Vorsitzenden des Verwaltungsbeirates annehmen will, ist nicht zuzustimmen, da ein Auftrags- oder Geschäftsbesorgungsverhältnis bei allen Mitgliedern vorliegt und diese damit auch einzeln alle Pflichten aus diesem zu erfüllen haben. Ebenso besteht eine Herausgabepflicht nicht ausschließlich nur gegenüber den möglicherweise neuen Verwaltungsbeiratsmitgliedern[208]. Gläubiger des Anspruches sind alle Wohnungseigentümer, die aber eine Herausgabe zu Händen des aktuell bestehenden Verwaltungsbeirates oder des Verwalters fordern können. Letzteres kann angebracht sein, wenn zunächst die Vollständigkeit der Unterlagen durch Vergleich mit denen des Verwalters geprüft werden soll.

Die Eigentumslage an diesen Gegenständen und Unterlagen ist unbedeutend[209]. Es kommt nur darauf an, dass sie zur oder bei der

205 Vgl. BGH, Urt. v. 25.9.1980, Az.: VII ZR 276/79, BGHZ 78, 166.

206 Vgl. OLG Hamm, Beschl. v. 20.2.1997, Az.: 15 W 295/96, ZMR 1997, 433; LG München, Beschl. v. 31.7.1984, Az.: 1 T 8126/84, zit. bei *Deckert*, Gruppe 2, S. 212; *Merle* in Bärmann/Pick/Merle, § 29 Rz. 99; *Weitnauer/Lüke*, § 29 Rz. 4; *Seuß* in Bärmann/Seuß, Praxis des Wohnungseigentums, 4. Aufl., 1996, Teil B, Rz. 667; *Seuß* in WE 1995, 294.

207 Vgl. *Herrlein* in DIV 1996, 17.

208 So aber wohl *Staudinger/Bub*, § 29 Rz. 59.

209 Vgl. OLG Hamm, Beschl. v. 20.2.1997, Az.: 15 W 295/96, ZMR 1997, 433; LG München, Beschl. v. 31.7.1984, Az.: 1 T 8126/84, zit. bei *Deckert*, Gruppe 2, S. 212; *Seiler* in Münchener Kommentar, § 667 Rz. 11; *Palandt/Thomas*, § 667 Rz. 2.

Durchführung des Auftrages erlangt wurden. Ob dies durch die Wohnungseigentümergemeinschaft oder durch dritte Personen, wie etwa den Verwalter, erfolgte, ist nicht entscheidend. Herauszugeben sind auch Vorteile, die mit der Auftragsdurchführung erlangt wurden. Dazu rechnen Provisionen[210] und sonstige geldwerte Vorteile, die ohne Zustimmung[211] des Auftraggebers erhalten wurden.

Der Herausgabeanspruch ist unmittelbar mit der Beendigung des Amtes fällig[212]. Zurückbehaltungs- und Aufrechnungsrechte hat der Beauftragte nur, wenn sie mit der Durchführung des Auftrages in unmittelbarem Zusammenhang stehen[213]. Ihre Begründung findet diese Rechtseinschränkung in dem dem Auftragsverhältnis zu Grunde liegenden Treuegedanken. Erfüllungsort gemäß § 269 Absatz 1 BGB für die Herausgabeverpflichtung ist der Ort der Anlage[214].

Ebenso wie bei dem Verwalter ist die eventuelle Anfechtung eines Abberufungsbeschlusses für die Herausgabepflicht ohne Bedeutung, denn nach § 23 Absatz 4 WEG ist der Beschluss bis zu seiner rechtskräftigen gerichtlichen Aufhebung zunächst wirksam[215].

Die Ansprüche der WEG auf die Herausgabe verjähren nach § 195 BGB in dreißig Jahren[216].

---

210 Vgl. BGH, Urt. v. 17.10.1991, Az.: III ZR 352/89, NJW-RR 1992, 560; *Staudinger/Bub*, § 29 Rz. 59; *Seiler* in Münchener Kommentar, § 667 Rz. 7 für Rabatte, weitere Beispiele Rz. 17.

211 Vgl. BGH, Urt. v. 5.12.1990, Az.: IV ZR 187/89, NJW-RR 1991, 483 für Schmiergelder an den Auftragnehmer.

212 Vgl. OLG Hamm ZMR 1997, 433; *Seiler* in Münchener Kommentar, § 667 Rz. 22.

213 Vgl. BGHZ 71, 380; OLG Stuttgart ZMR 1983, 422 zur Aufrechnungsmöglichkeit bei der Verpflichtung zur Herausgabe von Geldern; OLG Celle OLGZ 1970, 5; *Niedenführ* in DIV 1996, Heft 4, S. 8.

214 Vgl. AG Aachen, Beschl. v. 9.9.1997, Az.: 12 UR II 113/97 WEG, ZMR 1998, 56 für die Herausgabe der Verwaltungsunterlagen durch den Verwalter.

215 Vgl. OLG Hamm, Beschl. v. 20.2.1997, Az.: 15 W 295/96, ZMR 1997, 433.

216 BGH, Urt. v. 26.9.1980, Az.: I ZR 119/78, BGHZ 79, 89.

Erweiterung der Kompetenzen des Verwaltungsbeirats

Friedrich Schmidt
Notar a.D., Bayreuth

Inhaltsübersicht

I. Grundlagen

1. Abdingbarkeit

Nach allgemeiner und unstrittiger Meinung können dem Verwaltungsbeirat über seine in § 29 WEG zukommenden Aufgaben auch weitere Kompetenzen aufgegeben und übertragen werden. § 29 WEG ist insofern abdingbar[1] und das WEG gewährt hier eine breite Vertragsfreiheit. Es können zum einen die in § 29 Abs. 2 und 3 WEG genannten gesetzlichen Befugnisse des Verwaltungsbeirates erweitert, zum anderen ihm auch zusätzliche Aufgaben auferlegt werden. In der Praxis wird davon häufig Gebrauch gemacht, man denke nur an die Suche eines neuen Verwalters und den Abschluss des Verwaltervertrages. Die Erweiterung der Aufgaben des Verwaltungsbeirates kann auch in der Erteilung besonderer Vollmachten an ihn bestehen.[2]

2. Grenzen

Die Grenzen dieser Vertragsfreiheit liegen da, wo das WEG zwingende Aufgabenverteilungen unter den Organen der Eigentümergemeinschaft vornimmt. Das betrifft einmal den Verwalter, zum anderen die Eigentümergemeinschaft.

a) Einschränkungen beim Verwalter

Die Verwalteraufgaben und -befugnisse in § 27 Abs. 1 und 2 WEG können nach der ausdrücklichen Vorschrift des § 27 Abs. 3 WEG nicht eingeschränkt und auch nicht entzogen werden.[3] Der Verwaltungsbeirat kann daher weder ganz noch teilweise mit solchen Aufgaben als zuständig oder mitzuständig betraut werden. Verboten ist dabei auch, bei solchen Verwalterbefugnissen generell Zustimmungen des Verwaltungsbeirats vorzusehen.[4] Der Verwaltungsbeirat kann nicht zum Mitverwalter oder Nebenverwalter gemacht werden. Nicht unter das Verbot fallen dagegen den aufgezählten Verwalteraufgaben zugeordnete beratende, vorbereitende oder prüfende Funktionen des Verwaltungsbeirats.[5] Zur Gesetzesauslegung sei noch bemerkt: Wenn § 27 Abs. 3 WEG auch nur die Einschränkung durch Vereinbarung nennt und verbietet, gilt das Verbot selbstver-

1 *Bärmann/Pick/Merle*, WEG, 8. Auflage, § 29 Rz. 48 m.w.N.
2 *Drasdo* S. 80.
3 *Staudinger/Bub*, Kommentar zum WEG, § 29 Rz. 20.
4 *Bärmann/Pick/Merle* § 29 Rz. 183.
5 *Staudinger/Bub* § 29 Rz. 22.

ständlich auch für Beschlüsse (Mehrheitsbeschlüsse) und Einschränkungen im Verwaltervertrag.[6] Alle anderen im WEG genannten Verwalteraufgaben, insbesondere § 28 (Wirtschaftsplan, Rechnungslegung), fallen nicht unter das genannte Verbot und stehen daher für Aufgabenzuweisungen an den Verwaltungsbeirat grundsätzlich offen.[7]

b) *Einschränkungen bei der Eigentümerversammlung*

Eine ähnliche Verbotsbestimmung wie § 27 Abs. 3 WEG zu den Verwalteraufgaben gibt es bezüglich der Eigentümerversammlung im Gesetz nicht. Im Gegenteil: Indem § 10 Abs. 2 WEG für das Verhältnis der Wohnungseigentümer untereinander vom Gesetz abweichende Vereinbarungen zulässt, gilt grundsätzlich auch Vertragsfreiheit für Regelungen, die Aufgaben und Zuständigkeiten der Eigentümerversammlung betreffen.[8] Andererseits kann es aber nicht gestattet sein, die Eigentümerversammlung als das grundlegende Verwaltungsorgan gleichsam durch Aufgabenentleerung abzuschaffen oder ihrer Funktionen zu entblößen. Der Kernbereich des Wohnungseigentums darf nicht berührt werden, was die Ausübung der Eigentümerrechte in der Eigentümerversammlung betrifft.[9] Das bedeutet, dass die grundlegende Zuständigkeit der Eigentümergemeinschaft nicht abbedungen werden kann, wohl aber einzelne Entscheidungen oder begrenzte Geschäftsbereiche auch dem Verwaltungsbeirat zugewiesen werden können.[10] Das Primat der Entscheidungskompetenz der Eigentümerversammlung erfordert, dass Entscheidungen von substanziellem Eigengewicht die Versammlung immer selbst treffen muss.[11] Dazu gehört z. B. die Bestellung und Abberufung des Verwalters (§ 26 Abs. 1 Satz 4 WEG).[12] Im Übrigen ist so manches streitig, wie etwa die Frage, ob der Beschluss über Jahresabrechnung und Wirtschaftsplan sowie Entlastung des Verwalters dem Verwaltungsbeirat übertragen wer-

6 *Staudinger/Bub* § 29 Rz. 23, 26.
7 Vgl. *Bärmann/Pick/Merle* § 28 Rz. 5.
8 *Staudinger/Bub* § 29 Rz. 11 m.w.N.
9 Vgl. *Bärmann/Pick/Merle* § 29 Rz. 77.
10 *Staudinger/Bub* § 29 Rz. 15.
11 *Staudinger/Bub* § 23 Rz. 18.
12 *Bärmann/Pick/Merle* § 23 Rz. 90.

den kann.[13] Zu Recht abgelehnt wird auch eine Regelung, die Aufgaben der Eigentümerversammlung Wahlmännern oder Delegierten zu übertragen.[14] Dann kann es auch nicht der Verwaltungsbeirat als besonders geartetes Delegiertengremium sein.

3. Regelungsinstrumente

Die rechtlichen Instrumente, dem Verwaltungsbeirat zusätzliche Aufgaben und Vollmachten zu übertragen, sind Vereinbarung, Beschluss, Verwaltervertrag oder Sonstiges. Sie sind nicht gleichwertig. Vielmehr hängt es vom Inhalt der Aufgabenerweiterung ab, wie verfahren werden kann.

a) Vereinbarung

Als Erstes und Hauptinstrument steht die Vereinbarung zur Regelung von Ergänzungen oder Abänderungen des Gesetzes zur Verfügung (§ 10 Abs. 2 WEG). Eine Verankerung in der Gemeinschaftsordnung ist immer dann notwendig, wenn grundsätzlich und allgemein Zusatzaufgaben und Zuständigkeiten des Verwaltungsbeirates festgelegt werden sollen. Als Ergänzung der gesetzlichen Befugnisse des § 29 WEG können demnach weitere Befugnisse und Aufgaben des Verwaltungsbeirates nur durch Vereinbarung geregelt werden, nicht durch Beschluss.[15] In Betracht kommen Zustimmung zu bestimmten Maßnahmen, Mitwirkungen, Überwachungen, Schlichtung etc. Vereinbarungen können dabei auch die gesetzlichen Befugnisse des Verwaltungsbeirats allgemein konkretisieren oder präzisieren. Hier bietet sich ein weites Feld an. Beachtet werden sollte aber, dass die Gemeinschaftsordnung nicht mit zu viel Aufgabenverteilungen auf den Verwaltungsbeirat überladen wird. Schließlich sind die gesetzlichen Aufgaben, insbesondere der Unterstützung des Verwalters, weit auslegbar, ohne dass sie in der Gemeinschaftsordnung dargestellt werden müssten.

13 *Bärmann/Pick/Merle* § 29 Rz. 117; dazu unten II. 3.

14 Ablehnend z. B. *Staudinger/Bub* § 23 Rz. 26 ff. m.w.N.; *Weitnauer/Lüke* § 23 Rz. 7; a. A. *Bärmann/Pick/Merle* § 25 Rz. 66 ff.

15 *Bärmann/Pick/Merle* § 29 Rz. 75.

b) *Beschluss*

Auch Beschlüsse (Mehrheitsbeschlüsse) können eine Aufgabenerweiterung des Verwaltungsbeirates bewirken. Im Gegensatz zur allgemeinen Kompetenzerweiterung, die nur durch Vereinbarung möglich ist, sind Beschlüsse grundsätzlich immer dann zulässig, wenn es sich um die Durchführung konkreter Maßnahmen der ordnungsmäßigen Verwaltung handelt. Dabei ist aber auf die Grenze der § 27 Abs. 3 WEG zu achten, wonach dem Verwalter gesetzliche Befugnisse nicht entzogen werden dürfen. Einzelheiten werden im Teil B behandelt. Der Beschluss kann auch Vollmachten zur Durchführung einer Maßnahme enthalten. Die Abgrenzung zwischen den Fällen zwingender Vereinbarung und möglichem Beschluss ist fließend. Was den nicht angefochtenen Mehrheitsbeschluss betrifft, ist dieser wegen Überschreitung der Beschlusskompetenz nichtig, wenn er Kompetenzerweiterungen des Verwaltungsbeirats beinhaltet, die nur in einer Vereinbarung geregelt werden können.[16]

c) *Verwaltervertrag und Sonstiges*

Die Möglichkeiten, dem Verwaltungsbeirat Zusatzaufgaben aufzuerlegen, sind mit Vereinbarung und Beschluss nicht erschöpft. Wenn es der ordnungsmäßigen Verwaltung dient, sind die Eigentümer ziemlich frei, den Verwaltungsbeirat einzuschalten. Auch ist es nicht immer leicht, im Einzelfall zu unterscheiden, ob eine gesetzliche Aufgabe des Verwaltungsbeirats nur konkretisiert oder ob sie erweitert wird. So kann z. B. auch der Verwaltervertrag, der ja zwischen allen Miteigentümern und dem Verwalter für beide Vertragsteile bindend abgeschlossen wird, Mitwirkungen des Verwaltungsbeirates vorsehen. Es handelt sich dann um Aufgabenerweiterung mittels Vertrag. Zulässig ist darüber hinaus auch die freiwillige Einschaltung des Verwaltungsbeirates seitens des Verwalters, etwa dann, wenn er ihm obliegende Entscheidungen treffen oder durchführen muss, ohne dass Vereinbarung oder Beschluss es ihm auferlegen. Eine weitere Art, dem Verwaltungsbeirat Aufgaben zu erteilen, ist der Auftrag zur Abnahme im Bauträgervertrag, der dann die Rechtsgrundlage bildet.

16 *Bärmann/Pick/Merle* § 29 Rz. 48a; a. A. *Deckert* ETW Gruppe 4 S. 844; *Drasdo* S. 89 mit vielen Nachweisen, die insbesondere nach der neuen Betrachtungsweise von *Wenzel* in ZWE 2000, 2 diese Ansicht nicht mehr zu tragen vermögen.

4. Pflicht des Verwaltungsbeirats

Zur Wahrnehmung zusätzlicher Aufgaben ist der Verwaltungsbeirat grundsätzlich auch verpflichtet. Dies gilt in vollem Umfang, wenn sie in der Gemeinschaftsordnung vereinbart sind. Bei Beschlüssen ist aber wohl zu differenzieren: Ist der Beschluss gefasst, bevor der Verwaltungsbeirat gewählt oder wiedergewählt ist, ist dieser an die im Zeitpunkt seiner Wahl bestehende Rechtslage und an den Beschluss gebunden und muss seine Pflichten daraus auch wahrnehmen. Ist der Beschluss dagegen in einem Zeitpunkt gefasst, in dem der Verwaltungsbeirat bereits besteht, muss der Verwaltungsbeirat die ihm übertragene neue Aufgabe erst annehmen.[17] Tut er oder ein einzelnes Mitglied des Verwaltungsbeirates dies nicht und nimmt er den damit verbundenen Auftrag nicht an, kann die Lösung darin bestehen, a) dass jemand als Verwaltungsbeirat zurücktritt, b) dass die Eigentümerversammlung einen neuen Verwaltungsbeirat wählt, c) dass die Eigentümerversammlung die Nichterfüllung des Verwaltungsbeirats hinnimmt. Der Verwalter kann in einem solchen Fall nicht an die Einschaltung des Verwaltungsbeirates gebunden sein. Es würde allerdings den Rahmen des Vortrags sprengen, diese Konfliktsituation im Einzelnen, vor allem mit ihren Haftungsfolgen, zu untersuchen, zumal sie in der Praxis wohl kaum auftritt.

5. Zuständigkeit im Verwaltungsbeirat

Während die gesetzlichen Aufgaben des § 29 WEG dem gesamten Verwaltungsbeirat auferlegt sind und daher immer sämtliche Mitglieder des Verwaltungsbeirats ihre diesbezüglichen Aufgaben erfüllen müssen, kann beim Auferlegen weiterer Kompetenzen differenziert werden. Grundsätzlich ist auch hier immer der gesamte Verwaltungsbeirat zuständig. So soll es in der Regel auch sein. Es bietet sich aber an, bei Beschlüssen über die Einschaltung des Verwaltungsbeirates zu konkreten Maßnahmen dem Vorsitzenden des Verwaltungsbeirates eine gesonderte Funktion einzuräumen. Dies muss dann aber konkret mitbeschlossen werden.

17 Vgl. *Bärmann/Pick/Merle* § 29 Rz. 76.

II. Die Fälle

Auf der Grundlage der obigen Ausführungen werden nunmehr Fälle möglicher Aufgabenerweiterungen erörtert. Es können dabei nur typische Fälle aus der Praxis behandelt werden, bei denen auch die möglichen Regelungsinstrumente und ihre Grenzen dargestellt werden.

1. Verwalterbestellung und Abberufung

Der Beschluss über die Bestellung und die Abberufung des Verwalters kann ausschließlich nur von der Eigentümerversammlung gefasst werden. Dies ergibt sich aus § 26 Abs. 1 Satz 4 WEG, der andere Beschränkungen als die im Gesetz vorgenannten für Bestellung und Abberufung des Verwalters nicht zulässt. Die Zuständigkeit des Verwaltungsbeirates kann weder in der Gemeinschaftsordnung, geschweige den durch Beschluss hergestellt werden. Beides wäre nichtig. Dies gilt sowohl für Bestellung und Abberufung als solche wie für die Verankerung einer Zustimmung des Verwaltungsbeirates oder einer ähnlichen Mitwirkung dazu, soweit sie die Wirkung des Beschlusses über Bestellung oder Abberufung berühren.

Zulässig ist es dagegen, durch Vereinbarung oder Beschluss die Aufgabe zuzuweisen, einen Verwalter zu suchen, mit ihm Gespräche zu führen und zu verhandeln, um das Ergebnis der Eigentümerversammlung zur Beschlussfassung vorzulegen, bei mehreren Bewerbern auch die Ergebnisse der Verhandlungen mit ihnen.[18] Solche Vorbereitungshandlungen zur Verwalterbestellung gehören nicht zu den gesetzlichen Aufgaben des Verwaltungsbeirats. Es ist in der Sache aber unbestritten, dass er sie tätigen kann, zumal es nicht gesetzliche Aufgabe des amtierenden Verwalters ist. Es bedarf aber eines ausdrücklichen Auftrags an den Verwaltungsbeirat, u. U. auch nur an seinen Vorsitzenden. Überschneidungen zwischen Aushandeln und Abschluss des Verwaltervertrages werden dort behandelt. Zu beachten ist hierbei die Trennungstheorie, wonach zwischen Verwalterbestellung und Verwaltervertrag streng zu unterscheiden ist und beide verschiedenen Verfahren unterliegen.[19] Die dem Beirat

18 *Bärmann/Pick/Merle* § 29 Rz. 90, 91; *Drasdo* S. 83 m.w.N.

19 *Bärmann/Pick/Merle* seit 8. Auflage § 26 Rz. 25; *Schmidt* WE 1998, 209 = PiG 54, 195 (Fischen 1997); nun auch *Striewski* ZWE 2001, 8.

aufgetragene Verwalterauswahl darf nicht eine vorweggenommene Verwalterbestellung bewirken,[20] sondern muss als nicht bindender Vorschlag an die Eigentümerversammlung ausgestaltet werden.

Die Verwalterbestellung als Funktionsübertragung muss von dem gewählten Verwalter angenommen werden. Ist er bei der Versammlung anwesend, wird er dies in der Regel sofort tun, ist er nicht anwesend, so muss ihm das Votum der Eigentümerversammlung zur Annahme übermittelt werden. Damit kann der Verwaltungsbeirat oder auch nur dessen Vorsitzender durch Beschluss beauftragt werden. Entsprechendes gilt für die Abberufung und den Beschluss über diese. Er ist unabhängig von der Kündigung des Verwaltervertrages ein eigener Rechtsakt,[21] wobei eine rechtliche Verknüpfung mit der Kündigung des Verwaltervertrages durchaus möglich ist.[22] Der Beschluss über die Abberufung sollte hier eindeutig aussagen, ob die Verknüpfung gewollt ist, was wohl die Regel ist.[23] Der Verwaltungsbeirat kann dann zu beidem ermächtigt werden.[24]

2. Verwaltervertrag

Der Verwaltervertrag kommt nach der zutreffenden Trennungstheorie erst durch einen entsprechenden Vertragsabschluss zustande. Vor allem in größeren Eigentümergemeinschaften ist Schriftlichkeit geboten und üblich. Er ist ein Vertrag zwischen sämtlichen Wohnungseigentümern und dem Verwalter und bedarf von daher gesehen bei Schriftlichkeit der Unterschrift sämtlicher Wohnungseigentümer. Die Beauftragung des Verwaltungsbeirates mit der Unterzeichnung ist eine erhebliche Vereinfachung und daher weitgehend üblich.[25] Dazu bedarf es eines Auftrages mit Vollmacht an den Verwaltungsbeirat. Dies kann die Gemeinschaftsordnung allge-

20 *Bärmann/Pick/Merle* § 26 Rz. 68.

21 *Bärmann/Pick/Merle* § 26 Rz. 131.

22 Dazu *Bärmann/Pick/Merle* § 26 Rz. 132; vgl. BayObLG Beschl. v. 14.12. 1995 – 2Z BR 94/95, WE 1995, 314.

23 *Bärmann/Pick/Merle* § 26 Rz. 131, 132.

24 *Staudinger/Bub* § 29 Rz. 122.

25 *Drasdo* S. 90 weist zutreffend darauf hin, dass der Verwalter den Beschluss zum Abschluss des Verwaltervertrages für die Eigentümergemeinschaft nicht selbst durchsetzen kann. Hier würde § 181 BGB entgegenstehen.

mein vorsehen; es genügt aber auch ein Beschluss für den konkreten Fall, auch ein Mehrheitsbeschluss.[26] Es müssen dann alle Mitglieder des Verwaltungsbeirates unterschreiben, es sei denn, die Aufgabe wird ausdrücklich dem Vorsitzenden zugewiesen.

Was den Inhalt des Verwaltervertrages und dessen Aushandeln betrifft, ist zu differenzieren. Die Eigentümerversammlung kann die Eckpunkte des Vertrages in den Beschluss aufnehmen. Dann kann der Beirat den Vertrag unter Berücksichtigung der beschlossenen Eckpunkte mit den üblichen gängigen Regelungen ausfüllen und ihn wirksam abschließen. Fehlen die Eckpunkte, soll nach verbreiteter Meinung und Rechtsprechung der Vertrag noch einmal der Genehmigung durch die Eigentümerversammlung bedürfen. Zutreffend ist daran, dass dem Verwaltungsbeirat ein selbständiges Abweichen von den Vorgaben der Eigentümer nicht gestattet ist.[27] Fehlen aber beschlossene Eckpunkte und werden Auftrag und Vollmacht nur allgemein erteilt, kann der Verwaltungsbeirat dennoch den Vertrag wirksam aushandeln und abschließen. Die vereinbarten Vertragsklauseln müssen sich dann im Rahmen ordnungsmäßiger Verwaltung halten.[28] Soweit das OLG Düsseldorf[29] meint, es sei immer erforderlich, dass der maßgebende Inhalt des Vertrages beschlossen werden muss, kann dem nicht zugestimmt werden. Auch der Meinung von *Belz*,[30] eine Vollmacht zum Aushandeln und Abschluss des Verwaltervertrages sei nicht zulässig, weil sie die Zuständigkeit ausschließlich in die Hand des Verwaltungsbeirats lege und Verwalterbestellung und Abschluss des Verwaltervertrages gleichwertig seien, kann nicht zugestimmt werden. Die Eigentümer nehmen ihre Rechte bereits bei der Beschlussfassung wahr und übertragen nur die Durchführung des Beschlusses. Nach der zutreffenden Trennungstheorie besteht keine Gleichwertigkeit zwischen Verwalterbestellung und Verwaltervertrag.[31]

Die neben einer Abberufung des Verwalters auch notwendige Kündigung des Verwaltervertrages kann dem Verwaltungsbeirat mit ent-

26 *Bärmann/Pick/Merle* § 29 Rz. 92.

27 *Drasdo* S. 84 mit Hinweis auf OLG Düsseldorf, Beschl. v. 24.9.1997 – 3 Wx 221/97, NZM 1998, 36.

28 *Drasdo* S. 85 mit Nachweisen; OLG Hamm, Beschl. v. 19.10.2000 – 15 W 133/00, ZWE 2001, 81.

29 Beschl. v. 24.9.1997 – 3 Wx 221/97, NZM 1998, 36.

30 Handbuch des Wohnungseigentums, 3. Auflage, S. 446.

31 So auch *Drasdo* S. 84; *Deckert* ETW Gruppe 4 S. 841.

sprechender Vollmacht aufgegeben werden.[32] Der Beschluss über die Kündigung muss von der Eigentümerversammlung gefasst werden. Der Verwaltungsbeirat oder dessen Vorsitzender kann auch hier nur zur Durchführung und Vertretung der Eigentümergemeinschaft durch Abgabe der Kündigungserklärung an den Verwalter bevollmächtigt werden.[33] Eine Kündigung ohne entsprechenden Beschluss ist auch mit Zustimmung der Eigentümer wirkungslos.[34]

3. Wirtschaftsplan, Jahresabrechnung

Nach § 28 WEG ist es Aufgabe des Verwalters, für jedes Kalenderjahr einen Wirtschaftsplan aufzustellen und für das abgelaufene Jahr eine Abrechnung (Jahresabrechnung) aufzustellen. Nach § 28 Abs. 5 WEG beschließen die Wohnungseigentümer darüber durch Stimmenmehrheit. Nach § 29 Abs. 5 WEG soll der Verwaltungsbeirat beides vor der Eigentümerversammlung prüfen und mit einer Stellungnahme versehen. Die Aufgabenverteilung des § 28 WEG auf Verwalter und Wohnungseigentümerversammlung gehört nicht zu dem vom Gesetz als zwingend ausgestalteten Regelungen, sodass Ergänzungen und Abweichungen, insbesondere bei der Aufgabenverteilung, grundsätzlich zulässig sind. Von daher gesehen könnte auch der Verwaltungsbeirat mit den in § 28 WEG beschriebenen Aufgaben betraut werden. In Betracht kommen dabei die Aufstellung von Wirtschaftsplan und Jahresabrechnung sowie die Beschlussfassung über ihre Genehmigung. Eng mit dem Beschluss über die Genehmigung der Jahresabrechnung ist die Entlastung des Verwalters hierfür verbunden,[35] die die Eigentümerversammlung in der Regel erteilt.

Zu untersuchen ist, inwieweit solche gesetzlich dem Verwalter und der Eigentümerversammlung zugewiesenen Aufgaben auf den Verwaltungsbeirat übertragen werden können. Als Abweichung vom Gesetz kann dies in formaler Hinsicht immer nur durch eine Vereinbarung, nicht durch Beschluss geschehen.[36]

---

32 *Drasdo* S. 85.

33 *Bärmann/Pick/Merle* § 29 Rz. 94; *Müller*, Praktische Fragen des Wohnungseigentums, 3. Aufl. Rz. 542.

34 *Bärmann/Pick/Merle* § 29 Rz. 94; vgl. BayObLG NJW 1965, 821.

35 Zur Entlastung eingehend *Staudinger/Bub* § 28 Rz. 432 ff.

36 *Bärmann/Pick/Merle* § 29 Rz. 96, 97; a.A. OLG Köln, Beschl. v. 17.12.1997 – 16 Wx 291/97, WE 1998, 312: nicht nichtig, sondern nur anfechtbar.

Es wird weitgehend bejaht, dass anstelle des Verwalters der Verwaltungsbeirat mit der Erstellung von Wirtschaftsplan und Abrechnung betraut werden kann.[37] Als Grund wird die Abdingbarkeit des § 28 WEG genannt und der Umstand, dass auf Wirtschaftsplan und Abrechnung sogar ganz verzichtet werden könne. Mit der Abdingbarkeit des § 28 WEG wird des Weiteren begründet, dass auch die Genehmigung von Wirtschaftsplan und Jahresabrechnung samt Entlastung des Verwalters dem Verwaltungsbeirat übertragen werden kann.[38] Dagegen wenden sich *Bielefeld*[39] und *Drasdo*,[40] da sie darin „essentielle Rechte“[41] der Eigentümer sehen. Bei einer genaueren Betrachtung spricht viel dafür, eine solche Aufgabenübertragung an den Verwaltungsbeirat nicht zuzulassen. Das Gesetz drückt in dem in §§ 28 und 29 WEG normierten Zusammenwirken von Verwalter, Eigentümerversammlung und Verwaltungsbeirat einen Kerngedanken der dreifachen Aufgabenverteilung aus:

1. Aufstellung von Wirtschaftsplan und Jahresabrechnung durch den Verwalter, der ja auch alle Unterlagen, inzwischen mit EDV, führt – wie soll der Verwaltungsbeirat das zusammenbringen, der ja nur ehrenamtlich tätig wird?
2. Prüfung durch den Verwaltungsbeirat.
3. Beschlussfassung der Eigentümerversammlung auf Grund der vom Verwalter gelieferten Unterlagen und Entlastung des Verwalters.

Diese drei Teile sind in ihrer Aufgabenteilung Bestandteile der ordnungsmäßigen Verwaltung, aus der man kein Stück herausbrechen kann, ohne diese Ordnungsmäßigkeit in Frage zu stellen. Er widerspricht jeder Ordnung, wenn der Verwaltungsbeirat die Unterlagen erstellt, prüft, genehmigt und dann noch entlastet. Wen? – Sich selbst, der die Abrechnung aufgestellt hat? Der Eigentümer bliebe vollends auf der Strecke und hätte nichts mehr zu sagen. Man

37 *Bärmann/Pick/Merle* § 29 Rz. 96.

38 *Bärmann/Pick/Merle* § 29 Rz. 96; *Staudinger/Bub* § 29 Rz. 117.

39 Der Wohnungseigentümer, 5. Aufl. S. 538; LG Berlin Beschl. v. 24.7.1985 – 191 T 30/85, zitiert bei *Bielefeld*.

40 Der Verwaltungsbeirat, 2. Aufl. S. 82.

41 Formulierung *Bärmann/Pick/Merle* § 29 Rz. 96.

könnte dann auch auf die Eigentümerversammlung[42] weitgehend verzichten, da sie kaum mehr etwas zu beschließen hätte. Der Verwaltungsbeirat ist nach § 29 WEG ein Kontrollorgan im Interesse der Eigentümer und kann daher nicht zugleich zuständig werden für das, was er zu kontrollieren hat. Wie bereits ausgeführt, kann die Eigentümerversammlung nicht durch Delegierte oder Wahlmänner ersetzt werden.[43] Bei der genannten Konstellation wäre dann der Verwaltungsbeirat ein mit dem WEG nicht vereinbares Superorgan, das alles kann und sich selbst auch noch prüft! Was zunächst als abdingbar erscheint, erweist sich somit als gravierender Eingriff in das vom WEG vorgesehene Instrumentarium ordnungsmäßiger Verwaltung und steht in keinem Punkt zur Disposition. Weder durch Vereinbarung noch durch Beschluss kann eine, um die Worte von *Belz*[44] zu wählen, „die Befugnisse der Gemeinschaft verdrängende Rechtsmacht" eingeräumt werden, auch nicht dem Verwaltungsbeirat. In der Praxis gibt es in der Regel auch kaum ein Bedürfnis, den Verwaltungsbeirat mit der Erstellung und Genehmigung von Wirtschaftsplan und Jahresabrechnung zu betrauen.

Bei der Frage einer Entlastung des Verwalters durch den Verwaltungsbeirat kommen die vorstehenden strengen Maßstäbe nicht so zum Zuge. Schließlich prüft der Verwaltungsbeirat die Abrechnung des Verwalters und beantragt in der Regel auch die Entlastung. Es macht aber wenig Sinn, den Verwaltungsbeirat mit der Erteilung der Entlastung zu beauftragen, wenn über die Abrechnung sowieso abgestimmt werden muss. Möglicherweise wollen einzelne Eigentümer nicht entlasten oder sich der Stimme enthalten, dann sollte ihnen dies ermöglicht bleiben. Auch haftet der Verwaltungsbeirat für etwaige Folgen, wenn er die Entlastung selbst ausspricht. Warum soll ihm diese Verantwortung auferlegt werden?

4. Laufende Überwachung des Verwalters, Weisungen

Die laufende Überwachung des Verwalters ist keine gesetzliche Aufgabe des Verwaltungsbeirats.[45] Unter Beachtung der Schranken des

42 Zur Eigentümerversammlung als Kernbereich des Wohnungseigentums *Staudinger/Bub* § 24 Rz. 8.

43 Statt aller mit Nachweisen *Staudinger/Bub* § 23 Rz. 26 ff.

44 Handbuch des Wohnungseigentums, Rz. 281 (S. 446).

45 *Bärmann/Pick* § 29 Rz. 9.

§ 27 Abs. 3 WEG kann diese Aufgabe dem Verwaltungsbeirat aufgegeben werden, allerdings nur durch Vereinbarung.[46] Ohne einen dahin gehenden Auftrag ist der Beirat zur Überwachung nicht verpflichtet, sehr wohl aber berechtigt.[47]

Zu Weisungen an den Verwalter ist der Verwaltungsbeirat nicht berechtigt. Im Zusammenhang mit der Überwachung kann ihm jedoch durch Vereinbarung, nicht durch Beschluss, ein Weisungsrecht eingeräumt werden.[48] Es muss aber hinreichend konkretisiert werden und darf in die Beschlusskompetenz der Wohnungseigentümer nicht eingreift.[49]

5. Instandhaltung, Instandsetzung

Nach § 27 Abs. 1 Nr. 2 ist der Verwalter berechtigt und verpflichtet, die für die ordnungsmäßige Instandhaltung und Instandsetzung des gemeinschaftlichen Eigentums erforderlichen Maßnahmen zu treffen. Dies gehört zu den nach § 27 Abs. 3 WEG nicht einschränkbaren Aufgaben des Verwalters. Im Verhältnis zu § 21 Abs. 5 Nr. 2 WEG, wo den Eigentümern die ordnungsmäßige Instandhaltung und Instandsetzung aufgegeben ist, kann man im Grobraster sagen, dass den Eigentümern die Entscheidung, dem Verwalter die Durchführung aufgegeben ist.[50] Ob die Zuständigkeit der Eigentümerversammlung auf den Verwaltungsbeirat übertragen werden kann, ist umstritten.[51] Das OLG Düsseldorf[52] sah in einem Beschluss, in dem die Kompetenz für Reparaturmaßnahmen bis zu 20.000,– DM dem Verwaltungsbeirat übertragen wurde, eine unzulässige Kompetenzverteilung, die nur durch eine Vereinbarung möglich sei. *Sauren* hat dies mit Hinweis auf längst übliche entsprechende Klauseln im Verwaltervertrag heftig kritisiert.[53] Mit *Merle*[54] können entgegen dem

46 *Belz* Rz. 281 (S. 445); *Drasdo* S. 85.

47 *Belz* ebenda.

48 Z. B. bei Durchführung von Instandhaltungs- und Instandsetzungsmaßnahmen, *Bärmann/Pick/Merle* § 29, Rz. 83.

49 *Drasdo* S. 85.

50 *Staudinger/Bub* § 27, Rz. 128 ff.; *Sauren* WEG § 27 Rz. 11a.

51 Vgl. *Bärmann/Pick/Merle* § 27 Rz. 59b.

52 Beschl. v. 30.7.1997 – 3 Wx 61/92, WE 1998, 37.

53 WE 1998, 38.

54 *Bärmann/Pick/Merle* § 29 Rz. 59b; siehe dazu auch oben I. 3. c): Aufgabenverteilung durch Vertrag (Verwaltervertrag).

OLG Düsseldorf solche Regelungen zutreffend dahin verstanden werden, dass sie keine Kompetenzverlagerung beinhalten, sondern eine Konkretisierung der ordnungsmäßigen Verwaltung durch die Wohnungseigentümer als Ausgestaltung der Verwalterpflichten nach § 27 Abs. 1 Nr. 2 WEG.

Im Bereich der Instandhaltung und Instandsetzung ist auch das Thema „Bauausschuss" angesiedelt. So kann z.B. bei Sanierungen durch Mehrheitsbeschluss der Verwaltungsbeirat die Aufgabe eines Bauausschusses erhalten.[55] Darin liegt eine Konkretisierung der Beiratsaufgaben nach § 29 Abs. 2 WEG, nämlich den Verwalter zu unterstützen. Dem Verwaltungsbeirat können dabei beratende, vorbereitende und prüfende Funktionen eingeräumt werden. Die endgültige Auftragsvergabe bleibt unabdingbar beim Verwalter.[56]

6. Erwerb der Eigentumswohnung

Beim Erwerb einer Eigentumswohnung gibt es zwei Bereiche, bei denen dem Verwaltungsbeirat Sonderfunktionen übertragen werden können. Es sind Mitwirkungen bei der Abnahme des gemeinschaftlichen Eigentums und bei der Verfolgung von Gewährleistungsansprüchen daran. Ich nenne es Sonderfunktionen, weil es sich um einmalige Aufgaben im Zusammenhang mit dem Erwerb handelt, die in das sonstige Bild des Verwaltungsbeirates nicht passen, sondern der Handlungsfähigkeit der Eigentümer als Erwerber dienen. Sie sind dem Entstehungsstadium der Eigentümergemeinschaft zugeordnet, sodass diese Aufgaben nicht in die Vereinbarungen (Gemeinschaftsordnung) eingehen, sondern, dem konkreten Bedarf entsprechend, durch Vollmachten und Beschlüsse zu regeln sind.

a) Abnahme

Es ist weitgehend üblich geworden, die Abnahme des gemeinschaftlichen Eigentums bei Neubauten oder sanierten Altbauten so zu organisieren, dass der Verwaltungsbeirat damit betraut wird, sie

55 Dazu *Bärmann/Pick/Merle* § 29 Rz. 82; OLG Frankfurt, Beschl. v. 27.10.1987 – 20 W 448/86, OLGZ 1988, 188: Bauausschuss als Sonder-Verwaltungsbeirat.

56 Ebenda.

namens aller Erwerber durchzuführen oder wenigstens dabei mitzuwirken, z.B. zusammen mit einem Architekten.[57] Dies hat den Vorteil einer einheitlichen Abnahme, Beginn einer einheitlichen Verjährungsfrist[58] und Konzentration auf wenige kundige bzw. aufmerksame Personen.[59] Da auf Grund jedes Erwerbsvertrages jeder Erwerber selbst abnehmen müsste, muss[60] die Verlagerung der Abnahme des gemeinschaftlichen Eigentums auf den Verwaltungsbeirat durch einen entsprechenden Auftrag mit Vollmacht im Erwerbsvertrag begründet werden. Eine Gemeinschaftsordnung kann dies nicht bewirken, allenfalls zusätzlich verstärken, denn die Abnahme betrifft nicht das Verhältnis der Wohnungseigentümer untereinander im Sinn des § 10 Abs. 2 WEG, sondern ihr Verhältnis zum Veräußerer (Bauträger). Im Erwerbsvertrag nimmt man sich das Organ „Verwaltungsbeirat" nur zur Hilfe, weil er von den Erwerbern in der ersten Eigentümerversammlung bestimmt werden kann und dadurch das Vertrauen der Eigentümer/Erwerber hat. Die Ermächtigung im Erwerbsvertrag erfährt dann, um die Worte von *Müller*[61] zu gebrauchen, ihre konkrete Rechtsgrundlage durch die Wahl der Verwaltungsbeiratsmitglieder in der Eigentümerversammlung. Da dieses Verfahren nur Sinn hat, wenn die Verwaltungsbeiräte die Aufgabe auch annehmen, muss dies jedenfalls im Protokoll irgendwie festgehalten werden.

Hierbei taucht auch das Problem der werdenden Eigentümergemeinschaft auf. Im Bauträgervertrag gilt in der Regel folgender Ablauf: 1. Abnahme und Übergabe der Wohnung (Sondereigentum) Zug um Zug mit Zahlung der Bezugsfertigkeitsrate, 2. Restfertigstellung des Gemeinschaftseigentums, 3. Abnahme des Gemeinschaftseigentums, 4. Fälligstellung und Zahlung des Restkaufpreises (letzte Rate nach MaBV), 5. Auflassung bzw. Eigentumsumschreibung. Die Eigentümerversammlung zur Wahl des Verwaltungsbeirats muss vor der Abnahme stattfinden. In diesem Stadium bilden die Erwer-

57 Vgl. Vertragsmuster von *Schmidt* im Münchener Vertragshandbuch 4. Aufl. Band 4 2. Halbband S. 395 = *Bärmann/Seuß*, Praxis des Wohnungseigentums, S. 1096.

58 Vgl. aber das Problem der Nachzügler nach BGH NJW 1985, 1551.

59 Dazu *Schmidt* in Bärmann/Seuß, Praxis des Wohnungseigentums, Rz. A 525.

60 Nicht nur „kann", wie *Müller* S. 445 meint.

61 Praktische Fragen, S. 445.

ber eine Erwerbergemeinschaft. Umstritten ist, ab wann eine Eigentümergemeinschaft vorliegt, für die die §§ 10 ff. WEG anwendbar und der Inhalt der Gemeinschaftsordnung maßgebend sind – und damit eine Eigentümerversammlung abgehalten werden kann. Richtigerweise muss man in diesem Stadium bereits eine werdende Eigentümergemeinschaft annehmen, die jedenfalls mit Besitzübergabe der Wohnungen und Eintragung von Auflassungsvormerkungen entsteht.[62] Würde man auf die rechtliche Invollzugsetzung durch Eigentumsübertragung an wenigstens einen Erwerber abstellen,[63] könnte man nicht zur Abnahme mit dem Verwaltungsbeirat gelangen, da die Abnahme der Eigentumsumschreibung vorausgeht und er erst danach gewählt werden könnte. Die Frage, ob rechtlich schon vorher ein Verwaltungsbeirat im Sinn des WEG gewählt werden kann, kann letztlich außer Acht gelassen werden, weil die Abnahmeorganisation in den Erwerbsverträgen jedenfalls für die als Verwaltungsbeiräte von den Erwerbern gewählten Personen gilt. Dies zeigt, wie notwendig die Abnahmeorganisation in den Verträgen und wie problematisch eine Regelung dazu nur in einer Gemeinschaftsordnung oder durch Beschluss wäre. Es gibt keine rechtliche Brücke, für die Abnahme zwischen Bauträger und Erwerber die Vertretung aller Erwerber bei der Abnahme durch Mehrheitsbeschluss zu bewirken.[64]

b) Geltendmachung von Gewährleistungsansprüchen

In der Beauftragung des Verwaltungsbeirates mit der Abnahme des gemeinschaftlichen Eigentums liegt keine automatische Bevollmächtigung zur Geltendmachung von Gewährleistungsansprüchen.[65] Beides sind im anzuwendenden Werkvertragsrecht zwei rechtlich völlig verschiedene Akte. Auch die Rüge von Mängeln bei

62 BayObLG, Beschl. v. 19.6.1997 – 2 Z BR 35/97, WE 1998, 114; OLG Hamm, Beschl. v. 19.10.1999 – 15 W 217/99, ZWE 2000, 86.

63 So argumentiert das OLG Zweibrücken, Beschl. v. 27.2.1998 – 5 W 252/97-85, FGPrax 1998, 97: Frage von BGH noch offen gelassen.

64 Unzutreffend daher *Bielefeld*, Der Wohnungseigentümer S. 538 und *Drasdo* S. 87, soweit er Bedenken gegen die Ermächtigung in Erwerbsverträgen hat und auf Vereinbarung oder Beschluss abstellt.

65 *Müller* S. 445; *Drasdo* S. 87; *Bärmann/Pick/Merle* § 29 Rz. 89; a. A. *Bielefeld*, Der Wohnungseigentümer S. 538.

der Abnahme ist dem Abnahmerecht, nicht dem Gewährleistungsrecht zuzuordnen. Die Betrauung des Verwaltungsbeirates mit Aufgaben im Bereich der Mängelansprüche am Gemeinschaftseigentum sollte auch nicht in die Gemeinschaftsordnung aufgenommen werden,[66] sondern durch Beschluss geregelt werden. Nur ein Beschluss kann die konkrete und im Einzelfall notwendige Konkretisierung geben. Gerade bei Gewährleistungsansprüchen ist es wichtig, auch im Zusammenwirken mit dem Verwalter und dem bestehenden Verwaltungsbeirat die einzelnen Maßnahmen für jeden Gewährleistungsfall zu erörtern und festzulegen, in welcher Art der Verwaltungsbeirat eingeschaltet werden soll. Dieser muss schließlich die entsprechende Aufgabe dann auch annehmen, wozu er gesetzlich nicht verpflichtet ist. Zu betonen ist dabei auch, dass der Verwaltungsbeirat nur eingeschaltet werden kann, wenn und soweit die Eigentümergemeinschaft für die Mängelansprüche zuständig ist bzw. den Anspruch zur Sache der Gemeinschaft gemacht hat.[67]

7. Vertretungen

Der Verwaltungsbeirat hat von Gesetzes wegen keinerlei Recht zur Vertretung der Eigentümer, weder gegenüber dem Verwalter noch gegenüber Dritten.[68] Durch Vereinbarung oder Beschluss können ihm aber solche Befugnisse erteilt werden. Liegen sie innerhalb der gesetzlichen Aufgaben, genügt ein Mehrheitsbeschluss.[69] Ein Mehrheitsbeschluss muss aber auch dann genügen, wenn der Verwaltungsbeirat in einer Angelegenheit vertreten soll, die eine ihm nach der Gemeinschaftsordnung übertragene besondere Aufgabe betrifft. Allgemeine und generelle Vertretungsbefugnisse müssen dagegen in einer Vereinbarung getroffen werden. So ist eine Vereinbarung denkbar, wonach ein Mitglied des Verwaltungsbeirats den Verwalter vertritt, wenn dieser vorübergehend verhindert ist.[70] Zulässig durch Beschluss kann der Verwaltungsbeirat oder dessen Vorsitzender zu Rechtsgeschäften mit dem Verwalter bevollmächtigt

66 Auch wenn es möglich ist, *Bärmann/Pick/Merle* § 29 Rz. 89.

67 Dazu *Bärmann/Pick/Merle* § 21 Rz. 8 ff.; *Staudinger/Bub* § 21 Rz. 55; *Wenzel* DNotZ 1993, 304.

68 *Bärmann/Pick/Merle* § 29 Rz. 49, 85.

69 *Bärmann/Pick/Merle* § 29 Rz. 49.

70 *Bärmann/Pick/Merle* § 29 Rz. 85.

werden, z. B. Abschluss des Verwaltervertrages oder Übermittlung der Abberufung mit Kündigung des Verwaltervertrages, also Geschäfte, bei denen der Verwalter rechtlich gehindert ist, die Eigentümer zu vertreten. Auch im Übrigen können sich die Wohnungseigentümer durch Bevollmächtigte vertreten lassen und dazu Mitglieder des Verwaltungsbeirats bevollmächtigen. Hierzu genügt ein Mehrheitsbeschluss, wenn die Maßnahme einem Mehrheitsbeschluss zugänglich ist und im Rahmen einer ordnungsmäßigen Verwaltung steht.[71] Dabei kann er auch zum Abschluss von Verträgen mit Dritten für die Gemeinschaft bevollmächtigt werden.[72] Eine Vereinbarung kann den Verwaltungsbeirat auch zur gerichtlichen und außergerichtlichen Geltendmachung von Ansprüchen ermächtigen.[73]

8. Prozessführung

Nach § 27 Abs. 2 Nr. 5 WEG bedarf der Verwalter zur gerichtlichen und außergerichtlichen Geltendmachung von Ansprüchen einer Ermächtigung durch Beschluss der Wohnungseigentümer. Dazu genügt ein einfacher Mehrheitsbeschluss.[74] Von dieser Zustimmung kann der Verwalter allgemein durch eine Vereinbarung oder auch im Verwaltervertrag entbunden werden.[75] Statt einer vollen Entbindung von einer Ermächtigung durch die Eigentümer kann durch Vereinbarung oder Verwaltervertrag der Verwaltungsbeirat in der Weise eingeschaltet werden, dass die Ermächtigung anstelle der Eigentümerversammlung von ihm zu erteilen ist,[76] gegebenenfalls auch in verschiedenen Modifikationen. Im Einzelfall kann der Ermächtigungsbeschluss der Eigentümer auch den Vorbehalt einer Zustimmung des Verwaltungsbeirates enthalten, wenn z. B. noch weitere Fragen zu klären sind und die Einberufung einer weiteren Versammlung vermieden werden soll. Ohne eine der vorgenannten Rechtsgrundlagen kann der Verwaltungsbeirat den Verwalter nicht anstelle eines Eigentümerbeschlusses zur Einleitung eines gerichtlichen Verfahrens ermächtigen. Bei Fehlen der Ermächtigung ist ein

71 *Bärmann/Pick/Merle* § 29 Rz. 86.
72 *Drasdo* S. 86.
73 *Bärmann/Pick/Merle* § 29 Rz. 86.
74 *Staudinger/Bub* § 27 Rz. 271.
75 *Staudinger/Bub* § 27 Rz. 276, 277 m.w.N.
76 *Bärmann/Pick/Merle* § 29 Rz. 80 m.w.N.

vom Verwalter eingeleitetes Antragsverfahren als unzulässig zu verwerfen.[77]

9. Zustimmungen

Durch Vereinbarung werden nicht selten Zustimmungen des Verwalters zu einzelnen Maßnahmen von Eigentümern vorgesehen, wie z.B. Veräußerungszustimmung nach § 12 WEG,[78] Zustimmung zur Gartengestaltung bei Garten-Sondernutzungsrechten, Zustimmung zum Anbringen von Werbeeinrichtungen oder ähnlicher Maßnahmen, die sich auf die Außengestaltung oder Funktion der Anlage auswirken, Zustimmung zu beruflicher oder gewerblicher Nutzung von Wohnungseigentum usw. In all diesen Fällen kann in einer Vereinbarung (Gemeinschaftsordnung) auch der Verwaltungsbeirat eingeschaltet werden. Bei der Veräußerungszustimmung ist aber davon abzuraten. Werden in der Gemeinschaftsordnung in bestimmtem Umfang oder in bestimmter Art bauliche Veränderungen allgemein zugelassen, kann auch hierfür eine Zustimmung oder Mitwirkung des Verwaltungsbeirats vorgesehen werden. Sind keine solchen Mitwirkungspflichten des Verwaltungsbeirats vereinbart, kann der Verwalter dann aber immer den Verwaltungsbeirat im Wege der Unterstützung nach § 29 Abs. 2 WEG beiziehen, soweit er Entscheidungen zu treffen hat. Auch für allgemeine Einzelmaßnahmen, die der Eigentümerversammlung zur Beschlussfassung vorgelegt werden, kann zur Abwicklung in dem Beschluss der Verwaltungsbeirat eingeschaltet werden (z.B. beim Aussuchen beschlossener Geräte für einen Kinderspielplatz, von Bänken).

10. Hausordnung

Die Aufstellung einer Hausordnung ist primär Aufgabe der Miteigentümer als Maßnahme ordnungsmäßiger Verwaltung (§ 21 Abs. 5 Nr. 1 WEG). Sie kann durch Vereinbarung, Beschluss oder im Verwaltervertrag dem Verwalter aufgetragen werden.[79]

77 *Bärmann/Pick/Merle* § 27 Rz. 167.

78 *Staudinger/Bub* § 29 Rz. 116.

79 *Bärmann/Pick/Merle* § 21 Rz. 94.

Mit dem Entwurf oder auch der Aufstellung der Hausordnung kann aber auch der Verwaltungsbeirat beauftragt werden,[80] eventuell im Zusammenwirken mit dem Verwalter. Die Eigentümergemeinschaft behält gleichwohl in allen Fällen das Recht, eine Hausordnung aufzustellen oder zu ändern, weil sonst eine Befugnis beeinträchtigt würde, die zum Kernbereich ihrer Kompetenzen gehört.[81] Für die Durchführung der Hausordnung hat demgegenüber der Verwalter allein zu sorgen (§ 27 Abs. 1 Nr. 1 WEG). Der Verwaltungsbeirat kann ihn dabei unterstützen (§ 29 Abs. 2). Hierbei können dem Verwaltungsbeirat in der Vereinbarung oder in der Hausordnung besondere Funktionen aufgetragen werden, so z. B. seine Einschaltung zu Schlichtungen oder Beurteilungen bei Zweifelsfragen.

11. Sondereigentumsverwaltungen

Durch Vereinbarung kann dem Verwalter in besonderen Fällen auch die Verwaltung des Sondereigentums aufgetragen werden. Es sind dies z. B. Hotelanlagen, Alten- und Pflegeheime, Studentenwohnheime, wo die Zweckbestimmung der Anlage eine einheitliche Verwaltung auch des Sondereigentums erfordert. Sie werden dann in der Regel an einen Betreiber langfristig vermietet. Gleichwohl muss eine Wohnungs- bzw. Teileigentumsverwaltung stattfinden. Der Betreiber muss die festgehaltene Zweckbestimmung beachten und seine Eigentümerrechte danach ausrichten. Darüber zu wachen, ist auch Aufgabe des Verwalters. Hier kann eine besondere Unterstützung des Verwaltungsbeirates sinnvoll sein, wenn es um die Wahrung der Interessen der Eigentümer gegenüber dem Betreiber geht. In der Vereinbarung kann dies verankert werden.[82]

12. Schlichtung

Der Verwaltungsbeirat ist gewissermaßen das Scharnier zwischen der Gesamtheit der Eigentümer und dem Verwalter.[83] Wenn in einer

---

80 *Bärmann/Pick/Merle* § 29 Rz. 84.

81 *Bärmann/Pick/Merle* § 29 Rz. 84; KG, Beschl. v. 18.11.1991 – 24 W 3791/91, WE 1992, 110.

82 Zur Sondereigentumsverwaltung umfassend *Schmidt* in Festschrift für Merle, 2000, 283 = ZWE 2000, 506.

83 Vgl. *Bärmann/Pick/Merle* § 29 Rz. 2.

Gemeinschaft Konflikte entstehen oder sich abzeichnen, wenden sich auf der einen Seite Eigentümer, auf der anderen Seite der Verwalter gern an den Verwaltungsbeirat. Er hat in der Regel das Vertrauen beider Teile. Deswegen bietet sich an, über diese faktischen Gegebenheiten hinaus dem Verwaltungsbeirat auch formell Schlichtungsfunktionen aufzugeben. So ist es zulässig, in einer Vereinbarung – allgemein – oder in einem Beschluss – konkret – festzulegen, dass einem gerichtlichen Verfahren nach § 43 ff. WEG eine Schlichtung oder ein Güteverfahren vorgeschaltet wird, ein sog. Vorschaltverfahren.[84] Liegt eine solche Vereinbarung vor, ist die Durchführung Zulässigkeitsvoraussetzung für ein gerichtliches Verfahren.[85] Im Übrigen ist Schlichtung keine gesetzliche Aufgabe des Verwaltungsbeirats. Man könnte aber sagen, dass sie eine natürliche Aufgabe ist, die immer wieder auf ihn zukommt, zumal seine gesetzlichen Aufgaben auch dem Gedanken der Erhaltung des Rechtsfriedens und dem guten Miteinander der Eigentümer entspringen. So kann es durchaus nützlich sein, auch ohne ein formelles Vorschalt- oder Güteverfahren einzuführen, dem Verwaltungsbeirat in der Vereinbarung eine Funktion als Ansprechpartner und Vermittler zu geben. Seine Funktion als Vertrauensorgan der Wohnungseigentümer[86] würde dadurch besonders unterstrichen.

III. Schlussgedanken

Mit meinen Ausführungen habe ich Grundlagen und Beispiele zu den Kompetenzerweiterungen des Verwaltungsbeirates behandelt. Es gibt noch mehr und Ausführlicheres, auch an Beispielen, zu sagen. Ich denke aber, dass es anschaulich genug war, um Ihnen Bewusstsein und Gespür für das zu geben, was der Verwaltungsbeirat alles noch sein kann. So manche solcher Zusatzaufgaben entlasten und stärken den Verwalter. Sie müssen alle auf einer vertrauensvollen Zusammenarbeit beruhen. Sie stärken auch den Verwal-

84 BayObLG, Beschl. v. 30.1.1991 – 2 Z 156/90, WE 1992, 57; Beschl. v. 16.11.1995 – 2Z BR 69/95, WE 1996, 236; *Drasdo* S. 88.

85 *Staudinger/Wenzel*, Vorbem zu §§ 43 ff. Rz. 89; *Weitnauer/Hauger* § 43 Rz. 35.

86 *Staudinger/Bub* § 29 Rz. 4.

tungsbeirat, jedenfalls dann, wenn er seine Aufgabe ernst nimmt. Ich meine aber auch, dass man den Verwaltungsbeirat mit solchen weiteren Kompetenzen nicht überladen soll. Insbesondere sollte die Gemeinschaftsordnung hier nicht alles ausschöpfen, was möglich ist. Sehr vielen kann durch Beschluss geregelt werden, der den Vorzug hat, in einer konkreten Situation das Vernünftige und Notwendige zur Einschaltung des Verwaltungsbeirats zu tun.

Haftung des Verwaltungsbeirats und Haftung für den Verwaltungsbeirat

Dr. *Wolfgang Gottschalg*
Vors. Richter am OLG Düsseldorf

Inhaltsübersicht

I. Einführung

1. Bestellung des Beirats und Beiratsvertrag

Gemäß § 29 Abs. 1 Satz 1 WEG können die Wohnungseigentümer durch Stimmenmehrheit die Bestellung eines Verwaltungsbeirats beschließen. Aus der Verknüpfung mit § 20 Abs. 1 WEG ergibt sich, dass der Verwaltungsbeirat das dritte, fakultative Organ der Wohnungseigentümergemeinschaft ist. Nach der – dispositiven – gesetzlichen Vorgabe in § 29 Abs. 1 Satz 2 WEG besteht der Verwaltungsbeirat aus einem Wohnungseigentümer als Vorsitzendem und zwei weiteren Wohnungseigentümern als Beisitzern.

Neben der Bestellung durch Beschluss ist die Einrichtung eines Verwaltungsbeirats auch durch Vereinbarung gemäß § 10 Abs. 1 Satz 2 WEG möglich. Durch eine solche Vereinbarung ist die Frage, ob ein Verwaltungsbeirat institutionalisiert werden soll, entschieden; es müssen dann nur noch die Mitglieder des einzurichtenden Organs bestimmt werden. Ob in Ausnahmefällen die Bestellung eines Verwaltungsbeirats auch als Maßnahme ordnungsgemäßer Verwaltung aufgrund des Verlangens eines Wohnungseigentümers durch das Wohnungseigentumsgericht erfolgen kann[1], ist umstritten und – soweit ersichtlich – obergerichtlich noch nicht entschieden.

Unabhängig von der Bestellung des Verwaltungsbeirats als Organ ist die Frage zu beantworten, wie die Rechtsstellung als Mitglied des Verwaltungsbeirats begründet und beendet wird. Wie bei der Verwalterbestellung ist entsprechend der **Trennungstheorie** bei der Begründung der Mitgliedschaft im Verwaltungsbeirat zwischen dem Bestellungsakt und dem Beiratsvertrag und bei ihrer Beendigung zwischen dem Abberufungsakt und der Beendigung des Beiratsvertrages zu differenzieren[2]. Der Beschluss über die Bestellung eines Wohnungseigentümers zum Mitglied des Verwaltungsbeirats ist ein Akt interner Willensbildung der Wohnungseigentümer, durch den der Bestellte noch nicht diese Rechtsstellung erlangt. Darüber hinaus muss er die Bestellung annehmen. Damit wird, sofern die Beiratsmitglieder – wie regelmäßig – unentgeltlich tätig werden, konkludent ein Auftragsverhältnis i.S.d. § 662 BGB begründet, das sich auf die gesetzlich normierten Aufgaben des Verwaltungsbeirats bezieht. Weitere Rechte und Pflichten der Beteiligten können durch Abschluss eines besonderen schuldrechtlichen Vertrages (Beiratsvertrag) begründet werden. Dieser Vertrag ist ein Auftragsverhältnis i.S.d. §§ 662 ff. BGB, sofern die Tätigkeit unentgeltlich ausgeübt wird. Sollen die Mitglieder des Verwaltungsbeirats dagegen ein Entgelt

1 Befürwortend *Bärmann/Pick/Merle*, WEG, 8. Aufl., § 29 Rdnr. 8; ablehnend *Drasdo*, Der Verwaltungsbeirat nach dem Wohnungseigentumsgesetz, S. 25/26

2 *Bärmann/Pick/Merle*, § 29 Rdnr. 18.

– nicht nur eine Aufwandsentschädigung – erhalten, so liegt ein Dienstvertrag vor, der eine Geschäftsbesorgung zum Gegenstand hat, §§ 675, 611 BGB[3].

Der schuldrechtliche Vertrag kommt nicht mit dem Organ „Verwaltungsbeirat", sondern – mit der Annahme durch den Bestellten – mit dem jeweiligen Mitglied des Beirats zustande. Der Verwaltungsbeirat als solcher hat keine eigene Rechtspersönlichkeit[4].

2. Gesetzliche und übertragene Aufgaben

Die gesetzlichen Aufgaben des Verwaltungsbeirats sind begrenzt. Sie bestehen nach § 29 Abs. 2 WEG in der Unterstützung des Verwalters bei der Durchführung seiner Aufgaben, nach § 29 Abs. 3 WEG in der Prüfung des Wirtschaftsplanes, der Abrechnung, der Rechnungslegungen, der Kostenvoranschläge und in entsprechenden Stellungnahmen vor einer Beschlussfassung sowie in der Mitunterzeichnung des Versammlungsprotokolls durch den Beiratsvorsitzenden oder seinen Vertreter gemäß § 24 Abs. 6 WEG. Ferner hat der Beiratsvorsitzende oder sein Vertreter im Falle des § 24 Abs. 3 WEG die Befugnis, eine Wohnungseigentümerversammlung einzuberufen.

Weitere Aufgaben können den Beiratsmitgliedern durch die Wohnungseigentümer übertragen und zum Inhalt des Beiratsvertrages gemacht werden. Beispielsweise kann die Verfügung des Verwalters über Gelder der Gemeinschaft gemäß § 27 Abs. 4 Satz 2 WEG von der Zustimmung des Beirats oder eines Beiratsmitglieds abhängig gemacht werden. Ebenso können dem Beirat Befugnisse bei der Abnahme von Werkleistungen oder bei der Geltendmachung von Gewährleistungsansprüchen wegen Baumängel eingeräumt werden, die das gemeinschaftliche Eigentum betreffen[5]. Ferner kann der Verwaltungsbeirat beauftragt und bevollmächtigt werden, den Verwaltervertrag für die Wohnungseigentümer abzuschließen und Aufträge für die Eigentümergemeinschaft zu vergeben. Auch kann die Prozessführung durch den allgemein ermächtigten Verwalter im Einzelfall von der Zustimmung aller Mitglieder des Verwaltungsbei-

3 Vgl. hierzu *Bärmann/Pick/Merle*, § 29 Rdnr. 23 a.

4 *Bärmann/Pick/Merle*, § 29 Rdnr. 103.

5 Vgl. OLG Frankfurt, NJW 1975, 2297.

rats abhängig gemacht werden[6]. Schließlich kann auch die Veräußerung des Wohnungseigentums gemäß § 12 WEG an die Zustimmung des Beirats gebunden werden[7].

a) Grenzen der Übertragung

Die Möglichkeiten der Aufgabenübertragung auf den Verwaltungsbeirat sind jedoch nicht schrankenlos. Die Grenzen ergeben sich aus den zwingenden Vorschriften des WEG. Das OLG Düsseldorf hat in seiner Entscheidung vom 24.9.1997[8] darauf hingewiesen, dass das Aushandeln und der Abschluss eines Verwaltervertrages nicht zu den gesetzlichen Aufgaben des Beirats gehört. Da die Übertragung dieser Befugnisse eine grundsätzliche Änderung der Organisationsform der Eigentümergemeinschaft bedeutet, ist grundsätzlich eine Vereinbarung der Wohnungseigentümer gemäß § 10 WEG erforderlich. Die Eigentümerversammlung kann aber die Mitglieder des Verwaltungsbeirates gemäß § 662 BGB beauftragen, den Verwaltervertrag abzuschließen, wenn die Eigentümer vorher über die Bestellung, den maßgeblichen Inhalt und den Abschluss des Verwaltervertrages beschlossen und den Verwaltungsbeirat zum Abschluss bevollmächtigt haben[9].

Über die „Eckdaten" des abzuschließenden Verwaltervertrages, insbesondere über Laufzeit und Verwaltervergütung, haben die Wohnungseigentümer selbst zu bestimmen, die nähere Ausgestaltung des Vertrages kann dem Verwaltungsbeirat überlassen werden. Die Auswahl, Bestellung und Festlegung der Bestellungsdauer des Verwalters kann wegen der zwingenden Bestimmung des § 26 Abs. 1 Satz 4 WEG weder durch Vereinbarung noch durch Beschluss auf den Verwaltungsbeirat übertragen werden. Eine entsprechende Vereinbarung oder ein entsprechender Beschluss ist gemäß § 134 BGB nichtig[10]. Nichtig ist ebenso die Übertragung der Befugnis, den Verwalter abzuberufen und den Verwaltervertrag zu kündigen[11].

---

6 OLG Zweibrücken, NJW-RR 1987, 1366.

7 Vgl. hierzu *Staudinger-Bub*, BGB, 12. Aufl., § 29 WEG, Rdnr. 116.

8 WuM 1997, 50 – NZM 1998, 36.

9 OLG Köln, NJW 1991, 1302, 1303; *Bärmann/Pick/Merle*, § 29 Rdnr. 91; *Weitnauer/Hauger*, WEG, 8. Aufl., § 26 Rdnr. 10.

10 *Bärmann/Pick/Merle*, § 29 Rdnr. 90; vgl. auch *Staudinger-Bub*, § 29 WEG, Rdnr. 122.

11 *Staudinger-Bub*, § 29 WEG, Rdnr. 122 a.E.

Bei der Auftragsvergabe sind einer Kompetenzübertragung auf den Verwaltungsbeirat insofern Grenzen gesetzt, als Geschäfte der laufenden Verwaltung betroffen sind, die gemäß § 27 Abs. 3 WEG unabdingbar dem Verwalter obliegen. So kann der Verwaltungsbeirat oder auch ein Bauausschuss als Sonderverwaltungsbeirat nicht wirksam beauftragt werden, anstelle des Verwalters sämtliche Instandhaltungsmaßnahmen auszuführen, insbesondere die Aufträge endgültig zu vergeben[12]. Soweit Geschäfte der laufenden Verwaltung betroffen sind, kann dem Beirat auch nicht das Recht eingeräumt werden, dem Verwalter Weisungen zu erteilen[13]. Darüber hinaus darf die Entscheidung über Maßnahmen der Instandhaltung und Instandsetzung des gemeinschaftlichen Eigentums den Wohnungseigentümern im Kern nicht entzogen werden. Dies setzt auch der Mitwirkung des Verwaltungsbeirats bei der Auftragsvergabe Grenzen[14].

Zweifelhaft ist schließlich, ob dem Verwaltungsbeirat durch Vereinbarung auch das Recht übertragen werden kann, anstelle der Eigentümergemeinschaft über die Entlastung des Verwalters zu entscheiden. In der Kommentarliteratur wird dies überwiegend bejaht[15]. Die obergerichtliche Rechtsprechung hat sich hierzu – soweit ersichtlich – noch nicht geäußert. In der Entscheidung des Bayerischen Obersten Landesgerichts vom 7.4.1988[16] ist diese Frage offen geblieben. Wird dem Verwaltungsbeirat durch eine Vereinbarung die Kompetenz übertragen, dem Verwalter in Verbindung mit der Genehmigung der Jahresabrechnung umfassende Entlastung für das Abrechnungsjahr in dem Sinne und mit der Wirkung zu erteilen, dass den Wohnungseigentümern keine Ansprüche (mehr) zustehen, soweit sie den Beschließenden bekannt oder bei zumutbarer Sorgfalt erkennbar waren, wird die Rechtsposition des einzelnen Wohnungseigentümers m.E. wesentlich beeinträchtigt und in den Kernbereich des Wohnungseigentums eingegriffen. Die Wohnungseigentümer müssen grundsätzlich das Recht behalten, über die Verfolgung von Schadensersatzansprüchen gegen den Verwalter, die das Gemeinschaftseigentum betreffen, autonom zu entscheiden.

12 Vgl. OLG Frankfurt in OLGZ 1988, 188.
13 Vgl. *Bärmann/Pick/Merle*, § 29 Rdnr. 78 und 82.
14 Vgl. hierzu OLG Düsseldorf in WE 1998, 37.
15 S. *Staudinger-Bub*, § 29 WEG, Rdnr. 117 m.w.N.
16 NJW-RR 1988, 1168 = DWE 1989, 27 = WuM 1988, 332.

Eine Kompetenzübertragung auf den Verwaltungsbeirat, die zu einem erheblichen Rechtsverlust der Wohnungseigentümer führen kann, ist nach meiner Auffassung auch im Wege der Vereinbarung nicht zulässig[17].

b) *Erfüllungsanspruch der Wohnungseigentümer*

Stellt der Beiratsvertrag einen Auftrag i.S.d. § 662 BGB dar, so ist das Beiratsmitglied nach dieser Vorschrift verpflichtet, das ihm übertragene Geschäft, nämlich die Beiratsaufgaben, unentgeltlich für die Wohnungseigentümergemeinschaft zu besorgen. Handelt es sich um einen entgeltlichen Dienstvertrag mit Geschäftsbesorgungscharakter, so ist das Beiratsmitglied zur Leistung der versprochenen Dienste, also ebenfalls zur Erfüllung der Beiratsaufgaben verpflichtet. Von daher erstaunt die Rechtsprechung des Kammergerichts[18], nach der weder einem einzelnen Wohnungseigentümer noch der Gemeinschaft gegen Mitglieder des Verwaltungsbeirats ein gerichtlich titulierbarer und mit Zwangsmitteln durchsetzbarer Anspruch auf Erstellung eines Prüfberichts zustehen soll. Nach Ansicht des Kammergerichts ist bei Versagen des Beirats vielmehr eine Neuwahl angezeigt, und ein einzelner Wohnungseigentümer kann hierauf einen Anspruch haben. Der Hinweis des Gerichts darauf, dass der Verwaltungsbeirat lediglich ein ehrenamtliches Beratungs- und Kontrollorgan und zum jederzeitigen Rücktritt berechtigt ist, überzeugt nicht. Auch nach Auffassung des Kammergerichts Berlin können Ersatzansprüche erwachsen, wenn durch Untätigkeit oder Fehler Beiratsmitglieder während der Zeit ihrer Amtstätigkeit schuldhaft einen Schaden verursachen. Das Bestehen einer sekundären Schadensersatzpflicht ohne eine entsprechende primäre Vertragspflicht erscheint jedoch ungereimt. *Merle*[19] führt m.E. zutreffend aus, dass die Mitglieder des Verwaltungsbeirats die Erfüllung der ihnen übertragenen Aufgaben und Befugnisse schulden. Ist der Erfüllungsanspruch der Wohnungseigentümer bereits entstanden, kann sich ein Mitglied des Verwaltungsbeirats der Erfüllung seiner Pflicht nicht dadurch entziehen, dass er sein Amt niederlegt. Dieser Erfül-

17 S. hierzu im Einzelnen *Gottschalg* in ZWE 2000, 50-55.

18 WE 1997, 421 = ZMR 1997, 514; so auch *Staudinger-Bub*, § 29 WEG, Rdnr. 50.

19 *Bärmann/Pick/Merle*, § 29 Rdnr. 48 b.

lungsanspruch besteht auch im Falle des § 29 Abs. 3 WEG in Gestalt eines Anspruchs auf Erstellung eines Prüfberichts und/oder einer Stellungnahme. Dies gilt ungeachtet der Tatsache, dass es sich um eine Soll-Vorschrift handelt. „Sollen" bedeutet lediglich, dass eine Stellungnahme des Verwaltungsbeirats nicht Gültigkeitsvoraussetzung für Genehmigungsbeschlüsse der Wohnungseigentümer ist. Der Verwaltungsbeirat ist gemäß § 29 Abs. 3 WEG zur Prüfung und Stellungnahme verpflichtet. Dementsprechend haben die Wohnungseigentümer einen Anspruch auf Abgabe einer Stellungnahme, der titulierbar und mit Zwangsmitteln durchsetzbar ist[20].

Gemäß §§ 662, 666 BGB – eventuell in Verbindung mit § 675 BGB – sind die Mitglieder des Verwaltungsbeirats den Wohnungseigentümern insgesamt zur Auskunft über ihre Tätigkeit verpflichtet. Den Auskunftsanspruch kann ein Wohnungseigentümer nur dann gerichtlich geltend machen, wenn er hierzu von den Wohnungseigentümern ermächtigt ist. Neben dem den Wohnungseigentümern gemeinschaftlich zustehenden Auskunftsanspruch kann nach den Grundsätzen von Treu und Glauben im Einzelfall auch ein Individualanspruch eines Wohnungseigentümers auf Auskunft gegen Mitglieder des Verwaltungsbeirats bestehen. Auch dieser Anspruch kann nach der Rechtsprechung des Bayerischen Obersten Landesgerichts[21] gerichtlich nur geltend gemacht werden, wenn er vorher Gegenstand einer Erörterung durch die Wohnungseigentümer in der Eigentümerversammlung war. Diese Hürde ist vom Bayerischen Obersten Landesgericht bewusst aus der Erwägung heraus aufgestellt worden, dass die Mitglieder des Verwaltungsbeirats im Interesse des Gemeinschaftsfriedens davor geschützt werden sollen, wegen unberechtigter Ansprüche mit gerichtlichen Verfahren überzogen zu werden.

20 So zutreffend *Bärmann/Pick/Merle*, § 29 Rdnr. 56.
21 ZMR 1994, 575.

II. Grundlagen und Rechtsfolgen der Haftung des Beirats

1. Vertragshaftung, insbesondere positive Vertragsverletzung

Die Verantwortlichkeit der Mitglieder des Verwaltungsbeirats für Schäden, die infolge der Beiratstätigkeit entstehen, bestimmt sich primär nach dem Beiratsvertrag, also nach Auftrags- oder Dienstvertragsrecht[22]. Wegen der andersartigen Funktion und des Aufgabenbereichs des WEG-Beirats wird eine Analogie zu den aktienrechtlichen Grundsätzen für die Haftung des Aufsichtsrats oder des Beirats einer Publikumsgesellschaft allgemein abgelehnt[23].

Im Vertragsbereich, also im Verhältnis des Beirats zu den Wohnungseigentümern, können Schäden erwachsen aus vorwerfbarer Untätigkeit oder Verzögerung oder aber aus Schlechterfüllung der Beiratsaufgaben. Der letztgenannte Aspekt steht praktisch im Vordergrund und kann zu einer Haftung der Beiratsmitglieder aus positiver Vertragsverletzung führen.

Pflichtverletzungen des Beirats kommen in Betracht, wenn Weisungen der Eigentümergemeinschaft, an die der Beauftragte gemäß § 665 BGB gebunden ist, nicht beachtet werden[24]. Aus der Beiratstätigkeit folgt die allgemeine Nebenpflicht, von der Wohnungseigentümergemeinschaft Schäden abzuwenden, auf Gefahren hinzuweisen, Risiken aufzuzeigen und festgestellte Pflichtverletzungen des Verwalters oder Dritter gegenüber der Eigentümergemeinschaft aufzudecken[25]. Ein Verstoß gegen diese Hinweis- und Informationspflicht kann eine Schadensersatzpflicht des Beirats zur Folge haben.

a) Sorgfaltsmaßstab

Der Sorgfaltsmaßstab ist – wie allgemein im Schuldrecht (vgl. § 276 BGB) – objektiviert. Das Beiratsmitglied schuldet den Wohnungseigentümern die im Rechts- und Geschäftsverkehr erforderliche Sorgfalt. Auf persönliche oder fachliche Defizite kann sich das Beiratsmitglied grundsätzlich nicht berufen. Wenn jemand sich den

22 Vgl. *Drasdo* in NZM 1998, 15.

23 Vgl. hierzu *Staudinger-Bub*, § 29 WEG, Rdnr. 67; *Weitnauer/Lüke*, § 29 Rdnr. 5; *Seuß* in WE 1995, 294.

24 *Staudinger-Bub*, § 29 WEG, Rdnr. 51.

25 *Staudinger-Bub*, § 29 WEG, Rdnr. 87.

Beiratsaufgaben nicht gewachsen fühlt, darf er sich nicht wählen lassen. Sind die Mitglieder des Verwaltungsbeirats Buchprüfer, Steuerberater, Wirtschaftsprüfer, Rechtsanwalt, dann kann von ihnen die berufsübliche Sorgfalt erwartet werden. Im Übrigen ist zwischen einer unentgeltlichen, also ehrenamtlichen Beiratstätigkeit und der entgeltlichen Tätigkeit eines Profi-Beirats zu differenzieren[26].

Bei ehrenamtlich tätigen Beiratsmitgliedern, die in der Regel nicht über besondere Fachkenntnisse verfügen, können die Anforderungen nicht so hoch angesetzt werden wie bei honorierten berufsmäßig tätigen Beiräten[27]. Zu weit geht m.E. die Ansicht von *Röll*[28], die Verwaltungsbeiräte seien nicht verantwortlich, wenn ihnen Unregelmäßigkeiten oder Unstimmigkeiten entgangen sind. Es kommt vielmehr darauf an, mit welchem Prüfungs- und Kontrollaufwand die Unregelmäßigkeiten hätten aufgedeckt werden können. Waren die Unstimmigkeiten auch von einem betriebswirtschaftlich nicht vorgebildeten Beirat bei der Rechnungsprüfung gemäß § 29 Abs. 3 WEG unschwer erkennbar, so stellt die Billigung einer fehlerhaften Abrechnung auch bei ehrenamtlicher Beiratstätigkeit eine Pflichtverletzung dar.

Das mit der Beiratstätigkeit verbundene Haftungsrisiko ist in das allgemeine Bewusstsein gerückt worden durch die Entscheidung des OLG Düsseldorf vom 24.9.1997[29]. Folgender Sachverhalt lag zugrunde:

Anlässlich der Bestellung eines Verwalters wurde der Verwaltungsbeirat beauftragt, den Verwaltervertrag auszuhandeln und hierbei die Verfügungsbefugnis des Verwalters über die Festgeldkonten der Wohnungseigentümer in der Weise zu beschränken, dass solche Verfügungen nur mit Zustimmung eines Mitglieds des Verwaltungsbeirats erfolgen können. Dem hat der Beirat bei Abschluss des Verwaltervertrages nicht entsprochen, sondern eine Formulierung gewählt, die es dem Verwalter ermöglichte, über die Festgeldkonten allein zu verfügen. Dies hatte im konkreten Fall zur Folge, dass der Verwalter die darauf befindlichen Guthaben veruntreute.

---

26 *Bärmann/Pick/Merle*, § 29 Rdnr. 106; *Brych* in WE 1990, 43; *Drasdo* in NZM 1998, 15.

27 So auch *Röll* in Münchener Kommentar zum BGB, 3. Aufl., § 29 WEG Rdnr. 12.

28 A.a.O.

29 NZM 1998, 36 = WE 1998, 265 = MDR 1998, 35.

Das OLG Düsseldorf hat diesen nicht der Vorgabe der Wohnungseigentümer entsprechenden Abschluss des Verwaltervertrages als Pflichtverletzung bewertet und das Verhalten des Beirats als grob fahrlässig eingestuft, weil eine unbeschränkte, unkontrollierte und ungesicherte Verfügungsbefugnis über ein beträchtliches Vermögen an eine Person eingeräumt worden war, deren Vertrauenswürdigkeit noch nicht festgestellt werden konnte.

Eine weitere schuldhafte Pflichtverletzung der Mitglieder des Verwaltungsbeirats hat das Gericht in der Art der Überprüfung der Jahresabrechnung gesehen, welche die Rücklagen der Gemeinschaft auswies, obwohl sie zu diesem Zeitpunkt weitestgehend nicht mehr vorhanden waren. Der Verwaltungsbeirat hatte nämlich die Kontoauszüge nicht eingesehen. Das Gericht hat darauf abgestellt, dass zu einer ordnungsgemäßen Prüfung der Jahresabrechnung i.S.d. § 29 Abs. 3 WEG neben der Prüfung der rechnerischen Schlüssigkeit der Abrechnung zumindest auch eine stichprobenhafte Prüfung der sachlichen Richtigkeit, die nur durch Einsicht in die Belege erfolgen kann, gehört. Die Prüfung der Schlüssigkeit der Abrechnung ohne Überprüfung der Kontenbelege genügte nach Ansicht des OLG Düsseldorf nicht den Mindestanforderungen und wurde deshalb als grob fahrlässig bewertet. Da beide Pflichtverletzungen für den Schaden ursächlich waren, der den Wohnungseigentümern entstanden ist, wurde der Vorsitzende des Verwaltungsbeirats, der allein in Anspruch genommen worden war, zur Zahlung des geltend gemachten Teilbetrages von 100.000 DM an die Wohnungseigentümer verpflichtet.

Die einzelnen Beiratsmitglieder haften im Falle individuellen Verschuldens gemäß §§ 421, 425 Abs. 2 BGB als Gesamtschuldner, also im Außenverhältnis in voller Höhe. Der der Eigentümergemeinschaft entstandene Schaden belief sich insgesamt auf ca. 330.000 DM. Da das OLG Düsseldorf das Verhalten des Beiratsvorsitzenden nicht zuletzt im Hinblick darauf, dass dieser als Diplom-Kaufmann und Unternehmensberater tätig und deshalb als geschäftlich erfahren einzuschätzen war, als grob fahrlässig gewertet hat, konnte dahingestellt bleiben, ob im Auftragsrecht wegen der Unentgeltlichkeit der Leistung des Auftragnehmers Haftungserleichterungen in Betracht kommen können. Die grobe Fahrlässigkeit des Beiratsvorsitzenden ist vom Senat wie folgt begründet worden:

„Die Einräumung einer unbeschränkten, unkontrollierten und ungesicherten Verfügungsbefugnis über ein beträchtliches Vermögen an eine Person, deren

Vertrauenswürdigkeit der Beteiligte noch gar nicht feststellen konnte, da er bisher nur eine Auskunft eines Wirtschaftsdienstes in den Händen hielt, aber keine Erfahrungen über die charakterliche und wirtschaftliche Zuverlässigkeit des Betreffenden hatte, ist grob leichtsinnig. Dem steht nicht entgegen, dass der Beteiligte zu 2) – Beiratsvorsitzender – nicht den juristischen Unterschied von Verfügungsbeschränkung im Innen- und Außenverhältnis kannte. Denn für jeden geschäftlich nicht ganz Unerfahrenen ist erkennbar, dass die Einräumung einer unbeschränkten Kontovollmacht ein hohes Risiko für den Vermögensinhaber darstellt. Die Führung eines Spar- oder Girokontos ist heute ein so alltäglicher Vorgang, dass die tatsächliche Bewertung einer unbeschränkten Kontovollmacht dem durchschnittlichen Teilnehmer am Rechtsverkehr unmittelbar einsichtig ist. ..."

Ebenso wenig ist die Auffassung des Beschwerdegerichts zu beanstanden, in der Art der Überprüfung der Jahresabrechnung 1993 eine schuldhafte Pflichtverletzung zu sehen. Zu der Prüfung gemäß § 29 Abs. 3 WEG gehört neben der Prüfung der rechnerischen Schlüssigkeit der Abrechnung zumindest auch eine stichprobenhafte Prüfung der sachlichen Richtigkeit, die nur durch Prüfung der Belege erfolgen kann[30]. Eine Prüfung ohne die Einsicht in die Belege ist nicht aussagekräftig. ... Selbst bei Anlegung eines im Hinblick auf die Ehrenamtlichkeit geminderten Sorgfaltsmaßstabes genügt die Prüfung der Schlüssigkeit der Abrechnung ohne Überprüfung der – wenigen – Kontenbelege nicht den Mindestanforderungen und ist schon als grob fahrlässig anzusehen.

b) *Verschulden*

Unbestritten ist, dass die vertragliche Haftung des Verwaltungsbeirats Verschulden voraussetzt. Gemäß § 276 BGB hat der Schuldner, sofern nicht ein anderes bestimmt ist, Vorsatz und Fahrlässigkeit zu vertreten. Danach haftet das Beiratsmitglied also auch für leichte Fahrlässigkeit. Allen Versuchen, im Bereich des Auftragsrechts wegen der Unentgeltlichkeit der Tätigkeit des Auftragnehmers Haftungserleichterungen zu gewähren, hat die Rechtsprechung bislang eine Absage erteilt.

Bei anderen Gefälligkeitsverträgen wie Schenkung und Leihe (§§ 521, 599 BGB) haftet der Schenker und Verleiher nur für Vorsatz

30 *Bärmann/Pick/Merle*, § 29 Rdnr. 58 ff.; Münchener Kommentar/*Röll*, § 29 WEG, Rdnr. 9; *Niedenführ/Schulze*, WEG, 4. Aufl., § 29 Rdnr. 6.

und grobe Fahrlässigkeit. Bei der unentgeltlichen Verwahrung hat der Verwahrer gemäß § 690 BGB nur für diejenige Sorgfalt einzustehen, welche er in eigenen Angelegenheiten anzuwenden pflegt (§ 277 BGB). Auch bei der BGB-Gesellschaft hat ein Gesellschafter bei der Erfüllung der ihm obliegenden Verpflichtungen nur für diejenige Sorgfalt einzustehen, welche er in eigenen Angelegenheiten anzuwenden pflegt (§ 708 BGB). Dies legt den Gedanken an eine Gesetzeslücke im Auftragsrecht nahe, die durch Rechtsanalogie auszugleichen ist[31]. Eine solche Rechtsanalogie hat der Bundesgerichtshof schon frühzeitig mit der Begründung abgelehnt, es bestehe kein allgemeiner Grundsatz des Inhalts, dass bei unentgeltlichen Vertragsverhältnissen der Schuldner nur die in eigenen Angelegenheiten übliche Sorgfalt anzuwenden brauchte[32]. Der Beauftragte haftet nach der Rechtsprechung des BGH auch für leichte Fahrlässigkeit[33]. Eine gesetzliche Haftungsbegrenzung wie bei Personengesellschaften auf die Sorgfalt, die in eigenen Angelegenheiten angewandt wird, besteht mangels persönlicher Verbundenheit der Wohnungseigentümer nicht[34].

Festzuhalten bleibt, dass die vertragliche Haftung des Beirats auch für leichte Fahrlässigkeit zu einem ganz erheblichen Risiko führt, das mit der Übernahme einer ehrenamtlichen Beiratstätigkeit verbunden ist.

c) Möglichkeiten der Freizeichnung

Daher erscheint es sinnvoll, die Haftung des ehrenamtlichen, also unentgeltlich tätigen Beirats in angemessener Weise einvernehmlich zu begrenzen. Die Haftung wegen Vorsatzes kann gemäß § 276 Abs. 2 BGB nicht im Voraus erlassen werden. Ein Ausschluss der Haftung des Beirats für grob fahrlässiges Fehlverhalten wird nicht im Interesse der Wohnungseigentümer liegen. Ein so weitgehender Ausschluss ist durch Allgemeine Geschäftsbedingungen (AGB) – etwa durch einen vorformulierten Beiratsvertrag, den der Verwal-

31 Vgl. Münchener Kommentar/*Seiler*, § 662 Rdnr. 55 ff.

32 BGHZ 30, 40, 46 f.; BGH BB 1964, 100.

33 So auch *Staudinger-Bub*, § 29 WEG, Rdnr. 64; *Bärmann/Pick/Merle*, § 29 Rdnr. 106; *Drasdo* in NZM 1998, 15; *Seuß* in WE 1995, 294, 296.

34 *Bärmann/Pick/Merle* a.a.O.

tungsbeirat verwendet – nach § 11 Nr. 7 AGBG ohnehin unzulässig und unwirksam. Damit bleibt die Möglichkeit, die Beiratsmitglieder von der Haftung für leichte Fahrlässigkeit freizustellen[35]. Die Haftung eines Beiratsmitgliedes kann durch Vereinbarung oder – im Einzelfall – durch Mehrheitsbeschluss, der allerdings nach der neuesten BGH-Rechtsprechung (Beschl. v. 20.9.2000 – V ZB 58/99 –) anfechtbar sein dürfte, auf Vorsatz und grobe Fahrlässigkeit beschränkt werden[36]. Dies gilt wegen der drittbegünstigenden Wirkung des Beschlusses auch dann, wenn das Beiratsmitglied ausnahmsweise entsprechend der Gemeinschaftsordnung nicht Wohnungseigentümer ist[37].

Unproblematisch ist, dass dem Beirat die Haftung für leichte Fahrlässigkeit in der Gemeinschaftsordnung oder einzelvertraglich erlassen werden kann. Im Wege eines vom Beirat verwendeten vorformulierten Vertragsmusters – also durch AGB im Rechtssinne – ist dies dagegen zweifelhaft. Der BGH sieht die Freizeichnung von einfacher Fahrlässigkeit dann als unwirksam an, wenn es sich dabei um eine wesentliche Vertragspflicht, eine so genannte Kardinalpflicht handelt[38]. Der BGH hat bislang nur in Einzelfällen entschieden, wann es sich um eine wesentliche Pflicht i.S.v. § 9 Abs. 2 Nr. 2 AGBG handelt. Die Praxis sollte sich jedoch vorsorglich darauf einstellen, dass diese Rechtsprechung auf das Wohnungseigentumsrecht und die Beiratshaftung übertragbar ist. Das bedeutet: Die Beiratsmitglieder können sich von ihrer Haftung für leichte eigene Fahrlässigkeit und leichte Fahrlässigkeit des Erfüllungsgehilfen formularmäßig nicht wirksam freizeichnen, wenn es sich um die Verletzung von Hauptleistungspflichten – insbesondere im Aufgabenbereich des § 29 Abs. 3 WEG –, also um die Prüfung von Wirtschaftsplan, Abrechnung, Rechnungslegungen und Kostenanschlägen handelt. Dies gilt jedoch nur in dem Ausnahmefall, in dem der Beirat Verwender im Sinne des § 1 AGBG ist.

Die Haftung des Verwaltungsbeirats kann durch individuelle Vereinbarung auch als subsidiäre Haftung ausgestaltet werden oder auf eine Höchstsumme beschränkt werden. Eine solche Haftungs-

35 So *Merle* in DWE 1984, 2, 6.

36 Vgl. hierzu OLG Frankfurt in OLGZ 1988, 188, 189; *Bärmann/Pick/Merle*, § 29 Rdnr. 107; *Staudinger-Bub*, § 29 WEG, Rdnr. 68.

37 So zutreffend *Drasdo* unter Hinweis auf § 328 BGB in NZM 1998, 16.

38 Vgl. BGH, NJW 1985, 915; NJW-RR 1988, 559.

beschränkung ist angesichts der Ehrenamtlichkeit der Tätigkeit vertretbar[39].

d) Freistellungsanspruch

Schädigt ein ehrenamtlich tätiges Beiratsmitglied, dessen Haftung nicht eingeschränkt worden ist, infolge leichter Fahrlässigkeit einen Wohnungseigentümer dadurch, dass er die dem Beirat nach der Gemeinschaftsordnung gemäß § 12 WEG obliegende Zustimmung zur Veräußerung des Wohnungseigentums wegen subjektiver Bedenken gegen den Erwerber, aber letztlich ohne triftigen Grund verzögert mit der Folge, dass die für den Wohnungseigentümer wirtschaftlich vorteilhafte Veräußerung nicht zustande kommt, stellt sich die Frage, ob das Beiratsmitglied die Haftung auf die Eigentümergemeinschaft, in deren Interesse es gehandelt hat, abwälzen kann. Das rechtliche Instrument hierfür ist der Freistellungsanspruch, der dazu führt, dass der geschädigte Wohnungseigentümer entweder unmittelbar von der Eigentümergemeinschaft Schadensersatz erhält oder dass das vorleistende Beiratsmitglied von der Eigentümergemeinschaft entschädigt wird. Ein solcher Freistellungsanspruch wird in der wohnungseigentumsrechtlichen Literatur allgemein befürwortet, wenn die Haftung des Verwaltungsbeiratsmitglieds nicht auf Vorsatz oder grober Fahrlässigkeit beruht. Maßgebend hierfür ist die Erwägung, dass die Übernahme ehrenamtlicher Tätigkeiten rechtlich nicht behindert werden soll. Die juristische Begründung hierfür ist unterschiedlich. *Bub*[40] stellt auf den Gesichtspunkt von Treu und Glauben ab. *Merle*[41] gibt dem Beiratsmitglied einen Aufwendungsersatzanspruch gemäß § 670 BGB. Auf eine analoge Anwendung dieser Vorschrift des Auftragsrechts stellt auch der Bundesgerichtshof in seiner so genannten Pfadfinder-Entscheidung vom 5.12.1983 ab[42]. Ein als Jugendführer ehrenamtlich tätiges Vereinsmitglied hatte infolge leicht fahrlässiger Verletzung seiner Aufsichtspflicht während einer Zeltlager-Ferienfahrt den schweren Unfall eines Jugendlichen verursacht und von dem Pfadfinderverein mit Erfolg Freistellung von seiner Schadensersatz-

39 *Staudinger-Bub*, § 29 WEG, Rdnr. 11 m.w.N.

40 *Bub* bei Staudinger, § 29 WEG, Rdnr. 76.

41 *Bärmann/Pick/Merle*, § 29 Rdnr. 111

42 BGHZ 89, 153, 157 ff.

verpflichtung gegenüber dem jugendlichen Vereinsmitglied verlangt. In diesem Zusammenhang hat der BGH ausgeführt, dass der Beauftragte in aller Regel nicht mit dem vollen Risiko der im Interesse des Geschäftsherrn ausgeübten Tätigkeit belastet werden darf und ihm deshalb ein Anspruch auf Ersatz oder Freistellung von solchen Nachteilen zustehen kann, die er bei der Durchführung des Auftrags unfreiwillig erleidet. Dies gilt – so der BGH – jedenfalls dann, wenn das Mitglied ehrenamtlich, also unentgeltlich tätig geworden ist. Der BGH hat in diesem Zusammenhang auf die auf Dauer angelegte Verbundenheit zwischen Verein und Vereinsmitglied hingewiesen. Es liegt nahe, diese Erwägungen auch auf die Schadensverursachung durch den ehrenamtlich tätigen Verwaltungsbeirat zu übertragen. Allerdings besteht – ebenso wie in dem Pfadfinder-Fall des BGH[43] – kein Freistellungsanspruch, wenn der Schaden vorsätzlich oder grob fahrlässig herbeigeführt worden ist.

e) Verjährung

Der vertragliche Schadensersatzanspruch gegen die Mitglieder des Verwaltungsbeirats verjährt in Ermangelung einer gesetzlichen Sonderregelung nach der allgemeinen Vorschrift des § 195 BGB in 30 Jahren. *Bub*[44] vertritt dagegen die Auffassung, die Ansprüche der Wohnungseigentümer gegen den Verwaltungsbeirat wegen Pflichtverletzungen würden in entsprechender Anwendung des § 52 Abs. 3 GmbHG innerhalb von fünf Jahren verjähren. Diese Ansicht, die auf der Prämisse beruht, der Verwaltungsbeirat komme dem fakultativen Aufsichtsrat der GmbH gemäß § 52 Abs. 2 GmbHG in seiner rechtlichen Ausgestaltung am nächsten, sodass die hierzu entwickelten Rechtsgrundsätze im Einzelfall zur Schließung von Lücken entsprechend herangezogen werden könnten[45], vermag ich nicht zu teilen. Der Verwaltungsbeirat ist nicht verpflichtet, die laufende Verwaltungstätigkeit des Verwalters zu überwachen[46]. Er hat keine umfassende Überwachungsaufgabe ähnlich der eines Aufsichtsrats[47]. Die analoge Anwendung der Verjährungsnorm des § 52 Abs. 3 GmbHG erscheint daher nicht gerechtfertigt.

43 BGHZ 89, 153, 160.
44 Bei Staudinger, § 29 WEG, Rdnr. 72.
45 *Staudinger-Bub*, § 29 WEG, Rdnr. 7.
46 BayObLGZ 1972, 161, 165.
47 Vgl. hierzu BGH, WM 1979, 1425, 1426.

Allerdings ist nicht zu verkennen, dass die lange Verjährungsfrist von 30 Jahren für den ehrenamtlichen Verwaltungsbeirat zu einem kaum tragbaren Haftungsrisiko führt. Daher erscheint es angemessen, die Verjährungsfrist durch Vereinbarung mit dem Beirat abzukürzen, was nach § 225 Satz 2 BGB zulässig ist. In Anknüpfung an die gesetzliche Verjährungsregelung für Rechtsanwälte gemäß § 51 b BRAO sowie zur Angleichung an die gesetzliche Verjährung bei Ansprüchen aus unerlaubter Handlung (§ 852 BGB) kommt eine Verjährungsfrist von drei Jahren als sachgerechte Vereinbarungslösung in Betracht.

2. Haftung gemäß § 628 Abs. 2 BGB wegen provozierter Kündigung des Verwalters

Einen gesetzlich geregelten Sonderfall der positiven Vertragsverletzung stellt § 628 Abs. 2 BGB dar. Wird die fristlose Kündigung eines Dienstvertrages durch vertragswidriges Verhalten des anderen Teiles veranlasst, so ist dieser zum Ersatz des durch die Aufhebung des Dienstverhältnisses entstehenden Schadens verpflichtet. Diese Schadensersatznorm hat das Bayerische Oberste Landesgericht mit Beschluss vom 29.9.1999[48] zu Lasten eines Beiratsmitglieds angewendet, das die fristlose Amtsniederlegung und Verwaltervertragskündigung des WEG-Verwalters durch wiederholte schriftliche beleidigende und herabsetzende Äußerungen gegenüber dem Geschäftsführer der Verwalterin ausgelöst hatte. Im Laufe der Zeit war es zu tief greifenden Meinungsverschiedenheiten zwischen der Verwalterin und zwei Mitgliedern des Verwaltungsbeirats gekommen. Ein Verwaltungsbeirat hatte sich schriftlich in den Jahren 1994 bis 1997 u.a. wie folgt gegenüber der Verwaltung geäußert:

„... Begreifen Sie denn noch immer nicht, dass das totaler Schwachsinn ist ... Ich lasse mir Ihre Provokationen an meinem verlängerten Rückgrat vorbeiziehen ... Machen Sie doch eine Eisdiele auf oder einen Gemüsestand, da können Sie vielleicht Geld verdienen."

Ferner beanstandete derselbe Beirat die „großkotzige Unterschrift" sowie die „Gutsherrenart" des Geschäftsführers der Verwaltung.

Die von der Verwalterin verlangte Abwahl des gesamten Verwaltungsbeirats fand in der Eigentümerversammlung keine Mehrheit.

48 NZM 2000, 48 = ZMR 2000, 45.

Daraufhin erklärte die Verwalterin, sie lege aufgrund des Abstimmungsergebnisses die Ausübung des Verwalteramtes aus wichtigen Gründen fristlos nieder. In dem sich anschließenden Wohnungseigentumsverfahren hat das Bayerische Oberste Landesgericht in dieser Erklärung des Verwalters zugleich die außerordentliche Kündigung des Verwaltervertrags erblickt und das betreffende Beiratsmitglied dazu verpflichtet, den der Verwalterin durch die vorzeitige Kündigung des Vertrages entstandenen Verdienstausfall zu ersetzen. Das Bayerische Oberste Landesgericht hat darauf abgestellt, dass der Verwalter bei Erledigung der ihm nach den §§ 27, 28 WEG obliegenden Aufgaben im besonderen Maße auf eine vertrauensvolle Zusammenarbeit mit dem Verwaltungsbeirat angewiesen ist. Gibt es zwischen ihm und Mitgliedern des Verwaltungsbeirats Meinungsverschiedenheiten, so kann jede Seite ihren Standpunkt mit der gebotenen Klarheit und Härte vertreten. In jedem Fall muss aber die Sachlichkeit gewahrt bleiben; Meinungsverschiedenheiten oder die Unzufriedenheit des Verwaltungsbeirats mit der Tätigkeit des Verwalters können es in keinem Fall rechtfertigen, diesen durch mündliche oder gar schriftliche Äußerungen verächtlich zu machen und mit Formalbeleidigungen zu überziehen. Die zitierten schriftlichen Äußerungen des Beiratsmitglieds stellen, wie das Bayerische Oberste Landesgericht in seiner Entscheidung ausgeführt hat, durch nichts zu rechtfertigende Formalbeleidigungen dar, die nur darauf abzielten, den Geschäftsführer der Verwalterin herabzusetzen. Mit einer sachlichen Auseinandersetzung haben sie nichts mehr zu tun. Der Geschäftsführer der Verwalterin brauchte sich diese Beleidigungen nicht gefallen zu lassen; eine weitere Tätigkeit für die Eigentümergemeinschaft war ihm, nachdem die Versammlung die Abberufung des Verwaltungsbeirats mehrheitlich abgelehnt hatte, nicht zuzumuten[49].

Die Entscheidung des Bayerischen Obersten Landesgerichts zeigt, dass nicht nur im Verhältnis zur Eigentümergemeinschaft ein vertragliches Haftungsrisiko des Beirats besteht, sondern dass ein schuldhaftes Fehlverhalten – hier: im Rahmen des Verwaltervertrages – auch gegenüber dem Verwalter zu einer Schadensersatzverpflichtung führen kann.

---

49 BayObLG in NZM 2000, 48, 50.

3. Kündigung des Beiratsmitglieds zur Unzeit

Ein Mitglied des Verwaltungsbeirats kann sein Amt jederzeit niederlegen. Damit endet in der Regel auch der Beiratsvertrag als Auftrag oder Geschäftsbesorgungsvertrag. Der Auftrag ist gemäß § 671 Abs. 1 BGB vom Beauftragten jederzeit kündbar. Liegt ausnahmsweise ein Geschäftsbesorgungsdienstvertrag vor, so kann das Mitglied des Verwaltungsbeirats diesen Vertrag auch ohne Vorliegen eines wichtigen Grundes i.S.d. § 626 BGB entsprechend § 627 BGB ohne Einhaltung einer Kündigungsfrist kündigen, weil Dienste höherer Art geleistet werden, die aufgrund besonderen Vertrauens übertragen zu werden pflegen[50].

In beiden Fällen darf das Beiratsmitglied, will es sich nicht schadensersatzpflichtig machen, aber nicht ohne wichtigen Grund zur Unzeit kündigen. Geschieht dies, so hat das Beiratsmitglied den Wohnungseigentümern den daraus entstehenden Schaden zu ersetzen (§§ 627 Abs. 2, 671 Abs. 2, 675 BGB). Wird beispielsweise ohne triftigen Grund so kurzfristig gekündigt, dass die Eigentümerversammlung mangels Prüfung durch den Beirat gemäß § 29 Abs. 3 WEG nicht in der bereits anberaumten Eigentümerversammlung über die vom Verwalter vorgelegte Jahresabrechnung und den Wirtschaftsplan beschließen kann, so können die durch die Anberaumung einer neuen Eigentümerversammlung entstehenden Mehrkosten als Schadensersatz von den kündigenden Beiratsmitgliedern verlangt werden.

4. Haftung gemäß § 179 BGB

Gegenüber Dritten haftet der als vollmachtsloser Vertreter der Wohnungseigentümer handelnde Verwaltungsbeirat gemäß §§ 177, 179 BGB, wenn und soweit dem Dritten das Fehlen der Vollmacht nicht bekannt ist und wenn die Wohnungseigentümer das rechtsgeschäftliche Handeln des Beirats nicht genehmigen[51]. Rechtsfolge des § 179 BGB ist, dass der Vertreter ohne Vertretungsmacht nach Wahl des Geschädigten auf Schadensersatz oder Erfüllung haftet. Insofern handelt es sich um eine verschuldensunabhängige Garantiehaftung, die auf dem Gedanken beruht, dass der Vertragspartner für das

50 *Bärmann/Pick/Merle*, § 29 Rdnr. 31, 33.

51 *Staudinger-Bub*, § 29 WEG, Rdnr. 74; *Bärmann/Pick/Merle*, § 29 Rdnr. 109.

enttäuschte Vertrauen auf die Vertretungsmacht entschädigt werden soll. Der Verwaltungsbeirat sollte daher mit Dritten nur dann Geschäfte abschließen, wenn eine entsprechende Beauftragung und Bevollmächtigung durch die Gemeinschaftsordnung oder durch eine Beschlussfassung gewährleistet ist[52].

5. Haftung gemäß §§ 687 Abs. 2, 681, 667 BGB

Erhält der Verwaltungsbeirat oder ein von ihm vorgeschobener Strohmann ohne Genehmigung der Wohnungseigentümer Provisionen, Schmiergelder oder sonstige Sondervorteile, etwa für die Förderung der Erteilung von Handwerkeraufträgen, so sind diese gemäß § 687 Abs. 2 BGB an die Wohnungseigentümer abzuführen[53]. Der Verwaltungsbeirat hat die Interessen der Wohnungseigentümer wahrzunehmen und darf nicht eigennützig handeln. Tut er es dennoch, ist er der Eigentümergemeinschaft als Geschäftsherrn wegen angemaßter Eigengeschäftsführung herausgabepflichtig. Der ehrenamtlich tätige Verwaltungsbeirat kann gemäß § 670 BGB Ersatz erforderlicher Aufwendungen verlangen, darf aber z.B. den Abschluss eines Versicherungsvertrages mit der Eigentümergemeinschaft nicht davon abhängig machen, dass ihm eine Vermittlungsprovision gezahlt wird.

6. Deliktshaftung

Bei unerlaubter Handlung kommt ferner eine Haftung der Beiratsmitglieder gemäß §§ 823 ff. BGB nach allgemeinem Deliktsrecht in Betracht[54]. Die deliktische Haftung kann im Verhältnis zu den Wohnungseigentümern, aber auch gegenüber Dritten eintreten, die durch die unerlaubte Handlung eines Beiratsmitglieds geschädigt werden. Vorstellbar ist die bewusst unrichtige Erstellung eines Prüfberichts für die Eigentümergemeinschaft, um im kollusiven Zusammenwirken mit dem Verwalter dessen Veruntreuungen oder sonstige Unregelmäßigkeiten zu verschleiern. Ein Dritter kann dadurch geschädigt werden, dass er im Vertrauen auf die Erklärungen eines Beiratsmitglieds Leistungen für die Eigentümergemeinschaft er-

52 So mit Recht *Drasdo*, S. 80.

53 *Staudinger-Bub*, § 29 WEG, Rdnr. 59.

54 *Bärmann/Pick/Merle*, § 29 Rdnr. 104; *Staudinger-Bub*, § 29 WEG, Rdnr. 66.

bringt oder Waren an diese liefert, obwohl die Wohnungseigentümergemeinschaft, wie dem Beirat bekannt ist, zahlungsunfähig ist.

Es bleibt zu wünschen und zu hoffen, dass diese Beispielsfälle deliktischen und zugleich kriminellen Handelns des Verwaltungsbeirats akademischer Natur sind und in der wohnungseigentumsrechtlichen Praxis keine Bedeutung erlangen. Abschließend sei hierzu darauf hingewiesen, dass dann, wenn mehrere Beiratsmitglieder durch eine gemeinschaftlich begangene unerlaubte Handlung einen Schaden verursachen, jeder gemäß § 830 Abs. 1 BGB für den Schaden verantwortlich ist und gemäß § 840 Abs. 1 BGB als Gesamtschuldner haftet.

III. Entlastung des Beirats

Den Mitgliedern des Verwaltungsbeirats kann, ebenso wie dem Verwalter, durch Eigentümerbeschluss Entlastung erteilt werden. Sie richtet sich nach den gleichen Regeln wie die Verwalterentlastung[55].

Einen gesetzlichen Entlastungsanspruch hat der Verwaltungsbeirat – ebenso wie der Verwalter – nach ganz überwiegender und m.E. zutreffender Auffassung nicht[56]. Es gibt kein allgemeines Rechtsinstitut des Inhalts, dass jeder, der fremde Vermögensinteressen treuhänderisch wahrnimmt, in bestimmten Intervallen oder nach Beendigung seiner Tätigkeit einen Rechtsanspruch auf Entlastung hätte. Die Entlastung stellt einen reinen Vertrauensbeweis dar und ist somit nicht erzwingbar[57]. Allerdings können die Gemeinschaftsordnung oder der Beiratsvertrag – bei Vorliegen der entsprechenden Voraussetzung – einen Anspruch des Beirats auf Entlastung begründen. Der Eigentümerbeschluss über die Entlastung der Mitglieder des Verwaltungsbeirats entspricht nicht ordnungsmäßiger Verwaltung und ist deshalb für ungültig zu erklären, wenn ein Ersatzanspruch gegen die Mitglieder des Verwaltungsbeirats im Zusammenhang mit der Prüfung von Jahresabrechnung und Wirtschaftsplan möglich erscheint[58]. Ebenso wenig entspricht der Ent-

55 *Bärmann/Pick/Merle*, § 29 Rdnr. 108; BayObLG, NJW-RR 1991, 1360.

56 S. hierzu *Staudinger-Bub*, § 29 WEG, Rdnr. 69; *Drasdo*, S. 88, 90; für den Verwalter OLG Düsseldorf WE 1981, 25 und WE 1996, 465.

57 So mit Recht *Drasdo*, S. 90.

58 BayObLG, NJW-RR 1991, 1360, 1361.

lastungsbeschluss einer ordnungsmäßigen Verwaltung, wenn der Verwaltungsbeirat den Wohnungseigentümern die Annahme einer noch nicht ordnungsgemäßen und unvollständigen Abrechnung empfohlen hat[59]. Soll der Verwaltungsbeirat als Gremium entlastet werden, was in der Praxis die Regel ist, so ruhen die Stimmrechte aller Mitglieder des Verwaltungsbeirats gemäß § 25 Abs. 5 WEG[60].

Die Entlastung, die als Vertrag der Zustimmung der Beiratsmitglieder bedarf, die auch konkludent in der widerspruchslosen Entgegennahme des Eigentümerbeschlusses liegen kann, wirkt wie ein negatives Schuldanerkenntnis der Wohnungseigentümer gegenüber dem Verwaltungsbeirat i.S.v. § 397 Abs. 2 BGB. Dadurch werden bis zur Entlastung entstandene Schadensersatzansprüche und konkurrierende Ansprüche, insbesondere aufgrund Auftragsrechts, aus Geschäftsführung ohne Auftrag oder ungerechtfertigter Bereicherung oder aus unerlaubter Handlung wegen solcher Vorgänge ausgeschlossen, die bei der Beschlussfassung den Wohnungseigentümern bekannt oder für sie bei Anwendung zumutbarer Sorgfalt erkennbar waren, soweit sich die Wohnungseigentümer diese Ansprüche nicht vorbehalten[61].

IV. Haftung der Wohnungseigentümer für den Beirat

Unabhängig von der persönlichen Verantwortlichkeit der Beiratsmitglieder stellt sich die Frage, ob und gegebenenfalls aus welchem Rechtsgrund die Wohnungseigentümer für schadenverursachendes Verhalten des Beirats einzustehen haben.

1. Duldungs- und Anscheinsvollmacht

Nach den allgemein anerkannten und auf dem Gedanken des Vertrauensschutzes beruhenden Grundsätzen der Duldungs- und Anscheinsvollmacht[62] kommt eine Haftung der Wohnungseigentümer-

59 OLG Düsseldorf, WE 1991, 251; *Bärmann/Pick/ Merle*, § 29 Rdnr. 108.
60 *Staudinger-Bub*, § 29 WEG, Rdnr. 71.
61 S. hierzu *Staudinger-Bub*, § 29 WEG, Rdnr. 70.
62 Vgl. hierzu *Palandt-Heinrichs*, BGB, 59. Aufl., § 173 Rdnr. 9 ff.

gemeinschaft für rechtsgeschäftliche Handlungen des Beirats in Betracht, wenn die Gemeinschaft es wissentlich geschehen lässt, dass Beiratsmitglieder ohne entsprechende Beschlussfassung für sie geschäftliche Abschlüsse mit dritten Personen vornehmen. In diesem Falle kann sich die Eigentümergemeinschaft gegenüber dem gutgläubigen Dritten nicht auf die fehlende Bevollmächtigung des Beirats berufen, sondern muss das Geschäft aus dem Gesichtspunkt der Duldungsvollmacht gegen sich gelten lassen.

Nach den Grundsätzen der Anscheinsvollmacht haftet die Eigentümergemeinschaft dann, wenn sie das Verhalten des Beirats zwar nicht kennt, bei genügender Sorgfaltsanwendung dies aber hätte bemerken müssen und verhindern können und wenn der Vertragspartner davon ausgehen durfte, dass die Handlungen gebilligt werden[63]. Wegen dieser drohenden Rechtsscheinhaftung sollte die Eigentümergemeinschaft Wert darauf legen, jeden Anschein einer nicht gegebenen Bevollmächtigung der Beiratsmitglieder zu vermeiden und – bei entsprechenden Verdachtsmomenten und Hinweisen – gegenüber dritten Personen klarzustellen, dass der Beirat nicht zum Vertragsabschluss bevollmächtigt ist.

2. Haftung für Erfüllungsgehilfen

Im vertraglichen Bereich hat die Wohnungseigentümergemeinschaft nach § 278 BGB für ein Verschulden des Verwaltungsbeirats einzustehen. Für schadenverursachende Handlungen des Verwaltungsbeirats haften die Wohnungseigentümer dagegen nicht wie für ein Vereinsorgan in entsprechender Anwendung des § 31 BGB. Der Beirat hat nämlich keine dem Vorstand eines Vereins oder dem Geschäftsführer einer juristischen Person vergleichbare Funktion, insbesondere keine Vertretungsmacht[64].

Der Beirat ist jedoch Erfüllungsgehilfe der Wohnungseigentümer, worunter derjenige zu verstehen ist, der nach den tatsächlichen Verhältnissen mit dem Willen des Schuldners diesem bei der Erfüllung seiner Verbindlichkeiten behilflich ist. Da für die Einordnung als Erfüllungsgehilfe eine Weisungsgebundenheit nicht erforderlich ist, kommt eine Haftung nach § 278 BGB auch in Betracht, wenn der

63 S. *Drasdo*, S. 83.

64 Vgl. *Staudinger-Bub*, § 29 WEG, Rdnr. 78; BayObLGZ 1972, 161, 163.

Beirat und seine Mitglieder aus eigener Verantwortung für die Gemeinschaft tätig wurden[65]. Für ein schuldhaftes Verhalten des Beirats als Erfüllungsgehilfen beim Vertragsabschluss oder bei der Vertragsabwicklung haften die Wohnungseigentümer ohne Rücksicht auf eigenes Verschulden und ohne Entlastungsmöglichkeit.

Zur Klarstellung: Diese Gehilfenhaftung betrifft die rechtsgeschäftlichen Beziehungen der Eigentümergemeinschaft zu Dritten – z.B. Handwerkern oder Lieferanten –, nicht aber das interne Rechtsverhältnis der Wohnungseigentümer zueinander. Erleidet ein Sondereigentümer als Folge eines Wassereintritts Schaden an seinem Teileigentum, so haben die übrigen Mitglieder der Gemeinschaft bei Fehlen eines individuellen Verschuldens nicht für ein etwaiges schadensursächliches Versäumnis des Verwaltungsbeirats einzustehen[66]. Das OLG Düsseldorf hat in seinem Beschluss vom 8.2.1998[67] darauf aufmerksam gemacht, dass der Verwaltungsbeirat – ebenso wie der Verwalter – im Verhältnis der Wohnungseigentümer untereinander kein Erfüllungsgehilfe ist, da ihn die Wohnungseigentümer gemeinsam bestellen und beauftragen.

Eine Haftung der Eigentümergemeinschaft für den Beirat als Erfüllungsgehilfen kommt auch in dem Sonderfall in Betracht, in dem die Wohnungseigentümergemeinschaft durch schuldhaftes Fehlverhalten des Verwalters Schaden erleidet, dabei aber vorwerfbare Versäumnisse des Beirats mitgewirkt haben. Ein Verschulden des Verwaltungsbeirats müssen sich die Wohnungseigentümer gemäß §§ 254 Abs. 2 Satz 2, 278 BGB wie eigenes Mitverschulden anrechnen lassen, da sie sich des Verwaltungsbeirats zur Wahrnehmung ihrer Interessen bedienen[68]. Der den Wohnungseigentümern gegen den Verwalter zustehende Schadensersatzanspruch kann daher dadurch gemindert werden, dass der Beirat die ihm gemäß § 29 Abs. 3 WEG obliegende Kontrolle und Prüfung der Wirtschaftsführung des Verwalters, insbesondere der Geld- und Kontenbewegungen, unterlassen oder nur nachlässig vorgenommen hat. Es ist Aufgabe des Tatrichters, die Mitverantwortung für den eingetretenen Schaden festzustellen und die Schadensverteilung zwischen Verwalter und Eigentümergemeinschaft unter Würdigung aller Umstände des Ein-

65 *Drasdo*, S. 81.
66 OLG Düsseldorf, NZM 1999, 573.
67 A.a.O.
68 *Staudinger-Bub*, § 29 WEG, Rdnr. 91.

zelfalls nach den allgemein zu § 254 BGB entwickelten Grundsätzen vorzunehmen[69].

3. Haftung gemäß § 831 BGB

Begehen Mitglieder des Verwaltungsbeirats in Ausführung einer Tätigkeit für die Eigentümergemeinschaft eine unerlaubte Handlung und erleidet dadurch ein Dritter Schaden an Gesundheit, Eigentum oder Vermögen (§§ 823, 826 BGB), so ist zweifelhaft, ob die Wohnungseigentümer hierfür gemäß § 831 BGB einzustehen haben. Die Beantwortung hängt davon ab, ob die Beiratsmitglieder Verrichtungsgehilfen der Wohnungseigentümer i.S.d. § 831 BGB sind. Dies ist umstritten.

Teilweise wird angenommen, ein Mitglied des Verwaltungsbeirats sei mangels Weisungsgebundenheit kein Verrichtungsgehilfe; zwar habe die Eigentümergemeinschaft das Weisungsrecht gegenüber dem Verwaltungsbeirat, jedoch werde die Gemeinschaft zumeist nur einmal im Jahr einberufen, damit könne sie die Tätigkeit des Beirats nicht jederzeit so weit beschränken, entziehen oder nach Zeit und Umfang bestimmen, dass sie noch als Geschäftsherr angesehen werden könnte[70]. Nach Auffassung von *Schmid*[71] und *Weimar*[72] soll die Eigenschaft als Verrichtungsgehilfe fehlen, wenn der Beirat ausschließlich die ihm durch das Gesetz zugewiesenen Aufgaben wahrnimmt[73].

Überwiegend wird dagegen die Verrichtungsgehilfeneigenschaft des Beirats bejaht[74]. Dem ist aus folgenden Gründen zuzustimmen:

Für die erforderliche Eingliederung des Gehilfen in die Herrschafts- und Organisationssphäre des Geschäftsherrn und die damit verbundene Weisungsabhängigkeit genügt es, dass der Geschäftsführer die Tätigkeit des Handelnden jederzeit beschränken oder durch

---

69 *Staudinger-Bub* a.a.O.

70 So *Sauren* in ZMR 1984, 325, 326; *ders.*, WEG, 3. Aufl., § 29 Rdnr. 23; *Erman-Ganten*, BGB, 9. Aufl., § 29 WEG, Rdnr. 2.

71 BlGBW 1976, 61, 62.

72 JR 1973, 9, 10; *ders.* in ZMR 1981, 97, 98.

73 So auch *Drasdo*, S. 82.

74 *Bärmann/Pick/Merle*, § 29 Rdnr. 102; *Staudinger-Bub*, § 29 WEG, Rdnr. 77; *Weitnauer/Lüke*, § 29 Rdnr. 5 a.E.; *Soergel-Stürner*, BGB, 12. Aufl., § 29 WEG, Rdnr. 4.

Widerruf der Bestellung beenden oder die Modalitäten des Tätigwerdens nach Zeit und Umfang bestimmen kann. Dem steht auch eine gewisse Selbständigkeit bei Ausführung der Tätigkeit nicht entgegen. Die Verwaltungsbeiratsmitglieder sind den Weisungen der Wohnungseigentümer unterworfen (§ 665 BGB). Sie können im Regelfall auch jederzeit abberufen werden. Der zum Gesellschaftsrecht ergangenen Rechtsprechung des BGH[75] ist zu entnehmen, dass es darauf ankommt, ob die Hilfsperson allgemein oder doch im konkreten Fall im Einflussbereich des Geschäftsherrn steht und sich in einer gewissen Abhängigkeit zu ihm befindet. Strikte Weisungsgebundenheit ist nicht erforderlich; die Haftung des Geschäftsherrn erstreckt sich auf alle Tätigkeiten eines Gehilfen, die er im Prinzip beschränken, unterbinden oder nach Zeit, Art und Umfang näher bestimmen kann[76].

Dies ist im Verhältnis der Eigentümergemeinschaft zum Beirat der Fall, sodass sich für die Wohnungseigentümer eine Haftung aus § 831 BGB ergeben kann[77]. Im Unterschied zur Haftung für den Erfüllungsgehilfen gemäß § 278 BGB besteht hier jedoch für die Wohnungseigentümer die Möglichkeit der Entlastung in der Weise, dass sie entweder nachweisen, dass sie die Beiratsmitglieder sorgfältig ausgewählt und überwacht haben oder dass der Schaden auch bei Anwendung dieser Sorgfalt entstanden sein würde (§ 831 Abs. 1 Satz 2 BGB).

V. Gerichtliches Verfahren

Über das gerichtliche Verfahren bei Streitigkeiten zwischen den Wohnungseigentümern und dem Verwaltungsbeirat ist in § 43 WEG ausdrücklich nichts gesagt. Gleichwohl wird allgemein angenommen, dass über diese Streitigkeiten im Verfahren der freiwilligen Gerichtsbarkeit durch das Wohnungseigentumsgericht zu entscheiden ist[78]. Dies ist deshalb gerechtfertigt, weil die Mitglieder des Verwaltungsbeirats gemäß § 29 Abs. 1 WEG regelmäßig aus dem Kreis der Wohnungseigentümer zu wählen sind, was dann, sofern Streit

75 WM 1989, 1047, 1050; BGHZ 45, 311, 313.

76 BGH, WM 1989, 1047, 1050.

77 So zutreffend *Bärmann/Pick/Merle*, § 29 Rdnr. 102.

78 *Staudinger-Bub*, § 29 WEG, Rdnr. 144; *Bärmann/Pick/Merle*, § 29 Rdnr. 114.

entsteht, die Maßgeblichkeit der Zuständigkeitsnorm des § 43 Abs. 1 Nr. 1 WEG zur Folge hat[79]. Gleiches gilt für Streitigkeiten zwischen Mitgliedern des Verwaltungsbeirats oder zwischen einem Beiratsmitglied und dem Verwalter. Auch hierfür ist wegen der Beteiligung des Verwaltungsbeirats an der Verwaltung des gemeinschaftlichen Eigentums ausschließlich das Wohnungseigentumsgericht zuständig, auch wenn § 43 WEG dies nicht ausdrücklich bestimmt[80].

Problematisch ist die wohnungseigentumsgerichtliche Zuständigkeit dann, wenn ein Mitglied des Beirats – ausnahmsweise – kein Wohnungseigentümer ist. Auch dann wird die Zuständigkeit des Wohnungseigentumsgerichts aber allgemein angenommen[81]. Das Bayerische Oberste Landesgericht hat bereits im Jahre 1972 dahin erkannt, dass über Rechte und Pflichten des Verwaltungsbeirats auch dann im Verfahren der freiwilligen Gerichtsbarkeit zu entscheiden ist, wenn Mitglieder des Beirats nicht auch Wohnungseigentümer sind[82]. Das Gericht hat darauf abgestellt, dass die Vorschrift des § 43 WEG sachbezogen ist und nicht durch die Person der Beteiligten bestimmt wird. Im Rahmen dieser Sachbezogenheit, welche auch die Rechtsbeziehungen zwischen den Wohnungseigentümern und dem Verwaltungsbeirat umfasst, ist § 43 WEG weit auszulegen und im Zweifel anwendbar. Ein Außenstehender, der zum Mitglied des Verwaltungsbeirats gewählt wird, unterwirft sich mit der Annahme der Wahl auch der hierfür vorgesehenen gerichtlichen Zuständigkeit[83]. Daher ist bei Auseinandersetzungen, die ein Beiratsmitglied betreffen, welches nicht Mitglied der Eigentümergemeinschaft ist, ein Verfahren nach § 43 Abs. 1 WEG in entsprechender Anwendung zulässig[84].

Wegen der Sachnähe bleibt die wohnungseigentumsgerichtliche Zuständigkeit auch nach dem Ausscheiden eines Beiratsmitglieds aus der Wohnungseigentümergemeinschaft bestehen[85]. Im Falle des ausgeschiedenen Beiratsmitglieds wird nichts anderes gelten können als für Streitigkeiten der Wohnungseigentümer mit dem

79 BayObLGZ 1972, 161, 163.

80 Vgl. hierzu *Staudinger-Bub*, § 29 WEG, Rdnr. 144 m.w.N.

81 *Staudinger-Bub*, § 29 WEG, Rdnr. 145; *Bärmann/Pick/Merle*, § 29 Rdnr. 114; *Drasdo*, S. 101.

82 BayObLGZ 1972, 161, 163.

83 So *Staudinger-Bub*, § 29 WEG, Rdnr. 145.

84 Vgl. *Drasdo*, S. 101.

85 *Staudinger-Bub*, § 29 WEG, Rdnr. 144; *Drasdo*, S. 101/102.

ausgeschiedenen Verwalter. Dort nimmt der BGH wegen des Sachzusammenhangs die Zuständigkeit des Wohnungseigentumsgerichts an[86]. Wie im Falle des ausgeschiedenen Verwalters sollen gegen das ausgeschiedene Mitglied des Verwaltungsbeirates Ansprüche betreffend die Verwaltung der Gemeinschaft geklärt werden. Auch hier gilt das Gebot der Sachnähe. Darüber hinaus wäre kaum nachvollziehbar, dass gegen das Beiratsmitglied, welches niemals Eigentümer war, ein Verfahren i.S.d. § 43 Abs. 1 WEG zu führen ist, gegen das aus der Gemeinschaft ausgeschiedene Beiratsmitglied jedoch nicht[87].

VI. Fazit

Mit der Beiratstätigkeit sind, wie die vorstehende Abhandlung verdeutlicht hat, erhebliche Haftungsrisiken verbunden. Dies gilt sowohl für den gesetzlichen Aufgabenbereich des Verwaltungsbeirats als auch für zusätzliche Aufgaben, die dem Beirat vertraglich übertragen werden. Das Haftungsrisiko wird dadurch verschärft, dass nach geltendem Recht auch bei unentgeltlicher, d.h. ehrenamtlicher Tätigkeit schon für leichteste Fahrlässigkeit gehaftet wird und dass, wenn mehrere Beiratsmitglieder schuldhaft einen Schaden verursacht haben, jedes von ihnen als Gesamtschuldner in voller Höhe in Anspruch genommen werden kann. Die Möglichkeiten des Freistellungsanspruchs gegen die Eigentümergemeinschaft und des Gesamtschuldnerausgleichs sind nicht geeignet, dieses Risiko angemessen zu kompensieren.

Daher erscheint es sinnvoll und geboten, die Haftung des ehrenamtlichen Verwaltungsbeirats auf ein vernünftiges Maß zu begrenzen. Dies kann in der Weise geschehen, dass durch Eigentümerbeschluss, in der Gemeinschaftsordnung oder im Beiratsvertrag die Haftung des Beirats für leichte Fahrlässigkeit ausgeschlossen und die Verjährungsfrist auf drei Jahre verkürzt wird. Darüber hinaus empfiehlt es sich, dass die Eigentümergemeinschaft auf ihre Kosten für den Beirat eine Vermögenshaftpflichtversicherung abschließt und die Beiratsmitglieder – ausgenommen den Fall einer vorsätz-

86 Vgl. BGHZ 59, 58, 63; 65, 264, 266; 78, 57, 63.
87 So zutreffend *Drasdo*, S. 102.

lichen und widerrechtlichen Herbeiführung des Versicherungsfalls[88] – von der Haftung über die Versicherungssumme hinaus freistellt.

Diese Maßnahmen erscheinen mir wichtig und notwendig, um die Übernahme ehrenamtlicher Beiratstätigkeit zu fördern[89]. Der Verwaltungsbeirat ist ein überaus wichtiges Verwaltungsorgan und Bindeglied zwischen der Eigentümergemeinschaft und dem Verwalter. Es liegt im wohlverstandenen Interesse der Wohnungseigentümergemeinschaft, dass sich auch künftig Wohnungseigentümer finden, die im Gemeinschaftsinteresse bereit sind, als ehrenamtlicher Verwaltungsbeirat tätig zu sein. Dafür sollten, wie ich versucht habe darzustellen, geeignete Anreize geboten und günstige rechtliche Voraussetzungen geschaffen werden.

88 Vgl. hierzu *Prölss/Martin*, VVG, 26. Aufl., § 152 Rdnr. 1.
89 So auch *Merle* in WE 1998, 241.

Das Verhältnis zwischen Verwaltung und Verwaltungsbeirat – Gesetzliches Leitbild und Alltagspraxis

Prof. Dr. *Peter Derleder*
Universität Bremen

Inhaltsübersicht

I. Die rechtstatsächliche Seite der Verwaltungsbeiratstätigkeit und ihr struktureller Rahmen

Die Großtheoretiker der Deregulierung, die vor allem seit Beginn der 80er-Jahre die Vereinfachung und Einschränkung rechtlicher Regelungen fordern und dabei nur wenig Erfolge hatten, müssten ihr Vergnügen in § 29 WEG finden, der in unüberbietbarer Knappheit die Rechtsstellung des Verwaltungsbeirats regelt. Die Wohnungseigentümergemeinschaft, dieses unerhört komplexe Gebilde, hat also ein Organ von verblüffend einfacher Rechtsstruktur, könnte man meinen, das aber sozial gesehen sehr unterschiedliche Gestalt annehmen kann. Es kann sich von einem unauffälligen Kommunikationsorgan, heute ambitioniert Mediationsagentur genannt, gegenüber beiden Seiten, dem Wohnungsverwalter und den Wohnungseigentümern, zu einer unumgehbaren Größe entwickeln, aufrüsten oder aufplustern wie etwa der Kugelfisch, der Waran oder die Kragenechse. Es kann sich aber, wenn es um Geld und um Haftung geht, auch klein machen, bis es Ameisen- oder Amöbenformat hat. Was das Kompetenzspektrum angeht, steht an der Spitze wohl immer noch der Baufachmann, vom Dachdecker bis zum Isolierungsexperten und Raumphysiker; aber auch für Psychotherapeuten, Wirtschaftsprüfer, Rechtsbeistände, Sozialpädagogen, Garten- und Landschaftsarchitekten und ihre Vorformen im Hobbyformat ist Arbeit genug vorhanden. Verwaltungsunternehmen ohne entsprechende Fachabteilungen werden vorhandene Kapazitäten gerne zu nutzen bereit sein.

Nun vagiert der Sachverstand allerdings auch in gehobenen Wohnungseigentumsanlagen nicht überall unentgeltlich herum. Wer sich in den Hauptphasen seiner Berufstätigkeit als Verwaltungsbeiratsmitglied anbietet, muss sogar mit dem Soupcon rechnen, dass es sich womöglich um einen Erfolglosen mit unzureichendem Niveau handelt. Hausmännern und Hausfrauen werden Defizite an Kenntnissen über die Welt da draußen zugeschrieben. Arbeitslose outen sich selbst nicht gern durch ein Angebot an freier Zeit für den Verwaltungsbeirat. Und so ist das typische Mitglied eines Verwaltungsbeirats bereits verrentet oder davon nicht mehr weit entfernt. Es bringt seine gesammelte berufliche Erfahrung in die Wohnungseigentumsanlage ein, die somit nicht selten zum letzten vital ausgefüllten beruflichen Aktivitätsfeld wird. Die Unbarmherzigkeit des Arbeitsmarkts, auf dem die Nachfrage die Nase oft schon über den Fünfzig- und Vierzigjährigen rümpft, spült allerdings auch immer jüngere Rentner ins Privatleben, deren Kräfte zwar nicht mehr ohne weiteres für eine Arbeit in den Entwicklungsländern ausreichen, wohl aber in der heimatlichen Anlage. Die eher dienende Rolle des Verwaltungsbeirats ist aber normalerweise nicht mit einer früheren unternehmerischen Berufsrolle verträglich, die Untergebene braucht. Am angemessensten ist eine frühere leitende, aber dennoch dienende Tätigkeit. Will man für eine große Wohnungseigentümergemeinschaft sämtliche nützlichen Kompetenzen bündeln, dann liegt es nahe, die Zahl der Beiratsmitglieder über die in § 29 Abs. 1 Satz 1 WEG bestimmte Trias hinaus von vornherein zu erweitern, soweit die notwendige Vereinbarung nach § 10 Abs. 2 WEG dafür Raum gibt[1]. Dabei kann es sich sogar empfehlen, durch eine Vereinbarung derart, dass die Mehrheit eine bestimmte weitergehende Zahl beschließen kann[2], Flexibilität je nach dem Potential der vorhandenen aktivitätsbereiten Kandidaten zu ermöglichen. Im idealen Fall könnten dadurch technische, kaufmännische, juristische und soziale Kompetenzen unter Beteiligung beider Geschlechter, der verschiedenen Altersgruppen und sogar der kulturellen Fraktionen einer Wohnungseigentümergemeinschaft im Verwaltungsbeirat gesammelt werden. *Seuß*[3] plädiert im Hinblick auf einen dreiköpfigen Verwaltungsbeirat dafür, einem Kaufmann die Rechnungsprüfung anzuvertrauen, einen Techniker in die Mitverantwortung bei der Ausführung und bei den Zahlungen für Instandhaltungs- und Instandsetzungsmaßnahmen zu nehmen und eine Frau für die Fragen des Miteinanderlebens zu gewinnen. Im Hinblick auf die Angleichung der Geschlechtsrollen in den letzten Jahrzehnten muss jedoch auch mit technisch/kaufmännisch kompetenten Frauen und sozialen Fähigkeiten einiger Männer gerechnet werden.

Der Verwalter wird auf einen übertriebenen Gruppenparlamentarismus in der Zusammensetzung allerdings wenig Wert legen. Die großen Verwaltungsunternehmen sind aber in aller Regel beiratsfreundlich, da sie sich Entlastung versprechen. Es gibt große Wohnungsunternehmen, die sich unabhängig von der Größe einer Wohnungseigentümergemeinschaft um einen Verwaltungsbeirat bemühen, ob es nun um 4 oder um 400 Eigentumswohnungen geht. Die Aufgaben, die der Verwalter dem Verwaltungsbeirat überträgt, hängen dann aber davon ab, wie groß sein Stab ist, über welche Kompetenzen dieser verfügt und welcher Aufwand damit verbunden ist. Dem entspricht es, wenn der Verwalter gezielt einzelne Eigentümer auf eine Beiratstätigkeit anspricht. Besonders bei technisch anspruchsvollen Objekten hat der Verwalter ein Bedürfnis nach ortsnaher Unterstützung. Geht es beispielsweise um eine ambitionierte Ferienwohnungsanlage, bei der die Mieter, wenn sie

1 Zur Notwendigkeit einer Vereinbarung s. nur BayObLGZ 1991, 161; KG NJW-RR 1989, 460.

2 Siehe nur *Staudinger/Bub*, BGB, 12. Aufl. (1997), § 29 WEG Rdnr. 14.

3 *Seuß* WE 1995, 244.

zur Erholung eintreffen, durch Defizite besonders enttäuscht sind, ist es ein großer Vorteil, wenn ein darin ständig lebender Eigentümer Mängel rechtzeitig anzeigt oder gar im Vorfeld die Beschwerden der Wohnungseigentümer auffängt.

Der Verwalter kann aber nicht nur Sachverstand und Entlastung gewinnen, sondern auch einen Verbündeten. Es ist sogar geraten, möglichst die (potentiell) kritischen Mitglieder einer Wohnungseigentümergemeinschaft für den Verwaltungsbeirat zu rekrutieren, wie auch die Große Koalition in der zweiten Hälfte der 60er-Jahre unbedingt Franz Josef Strauß einbinden musste. Durch die Zusammenarbeit mit dem Verwaltungsbeirat lässt sich dann eventuell mangelnder Protest schon von vornherein absorbieren. In der Wohnungseigentümerversammlung steht der Verwalter nicht mehr völlig allein den unterschiedlichen Interessen der Wohnungseigentümer gegenüber, sondern kann sich auf seinen Verwaltungsbeirat stützen, mit dem er die Konflikte vorbesprechen und die mögliche gemeinsame Linie erörtern kann.

Was die Loyalitätskonflikte angeht, so können diese theoretisch sowohl Konflikte des Verwalters mit dem Verwaltungsbeirat wie Konflikte des Verwaltungsbeirats mit der Mehrheit der Wohnungseigentümerversammlung berühren. Mit dem Begriff der Loyalität ist aber im Hinblick auf die gesetzliche Aufgabenverteilung zwischen den Organen der Gemeinschaft vorsichtig umzugehen. Auch den Verwalter trifft kein über seine gesetzlichen Hauptleistungspflichten aus den §§ 12, 24, 25, 27 und 28 WEG und die präzise ausdifferenzierten Nebenleistungspflichten hinausgehende allgemeine Loyalitätspflicht gegenüber den Wohnungseigentümern, da er seiner in Gesetz und Rechtsprechung konkretisierten Berufsrolle genügen[4] und den Eigentümern gegenüber, soweit notwendig, kritische Vorbehalte machen muss. Nichts anderes gilt für den Verwaltungsbeirat, wenn er den Verwalter gem. § 29 Abs. 2 WEG bei der Durchführung seiner Aufgaben unterstützt. Andererseits entspricht es der h.M.[5], dass der Verwaltungsbeirat dem Gesamtinteresse der Wohnungseigentümer verpflichtet ist und die Wohnungseigentümer

---

4 *Bärmann/Pick/Merle*, WEG, 8. Aufl. (2000), § 26 Rdnr. 93; *Weitnauer/Hauger*, WEG, 8. Aufl. (1995), § 26 Rdnr. 11; *Staudinger/Bub*, § 26 WEG Rdnr. 246.

5 Siehe nur *Sauren* ZMR 1984, 325 f.; *Bärmann/Pick/Merle*, § 29 Rdnr. 102; *Staudinger/Bub*, § 29 WEG Rdnr. 51.

ihm auch über die bei der Bestellung definierten Aufgaben hinaus Weisungen erteilen können. Damit wird ihm aber nicht das für jedes Organhandeln unabdingbare Maß an Eigenverantwortlichkeit genommen, sodass er auch erteilte Weisungen überdenken und den Eigentümern gegenüber Vorbehalte anmelden kann, wenn er auch eine erneute Entscheidung der Eigentümer einholen muss, sofern er von den erteilten Weisungen abweichen will[6]. Die Wohnungseigentümerversammlung kann daher bei einem Konflikt mit dem Verwalter, wenn dieser vom Verwaltungsbeirat unterstützt wird, unter Umständen durch eine Weisung an einen Verwaltungsbeirat diesen aus der Konfliktverarbeitung ausschalten. Freilich wird damit eine informelle Unterstützung des Verwalters nicht zu unterbinden sein.

Konflikte können sich aber auch auf das Verhältnis zwischen Verwalter und Verwaltungsbeirat beschränken, obwohl die Unterstützungsaufgabe des § 29 Abs. 2 WEG grundsätzlich die Loyalität des Verwaltungsbeirats erfordert. Die Verantwortung des Verwaltungsbeirats gegenüber den Wohnungseigentümern, die trotz der Unterstützungsaufgabe bestehen bleibt[7], kann gerade zu einem solchen Konflikt führen, wenngleich auch andere Gründe denkbar sind. Die rechtsdogmatische Bewältigung solcher Konflikte lässt aber noch Präzision vermissen. Einerseits heißt es, § 29 Abs. 2 WEG sei dahin zu verstehen, dass der Verwaltungsbeirat den Verwalter nur insoweit zu unterstützen habe, als dieser der Unterstützung bedürfe[8]. Daraus wird dann auch gefolgert, dass der Verwalter insoweit die Aufgaben des Verwaltungsbeirats konkret zu bestimmen habe, auch wenn sich daraus für einen ehrenamtlich tätigen Verwaltungsbeirat nicht eine Tätigkeitspflicht[9] ergebe. Andererseits soll der Verwalter dem Verwaltungsbeirat nach allerdings umstrittener Auffassung keine Weisungen erteilen können[10]. Umgekehrt kann natürlich der Verwaltungsbeirat dem Verwalter keine Weisungen erteilen[11], falls ihm dies nicht durch Vereinbarung oder aufgrund einer Vereinba-

6 Insofern ist § 665 Satz 2 BGB (eventuell i.V. mit § 675 BGB) heranzuziehen (*Staudinger/Bub*, § 29 WEG Rdnr. 51).

7 Siehe nur *Staudinger/Bub*, § 29 WEG Rdnr. 91.

8 BayObLGZ 1972, 161, 165.

9 Dagegen etwa *Staudinger/Bub*, § 29 WEG Rdnr. 50 u. 87.

10 So etwa *Staudinger/Bub*, § 29 WEG Rdnr. 51; a.A. *Happ* WE 1971, 1911.

11 *Bärmann/Pick/Merle*, § 29 Rdnr. 78; *Röll* in: MünchKomm-BGB, 3. Aufl., § 29 WEG Rdnr. 8.

rung durch Beschluss übertragen ist[12]. Die Übertragung darf aber die Grenzen des § 26 Abs. 1 Satz 4 und des § 27 Abs. 3 WEG nicht überschreiten[13]. Schließlich wird dem Verwaltungsbeirat aber wiederum die allgemeine Nebenpflicht auferlegt, Schaden von der Wohnungseigentümergemeinschaft mit allen zu Gebote stehenden Mitteln abzuwenden und erforderlichenfalls Pflichtverletzungen des Verwalters gegenüber der Gemeinschaft aufzudecken[14].

Ein klares und geordnetes Pflichtengefüge lässt sich aus diesen hier wiedergegebenen Rechtsgrundsätzen nicht entnehmen. Im Gegenteil ist festzustellen, dass im Dreiecksverhältnis zwischen Wohnungseigentümern, Verwalter und Verwaltungsbeirat vielfältige informelle und auch rechtlich relevante Konflikte zwischen den Beteiligten möglich sind. Auch wenn die Wohnungseigentümerversammlung oberstes Organ der Selbstorganisation der Eigentümer ist, hat der Verwalter eine gesetzlich und richterlich fest umrissene Rechtsstellung ihr gegenüber, während der Verwaltungsbeirat zwischen seiner eher diffusen Interessenwahrnehmungspflicht gegenüber den Wohnungseigentümern und der ebenfalls nicht sehr präzisen Unterstützungsaufgabe gegenüber dem Verwalter zu verorten ist.

Versucht man die „Gewaltenteilung“ zwischen den Organen der Wohnungseigentümergemeinschaft etwas präziser zu konturieren, so ist zunächst davon auszugehen, dass der Verwaltungsbeirat nicht ohne weiteres zu einer Tätigkeit verpflichtet ist, dass sich aber eine Tätigkeitspflicht aus einer darauf gerichteten Vertragsgestaltung ergeben kann[15]. Ist er jedoch tatsächlich tätig, dann muss er zuvörderst die Interessen der Wohnungseigentümer nach den von diesen gegebenen Aufgabenstellungen und Weisungen wahrnehmen, unter Umständen auch gegen Maßnahmen des Verwalters, die die Eigentümer schädigen. Soweit eine Verletzung der Eigentümerinteressen nicht in Rede steht, kann der Verwaltungsbeirat den Verwalter bei der Wahrnehmung seiner Aufgabe unterstützen, muss es aber nicht. Übernimmt er diese Unterstützungsaufgabe durch rechtsgeschäftliche Abrede oder realisiert er sie ohne eine solche Abrede, so

12 *Bärmann/Pick/Merle*, § 29 Rdnr. 83 hinsichtlich Instandhaltungs- und Instandsetzungsmaßnahmen.

13 Siehe nur OLG Frankfurt OLGZ 1988, 188.

14 *Staudinger/Bub*, § 29 WEG Rdnr. 87.

15 Siehe dazu unten III.

hat er die Vorgaben des Verwalters zu beachten, wie dies der Begriff der Unterstützung impliziert. In diesem Rahmen kann der Verwalter auch Weisungen erteilen, die jedoch für sich gesehen keine Tätigkeitspflicht begründen, wohl aber darauf hinauslaufen können, dass eine vom Verwaltungsbeirat entfaltete Tätigkeit nicht die Aufgabenerfüllung durch den Verwalter stört oder unmöglich macht. Dieses komplexe Weisungsgefüge wird zudem noch dadurch relativiert, dass der Verwalter ebenso wie der Verwaltungsbeirat einen gewissen Spielraum zu eigenverantwortlichem Handeln und entsprechenden Initiativen hat. Ferner hängt die Aufgabenverteilung konkret noch davon ab, ob Vereinbarungen und darauf gestützte Beschlüsse Aufgabenverschiebungen vorsehen. Eine diese Formen der Zusammenarbeit überwölbende Loyalitätspflicht besteht nur insoweit, als der Verwalter den Verwaltungsbeirat nicht mit falschen Behauptungen oder ehrenrührigen Werturteilen angreifen darf[16] und umgekehrt auch eine entsprechende Verpflichtung des Verwaltungsbeirats besteht.

Es sind aber weniger die danach bestehenden rechtlichen Spielräume als die unterschiedlichen sozialen Gegebenheiten, die auf der informellen Ebene dazu führen, dass entweder der Verwalter sich einen Verwaltungsbeirat sucht, der ihm bei der Bündelung der oft sehr unterschiedlichen Eigentümerinteressen, der Kompromissaushandlung und Synthesebildung beisteht. Es kann auch umgekehrt sein, dass sich der Verwaltungsbeirat in den Prozess zur Findung eines neuen Verwalters einschaltet, eventuell anstelle eines bisherigen Verwalters, dessen Arbeit als unbefriedigend empfunden worden ist. Dahinter können natürlich auch Eigeninteressen von Verwaltungsbeiratsmitgliedern stehen. Die Typologie der Verwaltungsbeiräte ergibt einen ganzen Set unterschiedlicher Protagonisten, den Kaffeetrinker, der einfach Kontakt sucht, den Kommunikator, der alles schon gehört hat und weitergibt, den Vermittler, der zwischen verschiedenen ökonomischen und sozialen Fraktionen den Ausgleich sucht, den Visionär, der die sanierten Anlagen schon vor sich sieht, den Patriarchen, der Fürsorge mit autoritativem Anspruch verbindet, bis hin zum Blockwart, der die Wohnungseigentümer und ihre Familien bis ins Detail überwacht und sanktionsbereit auf beanstandungswürdige Verhaltensweisen lauert. Aus diesem Figurenkabinett ist in erster Linie der Vermittler zur Zusammenarbeit mit den anderen Organen geeignet. Die zu ver-

16 Siehe dazu OLG Frankfurt NJW-RR 1988, 1169.

arbeitenden Interessen können sehr gravierend sein. Bei Schäden am Gemeinschaftseigentum, die nur wenige Eigentümer spürbar betreffen, versuchen die anderen normalerweise, den Beseitigungsaufwand klein zu halten. Anleger und Selbstnutzer haben grundsätzlich sehr verschiedene Perspektiven, wobei aber die Präsenz der Anleger bei den Beschlussfassungen eher geringer ist. Bei Modernisierungs- und Sanierungsmaßnahmen können die Interessen wegen der Unterschiede im einsetzbaren Einkommen und Vermögen sehr auseinander gehen. Schließlich kann auch das Lebensalter eine Rolle spielen, so wenn die ältere Fraktion der Wohnungseigentümer schon deswegen keine umfassenden Baumaßnahmen mehr vornehmen lassen will, weil sie ohnehin nur noch kurz in den Genuss der abgeschlossenen Arbeiten kommen würde. Hier wird es dem Verwalter in großen Wohnungseigentumsanlagen oft auch bei allem Einsatz kaum gelingen, alle Interessen richtig zu erfassen, da die Motive oft nicht ungeschützt preisgegeben werden. Selbst über das zur Verfügung stehende Einkommen spricht man in Deutschland immer noch recht ungern. Insbesondere bei größeren Baumaßnahmen zur Instandsetzung und Sanierung kann ein Verwaltungsbeirat durch Vorschläge zur Dimensionierung und Finanzierung wertvolle oder unersetzliche Arbeit leisten, um die Masse der Wohnungseigentümer einzubinden. Mit den folgenden Ausführungen soll daher trotz der vorausgegangenen Referate über die Aufgaben des Verwaltungsbeirats, die Erweiterung seiner Kompetenzen und seine Haftung der Versuch unternommen werden, das Verhältnis zwischen Verwaltung und Verwaltungsbeirat noch einmal chronologisch und systematisch etwas vertiefter zu erörtern[17].

II. Die Mitwirkung des Verwaltungsbeirats bei den Entscheidungen und deren Durchführung

1. Die Mitwirkung bei der Bestellung des Verwalters

Da die Bestellung des Verwalters gem. § 26 Abs. 2 Satz 1 WEG den Wohnungseigentümern obliegt und diese Regel gem. § 26 Abs. 1

17 Dabei klammere ich aber von vornherein die für mein Thema nicht spezifische Diskussion zur Unwirksamkeit vereinbarungsersetzender Mehrheitsbeschlüsse aus.

Satz 4 WEG unabdingbar ist, eine dennoch erfolgte Übertragung auf den Verwaltungsbeirat also gem. § 134 BGB nichtig ist[18], bleibt dem Verwaltungsbeirat bei der Verwalterauswahl und -gewinnung allenfalls eine Vorbereitungskompetenz. Es ist aber keine Frage, dass Verwaltungsbeiräte, insbesondere in großen Wohnungseigentumsgemeinschaften, weitgehend die entscheidenden Weichen stellen, die in Betracht kommenden Kandidaten, seien es nun natürliche oder juristische Personen[19], sichten, ein erstes Mal anhören und ihre Eignung prüfen. Wegen des Mangels gewerberechtlicher Voraussetzungen für die Bestellung zum Verwalter ist die Sorgfalt dieser Prüfung durch die Wohnungseigentümer bekanntlich besonders wichtig[20] und kann sich auf Prüfungsschritte erstrecken, die die Wohnungseigentümer nicht kollektiv machen können, sondern die sie Einzelnen oder dem Verwaltungsbeirat überlassen müssen, so etwa bei der Inaugenscheinnahme der betrieblichen Ausstattung des Verwalters, des Stands seiner Computerisierung, des Zustands der von ihm anderweit verwalteten Anlagen oder einzelner komplexer Unterlagen, die etwa für die persönliche Qualifikation einer Verwaltung von Bedeutung sind, bis hin zu einer Überprüfung der notwendigen rechtlichen Kenntnisse[21]. Auch wenn die Wohnungseigentümer ihrerseits die von ihnen veranlasste oder genutzte vorbereitende Tätigkeit selbständig prüfen, kann diese fehlerhaft sein, ohne dass dies bis zur Wahl des Verwalters manifest wird. So ist es denkbar, dass der Verwaltungsbeirat Unterlagen nicht ausgewertet oder Daten nicht weitergegeben hat, von denen die Wohnungseigentümer ihre Entscheidung abhängig gemacht hätten. Eine Haftung des Verwaltungsbeirats gegenüber den Wohnungseigentümern wegen positiver Vertragsverletzung des mit seinen Mitgliedern jeweils bestehenden Vertrags[22] kommt jedoch nur in Betracht, wenn dem Verwaltungsbeirat die vorbereitende Tätigkeit für die Prüfung der Kandidaten, Vorgespräche, Vorberatungen oder einen Vorschlag durch Vereinbarung oder Beschluss der Wohnungseigentümer übertragen worden ist, da nur aufgrund einer solchen Erweiterung

18 So die h.M.; s. nur LG Lübeck Rechtspfleger 1985, 232, 233; *Bärmann/Pick/Merle*, § 29 Rdnr. 90; *Staudinger/Bub*, § 29 WEG Rdnr. 122.

19 Siehe dazu BGHZ 107, 268.

20 Siehe *Staudinger/Bub*, § 26 WEG Rdnr. 102 ff.

21 Siehe dazu LG Stuttgart DWE 1994, 101.

22 Siehe nur BayObLG NJW-RR 1991, 1360, 1361; KG GE 1997, 375.

der Kompetenzen über den dispositiven gesetzlichen Rahmen des § 29 Abs. 2 und 3 WEG hinaus ein dem erweiterten Aufgabenkreis des Innenorgans Verwaltungsbeirat entsprechender vertraglicher Pflichtenkanon begründet werden kann.

2. Die Mitwirkung bei der Aushandlung und beim Abschluss des Verwaltervertrags

Die Wohnungseigentümer sind als Kollektiv jedenfalls bei großen Wohnungseigentumsanlagen vielfach überfordert, den Verwaltervertrag auszuhandeln, obwohl dies gem. § 26 WEG ihre Aufgabe ist. Deswegen ist es nicht nur von rechtsdogmatischer, sondern auch rechtspraktischer Relevanz, ob die Wohnungseigentümer den Verwaltungsbeirat nicht nur durch Mehrheitsbeschluss mit dem Akt der Willenserklärung beauftragen und ihn dazu bevollmächtigen können, wenn sie zuvor den Inhalt des Verwaltungsvertrags festgelegt haben[23], sondern dem Verwaltungsbeirat auch die inhaltliche Aushandlung nebst Abschluss übertragen können. Im Hinblick auf die Vieldimensionalität eines Verhandlungsprozesses, der ökonomische, soziale und auch psychologische Dimensionen hat, ist es plausibel, dass die h.M.[24] es den Wohnungseigentümern gestattet, durch Mehrheitsbeschluss den Verwaltungsbeirat zu beauftragen und zu bevollmächtigen, mit dem bestellten Verwalter den Verwaltervertrag inhaltlich auszuhandeln und abzuschließen. Demgegenüber werden in der Literatur allerdings Einschränkungen gemacht, so etwa dahin, dass die Wohnungseigentümer wenigstens den wesentlichen Inhalt des Vertrags vorgeben müssen[25], oder dahin, dass wenigstens über die Dauer der Bestellung und des Verwaltervertrags nicht vom Verwaltungsbeirat entschieden werden kann[26]. Der enge sachliche Zusammenhang zwischen der den Wohnungseigentümern obliegenden Bestellung und der im Verwaltervertrag festzulegenden Modalitäten lässt es trotz deren rechtlicher Trennung als zwingend erscheinen, dass der Verwaltungsbeirat nicht ohne Vor-

23 Dagegen bestehen keine Bedenken, s. nur *Bärmann/Pick/Merle*, § 29 Rdnr. 91.

24 Siehe nur BayObLG WuM 1985, 100; OLG Köln NJW 1991, 1302, 1303; OLG Schleswig DWE 1987, 133.

25 Siehe nur *Belz*, Rdnr. 281.

26 So *Staudinger/Bub*, § 29 Rdnr. 123 unter Hinweis auf § 26 Abs. 1 Satz 4 WEG.

gabe zur Höchstgrenze der Vergütung und zur Dauer des Vertrags beauftragt und bevollmächtigt werden kann, während im Hinblick auf die nach § 27 Abs. 3 WEG zwingende Fixierung der Aufgaben und Befugnisse des Verwalters insoweit Vorgaben nur bei einer einschneidenden Erweiterung gemacht sein müssen.

Darüber hinaus stellt sich die Frage, ob der Verwaltungsbeirat überhaupt mit der Vorbereitung der Bestellung, der Aushandlung und dem Abschluss des Verwaltervertrags beauftragt werden kann, wenn noch ein Verwalter zur Verfügung steht[27], um einem Bestellungsbeschluss der Wohnungseigentümer die verwaltervertragliche Infrastruktur zu geben. *Bub*[28] unterscheidet insoweit zwischen der Konstellation, bei der während der Dauer der Bestellung des alten Verwalters ein neuer Verwalter bestellt werden soll, und derjenigen, bei der der bestellte Verwalter wieder bestellt werden soll und durch das Verbot des In-Sich-Geschäfts nach § 181 BGB an der Durchführung des Beschlusses gehindert ist. Im ersteren Fall hält er allein den alten Verwalter für befugt, den Verwaltervertrag auszuhandeln und abzuschließen, da dem Verwalter die Durchführung des Bestellungsbeschlusses nach § 27 Abs. 1 Nr. 1 WEG vorbehalten und eine Einschränkung dieser Befugnis gem. § 27 Abs. 3 WEG noch nicht einmal durch Vereinbarung möglich sei, mit dem Ergebnis, dass eine Einschaltung des Verwaltungsbeirats wegen Verstoßes gegen § 27 Abs. 3 WEG nichtig sein soll. Dagegen verstößt nach seiner Auffassung ein Mehrheitsbeschluss der Wohnungseigentümer mit einer entsprechenden Beauftragung des Verwaltungsbeirats bei einer Wiederbestellung, wenn der Verwalter nach § 181 BGB rechtlich am Abschluss gehindert ist, mangels Eingriffs in die Rechtsstellung des Verwalters nicht gegen § 27 Abs. 3 WEG, aber gegen § 10 Abs. 1 Satz 2 WEG, der dafür eine Vereinbarung erfordere, sodass insoweit ein solcher Beschluss immerhin wegen der bloßen Anfechtbarkeit bestandskräftig werden könne.

Diese differenzierte rechtsdogmatische Position würde jedoch dazu führen, dass der Verwalter gerade bei erheblichen Konflikten um seine Wiederbestellung und seine Ersetzung durch einen anderen Verwalter eine besonders starke Rechtsstellung hätte. Es ist auch bürokratietheoretisch und sozialpsychologisch zu berücksichtigen,

27 Der Verwaltervertrag kann durch den Tod des Verwalters, Eintritt der Geschäftsunfähigkeit, Verlust der Rechtsfähigkeit etc. beendet sein.

28 *Staudinger/Bub*, § 29 WEG Rdnr. 122.

dass ein ausscheidender Verwalter keineswegs immer ohne weiteres am besten disponiert und manchmal der ungeeignetste Partner ist, um einen für die Wohnungseigentümer besonders günstigen Vertragsabschluss zu realisieren. Insofern wären die Wohnungseigentümer sogar gezwungen, dem Verwalter möglichst alle Einzelheiten des Vertrags vorzugeben, um Interessenkonflikte möglichst zu vermeiden, was im Hinblick auf die Eigengesetzlichkeit des Aushandlungsprozesses eine Überforderung sein kann. Demgemäß ist auch für die rechtsdogmatische Konkretisierung des § 27 Abs. 1 Nr. 1 WEG zwischen dem Bestellungsbeschluss und dem Beschluss zur Aushandlung und zum Abschluss des Verwaltervertrags zu unterscheiden, also zwischen dem Organisationsakt und der vertraglichen Ebene[29]. Eine Bestellung ist auch vor dem Abschluss eines Verwaltervertrags rechtswirksam möglich, auch wenn man mit der Vertragstheorie die volle Erlangung der Verwalterstellung bis zum Vertragsabschluss hinausschiebt[30]. Es stellt nun keine bloße Durchführung eines Bestellungsbeschlusses i.S. des § 27 Abs. 1 Nr. 1 WEG dar, wenn ein Verwaltervertrag ausgehandelt und abgeschlossen wird. Vielmehr geht es um das Ziel eines für die Wohnungseigentümer möglichst günstigen Äquivalenzverhältnisses im Vertrag. Auch bei teleologischer Interpretation des § 27 Abs. 1 Nr. 1 WEG kann es nicht das unentziehbare Recht des Verwalters sein, gerade den Vertrag mit seinem Nachfolger auszuhandeln und zu schließen. Insofern lässt sich aus § 27 Abs. 3 WEG nicht die Nichtigkeit eines Beschlusses entnehmen, mit dem der Verwaltungsbeirat hierzu befugt wird. Auch eine Vereinbarung der Wohnungseigentümer nach § 10 Abs. 1 Satz 2 WEG ist für den Auftrag an den Verwaltungsbeirat nicht erforderlich, da es keine Abweichung von den gesetzlichen Bestimmungen darstellt, wenn die Wohnungseigentümer im Rahmen ihrer Befugnis nach § 26 Abs. 1 WEG nach Konkretisierung der erforderlichen essentiellen Vorgaben das weitere Kontrahieren durch Beschluss dem Verwaltungsbeirat überlassen. Insofern kann auch nicht zwischen der Bestellung eines neuen und der Wiederbestellung des alten Verwalters differenziert werden, zumal eine sorgfältige Auswahl und Verhandlungspraxis stets auch die jeweilige

29 Zu der insoweit h.M. s. inbes. die st. Rspr. des BayObLG, etwa BayObLGZ 1974, 305; NJW-RR 1988, 270; ebenso OLG Hamm ZMR 1997, 94 f.; OLG Köln WE 1990, 171.

30 Siehe dazu die Nachweise bei *Staudinger/Bub*, § 26 WEG Rdnr. 130.

Alternative einbeziehen muss. Die bisher von den Gerichten gebilligte Praxis der Einschaltung des Verwaltungsbeirats ist demgemäß auch bei genauerer rechtsdogmatischer Analyse haltbar.

3. Die Mitwirkung bei der Kontrolle, Abberufung und Kündigung des Verwalters

Da die Abberufung des Verwalters und die Kündigung des Verwaltervertrags gem. § 26 Abs. 1 Satz 1 WEG Sache der Wohnungseigentümer sind und § 26 Abs. 1 Satz 4 WEG dies festschreibt, die Übertragung auf den Verwaltungsbeirat also gem. § 134 BGB nichtig ist[31], kann an sich nur die Erklärung der von der Wohnungseigentümerversammlung mehrheitlich beschlossenen Abberufung und Kündigung dem Verwaltungsbeirat durch Vereinbarung oder Beschluss übertragen werden, wie dies das BayObLG bereits 1964 ausgesprochen hat[32]. Natürlich ist es auch hier denkbar, dass der Verwaltungsbeirat sich ohne besonderen Auftrag in die Vorbereitung eines Abberufungs- und Kündigungsbeschlusses der Wohnungseigentümer einschaltet, was sogar seiner allgemeinen Pflicht entsprechen kann, Schaden von den Wohnungseigentümern zu wenden. Es ist keine Frage, dass eine solche Aktivität mit der Pflicht zur Unterstützung des Verwalters nach § 29 Abs. 2 WEG kollidieren kann, insbesondere wenn die Wohnungseigentümer dem Verwaltungsbeirat keine Kontrollaufgaben zugewiesen haben. Dieser Pflichtenkollision versuchen manche[33] in der Weise Rechnung zu tragen, dass sie den Verwaltungsbeirat darauf beschränken, den Wohnungseigentümern objektiv Bericht zu erstatten und Wertungen zu vermeiden. Primär hat sich der Verwaltungsbeirat auf die Unterstützung des Verwalters zu konzentrieren. Er ist gehalten, Bedenken gegen die Amtsführung des Verwalters nur im Falle einer drohenden Schädigung der Wohnungseigentümer vorzutragen, und muss diese dann durch objektive Berichterstattung belegen. Auch eine Bewertung der Schädlichkeit kann ihm dann aber nicht versagt sein, wenn er aufgrund entsprechender Umstände auf eine Abberufung des Verwalters hinwirken will[34].

---

31 *Bärmann/Pick/Merle*, § 29 Rdnr. 93; *Staudinger/Bub*, § 29 WEG Rdnr. 122.
32 BayObLGZ 1965, 34; LG Lübeck Rechtspfleger 1985, 232, 233 u. die h.M.
33 Siehe insb. *Drasdo*, Der Verwaltungsbeirat, 2. Aufl. 1999, S. 156.
34 Dazu OLG Köln OLGZ 1980, 4.

Die Wohnungseigentümer können aber auch von vornherein dem Verwaltungsbeirat die Überwachung der laufenden Tätigkeit des Verwalters durch Beschluss übertragen, wenn man der ständigen Rechtsprechung des BayObLG und der h.M. folgt[35]. Dafür ist zwar wegen der gravierenden Erweiterung des Aufgabenkreises des § 29 Abs. 3 WEG und der Verschiebung in der Gewichtung der Organe der Wohnungseigentümergemeinschaft eine Vereinbarung wegen Veränderung der gesetzlichen Regelung des Verhältnisses der Organe gem. § 10 Abs. 1 Satz 2 WEG zu fordern[36]. Soweit man jedoch in der entsprechenden Erweiterung der Befugnisse nach § 29 Abs. 3 WEG nur eine Konkretisierung und Ergänzung sieht, kann ein Beschluss zulässig sein. In jedem Fall darf sich der Verwaltungsbeirat bei entsprechender Aufgabenübertragung und Zustimmung zur Übernahme der Aufgabe nicht mehr mit der nachträglichen Kontrolle der Verwaltungstätigkeit auf ihre Rechtmäßigkeit im Rahmen der Überprüfung des Wirtschaftsplans, der Abrechnung darüber, der Rechnungslegung und der Kostenanschläge begnügen, sondern muss die Tätigkeit des Verwalters begleiten, sich regelmäßig Bericht erstatten lassen, die maßgeblichen Unterlagen einsehen und dem Verwalter gegenüber auch Bedenken anmelden, die sich daraus ergeben. Andererseits kann ein Verwalter, der diese kontrollierende Begleitung akzeptiert, den Verwaltungsbeirat in seine Aktivitäten einbinden und bei später erhobenen Bedenken darauf hinweisen, dass diese, wenn erforderlich, schon früher hätten geltend gemacht werden müssen.

4. Die Mitwirkung bei Instandhaltungs- und Instandsetzungsmaßnahmen, sonstigen baulichen Maßnahmen und Sanierungen

Insoweit ist zunächst davon auszugehen, dass die Wohnungseigentümer gem. den §§ 20 Abs. 1, 21 Abs. 1 WEG Träger und „Herren" der Verwaltung sind, weil die mit jeder baulichen Maßnahme verbundene Kostenbelastung ihr Eigentum wirtschaftlich und rechtlich tangiert. Die Wohnungseigentümer haben daher ein berechtigtes Interesse daran, vor der Vergabe aller Bauaufträge hinzugezogen zu werden, wenn man von den Notmaßnahmen nach den §§ 21 Abs. 2, 27

35 BayObLGZ 1972, 161, 165; DWE 1984, 30; WE 1995, 235, 236; so auch *Bärmann/Pick/Merle*, § 29 Rdnr. 79.

36 So *Kahlen*, BlGBW 1984, 88.

Abs. 1 Nr. 3 WEG zur Vermeidung eines unmittelbar drohenden Schadenseintritts und zur Begrenzung eines schon eingetretenen Schadens absieht[37]. Die Rechtsstellung der anderen Organe richtet sich danach aus. Der Verwalter ist zwar gem. § 27 Abs. 1 Nr. 2 i.V. mit Abs. 3 WEG unabdingbar verpflichtet, die für die ordnungsgemäße Instandhaltung und Instandsetzung des gemeinschaftlichen Eigentums erforderlichen Maßnahmen zu treffen. Diese Verpflichtung beschränkt sich jedoch wegen der Prärogative der Wohnungseigentümer zur Mängelbeseitigung darauf, etwaige Mängel festzustellen und die Wohnungseigentümer zu informieren, wie die obergerichtliche Rechtsprechung übereinstimmend und im Einklang mit der Literatur[38] dargelegt hat. Die Wohnungseigentümer haben dann zu entscheiden, ob, wie und wann sie die festgestellten Mängel beseitigen wollen. Auch der Verwalter hat also keine eigene Entscheidungsbefugnis über Art und Umfang der zu treffenden baulichen Maßnahmen[39], sondern muss lediglich die insoweit von den Wohnungseigentümern gefassten Beschlüsse gem. § 27 Abs. 1 Nr. 1 WEG durchführen. Ebenso wenig kann der Verwaltungsbeirat, dem in § 29 Abs. 2 WEG die Unterstützung des Verwalters und in § 29 Abs. 3 WEG die Prüfung von Wirtschaftsplan und Rechnungswesen eingeräumt ist, anstelle der Eigentümer über Art und Umfang von Instandhaltungs- und Instandsetzungsarbeiten entscheiden. Diese Grundsätze gelten auch für die darüber hinausgehenden baulichen Maßnahmen einschließlich einer umfassenden Sanierung.

Da es aber aus der Sicht der Wohnungseigentümergemeinschaft zweckmäßig sein kann, ein weniger „schwerfälliges" Organ als die Wohnungseigentümerversammlung mit der Entscheidung über Instandsetzungs- und Instandhaltungsmaßnahmen zu betrauen, können, wie in der Rechtsprechung ebenfalls bislang anerkannt ist[40], weitere Befugnisse sowohl auf den Verwalter wie auf den Verwaltungsbeirat übertragen werden. Diese Übertragung kann aber grundsätzlich nur in Form der Vereinbarung nach § 10 Abs. 1 Satz 2 WEG erfolgen, da es sich insoweit um eine grundlegende Zustän-

---

37 Siehe dazu insbes. BGHZ 67, 232, 236 f.

38 Siehe nur KG WE 1993, 157; BayObLG ZMR 1992, 352, 353; OLG Düsseldorf NJW-RR 1998, 13; *Bärmann/Pick/Merle*, § 27 Rdnr. 48; *Weitnauer/Hauger*, § 27 Rdnr. 35.

39 So pointiert OLG Düsseldorf a.a.O.

40 OLG Frankfurt OLGZ 1988, 188, 189; OLG Düsseldorf NJW-RR 1998, 13, 14.

digkeitsänderung zwischen den Organen handelt und der Mehrheit der Wohnungseigentümer ansonsten das Mitbestimmungsrecht entzogen werden könnte. Das Erfordernis einer Vereinbarung kann auch nicht mit dem Argument relativiert werden, die Entscheidung jedes Organs müsse sich im Rahmen der ordnungsgemäßen Verwaltung halten, da darüber oft unterschiedliche Auffassungen bestehen können.

In engen Grenzen lässt die Rechtsprechung jedoch auch eine Kompetenzverlagerung durch Beschluss der Eigentümerversammlung zu, wenn dadurch der mit der gesetzlichen Regelung integrierte Schutzzweck nicht ausgehöhlt wird[41]. So kann es im Interesse der Wohnungseigentümer insbesondere in einer großen Wohnungseigentümergemeinschaft liegen, zur Vermeidung erhöhter Kosten und eines umständlichen Beteiligungsverfahrens den Verwalter zur Durchführung solcher Maßnahmen zu ermächtigen, wenn diese Ermächtigung nur zu einem begrenzten und für den einzelnen Wohnungseigentümer überschaubaren finanziellen Risiko führt. So kann es liegen, wenn dafür nur ein begrenztes Jahresbudget und damit ein begrenzter Anteil jedes einzelnen Wohnungseigentümers in Anspruch genommen werden kann, aber auch bei einer gegenständlich beschränkten baulichen Maßnahme mit relativ geringem Aufwand oder einer durch das Festpreisangebot einer seriösen Firma begrenzten Vergütung. Wird eine Entscheidung darüber dem Verwalter übertragen, kann der Verwaltungsbeirat ihn bei der Prüfung und Realisierung gem. § 29 Abs. 2 WEG unterstützen. Wird sie dem Verwaltungsbeirat durch Beschluss der Wohnungseigentümer übertragen und ihm insoweit Vollmacht erteilt, so kann dieser den fest budgetierten oder gegenständlich präzise eingegrenzten Auftrag selbständig vergeben.

5. Die Mitwirkung bei der Abnahme von Bauleistungen

Die Abnahme des gemeinschaftlichen Eigentums vom Bauträger gehört an sich nicht zur gemeinschaftlichen Verwaltung der Wohnungseigentümer, da sie dieser vorangeht. Da jedoch eine gemeinschaftliche Abnahme durch die Gesamtheit der Wohnungseigentümer in großen Anlagen kaum praktikabel ist, hat sich die Auffassung

41 Siehe dazu und zum Folgenden OLG Düsseldorf NJW-RR 1998, 13, 14.

durchgesetzt, dass die Wohnungseigentümer die Abnahme zum Gegenstand der Verwaltung machen und dem Verwaltungsbeirat übertragen können. Ausgangspunkt der Überlegungen ist dabei ein frühes Urteil des OLG Frankfurt aus dem Jahre 1975[42]. In dem dieser Entscheidung zugrunde liegenden Sachverhalt hatte der Verwaltungsbeirat nach einem mit jedem Erwerber gesondert geschlossenen Kaufvertrag als Vertreter aller Eigentümer das gemeinschaftliche Eigentum abzunehmen. Der Verwaltungsbeirat sollte danach durch den Vollzug der Abnahme zur Verfügung über die Gewährleistungsansprüche befugt sein. Es wurde vom OLG als unbedenklich angesehen, dass die Befugnisse der Verwaltungsbeiräte durch die Einzelkaufverträge der Käufer mit dem Verkäufer eingeräumt waren, da die Bevollmächtigung des Beirats durch die Wahl seiner Mitglieder in der Wohnungseigentümerversammlung bestätigt worden sei, was einem mit Stimmenmehrheit gefassten Beschluss gleichstehe. Diese Sonderstellung sei dem Verwaltungsbeirat als Vertrauensorgan der Eigentümergemeinschaft aus Vereinfachungsgründen zur Durchführung des Kaufvertrags eingeräumt worden. Diese Entscheidung wird trotz der zwischenzeitlichen Diskussion ganz überwiegend immer noch zustimmend zitiert[43], wenn auch mit unterschiedlicher Deutung. So heißt es etwa in der Literatur[44], durch die Wahl werde die Ermächtigungsgrundlage in den notariellen Erwerbsverträgen zur Gemeinschaftssache, ohne dass die Wohnungseigentümer nochmals durch einen gesonderten Ermächtigungsbeschluss den Verwaltungsbeirat zur Abnahme des Gemeinschaftseigentums bevollmächtigen müssten. Die Verwaltungsbeiratswahl müsse auch nicht deshalb einstimmig erfolgen, weil in ihr zugleich die Bekräftigung der in den Erwerbsverträgen enthaltenen Aufgabenzuweisung liege.

Demgegenüber werden aus unterschiedlichen Richtungen Bedenken geltend gemacht. Einmal wird eine Vereinbarung darüber, dass die Abnahme zur gemeinschaftlichen Verwaltung gehören soll, oder jedenfalls ein entsprechender bestandskräftiger Mehrheitsbeschluss als Grundlage für eine Beauftragung und Bevollmächtigung

---

42 OLG Frankfurt NJW 1975, 2297, 2298.

43 Siehe *Drasdo*, S. 8 m.w.N.

44 Siehe *Müller*, Praktische Fragen des Wohnungseigentums, 3. Aufl. 1999, Rdnr. 542.

des Beirats zur Abnahme verlangt[45], zum anderen wird den Erklärungen in den Kaufverträgen die Qualität einer Stimmabgabe zur schriftlichen Beschlussfassung abgesprochen[46]. Eine genauere rechtsdogmatische Analyse ist an dieser Stelle leider nicht möglich. Soweit man jedoch eine Zustimmung aller Wohnungseigentümer für eine solche Abnahmebevollmächtigung des Verwaltungsbeirats als Teil der Verwaltungstätigkeit voraussetzen will, lässt sie sich am ehesten in den inhaltsgleichen Kaufverträgen der Erwerber, notwendigerweise aller Erwerber, herstellen. Wenn man sie nicht als Legitimationsgrundlage für Mehrheitsbeschlüsse zur Abnahme durch den Verwaltungsbeirat ausreichen lässt, kann in großen Anlagen praktisch insoweit kaum je ein unangreifbarer Beschluss zustande kommen. Eine Überstrapazierung des Beschlusses zur Wahl der Verwaltungsbeiratsmitglieder dahin, dass dann die Übertragung auf den Verwaltungsbeirat vollzogen, also in ihm quasi enthalten sei, erscheint mir aber auf keinen Fall als vertretbar. Den Wohnungseigentümern kann es nicht versagt sein, beide Beschlussgegenstände zu trennen und damit auch über den Aufgabenkreis des Verwaltungsbeirats kollektiv zu disponieren, wie es § 29 Abs. 2 und 3 WEG erlaubt, ohne dass es insoweit auf die kaufvertraglichen Verpflichtungen der Wohnungseigentümer ankommen kann.

Was die Abnahme späterer Bauleistungen etwa nach einer Instandhaltungsmaßnahme angeht, so kann der Verwaltungsbeirat ebenfalls aufgrund einer Vereinbarung beauftragt und bevollmächtigt sein. Auch ein Mehrheitsbeschluss ist insoweit in gleichem Rahmen zuzulassen wie eine Aufgabenübertragung zur Entscheidung über die Instandhaltung und Instandsetzung. Soweit der danach einzuhaltende enge budgetäre und gegenständliche Rahmen bei der Auftragsvergabe nicht überschritten wird, kann bei der Abnahme nach § 640 BGB auch kein weitergehender wirtschaftlicher Nachteil der Wohnungseigentümer entstehen, da ein fehlender Vorbehalt bei erkannter mangelhafter Bauleistung nach § 640 Abs. 2 BGB nur zum Verlust der Ansprüche auf Nachbesserung, Wandlung und Minderung, also in Höhe der kalkulierten Verpflichtung, nicht aber zum Verlust des Schadensersatzanspruchs aus § 635 BGB und aus positiver Vertragsverletzung führen kann[47].

---

45 Siehe nur *Staudinger/Bub*, § 29 Rdnr. 120.

46 *Drasdo* S. 87.

47 BGHZ 77, 134; 127, 378, 384.

6. Die Mitwirkung bei der Geltendmachung von Gewährleistungsansprüchen

Die rechtswirksame Bevollmächtigung des Verwaltungsbeirats zur Abnahme des Gemeinschaftseigentums ist nicht mit der Bevollmächtigung zur Geltendmachung von Gewährleistungsansprüchen in eins zu setzen[48], auch wenn dies gelegentlich in Literatur und Rechtsprechung anklingt[49]. Soweit es um Gewährleistungsansprüche geht, die die Wohnungseigentümergemeinschaft verfolgen kann[50], können die Wohnungseigentümer durch Mehrheitsbeschluss den Verwalter mit der prozessstandschaftlichen Geltendmachung beauftragen[51], da der Verwalter aufgrund seiner Pflicht zur ordnungsgemäßen Verwaltung ein eigenes persönliches Sachinteresse hat[52]. Nur in Ausnahmefällen wird es zweckmäßig sein, den Verwaltungsbeirat mit der Prozessführung zu betrauen, so etwa bei einer besonderen Verstrickung des Verwalters in einen Interessenkonflikt. Da § 27 Abs. 2 Nr. 5 WEG einen Mehrheitsbeschluss für die Ermächtigung des Verwalters zur Prozessführung vorsieht, ist dies auch für den Fall ausreichend, dass eine Prozessführung durch den Verwaltungsbeirat vorgezogen wird[53], auch wenn zum Teil eine Vereinbarung oder ein einstimmiger Beschluss gefordert wird[54]. Die Wohnungseigentümer können sich aber auch mit dem Auftrag an den Verwaltungsbeirat begnügen, die Prozessführung des Verwalters zu begleiten, was insbesondere beim Abschluss von Prozessvergleichen wichtig werden kann. Aufgrund einer Vereinbarung oder eines Mehrheitsschlusses können die Wohnungseigentümer auch von vornherein die Ausübung der Ermächtigung des Verwalters zur Prozessführung von der Zustimmung des Verwaltungsbeirats abhängig machen[55]. Schließlich kann sogar für ein einzelnes Verwaltungsbeiratsmitglied ein solcher Zustimmungsvorbehalt vor-

48 Drasdo S. 87; *Müller*, Rdnr. 542.

49 Siehe etwa *Bärmann/Pick/Merle*, § 29 Rdnr. 89; s. auch OLG Frankfurt NJW 1975, 2297, 2298.

50 Zum System der Geltendmachung der Gewährleistungsansprüche gegen den Bauträger s. etwa *Niederführ/Schulze*, WEG, 5. Aufl. 1999, Anhang zu § 21.

51 Siehe z. B. BGH WuM 1997, 290.

52 BGH NJW 1992, 1881, 1883.

53 Siehe nur *Staudinger/Bub*, § 29 WEG Rdnr. 121.

54 So von *Bärmann/Pick/Merle*, § 29 Rdnr. 86.

55 BayObLGZ 1988, 212; OLG Stuttgart OLGZ 1990, 175, 179.

gesehen werden[56]. Andererseits kann ein Mehrheitsbeschluss der Wohnungseigentümer auch vorsehen, dass für die Zustimmung des Verwaltungsbeirats dessen einstimmige Entscheidung notwendig ist[57]. Auch wenn in der Teilungserklärung oder Vereinbarung der Wohnungseigentümer der Verwalter zur prozessualen Geltendmachung der Wohngeldansprüche gegen die säumigen Wohnungseigentümer bevollmächtigt ist, will das OLG Zweibrücken darin nicht ohne weiteres einen Hinderungsgrund gegen den Zustimmungsvorbehalt zugunsten des Verwaltungsbeirats sehen, da eine solche Klausel keine abschließende Regelung darstelle[58]. Insofern kann der Verwaltungsbeirat also wichtige Funktionen bei der prozessualen Befriedung der Wohnungseigentümergemeinschaft übernehmen.

7. Die Mitwirkung bei der Verfügung über Geldvermögen der Wohnungseigentümer

Gem. § 27 Abs. 4 Satz 2 WEG kann die Verfügung des Verwalters über Gelder der Wohnungseigentümer von der Zustimmung eines Wohnungseigentümers oder eines Dritten abhängig gemacht werden. Die Verwirklichung des damit verankerten Vieraugenprinzips ist für die Erhaltung der von der Eigentümergemeinschaft angesparten Rücklagen von maßgeblicher Bedeutung, wie der vom OLG Düsseldorf entschiedene Veruntreuungsfall aus dem Jahre 1997 deutlich macht[59]. Aus dieser Entscheidung ergibt sich, dass der mit der Aushandlung des Verwaltervertrags beauftragte Verwaltungsbeiratsvorsitzende aufgrund eines entsprechenden Beschlusses der Wohnungseigentümer zur Notwendigkeit einer Verfügungsbeschränkung durch Zweitunterschriftsvorbehalt für eine Klausel im Verwaltervertrag mit einem solchen Vorbehalt sorgen muss, sodass der Verwalter bei der kontoführenden Bank bei Vorlage des Verwaltervertrags auch keine Alleinverfügungsberechtigung erhalten kann. Diese Entscheidung ist zu begrüßen, da die Realisierung des Vieraugenprinzips ein so wesentliches Element der Vermögensverwaltung ist, dass ein Verwaltungsbeirat, wenn er insoweit die Woh-

56 OLG Zweibrücken NJW-RR 1987, 1366, 1367.
57 OLG Zweibrücken a.a.O.
58 OLG Zweibrücken NJW-RR 1987, 1367.
59 OLG Düsseldorf ZfIR 1998, 37.

nungseigentümer aufgrund entsprechenden Beschlusses unterstützt, auch die Pflicht zur strikten Umsetzung hat. Übertriebene Anforderungen an den Verwaltungsbeirat werden dadurch nicht gestellt, da die Fixierung eines Zweitunterschriftsvorbehalts im Verwaltervertrag keine komplexe Aufgabe ist. Es ist allerdings erstaunlich, dass ein Schadensersatzanspruch nur gegen den Verwaltungsbeirat und nicht gegen die Bank geltend gemacht wurde, die beim Verwalterwechsel die Aufgabe des Vieraugenprinzips für die Kontoführung akzeptiert hat, obwohl in dem ihr vorgelegten Verwaltervertrag von der Abstimmung mit einem Verwaltungsbeiratsmitglied bei den Verfügungen die Rede war. Ob die Wohnungseigentümer gehalten sind, sich zuerst oder wenigstens zugleich mit einem Schadensersatzanspruch an die Bank zu halten, ist bisher nicht diskutiert worden.

Der zweite für die Tätigkeit des Verwaltungsbeirats maßgebliche Punkt der Entscheidung des OLG Düsseldorf betrifft die gesetzlichen Pflichten aus § 29 Abs. 3 WEG zur Prüfung von Wirtschaftsplänen, Abrechnung, Rechnungslegung und Kostenvoranschlägen, die im Hinblick auf ihre gründliche Kommentierung hier nicht weiter erörtert werden sollen. Die dem Verwaltungsbeirat auferlegte Prüfung der rechnerischen Schlüssigkeit einschließlich einer probeweisen Prüfung der sachlichen Richtigkeit mit Belegprüfung bestätigt die dazu in der Literatur vertretene Meinung[60].

8. Weitere Tätigkeiten von Verwaltungsbeiratsmitgliedern

Schließlich können Verwaltungsbeiratsmitglieder jede Art von Tätigkeit aufgrund Vertrags übernehmen, der mit einem Dritten geschlossen werden könnte, z.B. auch Hausmeisterarbeiten. Die Abgrenzung von der Mitwirkung im Verwaltungsbeirat als Innenorgan fällt jedoch schwer. Nicht überzeugend ist es, wenn das OLG Düsseldorf in der erörterten Entscheidung auch die Verhandlungen eines Verwaltungsbeirats über den Verwaltervertrag ganz von der Beiratstätigkeit abkoppelt und lediglich dem zivilrechtlichen Auftrag zuordnet. Dabei wird ausschließlich der Aufgabenkatalog des § 29 Abs. 2 und 3 WEG zum Maßstab gemacht, obwohl dieser doch

60 Siehe nur *Bärmann/Pick/Merle*, § 29 Rdnr. 58 ff.; MünchKomm-*Röll*, § 29 WEG Rdnr. 9; *Niederführ/Schulze*, § 29 Rdnr. 21.

dispositiv ist und der (wenn auch begrenzten) Erweiterung durch Vereinbarung und Mehrheitsbeschluss zugänglich ist. Stattdessen wird darauf abzustellen sein, ob eine Aufgabe von den Verwaltungsbeiratsmitgliedern aufgrund ihrer Eigentümerstellung und ihres besonderen Interesses an der Erreichung der Gemeinschaftsziele übernommen wird oder aufgrund der Verwertung ihrer Arbeitskraft auf dem Dienstleistungsmarkt.

III. Die Rechtsformen der Verwaltungsbeiratstätigkeit und ihre Risiken

Der Verwaltungsbeirat ist nach § 29 WEG ein Organ, aber ein Innenorgan ohne eigene Rechtspersönlichkeit[61], sodass die Haftung auch nur die einzelnen Beiratsmitglieder treffen kann und sie dementsprechend gesamtschuldnerisch haften können[62]. Erfolgt die Arbeit als Verwaltungsbeirat unentgeltlich, wird automatisch auch ohne entsprechende ausdrückliche Klärung mit den Beiratsmitgliedern ein Auftrag, ansonsten ein Dienstvertrag geschlossen, jeweils als Grundlage für einen Anspruch aus positiver Vertragsverletzung. Nach Abschluss eines Dienstvertrags mit marktüblichem Entgelt wird eine volle Haftung einschließlich der leichten Fahrlässigkeit nicht zu verneinen sein, während bei rein unentgeltlicher Tätigkeit eine Haftungsmilderung unabweisbar ist, sei es durch Begrenzung auf die Kompetenz eines ordentlichen, interessierten und gewissenhaften, ehrenamtlich tätigen Beraters[63], sei es auf die Sorgfalt in eigenen Angelegenheiten[64], sei es mittels einer Rechtsanalogie zu den §§ 521, 599, 690 BGB auf grobe Fahrlässigkeit und Vorsatz[65]. Allerdings ist die Schwelle zur groben Fahrlässigkeit, wie der Veruntreuungsfall zeigt, schnell überschritten. Von daher ist die gesamte Tätigkeit des Verwaltungsbeirats mit dem Dilemma belastet, dass der Pflichtenkanon mit Rücksicht auf die karge Ausdifferenzierung der gesetzlichen Norm des § 29 WEG und die vielfältigen Erweiterungsmöglichkeiten verhältnismäßig diffus, das Tätigkeitsfeld im Hin-

61 Siehe nur *Bärmann/Pick/Merle*, § 29 Rdnr. 103.
62 So auch OLG Düsseldorf ZfIR 1998, 37.
63 So die h.M., s. nur *Staudinger/Bub*, § 29 WEG Rdnr. 65 m.w.N.
64 So insb. *Drasdo*, S. 107.
65 Offen gelassen von OLG Düsseldorf ZfIR 1998, 37, 40.

blick auf die Komplexität der Wohnungseigentümergemeinschaft schadensträchtig und das Haftungsrisiko erheblich ist. Daher wird es auch engagierten Verwaltungsbeiräten geraten erscheinen, sich so oft wie möglich bei den Wohnungseigentümern rückzuversichern, auch wenn dies mit Rücksicht auf die auch dort begrenzten Kompetenzen und die eventuell nötigen umständlichen Verfahrens- und Beratungsabläufe in großen Wohnungseigentümergemeinschaften kein Allheilmittel ist. Umgekehrt müssen sich die Wohnungseigentümer, wenn sie den Verwaltungsbeirat in erweitertem Umfang einsetzen und sich und den Verwalter dadurch entlasten, auch auf die möglichen Haftungseinschränkungen einrichten. Im Einzelfall kann es deswegen besser sein, einen professionellen Dritten mit höherem Aufwand, aber geringerem Schadensrisiko einzuschalten, soweit dies wegen der persönlichen Vernetzung der Aufgabenteilung überhaupt möglich ist. Am Ende zeigt sich also, dass die äußerst lakonische Regelung für den Verwaltungsbeirat in § 29 WEG, dieser Triumph der Deregulierung, eine besondere Fülle richterlicher Rechtsgrundsätze hervorgebracht und eine relativ geringe Steuerungskraft für das soziale Leben der Wohnungseigentümergemeinschaften zur Folge hat.

Der einstimmige Beschluss als Regelungsinstrument der Wohnungseigentümer

Egbert Kümmel
Wiss. Mitarbeiter, Universität Potsdam

Inhaltsübersicht

I. Das Problem

Die Wohnungseigentümer können ihre Angelegenheiten durch Beschlüsse und Vereinbarungen regeln. Der Beschluss, so die einhellige Auffassung, zeichne sich dadurch aus, dass für sein Zustandekommen Stimmenmehrheit ausreiche, während die Vereinbarung stets die Zustimmung aller Wohnungseigentümer erfordere[1]. Eine Ausnahme mache lediglich die Entscheidung über bauliche Veränderungen (§ 22 Abs. 1 WEG), die nach teilweise vertretener Auffassung grundsätzlich durch einstimmigen Beschluss[2], nach ande-

1 *Kreuzer* in Staudinger, Kommentar zum WEG, 12. Auflage 1997, § 10 WEG Rn. 45; *Ganten* in Erman, Kommentar zum BGB, 9. Auflage 1993, § 10 WEG Rn. 2.

2 So etwa *Müller*, Praktische Fragen des Wohnungseigentums, 3. Auflage 1999, Rn. 231; *Lüke* in Weitnauer, Kommentar zum WEG, 8. Auflage 1995,

rer Auffassung durch eine Zustimmung eigener Art zu treffen sei[3,4].

Vereinbarungen und Beschlüsse sind wegen ihrer unterschiedlichen Behandlung durch das WEG voneinander abzugrenzen, insbesondere wenn die Bindung des Sondernachfolgers in Frage steht, denn Vereinbarungen binden den Sondernachfolger nur, wenn sie im Grundbuch eingetragen sind, wohingegen bei Beschlüssen eine Grundbucheintragung nicht erforderlich ist. Unproblematisch ist die Einordnung einer Entscheidung als Vereinbarung oder Beschluss dann, wenn der getroffenen Regelung lediglich eine Mehrheit der Wohnungseigentümer zugestimmt hat. In diesen Fällen kann es sich nur um einen Beschluss handeln. Schwierigkeiten bereiten aber die Fälle, in denen in der Wohnungseigentümerversammlung alle Eigentümer der Gemeinschaft zugestimmt haben und nunmehr fraglich ist, ob es sich bei der Regelung um eine Vereinbarung oder einen Beschluss handelt. Die Rechtsprechung, allen voran das BayObLG, nimmt die Abgrenzung nach dem Inhalt der getroffenen Regelung vor. Ein Beschluss liege dann vor, wenn die Regelung auch mit Stimmenmehrheit hätte getroffen werden können, wohingegen eine Vereinbarung anzunehmen sei, wenn die Entscheidung mangels Ordnungsmäßigkeit einem Mehrheitsbeschluss nicht mehr zugänglich sei[5].

Unabhängig von der jüngst in Streit geratenen Frage, ob vom Regelungsinhalt einer Entscheidung auf das Regelungsinstrument geschlossen werden kann, lässt sich doch auch die vom BayObLG aufgestellte These bezweifeln, wonach eine Vereinbarung schon

§ 10 WEG Rn. 2, 54; *Niedenführ/Schulze*, Kommentar zum WEG, 4. Auflage 1997, § 10 WEG Rn. 30.

3 *Merle* in Bärmann/Pick/Merle, Kommentar zum WEG, 8. Auflage 2000, § 22 WEG Rn. 99; *Staudinger/Bub* § 22 WEG Rn. 49.

4 Eine weitere Ausnahme bildet der schriftliche Beschluss nach § 23 Abs. 3 WEG.

5 BayObLG, Beschl. v. 2.8.1989 – 2 Z 39/89, WE 1990, 214; Beschl. v. 23.10.1992 – 2Z BR 87/92, WE 1994, 17; Beschl. v. 8.5.1991 – BReg. 2 Z 33/91, NJW-RR 1992, 81; OLG Zweibrücken, Beschl. v. 10.2.1997 – 3 W 200/96, WE 1997, 234; OLG Hamm, Beschl. v. 10.9.1996 – 15 W 236/96, WE 1997, 32.

immer dann vorliege, wenn der Gegenstand der Entscheidung nicht durch Mehrheitsbeschluss hätte geregelt werden können[6].

Anerkannt ist nämlich, dass die Wohnungseigentümer mit Vereinbarungen ausschließlich das Grundverhältnis der Gemeinschaft regeln, wobei die Vereinbarung vergleichbar sei mit der Satzung oder dem Statut einer juristischen Person[7]. Durch Vereinbarung wird eine Angelegenheit der Gemeinschaft auf abstrakt-genereller Ebene geregelt, während ein Beschluss konkret-individuell einen bestimmten Einzelfall oder eine Fallgruppe betrifft[8]. Folgt man diesen Kriterien, bleibt jedoch ein Freiraum zwischen dem Anwendungsbereich des Mehrheitsbeschlusses und dem der Vereinbarung. Offen bleibt nämlich, wie über konkrete Verwaltungsmaßnahmen (Einzelfall) zu entscheiden ist, die einerseits den Rahmen der Ordnungsmäßigkeit überschreiten, andererseits aber nicht das Grundverhältnis der Gemeinschaft berühren.

Derartige Fälle liegen etwa vor, wenn die Wohnungseigentümer über die Durchführung einer Modernisierungsmaßnahme entscheiden wollen, wobei die Kostenverteilung abweichend vom geltenden Verteilungsschlüssel erfolgen soll, oder wenn ein Nicht-Wohnungseigentümer zum Verwaltungsbeirat bestellt werden soll oder wenn die Wohnungseigentümer den Verwalter entlasten wollen, obwohl gegen ihn noch Ansprüche bestehen.

In diesen Fällen ist zu berücksichtigen, dass eine Entscheidung der Wohnungseigentümer nicht schon deshalb das Grundverhältnis betrifft und nicht schon deshalb zur abstrakt-generellen Regelung wird, weil die Grenze der Ordnungsmäßigkeit (und damit die Grenze der Mehrheitsmacht) überschritten ist. Vielmehr regelt eine nicht ordnungsmäßige Verwaltungsentscheidung auch dann noch konkret-individuell einen Einzelfall, wenn sie über die Grenze der Ordnungsmäßigkeit hinausgeht.

---

6 BayObLG, Beschl. v. 2.8.1989 – 2 Z 39/89, WE 1990, 214; Beschl. v. 8.5.1991 – BReg. 2 Z 33/91, NJW-RR 1992, 81.

7 So *Staudinger/Kreuzer*, § 10 WEG Rn. 49 f.; *ders.*, WE 1997, 362; *Niedenführ/Schulze* § 10 WEG Rn. 15; *Erman/Ganten* § 10 WEG Rn. 2.

8 *Staudinger/Kreuzer* § 10 WEG Rn. 49.

II. Der einstimmige Beschluss als drittes Regelungsinstrument der Wohnungseigentümer

Diese Lücke zwischen dem Anwendungsbereich des Mehrheitsbeschlusses und dem der Vereinbarung kann nur geschlossen werden, wenn man neben der Vereinbarung und dem Mehrheitsbeschluss als drittes Regelungsinstrument den einstimmigen Beschluss anerkennt.

1. Der Anwendungsbereich des einstimmigen Beschlusses, § 21 Abs. 1 WEG

Der Terminus „einstimmiger Beschluss" ist dem wohnungseigentumsrechtlichen Schrifttum durchaus bekannt. Der Terminus wurde jedoch bislang entweder als Synonym für den Begriff „Vereinbarung" benutzt[9] oder mit ihm sollte der Fall beschrieben werden, dass in der Wohnungseigentümerversammlung zwar nur eine Mehrheit der Eigentümer anwesend war, der Beschluss aber mit der Zustimmung aller Anwesenden zustande gekommen ist. Im letzteren Fall handelt es sich jedoch um einen „normalen" Mehrheitsbeschluss.

Nach meinem Verständnis ist der einstimmige Beschluss aber selbständiges Regelungsinstrument der Wohnungseigentümer neben der Vereinbarung und dem Mehrheitsbeschluss[10]. Der einstimmige Beschluss ist das vom WEG zur Verfügung gestellte Regelungsinstrument, mit dem die Wohnungseigentümer konkrete Verwaltungsentscheidungen treffen, wobei die Grenze ordnungsmäßiger Verwaltung nicht berücksichtigt werden braucht. Der Anwendungsbereich des einstimmigen Beschlusses beginnt also dort, wo der Regelungsinhalt einem Mehrheitsbeschluss nicht mehr zugänglich ist, weil die Grenze der Ordnungsmäßigkeit überschritten ist, und er endet, wenn mit der Regelung in das Grundverhältnis der Gemeinschaft eingegriffen werden soll, denn dies erfordert eine Vereinbarung.

Der einstimmige Beschluss findet mithin dort Anwendung, wo die bisherige Auffassung in Widersprüche gerät, wenn sie eine einstimmige Entscheidung als Vereinbarung auslegt, weil die getroffene

9 So etwa BGH, Beschl. v. 16.9.1994 – V ZB 2/93, BGHZ 127, 99, 103; *Müller*, PiG 6, 53, 60 f.; *Grebe*, Das Rechtsverhältnis der Wohnungseigentümer im Konflikt zwischen Flexibilität und Bestandsschutz, 1986, S. 65, spricht sogar von einstimmig beschlossenen Vereinbarungen.

10 Zum Anwendungsbereich des einstimmigen Beschlusses siehe auch *Schmack/Kümmel*, ZWE 2000, 433 (434).

Regelung einem rechtmäßigen Mehrheitsbeschluss nicht zugänglich war. Der einstimmige Beschluss ist das Regelungsinstrument des § 21 Abs. 1 WEG.

Im Bereich der Gebrauchsregelungen nach § 15 WEG bleibt es jedoch bei der Zweigliedrigkeit der Regelungsinstrumente, denn § 15 Abs. 1 WEG bestimmt, dass jede Gebrauchsregelung, die nicht ordnungsgemäß ist, einer Vereinbarung bedarf. Demgegenüber findet sich im Bereich der Verwaltung (§§ 20 ff. WEG) eine vergleichbare Bestimmung nicht. § 21 Abs. 1 WEG besagt lediglich, dass die Verwaltung des gemeinschaftlichen Eigentums gemeinschaftlich zu erfolgen hat, wobei begrifflich offen bleibt, ob dies eine Vereinbarung oder einen einstimmigen Beschluss erfordert.

2. Die Abgrenzung des einstimmigen Beschlusses von der Vereinbarung

Da die Fälle des einstimmigen Beschlusses bislang ganz überwiegend als Vereinbarungen angesehen wurden, ist von praktischer Bedeutung, wie der einstimmige Beschluss von der Vereinbarung abzugrenzen ist. Die Abgrenzungskriterien gibt § 10 Abs. 2 WEG vor. Nach § 10 Abs. 2 WEG können nur solche Vereinbarungen im Grundbuch eingetragen werden, durch die die Wohnungseigentümer ihr Verhältnis untereinander in Ergänzung oder Abweichung von den Vorschriften des WEG regeln. Die Betonung liegt insoweit auf „Ergänzung" und „Abweichung". Entgegen weit verbreiteter Auffassung können nämlich nicht alle Vereinbarungen ins Grundbuch eingetragen werden, sondern nur solche, die vom einschränkenden Wortlaut des § 10 Abs. 2 WEG erfasst sind. Zwar können die Wohnungseigentümer jede Angelegenheit auch vertraglich – also durch Vereinbarung – regeln. Betrifft die Vereinbarung aber eine Angelegenheit, die einer Beschlussfassung zugänglich ist, kann diese Vereinbarung nicht ins Grundbuch eingetragen werden. Dies folgt einerseits aus dem eingrenzenden Wortlaut des § 10 Abs. 2 WEG und andererseits aus dem Grundsatz, dass ins Grundbuch nur solche Rechte, Rechtsverhältnisse und Vermerke eingetragen werden können, die im Gesetz zur Eintragung vorgesehen sind[11]. § 10 Abs. 2 und 3 WEG lässt sich letztlich auch die Wertung entnehmen, dass

11 *Haegele/Schöner/Stober*, Grundbuchrecht, 11. Auflage 1997, Rn. 22; *Morvilius* in Meikel, Grundbuchrecht, Band 1, 8. Auflage 1997, Einleitung C 1 ff.

konkrete Einzelfallentscheidungen im Bereich der Verwaltung (Verwaltungsentscheidungen), gleich ob sie ordnungsmäßig sind oder nicht, ohne eine Grundbucheintragung gegenüber dem Sondernachfolger wirken sollen. Es ist also keinesfalls so, dass einstimmige Verwaltungsentscheidungen der Wohnungseigentümer deshalb ins Grundbuch eingetragen werden müssten, weil sie die Grenzen ordnungsmäßiger Verwaltung überschreiten.

Die Anwendungsbereiche des einstimmigen Beschlusses (§ 21 Abs. 1 WEG) und der Vereinbarung (§ 10 Abs. 1 S. 2, Abs. 2 WEG) unterscheiden sich mithin darin, dass der einstimmige Beschluss konkrete, also Einzelfälle betreffende Verwaltungsentscheidungen zum Inhalt hat, die über die Grenze der Ordnungsmäßigkeit hinausgehen, während die Vereinbarung die Vorschriften des WEG abändernde und ergänzende Regelungen betrifft. Vereinbarungen befinden sich auf einer Ebene mit den Vorschriften des Gesetzes, sie sind wie das Gesetz abstrakt-generellen Inhalts. Demgegenüber sind einstimmige Beschlüsse dem Gesetz und den Vereinbarungen nachrangig; sie ergehen erst in Ausführung des Gesetzes und der Gemeinschaftsordnung. So liegt etwa eine vom Gesetz abweichende Vereinbarung und kein einstimmiger Beschluss vor, wenn die Wohnungseigentümer den gesetzlichen Kostenverteilungsschlüssel (§ 16 Abs. 2 WEG) ändern oder wenn die Wohnungseigentümer bestimmen, dass künftig auch ein Nicht-Wohnungseigentümer mit Stimmenmehrheit zum Verwaltungsbeirat bestellt werden kann oder wenn sie die Wirksamkeit ihrer Beschlüsse an zusätzliche Protokollierungserfordernisse knüpfen. Keine Vereinbarung, sondern ein einstimmiger Beschluss liegt vor, wenn die Wohnungseigentümer etwa über einen Wirtschaftsplan oder eine Jahresabrechnung befinden und der Abrechnung ausnahmsweise eine andere Kostenverteilung zugrunde gelegen, als dies im generellen Kostenverteilungsschlüssel vorgesehen ist, oder wenn die Wohnungseigentümer einen Nicht-Wohnungseigentümer zum Verwaltungsbeirat bestellen, ohne dass die Gemeinschaftsordnung dies vorsieht. Hier wird nicht eine Vorschrift des Gesetzes abgeändert oder ergänzt, etwa § 16 Abs. 2 WEG oder § 29 Abs. 1 WEG, sondern ein Einzelfall geregelt.

III. Folgen für die Praxis

Die Anerkennung des einstimmigen Beschlusses als Regelungsinstrument der Wohnungseigentümer bedeutet eine erhebliche Erleichterung für die Verwaltung des Wohnungseigentums.

1. Die Bindung des Sondernachfolgers

Eine Erleichterung zeigt sich vornehmlich bei der Bindung des Sondernachfolgers. Da die Rechtsprechung bislang davon ausging, dass eine Vereinbarung immer dann erforderlich sei, wenn eine Regelung der Wohnungseigentümer einem Mehrheitsbeschluss nicht zugänglich ist[12], musste eine konkrete Verwaltungsentscheidung, die über die Grenze der Ordnungsmäßigkeit (§ 21 Abs. 3 WEG) hinausging, im Grundbuch eingetragen sein, wenn sie den Sondernachfolger binden sollte[13]. Haben die Wohnungseigentümer etwa einen Nicht-Wohnungseigentümer einstimmig zum Verwaltungsbeirat bestellt, so musste nach der Rechtsprechung diese Entscheidung – da sie nicht ordnungsmäßiger Verwaltung entsprach – als Vereinbarung ausgelegt werden, mit der Folge, dass der Sondernachfolger die Bestellung nur für und gegen sich wirken lassen musste, wenn sie nach § 10 Abs. 2 WEG im Grundbuch eingetragen war. Erkennt man aber nunmehr den einstimmigen Beschluss als einschlägiges Regelungsinstrument an, ist ein Sondernachfolger gemäß § 10 Abs. 3 WEG auch ohne Grundbucheintragung an den Bestellungsbeschluss gebunden.

Dass die Bindung des Sondernachfolgers ohne Grundbucheintragung durchaus vernünftig ist, zeigt sich bereits daran, dass sich konkrete Verwaltungsentscheidungen – wie etwa die Bestellung des Verwalters oder eines Verwaltungsbeiratsmitglieds – in absehbarer Zeit erledigen. Würde man hier eine Grundbucheintragung fordern, enthielte das Grundbuch auf lange Sicht viele Eintragungen, die gegenstandslos geworden sind und somit das Grundbuch unübersichtlich machen.

12 BayObLG, Beschl. v. 2.8.1989 – 2 Z 39/89, WE 1990, 214; Beschl. v. 23.10.1992 – 2Z BR 87/92, WE 1994, 17; OLG Zweibrücken, Beschl. v. 10.2.1997 – 3 W 200/96, WE 1997, 234; OLG Hamm, Beschl. v. 10.9.1996 – 15 W 236/96, WE 1997, 32.

13 *Weitnauer/Lüke*, § 10 WEG Rn. 28.

An dieser Stelle zeigt sich auch, warum der Gesetzgeber bei Gebrauchsregelungen gemäß § 15 Abs. 1 WEG eine Vereinbarung nach § 10 Abs. 2 WEG fordert. Gebrauchsregelungen sind ganz überwiegend Regelungen mit Dauerwirkung. Sie enden fast nie durch Zeitablauf, sondern durch Neuregelung, wobei die Neuregelung ebenfalls ins Grundbuch einzutragen ist. Die Gefahr, dass das Grundbuch langfristig viele gegenstandslose Vereinbarungen enthält, besteht also nicht in dem Maße, wie dies bei konkreten Verwaltungsentscheidungen der Fall ist.

2. Abänderbarkeit

Ein weiterer Vorzug des einstimmigen Beschlusses zeigt sich in seiner Abänderbarkeit[14]. Im Gegensatz zur Vereinbarung kann der einstimmige Beschluss auch durch Mehrheitsbeschluss abgeändert werden, sofern der abändernde Mehrheitsbeschluss ordnungsmäßiger Verwaltung entspricht und nicht in schutzwürdige Positionen einzelner Wohnungseigentümer eingreift[15]. Auch insofern besteht also ein wesentlicher Unterschied zur bisherigen Praxis. Da bisher ein einstimmiger Beschluss wegen seines Regelungsinhalts als Vereinbarung ausgelegt wurde, hatte dies den Nachteil, dass die Regelung *rechtmäßigerweise* auch nur durch Vereinbarung hätte wieder abgeändert werden können[16]. Auf einstimmige Beschlüsse findet aber naturgemäß der Grundsatz, dass Verträge nur durch Verträge abgeändert werden können, keine Anwendung, denn Beschlüsse sind keine Verträge, sondern sog. Gesamtakte, die eigenen Regeln folgen.

3. Anfechtbarkeit

Der einstimmige Beschluss unterscheidet sich von der Vereinbarung schließlich dadurch, dass er gemäß § 23 Abs. 4 WEG der Anfechtung zugänglich ist. Der einstimmige Beschluss kann jedoch nicht mit dem Einwand angefochten werden, er widerspreche ordnungsmäßiger Verwaltung, denn der einstimmige Beschluss ist gerade jenes Regelungsinstrument, mit dem die Wohnungseigentümer

---

14 Siehe auch *Schmack/Kümmel*, ZWE 2000, 433 (444).

15 BGH, Beschl. v. 20.12.1990 – V ZB 8/90, BGHZ 113, 197.

16 *Weitnauer/Lüke* § 10 WEG Rn. 49; *Staudinger/Kreuzer* § 10 WEG Rn. 77, 63.

auf rechtmäßigem Wege (insoweit also unanfechtbar) Verwaltungsentscheidungen treffen, ohne inhaltlich das Kriterium der Ordnungsmäßigkeit beachten zu müssen.

Die Wohnungseigentümer sind nicht verpflichtet, ausschließlich *ordnungsmäßige* Verwaltungsentscheidungen zu treffen. Das Kriterium der Ordnungsmäßigkeit ist nur von Bedeutung, wenn die Verwaltungsentscheidung mit Stimmenmehrheit zustande kommen soll. Stimmen aber alle Eigentümer einer Verwaltungsmaßnahme zu, sind die Wohnungseigentümer in ihrer Entscheidungsfreiheit uneingeschränkt. Das Kriterium der Ordnungsmäßigkeit ist also nur Rechtmäßigkeitsvoraussetzung für Mehrheitsentscheidungen (siehe § 21 Abs. 3 WEG). Ein Wohnungseigentümer soll sich nicht einen Mehrheitswillen aufdrängen lassen, sofern dieser nicht ordnungsmäßiger Verwaltung entspricht. Anfechtungsgrund ist insoweit also nicht die fehlende Ordnungsmäßigkeit, sondern die fehlende Einstimmigkeit. Hat der Wohnungseigentümer der Regelung aber selbst zugestimmt, wie dies bei einem einstimmigen Beschluss immer der Fall ist, besteht insofern für eine Anfechtung kein Grund[17].

Ein einstimmiger Beschluss kann daher nur mit dem Einwand angefochten werden, formelles Beschlussrecht sei verletzt, etwa § 23 Abs. 2 WEG.

IV. Ergebnis

Somit lässt sich zum einstimmigen Beschluss festhalten: Der einstimmige Beschluss steht den Wohnungseigentümern im Bereich der Verwaltung (§ 21 Abs. 1 WEG) als selbständiges Regelungsinstrument neben der Vereinbarung und dem Mehrheitsbeschluss zur Verfügung. Durch einstimmigen Beschluss treffen die Wohnungseigentümer konkrete Verwaltungsentscheidungen, ohne die Grenzen der Ordnungsmäßigkeit nach § 21 Abs. 3 WEG einhalten zu müssen. Er ist gemäß

17 Grundsatz des römischen Rechts: Volenti non fit iniuria – Wer zustimmt erleidet kein Unrecht (siehe *Kreuzer*, ZWE 2000, 325, 326); zu überdenken ist die Ansicht, dass ein Mehrheitsbeschluss auch durch einen Wohnungseigentümer angefochten werden könne, der für den Beschluss gestimmt hat (siehe *Staudinger/Wenzel* vor § 43 WEG Rn. 64; *Merle* in Bärmann/Pick/Merle § 43 WEG Rn. 102).

§ 23 Abs. 1 WEG in einer Wohnungseigentümerversammlung zu fassen und bindet gemäß § 10 Abs. 3 WEG etwaige Sondernachfolger, ohne dass es einer Grundbucheintragung bedarf. Der einstimmige Beschluss kann durch Mehrheitsbeschluss abgeändert oder aufgehoben werden. Er kann jedoch nicht mit dem Einwand angefochten werden, er widerspreche ordnungsmäßiger Verwaltung.

Zur Eintragung von Mehrheitsbeschlüssen im Grundbuch bei so genannter Öffnungsklausel

Dr. *Andreas Ott*
Assessor, Eberswalde

Inhaltsübersicht

1. Einleitung

In letzter Zeit ist die Zulässigkeit von Mehrheitsentscheidungen wieder in den Mittelpunkt der wissenschaftlichen Diskussion gerückt. Dabei wurde in erster Linie die Frage untersucht, ob Mehrheitsbeschlüsse, die keine Grundlage im Gesetz oder in einer Vereinbarung haben, gemäß § 23 Abs. 4 WEG bestandskräftig werden können, wenn sie nicht innerhalb eines Monats angefochten werden. Der BGH hat hierzu jüngst eine Grundsatzentscheidung getroffen und dies für den Fall der Begründung eines Sondernutzungsrechts verbindlich entschieden[1].

Gegenstand des vorliegenden Beitrages sind demgegenüber Mehrheitsentscheidungen, die auf einer Vereinbarung, einer sog. Öffnungsklausel in der GemO beruhen. Unter einer Öffnungsklausel ist eine Bestimmung zu verstehen, wonach in Angelegenheiten, für die

---

1 BGH, Beschl. v. 20.9.2000 – V ZB 58/99, ZWE-Sonderdruck, S. 1 (3).

das Gesetz eine Regelung durch Vereinbarung aller Wohnungseigentümer vorsieht, in Zukunft durch Mehrheitsbeschluss entschieden werden soll.

Ich werde zunächst auf die Zulässigkeit von Öffnungsklauseln eingehen (2.a). Anschließend werde ich die Wirksamkeit daraufhin gefasster Beschlüsse darstellen (2.b) und mich zum Abschluss deren Eintragung im Grundbuch (3.) zuwenden.

2. Die Zulässigkeit sog. Öffnungsklauseln und die Wirksamkeit daraufhin gefasster Beschlüsse

a) Die Zulässigkeit von Öffnungsklauseln

Die Zulässigkeit von Vereinbarungen über die Einführung von Öffnungsklauseln ist heute überwiegend anerkannt[2]. Zutreffend begründet wird dies mit §§ 10 Abs. 4, 23 Abs. 1 WEG, wonach Beschlüsse nicht nur in den gesetzlich geregelten Fällen, sondern auch „aufgrund einer Vereinbarung“ der Wohnungseigentümer gefasst werden können. Hieraus ergebe sich, dass die Wohnungseigentümer im Gesetz nicht vorgesehene Beschlusskompetenzen begründen und gemäß § 10 Abs. 1 S. 2 WEG anstelle des Vertragsprinzips die Geltung des Mehrheitsprinzips vereinbaren könnten. Als zulässig angesehen wird einerseits die Vereinbarung einer konkreten Öffnungsklausel, die Beschlussgegenstände enumerativ festlegt. Andererseits sollen die Wohnungseigentümer aber auch eine allgemeine Öffnungsklausel vereinbaren können, derzufolge sämtliche, das Verhältnis zueinander betreffende Angelegenheiten fortan durch Mehrheitsbeschluss geregelt werden sollen.

Zur Wirkung gegenüber Sondernachfolgern muss die Öffnungsklausel gemäß § 10 Abs. 2 WEG im Grundbuch eingetragen werden. Eine Zustimmung dinglich berechtigter Dritter analog § 877, 876 BGB hierzu ist nicht erforderlich, da lediglich verfahrensrechtlich ein

2 BGH, Beschl. v. 27.6.1985 – VII ZB 21/84, BGHZ 95, 137 (140); BayObLG, Beschl. v. 21.11.1989 – 2 Z BR 123/89, WuM 1990, 90; KG, Beschl. v. 13.1.1992 – 24 W 2671/91, OLGZ 1992, 420 (422); *Merle*, DWE 1986, 2 (4); *Schmid*, MDR 1990, 297 (298); *Weitnauer/Lüke*, WEG, 8. Auflage 1995, § 23 Rdn. 4; a.A. OLG Frankfurt, Beschl. v. 21.2.1984 – 20 W 816/83, OLGZ 1984, 146 f.; OLG Köln, Beschl. v. 21.4.1982 – 2 Wx 13/82, OLGZ 1982, 413 ff.

anderes Regelungsinstrumentarium – Beschluss statt Vereinbarung – bestimmt wird[3]. Eine mögliche rechtliche Beeinträchtigung i.S.d. § 876 BGB findet hierdurch noch nicht statt, da die den gesetzlichen Inhalt des Wohnungseigentums kennzeichnenden Rechte und Pflichten durch die Öffnungsklausel nicht verändert werden. Ein Rechtsnachteil kann vielmehr nur durch den aufgrund der Öffnungsklausel gefassten Mehrheitsbeschluss entstehen, weil erst dieser eine konkrete Sachentscheidung enthält[4].

b) *Die Wirksamkeit von Beschlüssen aufgrund einer Öffnungsklausel*

Von der Zulässigkeit sog. Öffnungsklauseln zu unterscheiden ist die Wirksamkeit eines daraufhin gefassten Beschlusses. Hierfür gelten zunächst dieselben Grenzen wie für eine Vereinbarung, etwa die §§ 134, 138, 242 BGB als allgemeine Schranken der Privatautonomie. Des Weiteren darf eine Mehrheitsentscheidung nicht über den zulässigen Inhalt einer Vereinbarung hinausgehen, da sie anstelle einer Vereinbarung ergeht. Dementsprechend ist insbesondere der dingliche Kernbereich des Wohnungseigentums einer Mehrheitsentscheidung entzogen. Die Umwandlung von Sonder- in Miteigentum etwa könnte nämlich auch nicht nach § 10 Abs. 1 S. 2 WEG vereinbart werden[5].

Nach Ansicht der OLGe Düsseldorf[6] und Köln[7] sollen Mehrheitsbeschlüsse aufgrund einer allgemeinen Öffnungsklausel zudem lediglich im äußeren Bereich der Verwaltung wirksam gefasst werden können. Hierzu zähle etwa eine von § 16 WEG abweichende Gestaltung des Kostenverteilungsschlüssels, nicht aber die Begründung von Sondernutzungsrechten. Die Begründung von Sondernutzungsrechten betreffe eine maßgebliche Änderung der Grundordnung der Gemeinschaft, über die nicht wirksam beschlossen werden könne. Eine Änderung der Grundordnung erfordere vielmehr eine Vereinbarung aller Wohnungseigentümer.

---

3 Siehe auch *Lüke*, WE 1998, 202 (204).

4 Vgl. unten 4.

5 *Hauger*, PiG 39, 225 (229).

6 OLG Düsseldorf, Beschl. v. 7.3.1994 – 3 Wx 502/93, WE 1995, 185 (186).

7 OLG Köln, Beschl. v. 10.12.1997 – 16 Wx 250/97, WE 1998, 193 (194); wohl auch OLG Karlsruhe, Beschl. v. 30.1.1990 – 11 W 128/89, ZMR 1991, 33 (34).

Dieser Auffassung ist entgegenzuhalten, dass das Vertragsprinzip de lege lata generell zur Disposition der Wohnungseigentümer steht. Das Gesetz macht keine Einschränkungen qualitativer Art. Die Wohnungseigentümer können deshalb in sämtlichen Angelegenheiten, in denen sie nach § 10 Abs. 1 S. 2 WEG eine Vereinbarung treffen können, auch wirksam durch Beschluss entscheiden. Im Übrigen besteht auch kein Bedürfnis, die Grundordnung auszunehmen. Jeder, der sich mit einer Öffnungsklausel einverstanden erklärt, sei es durch den Erwerb eines Wohnungseigentums, als dessen Inhalt die Klausel im Grundbuch eingetragen ist, oder durch Mitwirken an deren Zustandekommen, hat genau vor Augen, dass Entscheidungen in Zukunft mit Stimmenmehrheit getroffen werden können. Er muss es dann aber auch hinnehmen, wenn eine für ihn nachteilige Änderung der Grundordnung beschlossen wird. Schließlich bestand für jeden Wohnungseigentümer im Voraus die Möglichkeit, das Für und Wider einer Öffnungsklausel für sich abzuwägen.

Wenngleich Beschlüsse aufgrund einer Öffnungsklausel mithin in jedweder Angelegenheit gefasst werden können, die einer Vereinbarung nach § 10 Abs. 1 S. 2 WEG zugänglich ist, müssen die Wohnungseigentümer vor den besonderen Gefahren von Öffnungsklauseln, insbesondere vor willkürlichen Mehrheitsentscheidungen, geschützt werden. Bei allgemeinen Öffnungsklauseln besteht im Vergleich mit konkreten Öffnungsklauseln insoweit ein erhöhtes Schutzbedürfnis. Für die Wohnungseigentümer ist hier im Einzelnen noch nicht vorhersehbar, welche konkreten Regelungen in Zukunft durch Mehrheitsbeschluss erfolgen können. Ihnen kann daher anders als bei konkreten Änderungsklauseln nicht unterstellt werden, dass sie im Voraus ihre Zustimmung zu jedweder mehrheitlich beschlossenen Änderung der GemO erteilen und sich unreflektiert der Mehrheitsmacht unterwerfen wollten[8]. Die GemO darf nicht nach Belieben der jeweiligen Mehrheit umgestaltet werden. Vielmehr ist hierfür ein sachlicher Grund erforderlich. Nach der Rechtsprechung ist etwa die mehrheitlich beschlossene Änderung eines Kostenverteilungsschlüssels aufgrund einer allgemeinen Änderungsklausel nur zulässig, „... wenn sachliche Gründe vorliegen und einzelne Wohnungseigentümer aufgrund der Neuregelung

8 *Grebe*, DNotZ 1987, 5 (10); *Buck*, WE 1996, 94 m.w.N. zum Gesellschaftsrecht.

gegenüber dem bisherigen Rechtszustand nicht unbillig benachteiligt werden"[9].

Bei konkreten Öffnungsklauseln steht für den Einzelnen dagegen fest, in welchen konkreten Fällen in Zukunft ein Mehrheitsbeschluss ergehen kann. Wenn er sich mit einer solchen Regelung einverstanden erklärt, muss er eine für ihn nachteilige Mehrheitsentscheidung akzeptieren, selbst wenn hierfür ein sachlicher Grund nicht besteht. Die Mehrheitsentscheidung ist nur in Ausnahmefällen unwirksam, wenn der einzelne Wohnungseigentümer hierdurch über Gebühr in einer gegen den Grundsatz von Treu und Glauben (§ 242 BGB) verstoßenden Weise beeinträchtigt wird.

3. Die Eintragung im Grundbuch

a) Das Problem

Ich komme nun zur Frage der Eintragungsfähigkeit bzw. Eintragungsbedürftigkeit von Mehrheitsbeschlüsse aufgrund einer Öffnungsklausel. Werden diese wirksam gefasst, stellt sich folgendes Problem. Der Handlungsform nach sind solche Entscheidungen Beschlüsse. Gemäß § 10 Abs. 3 WEG bedürfen Beschlüsse der Wohnungseigentümer zu ihrer Wirksamkeit gegen den Sondernachfolger eines Wohnungseigentümers nicht der Eintragung in das Grundbuch, sondern wirken diesem gegenüber kraft Gesetzes. Auf der anderen Seite ersetzen Mehrheitsbeschlüsse, die aufgrund einer Öffnungsklausel ergehen, eine vom Gesetzgeber vorgesehene Vereinbarung aller Wohnungseigentümer. Inhaltlich betreffen sie den Regelungsgegenstand einer Vereinbarung. Vereinbarungen wirken gegenüber Sondernachfolgern gemäß § 10 Abs. 2 WEG aber nur, wenn sie als Inhalt des Sondereigentums im Grundbuch eingetragen sind. Es stellt sich deshalb die Frage, ob Mehrheitsentscheidungen aufgrund einer Öffnungsklausel einer Eintragung im Grundbuch bedürfen, weil sie das Gesetz bzw. eine Vereinbarung abändern.

---

9 BGH, Beschl. v. 27.6.1985 – VII ZB 21/84, BGHZ 95, 137 (143); BayObLG, Beschl. v. 23.10.1986 – 2 Z BR 96/85, DWE 1987, 29; Beschl. v. 11.4.1990 – 2 Z BR 23/90, BayObLGZ 1990, 107 (109).

b) Der Meinungsstand

Die wohl überwiegende Meinung[10] stellt auf die Handlungsform ab. Da Mehrheitsentscheidungen aufgrund einer Öffnungsklausel Beschlüsse darstellten, sei eine Eintragung im Grundbuch nach § 10 Abs. 3 WEG unzulässig. Eines Schutzes von Sondernachfolgern bedürfe es nicht. Diesen gegenüber wirke ein Mehrheitsbeschluss nur, wenn die zugrunde liegende Öffnungsklausel im Grundbuch eingetragen sei. Damit sei ein Mindestmaß an Warnfunktion gegenüber neu hinzutretenden Wohnungseigentümern gewährleistet. Sie müssten aufgrund der eingetragenen Öffnungsklausel damit rechnen, dass in der Vergangenheit Mehrheitsentscheidungen getroffen worden sein könnten. Es sei an ihnen, sich verlässlich über deren Inhalt zu unterrichten.

Diese Auffassung ist in der Literatur[11] auf Kritik gestoßen. Mehrheitsentscheidungen aufgrund eines Änderungsvorbehalts nähmen eine Zwitterstellung zwischen einer Vereinbarung und einem Beschluss ein. Sie seien formal Beschlüsse, entsprächen inhaltlich aber einer Vereinbarung. Da das Gesetz keine eindeutige Zuordnung treffe, sei die Schutzbedürftigkeit von Sondernachfolgern maßgeblich.[12] Danach sei die Eintragung eines die GemO ändernden Mehrheitsbeschlusses entsprechend § 10 Abs. 2 WEG geboten. Sondernachfolger müssten beim Eintritt in die Gemeinschaft erkennen können, welche Rechte ihnen als Wohnungseigentümer zustehen und welche Pflichten sie treffen. Diesem Schutzbedürfnis sei nicht bereits ausreichend durch die Eintragung des Änderungsvorbehalts ins Grundbuch und die Möglichkeit der Einsichtnahme in die Beschlussprotokolle Genüge getan. Zu oft seien Protokolle nach einem Verwalterwechsel nicht auffindbar, unvollständig, falsch oder gar nicht erst erstellt[13].

10 OLG Frankfurt, Beschl. v. 15.2.1980 – 20 W 453/79, OLGZ 1980, 160 (161); BayObLG, Beschl. v. 30.10.1984 – 2 Z BR 90/83, BayObLGZ 1984, 257 (267); Beschl. v. 4.11.1993 – 2 Z BR 89/93, WuM 1993, 750 (751); BGH, Beschl. v. 16.9.1994 – V ZB 2/93, BGHZ 127, 99 (104); *Demharter*, DNotZ 1991, 28 (31); *Schneider*, Rpfleger 1998, 9 (11).

11 *Weitnauer/Lüke*, WEG, 8. Auflage 1995, § 10 Rdn. 32; *Buck*, WE 1996, 94 (96).

12 *Grebe*, DNotZ 1987, 5 (18); *Müller*, PiG 17, 173 (195).

13 *Buck*, WE 1996, 94 (96).

c) Die Auslegung von § 10 WEG

Dieser Ansicht ist im Ergebnis zuzustimmen, wenngleich für die wohl überwiegende Auffassung zunächst der Wortlaut des § 10 Abs. 3 WEG zu sprechen scheint. Danach bedürfen Beschlüsse der Wohnungseigentümer gemäß § 23 zu ihrer Wirksamkeit gegenüber Sondernachfolgern nicht der Eintragung im Grundbuch. Da die Wohnungseigentümer gemäß § 23 Abs. 1 WEG Beschlüsse außer in den gesetzlich geregelten Fällen aber auch „aufgrund einer Vereinbarung" fassen können, könnte man meinen, dass Beschlüsse, die auf einer Änderungsklausel beruhen, nicht im Grundbuch eingetragen werden müssen.

Aus dem Wortlaut des § 10 Abs. 2 WEG lässt sich ein Gegenargument nur für den Fall herleiten, dass ein Beschluss aufgrund einer Öffnungsklausel von einer zuvor getroffenen Vereinbarung abweicht. Insoweit könnte es sich um eine „Abänderung oder Aufhebung einer Vereinbarung" i.S.d. § 10 Abs. 2 WEG handeln, mit der Folge, dass der Beschluss im Grundbuch einzutragen wäre. Für alle anderen Fälle, in denen der Beschluss lediglich von den gesetzlichen Regelungen abweicht oder diese ergänzt, ist der Wortlaut des § 10 Abs. 2 WEG unergiebig.

Auch die Materialien zum WEG geben keinen Aufschluss darüber, ob der Gesetzgeber eine erleichterte Abänderung der GemO durch eine Öffnungsklausel auch insoweit zulassen wollte, dass ein Beschluss, der anstelle einer eigentlich erforderlichen Vereinbarung ergeht, nicht der Eintragung ins Grundbuch bedarf.

Maßgebend sind somit die Systematik des Gesetzes und die Teleologie. Diese sprechen für die Eintragungsbedürftigkeit von Beschlüssen aufgrund einer Öffnungsklausel. Der den Wohnungseigentümern gemäß § 10 Abs. 1 S. 2 WEG gegebenen Möglichkeit, ihr Verhältnis untereinander privatautonom zu gestalten, liegt ein schlüssiges Regelungssystem zugrunde, in welchem dem Schutz von Sondernachfolgern eine hohe Stellung eingeräumt ist.

Vereinbarungen der Wohnungseigentümer betreffen die Grundordnung der Gemeinschaft und damit den gesetzlichen Inhalt des Wohnungseigentums. Sie können deshalb für Sondernachfolger nur verbindlich sein, wenn sie an die Stelle des gesetzlichen Eigentumsinhalts treten, und sind deshalb als Inhalt des Sondereigentums im Grundbuch einzutragen (§ 10 Abs. 2 WEG).

Beschlüsse dagegen können in den gesetzlich geregelten Fällen überwiegend nur in Fragen des ordnungsgemäßen Gebrauchs, der ordnungsgemäßen Verwaltung oder der Bestellung oder Abberufung des Verwalters und Verwaltungsbeirates gefasst werden. Beschlüsse berühren die Grundstrukturen der Gemeinschaft nicht. Mitgliedsrechte und -pflichten werden hierdurch nicht umgestaltet, sondern lediglich deren Ausübung und Befolgung geregelt. Da der gesetzliche Eigentumsinhalt nicht verändert wird, ist eine Eintragung im Grundbuch entbehrlich (§ 10 Abs. 3 WEG). Eines besonderen Schutzes von Sondernachfolgern bedarf es nicht.

Betrachtet man nun Mehrheitsbeschlüsse aufgrund einer Öffnungsklausel, ist festzustellen, dass diese wie Vereinbarungen die Grundordnung der Gemeinschaft betreffen. Die gesetzlichen Rechte und Pflichten der Wohnungseigentümer werden nicht bereits durch die Öffnungsklausel, sondern erst durch die daraufhin gefasste Mehrheitsentscheidung erweitert oder beschränkt. Erst hierdurch wird die mitgliedschaftliche Stellung eines jeden Wohnungseigentümers verändert. Da der Mehrheitsbeschluss den gesetzlichen Inhalt des Wohnungseigentums ersetzen soll, muss dessen Regelungsgegenstand selbst Inhalt des Wohnungseigentums werden. Eine Eintragung im Grundbuch gemäß § 10 Abs. 2 WEG ist deshalb geboten.

Hierfür spricht auch die intrasystematische Auslegung des § 10 WEG. Gemäß § 10 Abs. 1 S. 2 WEG dürfen die Wohnungseigentümer nur von den dispositiven Vorschriften des WEG abweichende Vereinbarungen treffen. Zu den zwingenden Vorschriften, die nicht durch eine Vereinbarung abbedungen werden können, zählt u.a. § 10 Abs. 2 WEG. Die Wohnungseigentümer können nicht bestimmen, dass Vereinbarungen hiervon abweichend auch ohne Eintragung im Grundbuch gegenüber Sondernachfolgern wirken. Dies wäre ein unzulässiger Vertrag zu Lasten Dritter. Sondernachfolger würden bereits durch eine solche Vereinbarung verpflichtet, obgleich das Gesetz zu ihrem Schutz zusätzlich eine Eintragung der Vereinbarung im Grundbuch als Inhalt des Sondereigentums fordert.

Ist es den Wohnungseigentümern aber verwehrt, eine von der zwingenden Vorschrift des § 10 Abs. 2 WEG abweichende Vereinbarung zu treffen, kann dem Gesetzgeber nicht unterstellt werden, dass er diese Wirkung über die Vereinbarung einer Öffnungsklausel zulassen wollte. Wäre eine daraufhin getroffene Mehrheitsentscheidung anhand von § 10 Abs. 3 WEG zu beurteilen, würde eine Öffnungsklausel indirekt zu einer Abbedingung des § 10 Abs. 2 WEG führen, die gerade nicht Rechtsfolge einer Vereinbarung sein kann. Die Ansicht, wonach Beschlüsse aufgrund einer Öffnungsklausel nicht der Eintragung im Grundbuch bedürfen, führt mithin zu einer unzulässigen Umgehung des Gesetzes zum Nachteil von Sondernachfolgern. § 10 Abs. 3 WEG ist teleologisch dahin gehend zu reduzieren, dass die Vorschrift nicht auf Mehrheitsbeschlüsse i.S.d. § 23 WEG verweist, die aufgrund einer Vereinbarung ergehen und durch die das Gesetz oder eine Vereinbarung abgeändert werden.

Eine teleologische Reduktion des § 10 Abs. 3 WEG muss im Übrigen auch die überwiegende Meinung vornehmen, etwa für den Fall, dass eine Öffnungsklausel nicht im Grundbuch eingetragen worden ist, anschließend die Vertragspartner einen Beschluss mit Vereinbarungsinhalt gefasst haben und erst danach eine Sondernachfolge eingetreten ist. Nähme man den Wortlaut des § 10 Abs. 3 WEG ernst, wäre der Sondernachfolger an den Beschluss gebunden. Dieses Ergebnis wird, soweit ersichtlich, aber von niemandem vertreten. Eine solche Wirkung soll nach der wohl überwiegenden Ansicht vielmehr nur eintreten, wenn die Öffnungsklausel im Grundbuch eingetragen ist, weshalb sich die bislang h.M. nicht zwingend auf den Wortlaut des § 10 Abs. 3 WEG berufen kann.

Mehrheitsbeschlüsse, die anstelle einer vom Gesetz vorgesehenen Vereinbarung gefasst werden, sind somit gemäß § 10 Abs. 2 WEG im Grundbuch einzutragen, um Wirkungen gegenüber Sondernachfolgern zu entfalten.

d) Die Inhaltsänderung des Sondereigentums

Die ganz herrschende Auffassung[14] interpretiert § 10 Abs. 2 WEG zutreffend als echte Inhaltsänderung des Sondereigentums und wendet die Vorschriften der §§ 877, 876, 873 BGB entsprechend an. Dies hat für die vorliegende Problematik zur Folge, dass neben der

---

14 BGH, Beschl. v. 24.11.1978 – V ZB 11/77, BGHZ 73, 145 (148); Beschl. v. 14.6.1984 – V ZB 32/82, BGHZ 91, 343 (345); OLG Hamm, Beschl. v. 5.12.1996 – 15 W 390/96, WE 1997, 196 (197); OLG Düsseldorf, Beschl. v. 19.7.1995 – 3 Wx 201/95, Rpfleger 1996, 65; OLG Frankfurt, Beschl. v. 2.3.1998 – 20 W 54/98, WE 1998, 232 (233); *Merle*, Rpfleger 1978, 86 (87); *Bärmann/Pick/Merle*, 8. Auflage 2000, § 10 Rn. 24; *Schuschke*, NZM 1999, 241 (242).

Mehrheitsentscheidung eine sachenrechtliche Einigung der Wohnungseigentümer über die Inhaltsänderung des Sondereigentums und die Eintragung der Mehrheitsentscheidung im Grundbuch erforderlich sind. Dabei ist die Einigung entweder bereits antizipiert im eingetragenen Änderungsvorbehalt enthalten – was man bei konkreten Änderungsklauseln annehmen können wird – oder die Wohnungseigentümer sind aufgrund dessen zur Abgabe entsprechender Willenserklärungen verpflichtet[15]. Zudem müssen analog §§ 877, 876 BGB dinglich berechtigte Dritte ihre Zustimmung erteilen, die durch die Inhaltsänderung des belasteten Wohnungseigentums infolge der Eintragung der Mehrheitsentscheidung in ihren Rechten beeinträchtigt werden[16]. Wie bereits dargestellt, werden Drittberechtigte nicht bereits durch die Eintragung der Öffnungsklausel im Grundbuch nachteilig betroffen, da diese lediglich eine Verfahrensregelung – Mehrheitsprinzip statt Allstimmigkeitsprinzip – enthält. Eine potentielle rechtliche Betroffenheit Dritter kann sich jedoch aufgrund der Eintragung der Mehrheitsentscheidung ergeben, wodurch die den Inhalt des Wohnungseigentums bestimmenden konkreten Rechte und Pflichten verändert werden. Formell-rechtlich muss die Eintragung im Grundbuch gemäß § 19 GBO von denjenigen Wohnungseigentümern und dinglich berechtigten Dritten bewilligt werden, die hiervon nachteilig betroffen sind.

4. Fazit

Im Ergebnis ist somit festzuhalten, dass eine Öffnungsklausel lediglich eine reine Verfahrensregelung enthält, die es ermöglicht, das Allstimmigkeitsprinzip des WEG abzubedingen und Mehrheitsbeschlüsse anstelle von Vereinbarungen zu treffen. Die Vereinbarung einer Öffnungsklausel führt jedoch nicht dazu, dass daraufhin gefasste Beschlüsse nach § 10 Abs. 3 WEG zu beurteilen wären und

15 Dies gilt insbesondere für allgemeine Öffnungsklauseln, da hier die zukünftige Inhaltsänderung des Sondereigentums noch nicht hinreichend bestimmt oder bestimmbar ist.

16 BayObLG, Beschl. v. 30.10.1984 – 2 Z BR 90/83, BayObLGZ 1984, 257 (262); siehe auch *Lüke*, WE 1998, 202 (204); a.A. *Pick* in Bärmann/Pick/Merle, § 10 Rn. 56; *Soergel/Stürner*, § 10 WEG Rn. 11; *Staudinger/Kreuzer*, § 10 Rn. 83.

ohne weiteres für und gegen Sondernachfolger wirken würden. Mehrheitsentscheidungen aufgrund einer Öffnungsklausel, die anstelle einer gesetzlich vorgesehenen Vereinbarung getroffen werden, sind vielmehr wie Vereinbarungen zu behandeln und gemäß § 10 Abs. 2 WEG im Grundbuch einzutragen.

Bei allgemeinen Änderungsklauseln ist insoweit allerdings danach zu differenzieren, welchen Regelungsgegenstand eine Mehrheitsentscheidung hat. Betrifft diese eine Regelung, wofür bereits nach dem Gesetz eine Beschlusskompetenz besteht (z.B. ordnungsgemäße Verwaltung des gemeinschaftlichen Eigentums) bedarf es gemäß § 10 Abs. 3 WEG keiner Eintragung im Grundbuch. Bezieht sich eine Mehrheitsentscheidung aufgrund eines Änderungsvorbehaltes auf den Gegenstand einer Vereinbarung, gilt demgegenüber § 10 Abs. 2 WEG.

Die Zustimmung dinglich Berechtigter zur Änderung des Kostenverteilungsschlüssels

Stephan Schmack
Rechtsanwalt, Berlin

Inhaltsübersicht

1. Problem und Meinungsstand

Es ist umstritten, ob für die Änderung des Kostenverteilungsschlüssels die Zustimmung der dinglich Berechtigten am Wohnungseigentum erforderlich ist. Rechtsprechung hierzu gibt es kaum. Lediglich das BayObLG[1] hat sich einmal ausdrücklich mit dieser Frage befasst und im Ergebnis ein Zustimmungserfordernis angenommen. Die überwiegende Ansicht in der Literatur hält dagegen eine Zustimmung generell für entbehrlich[2]. Zur Begründung beruft man sich

1 BayObLG, Beschl. v. 30.10.1984 – BReg 2 Z 90/83, BayObLGZ 1984, 257 (261 f.).

2 *Pick* in Bärmann/Pick/Merle, WEG, 8. Aufl. 2000, § 10 Rz. 55; *Staudinger/Bub*, WEG, 12. Aufl. 1997, § 16 Rz. 266; MünchKomm/*Röll*, BGB, 3. Aufl. 1997, § 10 WEG Rz. 14; *Wenzel*, WE 1995, 355 (358); *Müller*, Praktische Fragen des Wohnungseigentums, 3. Aufl. 1999, Rz. 194; für ein Zustimmungserfordernis dagegen: *Palandt/Bassenge*, BGB, 59. Aufl. 2000, § 10 WEG

zumeist darauf, dass die Verwaltung des gemeinschaftlichen Eigentums allein den Wohnungseigentümern zustehe und eine Mitwirkung der Gläubiger im Gesetz nicht vorgesehen sei[3]. Auch würde durch die Annahme eines Zustimmungserfordernisses die Gemeinschaft immobil[4], da es den Wohnungseigentümern wesentlich erschwert werde, ihre Verhältnisse geänderten Umständen anzupassen und Fehlentscheidungen zu korrigieren[5]. Schließlich wird geltend gemacht, durch die Änderung des Kostenverteilungsschlüssels ergäben sich erfahrungsgemäß nur geringfügige Verschiebungen, durch welche die Gläubiger nicht beeinträchtigt würden[6].

2. Die Änderung des Kostenverteilungsschlüssels als Inhaltsänderung des Wohnungseigentums iSd § 877 BGB

Grundlage eines Zustimmungserfordernisses sind die §§ 877, 876 BGB. Danach ist die Inhaltsänderung eines belasteten Grundstücksrechts nur mit Zustimmung des Drittberechtigten möglich. Zwar handelt es sich beim Wohnungseigentum nicht um ein Grundstücksrecht im Sinne dieser Vorschriften, sondern um echtes Eigentum. Es ist aber allgemein anerkannt, dass die §§ 877, 876 BGB auf Inhaltsänderungen des Wohnungseigentums zumindest entsprechend anwendbar sind[7]. Die analoge Anwendung rechtfertigt sich daraus, dass das BGB Inhaltsänderungen des Eigentums nicht kennt und daher auch insoweit keine Regelungen über die Beteiligung Drittberechtigter enthält. Diese sind aber bei Inhaltsänderungen des Wohnungseigentums ebenso schutzbedürftig, wie dies bei Inhaltsänderungen eines belasteten Grundstücksrechts der Fall ist. Es ist daher im Grundsatz unbestritten, dass die Zustimmung der dinglich Berechtigten erforderlich ist, wenn eine Vereinbarung der Wohnungs-

Rz. 4; *Streblow*, MittRhNotK 1987, 141 (160); *Belz*, Handbuch des Wohnungseigentums, 3. Aufl. 1993, Rz. 78 (explizit nur zum Nießbrauch); *Lüke*, WE 1998, 202 (208).

3 MünchKomm/*Röll* (Fn. 2), § 10 WEG Rz. 14.

4 *Pick* in Bärmann/Pick/Merle (Fn. 2), § 10 WEG Rz. 55; *Müller*, Praktische Fragen (Fn. 2), Rz. 194.

5 MünchKomm/*Röll* (Fn. 2), § 10 WEG Rz. 14.

6 MünchKomm/*Röll* (Fn. 2), § 10 WEG Rz. 14.

7 Vgl. BGH, Beschl. v. 14.6.1984 – V ZB 32/82, NJW 1984, 2409 (2410) m.w.N.

eigentümer nach § 10 Abs. 2 WEG als Inhalt des Sondereigentums im Grundbuch eingetragen werden soll.

3. Das Merkmal der rechtlichen Beeinträchtigung

Nach dem Schutzzweck der §§ 877, 876 BGB ist eine Zustimmung nicht erforderlich, wenn die dinglich Berechtigten durch die Inhaltsänderung des belasteten Rechts nicht beeinträchtigt werden[8]. Den Grundpfandgläubigern – auf die ich mich hier beschränken möchte – steht das Recht zu, bei Eintritt des Sicherungsfalls die Zwangsvollstreckung in das Wohnungseigentum zu betreiben. Eine Beeinträchtigung ihrer Rechte kann sich grundsätzlich nur daraus ergeben, dass durch eine nachteilige Vereinbarung der Wert des Wohnungseigentums als Haftungsobjekt gemindert wird und daher in der Zwangsversteigerung mit einem geringeren Erlös zu rechnen ist[9].

Ob diese Voraussetzung vorliegt, lässt sich allerdings im Einzelfall kaum eindeutig beantworten. Das wird gerade bei der Änderung des Kostenverteilungsschlüssels deutlich. Sollen etwa nur einzelne Posten nach einem anderen Schlüssel umgelegt werden, so werden sich hieraus häufig nur minimale Änderungen ergeben, die für Verwertbarkeit des Wohnungseigentums in der Zwangsvollstreckung ohne jede Bedeutung sind. Bedenklich erscheint es aber, wenn aus diesem Grund eine Zustimmung generell für entbehrlich gehalten wird. Denn es kann nicht bezweifelt werden, dass ein anderer Verteilungsschlüssel auch zu einer erheblichen Mehrbelastung eines Wohnungseigentümers führen kann. Das wird sich dann auch auf das Bieterverhalten in der Zwangsversteigerung auswirken, zumal

8 Vgl. BGH, Beschl. v. 14.6.1984 – V ZB 32/82, NJW 1984, 2409 (2410); OLG Köln, Beschl. v. 28.5.1993 – 2 Wx 11/93, WE 1994, 111; BayObLG, Beschl. v. 6.3.1986 – BReg 2 Z 76/85, DNotZ 1988, 30; OLG Düsseldorf, Beschl. v. 21.5.1997 – 3 Wx 566/96, WuM 1997, 517 (518); RGRK/*Augustin*, BGB, 12. Aufl. 1979, § 877 Rz. 4; *Erman/Hagen*, BGB, 9. Aufl. 1993, § 877 Rz. 5.

9 Vgl. BayObLG, Beschl. v. 8.5.1974 – BReg 2 Z 17/74, BayObLGZ 1974, 217 (222); *Staudinger/Kreuzer*, WEG (Fn. 2), § 10 Rz. 81; *Palandt/Bassenge*, BGB (Fn. 2), § 10 Rz. 4; *ders.*, PiG 25 (1987), 101 (111); *Pick* in Bärmann/Pick/Merle, WEG (Fn. 2), § 10 Rz. 56; *Herrmann*, DNotZ 1992, 714 (717); *Brambring*, DNotZ 1979, 155 (165 f.).

der Umfang der Wohngeldverpflichtung meist ein wesentliches Kriterium bei der Kaufentscheidung bildet[10].

Es erscheint auch nicht möglich, das Zustimmungserfordernis jeweils im Einzelfall davon abhängig zu machen, ob die Mehrbelastung des beschwerten Wohnungseigentümers noch geringfügig oder schon erheblich ist. Es lassen sich kaum allgemeine Kriterien dafür finden, ab welcher Grenze eine Mehrbelastung so erheblich ist, dass sie sich nachteilig auf die Verwertbarkeit des Wohnungseigentums in der Zwangsvollstreckung auswirkt.

a) *Das Merkmal der Beeinträchtigung im unmittelbaren Anwendungsbereich der §§ 877, 876 BGB*

Die Schwierigkeiten bei der Beurteilung einer Beeinträchtigung im Einzelfall werden im unmittelbaren Anwendungsbereich der §§ 877, 876 BGB dadurch überwunden, dass das Vorliegen einer Beeinträchtigung als Regelfall angesehen und daher vermutet wird. Ist etwa ein Erbbaurecht mit Grundpfandrechten belastet, so ist bei einer nachträglichen Änderung des Erbbaurechts die Zustimmung der Gläubiger grundsätzlich erforderlich. Sie ist nur dann entbehrlich, wenn die Rechtsstellung des Erbbauberechtigten verbessert wird und daher eine Beeinträchtigung der Grundpfandgläubiger eindeutig und mit Sicherheit ausgeschlossen werden kann[11]. Eine Zustimmung ist daher auch dann erforderlich, wenn die nachteilige Veränderung des Erbbaurechts nur geringfügig ist und sich daher in der Zwangsvollstreckung möglicherweise nicht auswirkt. Die Zustimmung ist selbst dann erforderlich, wenn sich nicht eindeutig feststellen lässt, ob das Erbbaurecht durch die Änderung überhaupt nachteilig betroffen wird[12]. Die grundsätzliche Annahme eines Zustimmungserfordernisses rechtfertigt sich aus dem Regel-Ausnahme-Verhältnis, wie es in § 876 Satz 2 BGB zum Ausdruck kommt. Die Zustimmung setzt nicht den positiven Nachweis einer Beeinträchtigung voraus, sie ist vielmehr nur dann entbehrlich, wenn eine Beeinträchtigung nicht vorliegt[13].

10 *Deckert*, PiG 17, S. 131 (133).

11 *Meikel/Morvilius*, Grundbuchrecht, 8. Aufl. 1997, Bd. 1, Einl. C 201; *Haegele/Schöner/Stöber*, Grundbuchrecht, 10. Aufl. 1993, Rz. 1870.

12 *Meikel/Morvilius*, Grundbuchrecht (Fn. 11), Bd. 1, Einl. C 201; *Haegele/Schöner/Stöber*, Grundbuchrecht (Fn. 11), Rz. 1870.

13 Vgl. *Staudinger/Gursky*, BGB (Fn. 2), § 877 Rz. 54; MünchKomm/*Wacke*, BGB (Fn. 2), § 877 Rz. 8.

b) Das Merkmal der Beeinträchtigung im Wohnungseigentumsrecht

Ob dieselben Grundsätze auch im Wohnungseigentumsrecht Anwendung finden können, erscheint allerdings zweifelhaft, da die Interessenlage eine andere ist. Vereinbarungen zwischen dem Erbbauberechtigten und dem Grundstückseigentümer sind stets von einem Interessengegensatz geprägt: Eine solche Vereinbarung ist immer darauf gerichtet, die Befugnisse des Erbbauberechtigten zu erweitern oder einzuschränken. Stimmt der Erbbauberechtigte einer Beschränkung seiner Befugnisse zu, so wird er dies regelmäßig aus Gründen tun, die nicht auch dem Grundpfandgläubiger am Erbbaurecht zugute kommen. In der Regel wird er nachteiligen Inhaltsänderungen nur gegen einen finanziellen Ausgleich zustimmen. Da ihm dies nicht zu Lasten der Gläubiger möglich sein soll, erscheint die Wertung des § 876 Satz 2 BGB hier berechtigt, wonach die Zustimmung nur dann entbehrlich ist, wenn eine Beeinträchtigung der Gläubiger am Erbbaurecht mit Sicherheit ausgeschlossen werden kann.

Die Interessenlage im Wohnungseigentumsrecht ist dagegen geprägt von der gemeinsamen Zuständigkeit aller Wohnungseigentümer hinsichtlich des gemeinschaftlichen Eigentums. Soweit die Wohnungseigentümer Vereinbarungen über die Verwaltung des gemeinschaftlichen Eigentums treffen, stehen sie sich nicht als Inhaber gegensätzlicher Interessen gegenüber, sondern verfolgen einen gemeinsamen Zweck im Sinne einer sinnvollen, effektiven und kostengünstigen Verwaltung. Die in § 876 Satz 2 BGB zum Ausdruck kommende Vermutung, dass Grundpfandgläubiger durch spätere Inhaltsänderungen des belasteten Rechts beeinträchtigt werden, trifft hier nicht zu. Sie trifft nicht einmal notwendigerweise dann zu, wenn zusätzliche Pflichten der Wohnungseigentümer begründet werden. Vereinbaren die Wohnungseigentümer etwa eine Vertragsstrafe, so ist hiervon zwar auch der beschwerte Wohnungseigentümer potentiell betroffen. Die Wohnungseigentümer verfolgen aber zugleich den Zweck, ein bestimmtes gemeinschaftswidriges Verhalten zu unterbinden. Dies liegt im Interesse aller Wohnungseigentümer und wird sich daher nicht nachteilig auf die Wertschätzung des Wohnungseigentums in der Zwangsversteigerung auswirken. Entsprechendes gilt bei der Einführung von Verzugszinsen oder bei einer Vereinbarung, wonach jeder Wohnungseigentümer die Kosten allein zu tragen hat, die er durch Verletzung des gemeinschaftlichen Eigentums oder durch einen übermäßigen Gebrauch verursacht.

Zutreffend erscheint daher die Ansicht in der Literatur[14], wonach die Zustimmung Drittberechtigter bei Vereinbarungen über die Verwaltung des gemeinschaftlichen Eigentums grundsätzlich entbehrlich ist. Im Vordergrund steht hier die Verwirklichung eines übergeordneten Gemeinschaftsinteresses, wobei durch die Vereinbarung regelmäßig alle Wohnungseigentümer gleichermaßen betroffen sind.

Das ist aber gerade bei der Änderung des Kostenverteilungsschlüssels nicht der Fall. Führen die Wohnungseigentümer etwa das Objektprinzip ein, eine Abrechnung nach dem Kopfprinzip oder nach der Wohnfläche, so besteht die einzige Rechtsfolge der Vereinbarung darin, dass der Verteilungsschlüssel zu Lasten und zugunsten einzelner Wohnungseigentümer verändert wird. Die Regelung dient nicht einem gemeinschaftlichen Zweck, dessen Verwirklichung im Interesse aller Wohnungseigentümer liegt und daher auch den benachteiligten Wohnungseigentümern zugute kommt. Es besteht insoweit kein Grund, von dem allgemeinen Zustimmungserfordernis abzuweichen. Eine grundsätzliche Entbehrlichkeit der Gläubigerzustimmung ist ausnahmsweise nur dann anzunehmen, wenn die Wohnungseigentümer eine verbrauchsabhängige Kostentragung einführen. Zwar lässt es sich auch in diesem Fall nicht ausschließen, dass eine entsprechende Regelung zu einer Mehrbelastung einzelner Wohnungseigentümer führt. Entscheidend dürfte aber sein, dass eine verbrauchsabhängige Abrechnung in erster Linie dazu dient, die Kosten insgesamt durch den sparsamen Umgang mit Wasser und Energie zu minimieren. Dies liegt im Interesse aller Wohnungseigentümer und wird sich daher regelmäßig nicht nachteilig auf die Wertschätzung einzelner Einheiten auswirken.

14 *Staudinger/Kreuzer*, WEG (Fn. 2), § 10 Rn. 82; MünchKomm/*Röll* (Fn. 2), § 10 WEG Rz. 14, *ders.*, Rpfleger 1980, 90 (92).

4. Ergebnis

Im Ergebnis ist daher der Auffassung des BayObLG zu folgen, wonach die Zustimmung der Grundpfandgläubiger bei der Änderung des Kostenverteilungsschlüssels grundsätzlich erforderlich ist. Sie ist nur dann entbehrlich, wenn die Wohnungseigentümer eine verbrauchsabhängige Kostentragung einführen.

5. Die Änderung des Kostenverteilungsschlüssels durch Beschluss

Die Änderung des Kostenverteilungsschlüssels durch Beschluss ist nur dann möglich, wenn die Gemeinschaftsordnung eine Beschlussfassung hierüber vorsieht, wenn also eine Öffnungsklausel besteht[15]. Nach der überwiegenden Ansicht in der Literatur soll die Öffnungsklausel keinen Einfluss auf das Zustimmungserfordernis der dinglich Berechtigten haben. Ist die Zustimmung zu einer Vereinbarung erforderlich, soll sie auch dann erforderlich sein, wenn die betreffende Angelegenheit aufgrund einer Öffnungsklausel in der Gemeinschaftsordnung durch Beschluss geregelt wird[16].

Dies erscheint zweifelhaft, wenn die Belastung des Wohnungseigentums zu einem Zeitpunkt erfolgte, zu dem die Öffnungsklausel bereits als Inhalt des Sondereigentums im Grundbuch eingetragen war. Denn die Öffnungsklausel hat zur Folge, dass die Gemeinschaftsordnung und damit der Inhalt des Wohnungseigentums mit Mehrheit geändert werden kann. Dadurch verliert der einzelne Wohnungseigentümer die Möglichkeit, eine Änderung der Gemeinschaftsordnung durch die Verweigerung seiner Zustimmung zu verhindern. Es ist aber wenig einsichtig, warum einem dinglich Berechtigten eine weitergehende Einflussnahme auf die Änderung der Gemeinschaftsordnung zukommen soll als dem Wohnungseigen-

15 Vgl. BGH, Beschl. v. 20.9.2000 – V ZB 58/99.

16 *Weitnauer/Lüke*, WEG, 8. Aufl. 1995, § 10 Rz. 51; *ders.*, WE 1998, 202 (204); *Böttcher*, BWNotZ 1996, 80 (82); *Müller*, Festschrift Bärmann/Weitnauer (1990), 505 (512); *Grebe*, DNotZ 1987, 5 (23); *Palandt/Bassenge* (Fn. 2), § 10 WEG Rz. 18; *ders.*, PiG 25 (1987), 101 (112); *Belz*, WE 1997, 254 (255); a.A. *Pick* in Bärmann/Pick/Merle (Fn. 2), § 10 Rz. 56; *Staudinger/Kreuzer*, WEG (Fn. 2), § 10 Rz. 83.

tümer, von dem er sein Recht ableitet. Umgekehrt leuchtet es auch nicht ein, warum der einzelne Wohnungseigentümer die Rechtsmacht haben soll, ein ihm selbst nicht zustehendes Vetorecht durch Belastung seines Wohnungseigentums in der Person eines Dritten zu begründen. Sein Wohnungseigentum ist durch die Öffnungsklausel inhaltlich dahin gehend geändert, dass Änderungen der Gemeinschaftsordnung auch gegen seinen Willen erfolgen können. Nur mit diesem Inhalt kann er hierüber verfügen, insbesondere es übertragen oder mit dinglichen Rechten belasten.

Hiergegen wird die Schutzbedürftigkeit des dinglich Berechtigten eingewandt. Die Öffnungsklausel lasse noch keinen Bezug zu einer hinreichend konkreten Sachregelung erkennen[17]. Deshalb könne aus der Kenntnis von der Öffnungsklausel bei der Begründung des dinglichen Rechts nicht auf eine Zustimmung zu der späteren Sachregelung geschlossen werden. Das überzeugt nicht. Die Zustimmung ist nicht deshalb entbehrlich, weil der dinglich Berechtigte der späteren Sachregelung im Voraus zugestimmt hat. Sie ist entbehrlich, weil sich der Wohnungseigentümer durch die Öffnungsklausel einem künftigen Mehrheitsbeschluss unterworfen hat und diese Unterwerfung zum Inhalt des Wohnungseigentums geworden ist[18]. Auch der Erwerber von Wohnungseigentum kann sich der Bindung an einen später gegen seinen Willen gefassten Beschluss nicht mit der Begründung entziehen, die Öffnungsklausel lasse noch keinen hinreichenden Bezug zu einer konkreten Sachregelung erkennen. Er kann eine Änderung des Verteilungsschlüssels, die nach seinem Eintritt in die Gemeinschaft durch Mehrheitsbeschluss getroffen wird, nicht verhindern, obwohl er die konkrete Änderung nicht aus der Öffnungsklausel entnehmen konnte. Es leuchtet nicht ein, warum der Erwerber eines beschränkten dinglichen Rechts in größerem Maße schutzbedürftig sein soll als der Erwerber des Vollrechts.

Die Zustimmung der Gläubiger ist daher stets entbehrlich, wenn der Kostenverteilungsschlüssel aufgrund einer Öffnungsklausel in der Gemeinschaftsordnung durch Beschluss geändert wird.

17 *Lüke*, WE 1998, 202 (204); *Bassenge*, PiG 25 (1987), 101 (112).

18 Vgl. gegen die Annahme einer antizipierten Zustimmung *Grebe*, DNotZ 1987, 5 (8 ff.).

Verwalterbestellung ohne Verwaltervertrag

Klaus Striewski
Notarassessor, Aachen

Inhaltsübersicht

I. Vorbemerkung

Die Bestellung eines Verwalters ohne Verwaltervertrag mutet wie ein Widerspruch in sich an. Denn als Voraussetzung einer wirksamen Bestellung wird nach der „Vertragstheorie" im Wohnungseigentumsrecht immer noch gefordert, dass auch ein Anstellungsvertrag zwischen den Wohnungseigentümern und ihrem Verwalter geschlossen wird[1]. Die Anerkennung einer Verwalterbestellung ohne Verwaltervertrag müsste einhergehen mit der Ablehnung der Vertragstheorie

1 *Palandt/Bassenge*, § 26 WEG Rz. 6; *Staudinger/Bub*, § 26 WEG Rz. 130, 132; *Weitnauer/Hauger*, § 26 WEG Rz. 10, 21; BayObLG, Beschl. v. 18.3.1997 – 2 Z BR 98/96, WE 1997, 396 (397, 398) in ständiger Tradition.

und würde einen Grundlagenwandel hinsichtlich der Einordnung der Rechtsverhältnisse des Verwalters nach sich ziehen.

II. Wirksamkeit der Bestellung ohne Anstellung

1. Ursprung der Vertragstheorie

Sowohl im Gesellschafts- als auch im Wohnungseigentumsrecht wird nunmehr einhellig zwischen dem organschaftlichen Bestellungsrechtsverhältnis und dem schuldrechtlichen Anstellungsvertrag getrennt[2]. Die Wirksamkeit der Bestellung ohne Anstellung kann jedoch nur mit Rücksicht auf den Ursprung der Vertragstheorie beurteilt werden. Die folgende Überlegung soll den kaum mehr nachvollzogenen Grund verdeutlichen, warum neben der Trennung der beiden Rechtsverhältnisse des Verwalters nach der „Vertragstheorie" der Abschluss eines Anstellungsvertrages für die Wirksamkeit der Bestellung gefordert wird.

Durch die Trennung zwischen Anstellung und Bestellung ist noch nicht entschieden, ob die Rechte und Pflichten der Organe oder des Verwalters aus dem Bestellungsrechtsverhältnis oder erst aus dem Anstellungsvertrag folgen. Die Frage der Zuordnung organschaftlicher Pflichten zu dem Bestellungsrechtsverhältnis oder zum Anstellungsvertrag ist Ausgangspunkt für das Verständnis der Vertragstheorie und wird damit zum Schlüssel für die Lösung der Grundfrage dieses Beitrags.

a) Rechte und Pflichten auf der Grundlage der Stellvertretungslehre

Nach einer Ansicht, die auch im Gesellschaftsrecht vertreten wurde[3], sind für die Zuordnung organschaftlicher Pflichten die Grund-

2 *Merle* in Bärmann/Pick/Merle § 26 WEG Rz. 21; *Staudinger/Bub*, § 26 WEG Rz. 132 jeweils m.w.N. für die Trennungstheorie im Wohnungseigentumsrecht; *Hüffer*, AktG, 3. Aufl. § 84 Rz. 8; *Scholz/Schneider*, GmbHG, § 35 Rz. 150, 151; *Klaus Müller*, GenG, § 24 Rz. 29 für die Trennungstheorie im Gesellschaftsrecht.

3 *Mack*, Dissertation 1974, „Die Begründung und Beendigung der Rechtsstellung von Organmitgliedern juristischer Personen im Handelsrecht", S. 99, 101, 107.

sätze der Stellvertretungslehre auf das Verhältnis von Anstellung und Bestellung zu übertragen. Die rechtsgeschäftliche Vollmacht ist von dem ihr zugrunde liegenden Grundgeschäft zu trennen[4]. Die Basis der Trennungstheorie, welche in der Trennung der beiden Rechtsverhältnisse Bestellung und Anstellung besteht, wird also bei der Anwendung der Grundsätze der Stellvertretungslehre nicht verlassen. Die rechtsgeschäftliche Vollmacht berechtigt jedoch nur zum Tätigwerden im Außenverhältnis, verpflichtet wird der Bevollmächtigte erst durch das schuldrechtliche Grundgeschäft im Innenverhältnis[5]. Ordnet man nun Rechte und Pflichten entsprechend der Stellvertretungslehre dem Bestellungs- oder Anstellungsverhältnis zu, so wird die Forderung eines schuldrechtlichen Vertrages als Voraussetzung einer Bestellung verständlich. Eine Pflichtenbindung des Organs gegenüber der Gesellschaft oder des Verwalters gegenüber den Wohnungseigentümern entstünde erst durch Abschluss eines schuldrechtlichen Anstellungsvertrages. Der Bestellungsakt würde nur die Vertretungsmacht im Außenverhältnis begründen, nicht aber die Geschäftsführungspflicht im Innenverhältnis.

Vor allem durch das grundlegende Werk von *Merle* aus dem Jahre 1977 wurde der dargestellte Vergleich zur Stellvertretungslehre und eine ihr entsprechende Zuordnung von Rechten des Verwalters zum Bestellungsrechtsverhältnis und seiner Pflichten zu dem Anstellungsverhältnis in das Wohnungseigentumsrecht übertragen[6]. Ein Verwaltervertrag wurde damit unverzichtbar, um eine Pflichtenbindung des Verwalters zu begründen, und fortan nach der „Vertragstheorie“ zur Bedingung einer wirksamen Bestellung[7].

b) Rechte und Pflichten auf der Grundlage der Organtheorie

Im Gesellschaftsrecht hat sich die Übertragung der „Stellvertretungslehre“ auf Organe und damit die „Vertragstheorie“ und ihre

4 *Palandt/Heinrichs*, 60. Aufl., Einf. v. § 164 BGB Rz. 2.

5 *Flume*, Allgemeiner Teil des Bürgerlichen Rechts, Band II, 3. Aufl., § 45 II 2, S. 786, 787; MünchKomm-*Schramm*, 3. Aufl., Bd. 1, § 164 Rz. 95.

6 *Merle*, Der Verwalter, S. 18, 19, 49.

7 *Merle*, Der Verwalter, S. 18, 49, und *Weitnauer/Hauger*, § 26 WEG Rz. 10 fordern einen Verwaltervertrag, „um eine Pflichtenbindung des Verwalters gegenüber den Wohnungseigentümern zu begründen.“ Nur derartige Literaturaussagen offenbaren heute noch den Ursprung der Vertragstheorie.

Zuordnung von Pflichten zum Anstellungsverhältnis nicht durchgesetzt. Die gesetzlichen Vertreter juristischer Personen werden eigenständig als „Organe" eingeordnet im Unterschied zum rechtsgeschäftlichen Vertreter; die Vertretertheorie ist durch die Organtheorie überwunden worden[8]. Demnach werden organschaftliche Rechte und Pflichten bereits durch das Bestellungsrechtsverhältnis begründet, ein Anstellungsvertrag ist für eine Pflichtenbindung nicht erforderlich[9]. Dadurch, dass mit der Organstellung nicht nur Rechte, sondern auch Pflichten verbunden sind, unterscheidet sich der Bestellungsakt gerade von einer Vollmachtserteilung[10].

2. Abkehr von der Vertragstheorie

Die Abkehr von der „Vertragstheorie" lässt sich gesetzlich begründen. § 27 Abs. 2 S. 2 BGB nennt als wichtigen Grund für die Widerruflichkeit der Bestellung des Vereinsvorstandes grobe *Pflicht*verletzung im Rahmen einer ordnungsgemäßen Geschäftsführung, und § 27 Abs. 2 S. 1 BGB trennt eindeutig zwischen dem Fortbestand der Bestellung und der Anstellung. Sowohl die wörtliche Auslegung des § 27 Abs. 2 S. 2 BGB als auch der systematische Zusammenhang zwischen dem ersten und zweiten Satz des § 27 Abs. 2 BGB lassen keinen anderen Schluss zu, als dass bereits das Bestellungsrechtsverhältnis einem Organ Pflichten zur ordnungsgemäßen Geschäftsführung auferlegt.

§ 713 BGB regelt für das Recht der BGB-Gesellschaften, dass Rechte und *Verpflichtungen* der geschäftsführenden Gesellschafter sich nach den für den Auftrag geltenden Vorschriften der §§ 664 bis 670 BGB bestimmen. Die wörtliche Auslegung des § 713 BGB ergibt ebenfalls, dass einem geschäftsführenden Gesellschafter als Ausfluss seiner Mitgliedschaft Pflichten obliegen, ohne dass sein Vertretungsrecht oder seine Geschäftsführungspflicht erst durch ein Dienst- oder Auftragsverhältnis begründet werden[11].

8 Vgl. *K. Schmidt*, Gesellschaftsrecht, 3. Aufl., § 10, insbesondere § 10 I 2, S. 258 ff.; § 10 II 1, S. 263.

9 *K. Schmidt*, Gesellschaftsrecht, 3. Aufl., § 14 III 2 a) b), S. 422; *Hüffer*, AktG, 3. Aufl., § 84 Rz. 8.

10 *Hefermehl* in Geßler/Hefermehl/Eckardt/Kropff, AktG Bd. II, § 84 Rz. 5.

11 Vgl. *Palandt/Sprau*, § 713 Rz. 1; *ders.* § 713 Rz. 11: Schadensersatzanspruch wegen Verschulden bei Geschäftsführung folgt dann aus §§ 705, 276 iVm 708.

Sowohl Normen des Verbands- als auch des Personengesellschaftsrechts ordnen damit Pflichten bereits dem „organschaftlichen" Rechtsverhältnis zu. Auf die §§ 27 und 713 BGB lässt sich ein allgemeiner Rechtssatz des Gesellschaftsrechts stützen, dass das organschaftliche Bestellungsrechtsverhältnis unabhängig von einem schuldrechtlichen Anstellungsvertrag Rechte und Pflichten begründet[12]. Dieser allgemeine Rechtssatz beansprucht Gültigkeit für alle Personenvereinigungen. Die Organtheorie erfordert die Unterscheidung zwischen organschaftlicher Vertretung und Vertretung durch einen Bevollmächtigten nicht nur bei juristischen Personen, sondern selbst bei Gesamthandsgesellschaften[13]. Ihre Übertragung in das Wohnungseigentumsrecht ist damit möglich, unabhängig von der rechtlichen Qualifikation des Verwalters. Denn unstreitig legt auch das Wohnungseigentumsgesetz dem Verwalter gemäß § 27 Abs. 1, 3 WEG organschaftliche Rechte und Pflichten auf. Die Vertragstheorie des Wohnungseigentumsrechts steht mit ihrer Zuordnung von Rechten und Pflichten damit im Widerspruch zu einem allgemeinen, für alle Personenvereinigungen gültigen Grundsatz.

In der neueren wohnungseigentumsrechtlichen Literatur wird die Abkehr von der Vertragstheorie bereits vertreten, jedoch ohne die dargestellte rechtsdogmatische Begründung. Vielmehr wird die Unvereinbarkeit der Vertragstheorie mit den Normen des WEG selbst angeführt. Auf die Kritik an der Vertragstheorie anhand der §§ 8, 10 Abs. 4, 12, 26 Abs. 4, 27 WEG wird an dieser Stelle verwiesen[14]. Unter Einbezug dieser Kritik kann die Frage – „Gibt es einen wirksam bestellten Verwalter ohne Anstellungsvertrag?" – nur wie folgt beantwortet werden.

---

12 *K. Schmidt*, Gesellschaftsrecht, 3. Aufl, § 14 III 2 a) b), S. 422, 423; MünchKomm/*Röll* § 26 WEG Rz. 8; *Müller*, Praktische Fragen des Wohnungseigentums, 3. Aufl., S. 431 Rz. 531; *Schmidt* WE 1998, 209 (210) sehen im Wohnungseigentumsrecht die Bestellung bereits als ein „gesetzliches Schuldverhältnis sui generis".

13 So *K. Schmidt*, Gesellschaftsrecht, 3. Aufl., § 10 I 3, S. 261, 262; die Organtheorie wurde von *Otto v. Gierke* begründet, die überwundene Vertretertheorie vertrat *Friedrich Carl v. Savigny*.

14 *Schmidt*, WE 1998, 209, 210; *Belz*, WE 1998, 369; MünchKomm/*Röll*, § 26 WEG Rz. 8; *Röll*, Handbuch für Wohnungseigentümer und Verwalter, S. 169 Rz. 296.

III. Zwischenergebnis

Ja, es gibt den wirksam bestellten Verwalter ohne Verwaltervertrag. Die Vertragstheorie ist auf das Verhältnis von Bestellung und Anstellung des Verwalters nicht mehr anzuwenden. Mit der Bestellung entsteht ein organschaftliches Rechtsverhältnis, welches die gesetzlichen Rechte und Pflichten gemäß §§ 24, 25 Abs. 4, 27 und 28 WEG begründet, unabhängig von dem Abschluss eines Verwaltervertrages[15]. Die Bestellung und Anstellung des Verwalters sind in Entstehung, Bestand und Beendigung rechtlich voneinander unabhängig und diesbezüglich eigenständig zu prüfen.

IV. Ansprüche des Verwalters ohne Verwaltervertrag gegen die Wohnungseigentümer

Rechtsprechung und Literatur sahen bisher keinen Anlass, der Frage von Ansprüchen eines Verwalters ohne Verwaltervertrag nachzugehen[16]. Denn bei einer wirksamen Bestellung des Verwalters durch die Wohnungseigentümer gemäß § 26 WEG konnte auf der Grundlage der Vertragstheorie immer auch der Abschluss eines Verwaltervertrages angenommen werden[17].

Richtigerweise ist der Abschluss des Verwaltervertrages nach den Grundsätzen der allgemeinen Rechtsgeschäftslehre eigenständig zu prüfen. Die organschaftliche Bestellung hat keinen Einfluss auf die Abgabe schuldrechtlicher Willenserklärungen. Nur wenn vor der Bestellung der Bewerber mit den Wohnungseigentümern schon die wesentlichen Bestandteile seines Anstellungsvertrages ausgehan-

15 So bereits *Müller*, WE 1997, 449 (450); *ders.* Praktische Fragen des Wohnungseigentums, S. 431 Rz. 531; *Schmidt*, WE 1999, 209 (210); nunmehr auch *Merle* in Bärmann/Pick/Merle, 8. Aufl., § 26 WEG Rz. 25.

16 Nur *Lüke*, WE 1997, 164 (165), wirft die Frage auf und geht ihr in einer Fußnote (Fn. 24) nach.

17 BGH, Urt. v. 10.7.1980 – VII ZR 328/79, BGHZ 78, 57 (66) = NJW 1980, 2466 (2468, rechte Spalte); OLG Hamm, Beschl. v. 21.8.1996 – 15 W 174/96, WE 1997, 28 (29); *Palandt/Bassenge*, § 26 WEG Rz. 7; das BayObLG, Beschl. v. 18.3.1997 – 2 Z BR 98/96, WE 1997, 396 (397), setzt das Erfordernis eines Anstellungsvertrages bedenklicherweise sogar über die gesetzliche Auslegungsregel des § 154 Abs. 2 BGB.

delt hat oder von ihm ein bestimmtes Angebot unterbreitet worden ist, kann ein konkludenter Abschluss des Anstellungsvertrages im Zuge der Bestellung angenommen werden[18]. Denn auch ein konkludentes Vertragsangebot und seine Annahme müssen auf einem konkreten Geschäftswillen beruhen[19] und die wesentlichen Vertragsbedingungen enthalten[20].

Im Folgenden werden Ansprüche des bestellten Verwalters für den Ausnahmefall untersucht, dass nach allgemeinen Auslegungsgrundsätzen kein Anstellungsvertrag zwischen den Wohnungseigentümern und dem Verwalter abgeschlossen worden ist. Ein vertraglicher Vergütungsanspruch besteht in diesem Fall nicht[21].

1. Ansprüche des Verwalters ohne Vertrag nach den Regeln der Geschäftsführung ohne Auftrag

Der Bundesgerichtshof[22] führte im Jahre 1997 aus, „dass eine Anwendung der Vorschriften über die Geschäftsführung ohne Auftrag in Betracht kommt, wenn eine mit ihrer Zustimmung zum Verwalter bestellte Person ohne Verwaltervertrag tätig ist". Demzufolge könnten dem Verwalter ohne Vertrag Aufwendungsersatzansprüche gegen die Wohnungseigentümer gemäß §§ 670, 683, 677 BGB zustehen. Ansprüche nach den Regeln der Geschäftsordnung ohne Auftrag sind gemäß § 677 2. Fall BGB jedoch nur gegeben, wenn der Verwalter für die Wohnungseigentümer ein Geschäft besorgt, ohne von ihnen beauftragt oder ihnen gegenüber sonst dazu berechtigt zu sein. Eine „sonstige Berechtigung" im Sinne dieser Vorschrift ist jede gesetzlich eingeräumte Befugnis, die Geschäfte eines anderen zu besorgen[23]. Eine solche Befugnis steht dem wirksam bestellten

---

18 Für das GmbH-Recht *Zöllner* in Baumbach/Hueck, GmbHG, § 35 Rz. 94.

19 Vgl. *Brox*, Allgemeiner Teil des Bürgerlichen Gesetzbuches, 24. Aufl., S. 52 Rz. 81, S. 54 Rz. 88, zu dieser Voraussetzung eines konkludenten Vertrages.

20 So auch *Schmidt*, WE 1998, 209 (210 b).

21 BayObLG, Beschl. v. 14.12.1995 – 2Z BR 94/95, WE 1996, 314 (315); BayObLG, Beschl. v. 6.10.1986 – 2 Z 88/85, BayObLGZ 86, 368 (369): Denn maßgeblich für den Anspruch auf Vergütung ist der Verwaltervertrag und nicht die Bestellung.

22 BGH, Urt. v. 6.3.1997 – III ZR 248/95, NJW 1997, 2106 (2107) = WE 1997, 306 (307).

23 *Brox*, Besonderes Schuldrecht, 23. Aufl., S. 283 Rz. 368.

Organ einer juristischen Person, z. B. dem Vereinsvorstand, genauso wie den Amtsträgern der freiwilligen Gerichtsbarkeit, etwa Insolvenzverwalter, Vormund oder Pfleger, zu[24]. Auch der Verwalter hat einen gesetzlichen Aufgaben- und Befugniskreis, insbesondere den unentziehbaren gemäß § 27 Abs. 3 WEG. Nach der hier vertretenen Organtheorie ist der Verwalter allein aufgrund seiner Bestellung zur Geschäftsführung *berechtigt* und *verpflichtet*. Der Verwalter ohne Vertrag kann somit wegen des negativen Tatbestandsmerkmals des § 677 2. Fall BGB keinen Aufwendungsersatz von den Wohnungseigentümern gemäß §§ 670, 683, 677 BGB verlangen.

Die widersprüchliche Aussage des Bundesgerichtshofes[25] ist nur auf der Grundlage der Vertragstheorie nachvollziehbar und zeigt, dass die Rechtsprechung weiterhin der Vertragstheorie folgt. § 677 2. Fall BGB steht der Anwendung der Regeln der Geschäftsführung ohne Auftrag nämlich dann nicht entgegen, wenn eine Verwalterbestellung ohne Verwaltervertrag generell als unwirksam angesehen wird[26]. Ohne Anstellungsvertrag besteht nach der Vertragstheorie auch keine Berechtigung zur Geschäftsführung im Sinne des § 677 2. Fall BGB. Wird ein Verwaltervertrag hingegen nicht mehr als Bedingung einer wirksamen Bestellung gefordert, so schließt das eigenständig wirksame Bestellungsrechtsverhältnis gemäß § 677 2. Fall BGB Aufwendungsersatzansprüche des tätigen Verwalters gegen die Wohnungseigentümer nach den Regeln der Geschäftsführung ohne Auftrag aus.

24 MünchKomm/*Seiler*, § 677 Rz. 36; *Staudinger/Wittmann*, Vorbem. § 677 Rz. 40; *Palandt/Sprau*, § 677 Rz. 11.

25 Der BGH, Urt. v. 6.3.1997 – III ZR 248/95, NJW 1997, 2106 (2107), bezieht sich zur Begründung für die Anwendbarkeit der GoA auf eine frühere Entscheidung (BGH, Urt. v. 7.3.1989 – XI ZR 25/88, ZMR 1989, 265), in der jedoch weder eine wirksame Bestellung noch ein wirksamer Anstellungsvertrag vorlagen. Die Gleichsetzung dieser beiden Fälle hinsichtlich ihrer Rechtsfolgen ist nur nach der Vertragstheorie haltbar, vgl. *Merle* in Bärmann/Pick/Merle, § 26 WEG Rz. 120 c.

26 Diese Ansicht vertritt *Staudinger/Bub*, § 26 WEG Rz. 227, 287, als Anhänger der Vertragstheorie.

2. Aufwendungsersatzanspruch analog §§ 670, 27 Abs. 3, 713 BGB

Aufwendungsersatz gemäß § 670 BGB könnte dem Verwalter ohne Verwaltervertrag für seine Tätigkeit im Wege einer Analogie zu §§ 27 Abs. 3, 713 BGB zugesprochen werden. Im Vereinsrecht ist die unentgeltliche, ehrenamtliche Tätigkeit des Vorstands der Normalfall, die Geschäftsführung und Vertretung in Gesellschaften bürgerlichen Rechts wird ebenfalls zumeist unentgeltlich vorgenommen. Dennoch hat der Gesetzgeber für Organe des Verbandsrechts in § 27 Abs. 3 BGB und für die geschäftsführenden Gesellschafter der Personengesellschaften in § 713 BGB mittels Verweises den Aufwendungsersatzanspruch gem. § 670 BGB festgeschrieben. An dieser Stelle lässt sich ein weiterer allgemeiner Rechtsgedanke des Gesellschaftsrechts entwickeln, dass einem für eine Vereinigung Handelnden zumindest der Aufwendungsersatzanspruch gemäß § 670 BGB zustehen soll, selbst wenn er aufgrund seiner „Organstellung" zur Tätigkeit verpflichtet ist[27]. Das WEG selbst enthält keine §§ 27 Abs. 3, 713 BGB entsprechende Vorschrift, es besteht damit eine Regelungslücke. Gerade in kleineren Gemeinschaften ist es jedoch vorstellbar, dass ein Wohnungseigentümer förmlich zum Verwalter bestellt wird, ohne dass er mit den übrigen Wohnungseigentümern einen Verwaltervertrag schließt oder dies auch nur will. Seine selbstlose Verwaltertätigkeit steht im Einklang mit dem WEG. Die Planwidrigkeit der Regelungslücke wird umso deutlicher, wenn man bedenkt, dass ein Verwalter oft jahrelang tätig ist, das WEG ihm dennoch für seine freiwillig erbrachten Vermögensopfer keinen Aufwendungsersatzanspruch gewährt. Die Rechts- und Interessenlage ist mit derjenigen der §§ 27 Abs. 3, 713 BGB vergleichbar. Der Aufwendungsersatzanpruch des Verwalters ohne Vertrag gegen die Wohnungseigentümer analog §§ 670, 27 Abs. 3, 713 BGB ist zu bejahen[28].

27 Der allgemeine Rechtsgedanke des Aufwendungsersatzanspruches fußt damit auf einem im Gesetz angelegten Prinzip, vgl. *Larenz*, Methodenlehre, Kapitel 5 2 b), S. 381, zu dieser Voraussetzung einer Analogie.

28 Der Verweis auf die §§ 664 bis 670 BGB analog §§ 27 Abs. 3, 713 BGB begründet andererseits Ansprüche der Wohnungseigentümer gegen den Verwalter auf Auskunft, Rechnungslegung und Herausgabe von Verwalterunterlagen.

3. Umfang des Aufwendungsersatzanspruchs analog §§ 670, 27 Abs. 3, 713 BGB

Der Umfang des Anspruchs analog §§ 670, 27 Abs. 3, 713 BGB gegen die Wohnungseigentümer beschränkt sich auf den Ersatz für die tatsächlich erbrachten Vermögensopfer des Verwalters ohne Verwaltervertrag[29]. Aufwendungsersatz in Höhe der üblichen Vergütung kann nicht verlangt werden. Denn sobald der Gesetzgeber eine Vergütung für geleistete Dienste über den geringeren Aufwendungsersatz hinaus gewähren will, hält er eine ausdrückliche Regelung als Rechtsgrundlage für unverzichtbar, wie etwa die Regelungen der §§ 1835, 1836 BGB für den Vormund und des § 2221 BGB für den Testamentsvollstrecker zeigen. Der Bundesgerichtshof hat aufgrund dessen bereits Aufwendungsersatz in Höhe einer angemessenen, üblichen Vergütung für den Vereinsvorstand gemäß § 27 Abs. 3 i.V.m. § 670 BGB verneint[30]. Im Wohnungseigentumsgesetz sah der Gesetzgeber davon ab, einen Anspruch des Verwalters auf eine angemessene Vergütung gesetzlich festzuschreiben. Damit ist entschieden, dass auch eine unentgeltliche Tätigkeit des Verwalters dem gesetzlichen Leitbild des WEG entspricht. Der Ersatzanspruch, welcher dem Verwalter ohne Verwaltervertrag gegen die Wohnungseigentümer zusteht, ist auf diejenigen Aufwendungen beschränkt, welche der Verwalter im Rahmen seiner Verwaltertätigkeit den Umständen nach für erforderlich halten darf[31]. Eine Vergütungspflicht ist aus § 670 BGB nicht abzuleiten[32].

V. Zusammenfassung

Die Bestellung des Verwalters gemäß § 26 WEG ist auch ohne Anstellungsvertrag wirksam. Die Vertragstheorie ist im Wohnungseigentumsrecht aufzugeben. Dem Verwalter ohne Vertrag steht gegen die Wohnungseigentümer ein Aufwendungsersatzanspruch analog §§ 670, 27 Abs. 3, 713 BGB zu. Rechtsprechung und Literatur

29 Dazu *Palandt/Sprau*, § 670 Rz. 4.

30 BGH, Urt. v. 14.12.1987 – II ZR 53/87, NJW-RR 1988, 745 (746); ebenso MünchKomm/*Seiler*, § 670 Rz. 19, 20; MünchKomm/*Reuter*, § 27 Rz. 21.

31 *Palandt/Sprau*, § 670 Rz. 4 zu diesem Maßstab.

32 MünchKomm/*Seiler*, § 670 Rz. 19, 20.

sind aufgerufen, diesen Grundlagenwandel im Wohnungseigentumsrecht zu vollziehen[33]. Den Verwalter mögen diese Ergebnisse mehr verunsichern, als vonnöten ist. Denn es steht jedem Verwalter frei, seine Zustimmung zur Bestellung erst zu erklären, nachdem die Bedingungen des Anstellungsvertrages ausgehandelt sind. Auch nach wirksamer Bestellung kann ein Verwalter mit den Wohnungseigentümern noch einen seine Vergütung sichernden Vertrag schließen, notfalls kann er sein Amt niederlegen. Rechtsdogmatisch unhaltbar wurde nach der Vertragstheorie jedoch auch demjenigen Verwalter eine vertragliche Vergütung zugesprochen, der niemals rechtsgeschäftliche Erklärungen auf Abschluss eines Anstellungsvertrages abgegeben hat. Das Risiko der Tätigkeit ohne Vergütung liegt im Einklang mit den Regelungen des WEG und BGB bei dem Verwalter.

33 BGH, Urt. v. 6.3.1997 – III ZR 248/95, NJW 1997, 2106 (2107), stellte obiter bereits fest, dass „einem Verwalter billigerweise nicht zugemutet werden kann, seine ‚Verwalter*pflichten*' ohne gesicherte vertragliche Grundlage zu erfüllen". Der Weg zur rechtsdogmatisch begründeten Abkehr von der Vertragstheorie ist somit eröffnet.

Die Abrechnungspflicht des ehemaligen Verwalters

Holger Reichert
Rechtsanwalt, Mainz

Inhaltsübersicht

I. Problematik und Meinungsstand

Gemäß § 28 III WEG hat der Verwalter nach Ablauf des Kalenderjahres eine Abrechnung aufzustellen[1]. Findet ein Verwalterwechsel während des Kalenderjahres statt, so bleibt der ehemalige Verwalter nach einhelliger Auffassung verpflichtet, die zum Zeitpunkt seines Ausscheidens bereits fälligen Jahresabrechnungen vorangegangener Abrechnungsperioden zu erstellen. Für das laufende Jahr ist er aber nur zur Rechnungslegung und nicht mehr zur Erstellung der Jahresabrechnung verpflichtet. Begründet wird dies damit, dass eine derartig erstellte „Jahresabrechnung" nicht zur Grundlage von Beschlüssen oder Wohngeldzahlungen der Gemeinschaft gemacht

1 Durch Vereinbarung kann auch ein vom Kalenderjahr abweichendes Wirtschaftsjahr bestimmt werden.

wird und eine solcher Anspruch dem Verwalter gegenüber damit unverhältnismäßig wäre.

Umstritten ist die Rechtslage, wenn der Verwalter zum Ende des Kalenderjahres ausscheidet. Hier ist zunächst zu untersuchen, ob in der Vereinbarung (Gemeinschaftsordnung) oder im Verwaltervertrag vorgesehen wurde, dass der ausscheidende Verwalter die Jahresabrechnung für das Jahr seines Ausscheidens noch zu erstellen hat, oder ob er diese Pflicht nachträglich durch Vertrag den Wohnungseigentümern gegenüber übernommen hat. Ist dies nicht der Fall, wird sowohl vertreten, dass nach dem Gesetz der ehemalige Verwalter verpflichtet bleibt, die Jahresabrechnung zu erstellen, als auch, dass dies nunmehr zum Pflichtenkreis seines Nachfolgers gehört.

Nach überwiegender Auffassung in der Literatur[2] und gefestigter Rechtsprechung[3] ist Verwalter i.S.d. § 28 III WEG nur der im Zeitpunkt der Fälligkeit des Abrechnungsanspruchs amtierende. Das Ende des Verwalteramtes befreie von einer zu diesem Zeitpunkt noch nicht fälligen Verpflichtung. Die Verpflichtung zur Abrechnung des Vorjahres werde erst im folgenden Jahr fällig, gehöre daher zu den Obliegenheiten des Folgejahres und sei deshalb alleinige Aufgabe des neuen Verwalters[4]. Bei der Pflicht zur Aufstellung der Jahresabrechnung handele es sich nicht um eine höchstpersönliche Pflicht, vielmehr könne diese Aufgabe bei Vorlage der notwendigen Unterlagen auch der neue Verwalter erledigen. Zwischen der Amtsführung und der Abrechnung bestehe kein so enger zeitlicher Zusammenhang, dass die Abrechnung als Teil des Verwaltungsauftrages für das vergangene Jahr anzusehen sei[5].

---

2 *Staudinger/Bub*, BGB, 12. Aufl. 1997, § 28 WEG Rz. 274; *Bub*, Wohnungseigentum von A-Z, 6. Aufl. 1991, S. 14; *Niedenführ* in Niedenführ/Schulze, WEG, 5. Aufl. 2000, § 28 Rz. 72; *Müller*, Praktische Fragen des Wohnungseigentums, 3. Aufl. 1999, S. 429 Rz. 529; *Deckert*, Die Eigentumswohnung, 4/550 ff.; offen gelassen bei *Merle* in Bärmann/Pick/Merle, WEG, 8. Aufl. 2000, § 28 Rz. 60.

3 KG, Beschl. v. 4.10.1991 – 24 W 6659/90, zitiert bei *Dittrich*, ZMR 1992, 217, 222; BayObLG, Beschl. v. 20.12.1994 – 2 Z BR 106/94, WuM 1995, 341 ff.; BayObLG, Beschl. v. 13.9.1993 – 2 Z BR 66/93, WuM 1994, 44 f.

4 LG Frankfurt, Beschl. v. 8.6.1984 – 2/9 T 586/83, MDR 1985/59.

5 OLG Köln, Beschl. v. 30.10.1985 – 16 Wx 88/85, NJW 1986, 328 f.

Die von Teilen der Literatur vertretene Gegenansicht beruft sich darauf, die Pflichten des Verwalters zur Erstellung von Wirtschaftsplan (§ 28 I WEG), Jahresabrechnung (§ 28 III WEG) und einer Rechnungslegung (§ 28 IV WEG) seien jeweils als Bestandteile einer einheitlichen Abrechnungspflicht anzusehen, welche nicht aufgeteilt werden könne. Eine Jahresabrechnung könne naturgemäß erst nach Ablauf des Abrechnungszeitraumes erstellt werden, was aber nichts an der Person des hierzu Verpflichteten ändere[6]. Die Jahresabrechnung sei eine Hauptpflicht des Verwalters, welche bei der Festlegung des Honorars Berücksichtigung gefunden habe. Erfülle er diese nicht, so habe er das ihm geschuldete Honorar komplett erhalten, ohne die von ihm geschuldete Gegenleistung voll erbringen zu müssen[7]. Aus dem Gesichtspunkt der Verantwortlichkeit folge, dass nur der bisherige Verwalter Rechenschaft über seine Arbeit ableisten könne, nicht aber der neue Verwalter für die Arbeit des ehemaligen[8]. Letztlich sprächen vor allem auch praktische Erwägungen wie etwa der für den neuen Verwalter erhöhte Arbeitsaufwand für eine Verpflichtung des ausgeschiedenen Verwalters[9].

II. Die Person des Verpflichteten – Auslegung des § 28 III WEG

Ob § 28 III WEG eine nachwirkende Pflicht des ausscheidenden oder eine Pflicht des amtierenden Verwalters festlegt, ist durch Auslegung zu ermitteln.

1. Grammatikalische Auslegung

Der Wortlaut des § 28 III WEG spricht schlicht von dem „Verwalter", der „nach Ablauf des Kalenderjahres eine Abrechnung aufzustellen" hat, und eröffnet grundsätzlich beide Auslegungsmöglichkeiten.

6 *Jennißen*, Die Verwalterabrechnung nach dem WEG, 4. Aufl. 1999, XI. Rz. 4.

7 *Sauren*, ZMR 1985, 326, 327.

8 *Sauren*, ZMR 1985, 326, 327.

9 *Röll*, WE 1986, 22.

2. Systematische Auslegung

a) Gesetzesinterne Systematik

Das WEG verwendet den Begriff des Verwalters in zahlreichen Vorschriften[10] für den amtierenden, in seltenen Fällen auch für den noch zu bestellenden Verwalter. Soweit das Gesetz die Rechtsstellung des Verwalters darlegt, treffen die Rechte und Pflichten immer den amtierenden Verwalter. Lediglich in Ausnahmefällen wie etwa bei der Anfechtung des Abberufungsbeschlusses durch den abberufenen Verwalter wird eine analoge Anwendung bestimmter Vorschriften (hier § 43 I Nr. 4 WEG) auf den ehemaligen Verwalter von der überwiegenden Meinung befürwortet[11].

Dieser Grundsatz gilt auch im Rahmen des § 28 WEG. Als Beleg dafür, dass als Verwalter i.S.d. § 28 III WEG nicht nur derjenige anzusehen ist, der das Amt nach Ablauf des Kalenderjahres tatsächlich innehat, wird zwar in der Literatur als systematischer Verweis § 28 IV WEG angeführt[12]. Danach können die Wohnungseigentümer durch Mehrheitsbeschluss jederzeit von dem Verwalter Rechnungslegung verlangen, nach einhelliger Auffassung auch dann, wenn der Verwalter bereits ausgeschieden ist. Damit würde hier eine nachwirkende Pflicht des ehemaligen Verwalters begründet.

Dem ist jedoch entgegenzuhalten, dass der Gesetzgeber auch in § 28 IV WEG, wie in sämtlichen anderen Vorschriften, nur von „dem Verwalter" spricht, und daher grundsätzlich den amtierenden Verwalter meint. In Frage käme daher nur eine entsprechende Anwendung des § 28 IV WEG in dem Sinne, dass auch der ehemalige Verwalter jederzeit durch Mehrheitsbeschluss zur Rechnungslegung ver-

10 §§ 20, 24, 25 IV, 26, 27, 28, 29 II, 43 I Nr. 2-4, IV Nr. 2 WEG.

11 So handelt es sich auch z. B. bei Streitigkeiten zwischen dem ausgeschiedenen Verwalter und den Wohnungseigentümern über eine noch ausstehende Vergütung nur um eine analoge Anwendung der §§ 43 I Nr. 2, IV Nr. 2 WEG, bei Schadensersatzforderungen gegen den ehemaligen Verwalter wird § 43 IV Nr. 2 WEG analog angewendet. Dass es sich hier wegen des Wortlauts der Vorschrift nicht um eine direkte Anwendung handelt, wird in der Rechtsprechung (anders als bei der Anfechtung des Abberufungsbeschlusses, BGH, Beschl. v. 1.12.1988 – V ZB 6/88, BGHZ 106, 113, 122) jedoch nicht klargestellt.

12 *Jennißen*, Die Verwalterabrechnung nach dem WEG, 4. Aufl. 1999, XI Rz. 4, der von § 28 III spricht, wohl aber § 28 IV meint.

pflichtet werden kann. Dies setzt, da es sich auch hier um eine Analogie handeln würde, das Vorhandensein einer Regelungslücke voraus. Da der ausscheidende Verwalter aber ohnehin wegen des zugrunde liegenden Vertragsverhältnisses aus §§ 675, 666 BGB zur Rechnungslegung auf den Zeitpunkt seines Ausscheidens verpflichtet ist, besteht eine solche Regelungslücke nicht. Für eine Analogie ist damit kein Raum.

Auch aus § 28 V WEG, wonach die Wohnungseigentümer durch Stimmenmehrheit über den Wirtschaftsplan, die Abrechnung und die Rechnungslegung des Verwalters beschließen, ergibt sich nichts Gegenteiliges. Die Pflicht zur Aufstellung des Wirtschaftsplanes (§ 28 I 1 WEG), der Abrechnung (§ 28 III WEG) und, wie soeben dargestellt, der Rechnungslegung (§ 28 IV WEG) trifft den im Zeitpunkt der Entstehung dieser Verpflichtungen (noch) amtierenden Verwalter, auch wenn er bei Fassung des Beschlusses der Wohnungseigentümer bereits ausgeschieden sein sollte. Schließlich legt § 28 V WEG selbst keine Rechte und Pflichten des Verwalters fest, da er die dem WEG unbekannte Entlastung[13] des Verwalters nicht regelt.

Das WEG berechtigt und verpflichtet damit nur den Verwalter, der das Amt zum Zeitpunkt der Begründung einer Berechtigung oder Verpflichtung innehat. Aus der Systematik des WEG folgt, dass die in § 28 III WEG geregelte Verpflichtung zur Erstellung der Jahresabrechnung den im Zeitpunkt ihrer Entstehung amtierenden Verwalter treffen soll.

b) *Gesetzesexterne Systematik*

Sämtliche Vorschriften des Zivilrechts, nach denen ein Dritter fremdes Vermögen zu verwalten hat, fordern von diesem bei Beendigung seiner Pflicht zwar eine umfassende Rechnungslegung[14]. Da eine Abrechnung aber nicht erforderlich ist, hilft eine systematische Auslegung insoweit nicht weiter.

13 *Merle* in Bärmann/Pick/Merle, WEG, 8. Aufl. 2000, § 28 Rz. 109.

14 So u.a. für den Verein: §§ 27 III, 666 BGB; für den Vormund §§ 1840, 1890 BGB; für den Testamentsvollstrecker §§ 2218, 666 BGB, für den Konkursverwalter § 86 KO; für den Insolvenzverwalter § 66 I InsO. Soweit darüber hinaus noch Jahresrechnungen zu erstellen sind, genügt teilweise die Bezugnahme auf diese (§ 1890 S. 2 BGB).

Die gesetzlichen Vertreter von Kapitalgesellschaften haben den Jahresabschluss „in den ersten drei Monaten des Geschäftsjahres für das vergangene Geschäftsjahr aufzustellen“ (§ 264 I 2 HGB). Der Jahresabschluss der Genossenschaft ist vom Vorstand „in den ersten fünf Monaten des Geschäftsjahres für das vergangene Geschäftsjahr aufzustellen“ (§ 336 I 2 HGB). Diese gesetzlichen Regelungen begründen beim Ausscheiden der gesetzlichen Vertreter zum Ende des vergangenen Geschäftsjahres ihrem Wortlaut nach eine Pflicht des amtierenden, d.h. des neuen gesetzlichen Vertreters.

Eine den handelsrechtlichen Bestimmungen ähnliche Formulierung enthält im Übrigen auch das österreichische WEG vom 1.9.1975[15]. Nach § 17 I Nr. 1 dieses Gesetzes hat der Verwalter „im Allgemeinen spätestens bis zum 30.6. eines jeden Jahres über das vorausgegangene Jahr jedem Miteigentümer eine ordentliche und richtige Abrechnung zu legen ...“. Eine Diskussion, ob den zum 31.12. des Vorjahres ausscheidenden Verwalter neben seiner Rechnungslegungspflicht bis zu diesem Zeitpunkt auch noch die Pflicht zur Einzelabrechnung trifft, findet in Österreich, soweit ersichtlich, nicht statt.

3. Historische Auslegung

In der Begründung des Bundesrats zum Entwurf eines Gesetzes über das Wohnungseigentum und das Dauerwohnrecht[16] findet sich zu dem hier aufgeworfenen Problem kein Hinweis.

4. Teleologische Auslegung

Sinn und Zweck des § 28 III WEG ist es in erster Linie, für die Wohnungseigentümer sicherzustellen, dass sie nach Ablauf eines Kalenderjahres eine Jahresabrechnung erhalten[17]. Zur Erfüllung dieses Zweckes ist es grundsätzlich unerheblich, ob der ausgeschiedene oder der neue Verwalter die Jahresabrechnung erstellt. Dem Zweck

---

15 Eine dem § 17 WEG entsprechende Vorschrift war in dem den Vätern des deutschen WEG bekannten (PiG 8, 223, 224) österreichischen WEG vom 8.7.1948 (BGBl. Nr. 149/1948) nicht vorhanden.

16 BR-Drucks. 75/51; PIG 8, 223, 235

17 LG Frankfurt, Beschl. v. 8.6.1984 – 2/9 T 586/83, ZMR 1985, 348.

einer Rechnungslegung des Verwalters über seine im abgelaufenen Abrechnungsjahr geleistete Arbeit wird bereits durch die nach §§ 675, 666 BGB vorzulegende Gesamtabrechnung Genüge getan. Ein Rückgriff auf § 28 III WEG ist insoweit überflüssig.

5. Zwischenergebnis

Aufgrund der Systematik des Gesetzes ist davon auszugehen, dass § 28 III WEG eine Verpflichtung zur Aufstellung der Jahresabrechnung des im Zeitpunkt ihrer Begründung amtierenden Verwalters festlegt. Dieses Ergebnis ist mit Sinn und Zweck der Vorschrift vereinbar. Offen und damit klärungsbedürftig bleibt allerdings noch, zu welchem Zeitpunkt die Verpflichtung zur Abrechnung entsteht.

III. Der Entstehungszeitpunkt der Abrechnungspflicht

1. Meinungsstand und Kritik

Vereinzelt wird vertreten, dass die auf § 28 III WEG gestützte Verpflichtung, eine Abrechnung aufzustellen, bereits „mit“ dem Ablauf des Kalenderjahres entsteht[18] oder fällig wird[19] und daher den Verwalter trifft, der zu dieser Zeit amtiert. Eine solche Festlegung des Zeitpunkts der Entstehung der Verpflichtung ist jedoch mit dem Wortlaut des § 28 III WEG unvereinbar, welcher ausdrücklich eine Aufstellung der Jahresabrechnung „nach“ und nicht „mit“ Ablauf des Kalenderjahres regelt.

Die ganz überwiegende Meinung[20] hält den nach Ablauf des Kalenderjahres bei Eintritt der Fälligkeit amtierenden Verwalter für

18 *Jennißen*, Die Verwalterabrechnung nach dem WEG, 4. Aufl. 1999, VII Rz. 102, vertritt im Rahmen von Nachzahlungsbeiträgen der Wohnungseigentümer aus einer beschlossenen Jahresabrechnung, dass der Anspruch bereits mit der theoretischen Abrechnungsmöglichkeit am 31.12. eines Jahres entsteht (und daher ab diesem Zeitpunkt verjährt). Nichts anderes dürfte dieser Auffassung nach für den Anspruch der Wohnungseigentümer auf Aufstellung der Jahresabrechnung gelten.

19 KG, Beschl. v. 16.9.1992 – 24 W 5725/91, NJW-RR 1993, 529.

20 *Staudinger/Bub*, BGB, 12. Aufl. 1997, § 28 WEG Rz. 274; *Bub*, Wohnungseigentum von A-Z, 6. Aufl. 1991, S. 14; *Niedenführ* in Niedenführ/Schulze,

abrechnungspflichtig, wobei die Fälligkeit mit der Entstehung der Verpflichtung teilweise gleichgesetzt wird[21]. Wann der Anspruch der Wohnungseigentümer auf Aufstellung und Vorlage der Jahresabrechnung fällig wird, regelt das WEG nicht. Übereinstimmend wird davon ausgegangen, dass die Fälligkeit nach Ablauf einer angemessenen Frist von in der Regel drei bis höchstens sechs Monaten nach Ablauf des Kalenderjahres eintritt. Für die Dauer der Frist sind im Einzelfall u.a. Umfang und Schwierigkeitsgrad der jeweiligen Abrechnung und die Zeit, die zur Beschaffung der notwendigen Daten erforderlich ist, maßgebend[22].

Diese Ansicht führt in der Praxis zu dem großen Nachteil, dass der Zeitpunkt der Fälligkeit, da er von Schwierigkeit und Umfang der Jahresabrechnung abhängig ist, oftmals unklar bleibt und im Prinzip in jedem Einzelfall gesondert bestimmt werden muss. Zusätzlich wird die Einordnung des Schwierigkeitsgrades einer Jahresabrechnung auch dadurch erschwert, dass subjektive Leistungsfähigkeit und Erfahrung der Verwalter unterschiedlich sind, so dass auf einen sog. „objektiven Durchschnittsverwalter" abgestellt werden müsste. Scheidet ein Verwalter etwa zum 31.3. eines Jahres aus, kann für das abgelaufene Kalenderjahr leicht Streit darüber entstehen, ob der alte oder der neue Verwalter die Jahresabrechnung zu erstellen hat"[23]. Dieser Streit müsste durch Nachforschungen über Schwierigkeitsgrad, Umfang und sonstige erhebliche Umstände des zu beurteilenden Einzelfalls (vor Gericht womöglich jeweils durch ein Sachverständigengutachten) geklärt werden, damit der Zeitpunkt der Fälligkeit bestimmt werden kann.

Neben den praktischen Schwierigkeiten erscheint ein Abstellen auf die Fälligkeit auch unbillig, da hierdurch gerade bei schwierigen

WEG, 5. Aufl. 2000, § 28 Rz. 72; *Müller*, Praktische Fragen des Wohnungseigentums, 3. Aufl. 1999, S. 429 Rz. 529; *Deckert*, Die Eigentumswohnung, 4/550 ff.; offen gelassen bei *Merle* in Bärmann/Pick/Merle, WEG, 8. Aufl. 2000, § 28 Rz. 60; KG, Beschl. v. 4.10.1991 – 24 W 6659/90, zitiert bei *Dittrich*, ZMR 1992, 217, 222; BayObLG, Beschl. v. 20.12.1994 – 2 Z BR 106/94, WuM 1995, 341 ff.; BayObLG, Beschl. v. 13.9.1983 – 2 Z BR 66/93, WuM 1994, 44 f.

21 OLG Hamm, Beschl. v. 17.3.1993 – 15 W 260/92, DWE 1993, 114 f.

22 *Bub*, Das Finanz- und Rechnungswesen der Wohnungseigentümergemeinschaft, 2. Aufl. 1996, S. 45 Rz. 11.

23 *Müller*, Praktische Fragen des Wohnungseigentums, 3. Aufl. 1999, S. 430 Rz. 529.

und umfangreichen Abrechnungen dem zum Abrechnungszeitraum amtierenden Verwalter länger die Möglichkeit eingeräumt wird, sich der Abrechnung durch Amtsniederlegung zu entziehen.

2. Entstehung und Fälligkeit der Abrechnungspflicht

Eine Festlegung auf den Zeitpunkt der Fälligkeit des Anspruchs als maßgebliches Kriterium zur Bestimmung der Person des Abrechnungsverpflichteten ist jedoch nicht zwingend. Es ist nämlich zwischen der Fälligkeit eines Anspruchs und seiner Entstehung zu differenzieren. Richtigerweise macht eine solche Trennung zwar bei der Regelung der Verjährung eines Anspruchs im Rahmen des § 198 BGB, welcher ausdrücklich von der Entstehung des Anspruchs spricht, aber dessen Fälligkeit meint, keinen Sinn, da entscheidend für die Verjährung sein muss, ab wann ein Anspruch auch erfolgreich klageweise geltend gemacht werden kann. Diese Ungenauigkeit des Gesetzgebers lässt sich jedoch historisch begründen[24]. Im Übrigen differenziert das Gesetz aber zwischen der Entstehung des Anspruchs und seiner Fälligkeit. So hat beispielsweise nach 271 II BGB der Schuldner das Recht, eine Leistung zu bewirken, obwohl sie noch nicht fällig ist, was als selbstverständlich voraussetzt, dass der Anspruch schon besteht. Der Anspruch auf Rückzahlung eines Darlehns § 607 I BGB entsteht mit zwei übereinstimmenden Willenserklärungen (Darlehensvertrag) und Empfang des Darlehns[25], wird aber (gemäß § 609 I BGB) erst mit Eintritt der Zeitbestimmung oder Kündigung fällig.

Grundsätzlich entsteht ein Anspruch (§ 194 I BGB) bereits dann, wenn der vom Gesetz zu seiner Entstehung verlangte Tatbestand verwirklicht ist, auch wenn der Gläubiger die Leistung zu diesem Zeitpunkt noch nicht verlangen kann, er also noch nicht fällig ist[26].

24 Der ursprüngliche § 158 I des E 1 lautete: „Die Verjährung des Anspruchs beginnt mit dem Zeitpunkt, in welchen die Befriedigung des Anspruchs rechtlich verlangt werden kann (Fälligkeit)." Der Fälligkeitsbegriff wurde von der Kommission für die zweite Lesung, um Definitionsschwierigkeiten zu vermeiden, durch „Entstehung des Anspruchs" ersetzt, ohne dass sich hierdurch sachlich etwas geändert hat. Siehe hierzu: Münchner Kommentar/*von Feldmann*, BGB, 2. Aufl. 1984, § 198 Rz. 1; *Medicus*, Allgemeiner Teil des BGB, 7. Aufl. 1997, S. 49 Rz. 108.

25 *Putzo* in Palandt, BGB, 59. Aufl. 2000, § 607 Rz. 19.

26 *Larenz*, Allgemeiner Teil des Bürgerlichen Rechts, 8. Aufl. 1997, § 17 Rz. 19.

Der gesetzliche Tatbestand des § 28 III WEG lautet: „... nach Ablauf des Kalenderjahres ...", dessen Rechtsfolge ist: „hat ... eine Abrechnung aufzustellen". Mit „Der Verwalter ..." erfolgt die Bezeichnung des Schuldners. Der gesetzliche Tatbestand „... nach Ablauf des Kalenderjahres" ist am 1.1. des Folgejahres erfüllt, der Anspruch an diesem Tage entstanden. Den zu diesem Zeitpunkt amtierenden oder, falls zu diesem Zeitpunkt noch kein Verwalter vorhanden sein sollte, den darauf folgend bestellten Verwalter trifft die Pflicht, die Abrechnung des Vorjahres zu erstellen.

Mit dem Abstellen auf die Entstehung des Anspruchs am Folgetag des Ablaufs des Kalenderjahres lässt sich der zur Abrechnung verpflichtete Verwalter problemlos bestimmen. Dies gilt auch dann, wenn ein vom Kalenderjahr abweichender Abrechnungszeitraum bestimmt ist.

IV. Zusammenfassung

Verwalter i.S.d. WEG ist immer der im Zeitpunkt der Entstehung der Berechtigung oder Verpflichtung amtierende Verwalter. Jede Anwendung von Normen des WEG auf den ehemaligen Verwalter ist eine analoge Anwendung des Gesetzes und nur dann möglich, wenn die Voraussetzungen für eine Analogie auch gegeben sind. Dementsprechend begründet § 28 III WEG eine Pflicht des im Zeitpunkt der Entstehung des Abrechnungsanspruchs der Wohnungseigentümer amtierenden Verwalters für das zurückliegende Kalenderjahr abzurechnen. Der Anspruch entsteht am Tage nach dem Ablauf der Abrechnungsperiode und wird nach drei bis sechs Monaten fällig. Damit hat bei einem Ausscheiden des Verwalters mit Ablauf des Kalenderjahres der Nachfolger die Abrechnung für das abgelaufene Kalenderjahr zu erstellen. Dauert das Amt des Verwalters jedoch über das Jahresende hinaus fort, so ist es grundsätzlich gleichgültig, wann er ausscheidet. Die zum 1.1. des Folgejahres entstandene Pflicht aus § 28 III WEG trifft den danach ausscheidenden Verwalter in jedem Fall. Auf die Frage, wann diese Pflicht fällig wird, kommt es zur Bestimmung der Person des Verpflichteten nicht an.

Aktuelles Recht im Wohnungseigentum

Die neuere Rechtsprechung des BGH zum Recht des Wohnungseigentums

Dr. *Joachim Wenzel*
Vors. Richter am BGH, Karlsruhe

Inhaltsübersicht

Von den nachfolgend vorgestellten neueren Entscheidungen des BGH zum Wohnungseigentumsrecht ist für die Verwalterpraxis vor allem die zum **Mehrheitsbeschluss mit Vereinbarungscharakter** bedeutsam. Sie kann als eine der wichtigsten Entscheidungen in den letzten Jahrzehnten genannt werden. Der Autor erläutert ihre für die Rechtswissenschaft und Rechtspraxis außergewöhnliche Bedeutung[1].

I. Errichtung von Wohnungseigentum

1. Bauhandwerkersicherungshypothek

Vergibt eine Bauherrengemeinschaft oder in deren Namen der Baubetreuer die Bauarbeiten zur Errichtung einer Wohnungs- und Teileigentumsanlage, so sind die Bauherren Vertragspartner der Bauhandwerker. Sofern nicht etwas anderes ausdrücklich vereinbart ist, haften sie diesen gegenüber für die Herstellungskosten allerdings entgegen § 427 BGB nur im vereinbarten Anteilsverhältnis bzw. bei Fehlen einer Vereinbarung im Verhältnis ihrer Miteigentumsanteile[2]. Daraus wird im Schrifttum[3] hergeleitet, dass die Bauhandwerker ihrerseits bei Vorliegen der sonstigen Voraussetzungen des § 648 BGB die Bewilligung der Eintragung einer Sicherungshypothek für Aufbauschulden nur in Höhe des auf die einzelne Wohnung anteilig entfallenden Werklohns beanspruchen können. Anders dürfte es nunmehr nach einem Urteil des VII. ZS vom 30.3.2000[4] zu beurteilen sein. Die Entscheidung betrifft allerdings nicht die Errichtung einer Wohnungseigentumsanlage, sondern den Bau von Reihenhäusern auf nebeneinander liegenden, rechtlich selbständigen Grundstücken. In diesem Fall gewährt § 648 Abs. 1 BGB einen Anspruch auf eine Gesamthypothek, weil ein einheitlicher Werkerfolg auf mehreren Grundstücken des Bestellers geschuldet ist. Erstreckt sich das Bauwerk aber über mehrere Grundstücke, so kann der Unternehmer an jedem dem Besteller gehörenden Grundstück für seine Forderung in voller Höhe die Einräumung einer Sicherungshypothek verlangen, bei mehreren Grundstücken in Form der Gesamthypothek (§ 1132 Abs. 1 BGB). Dabei kommt es auf

1 Siehe hierzu auch *Häublein*, ZWE 2000, 569.

2 BGH v. 18.6.1979 – VII ZR 187/78, BGHZ 75, 26; v. 17.1.1980 – VII ZR 42/78, MDR 1980, 572 = BGHZ 76, 86 (90); v. 8.12.1988 – VII ZR 242/87, MDR 1989, 440 = NJW-RR 1989, 465; *Staudinger/Bub*, § 16 WEG Rz. 15.

3 MünchKomm/*Soergel*, BGB, 3. Aufl., § 648 BGB Rz. 21; *Staudinger/Bub*, § 16 WEG Rz. 17.

4 BGH v. 30.3.2000 – VII ZR 299/96, NJW 2000, 1861.

die Höhe der dem Besteller insgesamt für das Bauwerk erbrachten Leistung, nicht auf den dem einzelnen Grundstück zugeflossenen Wert an. Die rechtliche Selbständigkeit der einzelnen Grundstücke ist kein hinreichender Grund, um hinsichtlich der Sicherheit von dem Unternehmer die Aufteilung des als einheitlich vereinbarten Werkerfolges danach zu verlangen, welche Leistung auf den einzelnen Grundstücken erbracht worden ist. Ein solche Aufteilung widerspräche der vom Gesetz beabsichtigten Sicherung. Sie ist nach dem Wortlaut des § 648 Abs. 1 Satz 1 BGB und nach der Gesetzgebungsgeschichte nicht auf den vom Unternehmer geschaffenen Mehrwert des einzelnen Baugrundstücks beschränkt. Der Gesetzgeber hat dem Mehrwertprinzip nur insoweit Rechnung getragen, als er den Sicherungsanspruch in § 648 Abs. 1 Satz 2 BGB nur der Höhe nach eingeschränkt hat, wenn das Werk noch nicht vollendet ist. Auch die Sicherungsinteressen nachrangiger Unternehmer rechtfertigen keine andere Beurteilung, weil der Gesetzgeber eine Gleichrangigkeit der Sicherungsrechte nicht vorgesehen, sondern sich für das Prioritätsprinzip entschieden hat (§ 879 BGB). Allerdings mag es Fälle geben, in denen eine Gesamthypothek zur Sicherung der vollen Werklohnforderung mit den Sicherungsinteressen des Unternehmers nicht mehr zu vereinbaren ist. Dies dürfte z. B. dann der Fall sein, wenn der Unternehmer wegen einer vergleichsweise geringen Forderung eine Vielzahl von bislang unbelasteten Grundstücken des Bestellers in Anspruch nimmt. Hier ist der Unternehmer gemäß § 242 BGB verpflichtet, einzelne Grundstücke aus der Haftung freizustellen oder nur einzelne Grundstücke haften zu lassen.

Diese für die Bebauung mehrerer Grundstücke entwickelten Grundsätze müssen in gleicher Weise für die Errichtung einer Wohnungs- und Teileigentumsanlage auf einem Grundstück gelten, weil die Miteigentumsanteile einem Grundstück gleichstehen (§ 1114 BGB), ohne dass es darauf ankommt, ob das Objekt vor oder nach Abschluss des Werkvertrages in Wohnungseigentum aufgeteilt wurde. Entsprechend ist bei der Eintragung einer Vormerkung zur Sicherung des Anspruchs auf Einräumung einer Sicherungshypothek in jedem Wohnungsgrundbuch die Vormerkung für die volle Hypothek einzutragen[5].

5 OLG Hamm v. 7.10.1998 – 12 U 19/98, NJW-RR 1999, 383.

2. Gewährleistungsrecht

Nach ständiger Rechtsprechung des VII. Zivilsenats können die sekundären Gewährleistungsrechte wegen behebbarer Mängel am Gemeinschaftseigentum, also der Anspruch auf Minderung oder kleinen Schadensersatz, nur einheitlich durch die Wohnungseigentümer ausgeübt werden. Vor allem muss die Wahl, wenn Minderung oder Schadensersatz, ggf. in Eventualstellung, verlangt werden soll, gemeinschaftlich für alle getroffen werden[6]. Die Gemeinschaft der Wohnungseigentümer kann jedoch den einzelnen Erwerber ermächtigen, Minderung oder Schadensersatz zu verlangen. Diese Rechtsprechung ist zwar umstritten[7], aber beständig. Inhalt und Umfang der Ermächtigung sind im Einzelfall durch Auslegung des Eigentümerbeschlusses zu ermitteln. Aus der Ermächtigung muss sich insbesondere ergeben, ob der Erwerber die Wahl zwischen Minderung und Schadensersatz für alle Erwerber oder nur für sich bindend treffen darf und ob er die Ansprüche im eigenen Namen oder für alle Erwerber mit dem Antrag auf Zahlung an die Gemeinschaft geltend machen darf. Mit dieser Frage befasst sich auch ein Urteil des VII. Zivilsenats vom 28.10.1999[8]. In dem zugrunde liegenden Fall verlangten die Sondereigentümer eines Reihenhauses Schadensersatz mit der Behauptung, dass die Giebelwand Risse aufweise, das Gebäude unvollständig und nicht fachgerecht verklinkert sei und sich zwischen den Wandschalen Schallbrücken befänden. Außerdem sei das Grundstück um 7 qm kleiner als im Kaufvertrag vorgesehen und das Haus um ca. 1 m bis 1,50 m zurückversetzt. Nach der Teilungserklärung sollte jeder Sondereigentümer so gestellt werden, wie wenn das gemeinschaftliche Grundstück vermessen und jeder Sondereigentümer allein Eigentümer seines Reihenhauses wäre. Nachdem das Landgericht die Klage abgewiesen hatte, weil die Kläger zur selbständigen Geltendmachung des Schadensersatzes nicht befugt seien, haben die Wohnungseigentümer sich wechselseitig ermächtigt, „in eigenem Namen und auf eigenes Risiko sämtliche denkbaren Gewährleistungsansprüche ... gegen

6 BGH v. 10.5.1979 – VII ZR 30/78, BGHZ 74, 258 (265); v. 4.11.1982 – VII ZR 53/82, MDR 1983, 391 = NJW 1983, 453; v. 30.4.1998 – VII ZR 47/97, MDR 1998, 1023 = NZM 1998, 636.

7 Vgl. *Wenzel*, Gewährleistungsansprüche bei Mängeln am Gemeinschaftseigentum, Immobilienrecht 1998, RWS-Forum 13, S. 51, 63 m.w.N.

8 BGH v. 28.10.1999 – VII ZR 284/98, MDR 2000, 204 = NZM 2000, 95.

die Bauträger geltend zu machen". Das Oberlandesgericht war der Auffassung, dass der Schaden im Bereich der Trennfuge von dieser Ermächtigung nicht erfasst sei und die Wahl zwischen Minderung und Schadensersatz nur einheitlich getroffen werden könne. Es wies daher die Klage wegen fehlender Prozessführungsbefugnis als unzulässig ab. Der BGH hob das Urteil auf, weil das Oberlandesgericht bei seiner Auslegung die Bestimmung in der Teilungserklärung nicht genügend gewürdigt habe, wonach jeder Sondereigentümer so gestellt werden sollte, als sei er Alleineigentümer seines Reihenhauses und der ihm zu alleiniger Nutzung zugewiesenen Flächen.

II. Verkauf von Wohnungseigentum

1. Aufklärungspflichten

Bei dem Verkauf einer Eigentumswohnung ist der Verkäufer – wie auch sonst – verpflichtet, den Käufer von sich aus über solche Umstände aufzuklären, die den Vertragszweck für den Käufer vereiteln könnten und daher für seinen Entschluss von wesentlicher Bedeutung sind, sofern er die Mitteilung nach der Verkehrsauffassung erwarten durfte[9]. Dazu gehört z. B. eine bestehende Mietpreisbindung, weil sie die Verkehrsfähigkeit der Wohnung beeinflusst. Sie ist kein Beschaffenheitsmerkmal der Sache, dessen Fehlen das Kaufobjekt fehlerhaft macht, wohl aber eine verkehrswesentliche Eigenschaft, über die aufzuklären ist. Tut der Verkäufer dies nicht, haftet er aus dem Gesichtspunkt des Verschuldens bei Vertragsabschluss (culpa in contrahendo) auf Schadensersatz. Da aber das Gewährleistungsrecht einen Schadensersatz nur bei Nichteinhalten einer Zusicherung oder bei arglistigem Verschweigen vorsieht, setzt auch die Haftung aus culpa in contrahendo Vorsatz voraus. Dasselbe gilt, wenn der Verkäufer über zusicherungsfähige Eigenschaften falsche Auskünfte erteilt, wie z. B. über die objektgebundenen Voraussetzungen von Steuervorteilen (die steuerliche Behandlung von Reparaturaufwendungen beim Erhaltungsmodell)[10] oder über die

9 St. Rspr., vgl. BGH v. 30.10.1987 – V ZR 144/86, MDR 1988, 303 = WM 1988, 48.

10 BGH v. 26.4.1991 – V ZR 165/89, MDR 1991, 966 = BGHZ 114, 263 (266 f.); BGH v. 27.11.1998 – V ZR 344/97, MDR 1999, 349 = NJW 1999, 638.

Mieteinnahmen aus der Wohnung[11]. Denn solche Auskünfte müssen richtig sein; anderenfalls verletzt der Verkäufer seine Sorgfalts- und Aufklärungspflicht[12]. Dagegen betrifft die – z. B. auf ein persönliches Berechnungsbeispiel gestützte – Erklärung, der Kauf sei „letztlich kostenlos", weil Zinsen und Tilgung des Finanzierungsdarlehens durch Mieteinnahmen und Steuerersparnis ausgeglichen würden, keine zusicherungsfähige Eigenschaft der Wohnung. Hier haftet der Verkäufer für falsche Angaben bereits bei Fahrlässigkeit, sofern überhaupt ein Vermögensschaden entstanden ist[13]. Dasselbe gilt dann, wenn der Verkäufer nicht aus culpa in contrahendo, sondern wegen Verletzung einer vertraglich übernommenen Beratungspflicht in Anspruch genommen wird. Die Rechtsprechung hat eine solche Pflicht und insoweit das Zustandekommen eines Beratungsvertrages in Fällen angenommen, in denen der Verkäufer im Rahmen eingehender Vertragsverhandlungen und auf Befragen des Käufers jeweils einen ausdrücklichen Rat erteilt hat[14]. War dagegen die beratende Tätigkeit lediglich Teil der Absatzbemühungen, scheidet ein selbständiger Beratungsvertrag im Verhältnis zwischen Käufer und Verkäufer aus[15]. Anders kann es nach einem Urteil des III. Zivilsenats vom 15.6.2000[16] im Verhältnis zu Dritten aussehen. In dem zugrunde liegenden Fall der modernisierenden Umwandlung eines ehemaliges Mädchenwohnheims in Eigentumswohnungen hatte eine Unternehmensgruppe, zu der auch die Initiatorin, Projektplanerin und Prospektherausgeberin des Projekts gehörte, eine auf die persönlichen Verhältnisse des Käufers abgestellte Wirtschaftlichkeitsberechnung erstellt, die sich als unzutreffend erwies. Hier waren nach Ansicht des Senats zu jedem Mitglied dieser Gruppe, das mit dem in Frage stehenden Projekt befasst und auch nach seiner Firmenbezeichnung der Unternehmensgruppe zuzuordnen war, entsprechende rechtsgeschäftliche Beziehungen entstanden, mit der Folge, dass für eine falsche Berechnung jedes Mitglied einzustehen hat.

11 BGH v. 8.2.1980 – V ZR 174/78, MDR 1980, 568 = NJW 1980, 1456 (1457).

12 BGH v. 8.2.1980 – V ZR 174/78, MDR 1980, 568 = NJW 1980, 1456 (1457).

13 BGH v. 26.9.1997 – V ZR 29/96, NJW 1998, 302; v. 19.12.1997 – V ZR 112/96, MDR 1998, 392 = NJW 1998, 898.

14 BGH v. 27.11.1998 – V ZR 344/97, BGHZ 140, 111 (115) = NJW 1999, 638 (639) m.w.N.

15 BGH v. 11.7.1997 – V ZR 313/95, MDR 1997, 916 = NJW 1997, 3227 (3229).

16 BGH v. 15.6.2000 – III ZR 305/98, ZWE 2000, 457.

2. Gewährleistung

Kauft jemand eine Eigentumswohnung, die mit einem Fehler behaftet ist, hat der Verkäufer hierfür Gewähr zu leisten. Im Hinblick auf die unterschiedlichen Rechtsfolgen und den in der Regel vereinbarten Gewährleistungsausschluss für Sachmängel, kommt es oft darauf an, ob der Fehler als Rechts- oder als Sachmangel einzuordnen ist. Die Abgrenzung bereitet vielfach Schwierigkeiten und soll nach der geplanten Schuldrechtsnovelle in Zukunft entfallen. So ist nach der Rechtsprechung eine bestehende Sozialbindung nach dem Wohnungsbindungsgesetz ein Rechtsmangel[17], eine Nutzungsbeschränkung aus Gründen des Bauplanungs- oder Bauordnungsrechts dagegen ein Sachmangel[18].

Der V. Zivilsenat hatte sich nunmehr mit einem Fall zu befassen, in dem die von der Klägerin gekaufte Eigentumswohnung in einem Gewerbegebiet lag und aufgrund der BaunutzungsVO nur von einem bestimmten Personenkreis betriebsbezogen genutzt werden durfte. Das Oberlandesgericht hatte hierin einen Rechtsmangel gesehen und der Klägerin den verlangten Schadensersatz zugebilligt. Der BGH ist dem nicht gefolgt und hat dies in Fortführung seiner Rechtsprechung zu der aus öffentlich-rechtlichen Gründen eingeschränkten Nutzbarkeit eines Grundstücks als Sachmangel gewertet. Damit kam es auf die Frage an, ob der Verkäufer diesen Umstand nicht möglicherweise arglistig verschwiegen hatte. Um dies aufzuklären, wurde die Sache an das Berufungsgericht zurückverwiesen.

III. Vermietung von Wohnungseigentum

1. Vorkaufsrecht des Mieters

Werden vermietete Wohnräume nachträglich in Wohnungseigentum umgewandelt und verkauft, so ist der Mieter nach § 570 b Abs. 1 BGB zum Vorkauf berechtigt. Will er dieses Recht ausüben, stellt sich die Frage, ob dies der notariellen Beurkundung bedarf. Hiermit befasst sich ein Urteil des VIII. Zivilsenats vom 7.6.2000[19]. In dem

17 BGH v. 21.1.2000 – V ZR 387/98, MDR 2000, 510 = NJW 2000, 1256.

18 BGH v. 20.12.1985 – V ZR 263/83, MDR 1986, 392 = BGHZ 96, 385 (387).

19 BGH, Urt. v. 7.6.2000 – VIII ZR 268/99, MDR 2000, 1184 = NJW 2000, 2665 = NZM 2000, 858.

zugrunde liegenden Fall hatte der Kläger einen Kaufvertrag über eine vermietete Eigentumswohnung abgeschlossen. Nachdem der Mieter auf sein gesetzliches Vorkaufsrecht hingewiesen worden war, setzte sich die beklagte Wohnungsbaugesellschaft, die sich schon vorher für die Wohnung interessiert hatte, mit ihm in Verbindung. Beide kamen überein, dass der Mieter sein Vorkaufsrecht zunächst ausüben und die aus dem Vorkaufsrecht erworbenen Ansprüche sodann an die Beklagte abtreten sollte. Dementsprechend machte der Mieter mit schriftlicher Erklärung von seinem Vorkaufsrecht Gebrauch und trat seine Ansprüche an die Beklagte ab. Der Kläger hat die Beklagte, die zwischenzeitlich im Grundbuch eingetragen worden war, u.a. aus abgetretenem Recht des Verkäufers auf Rückübertragung der Eigentumswohnung in Anspruch genommen und die Ansicht vertreten, das Vorkaufsrecht sei nicht formwirksam ausgeübt worden.

Der VIII. Senat hat dies unter Hinweis auf § 505 Abs. 1 Satz 2 BGB anders gesehen. Nach dieser Vorschrift unterliegt die Ausübung des Vorkaufsrechts nicht der für den Kaufvertrag bestimmten Form. Die Bestimmung gilt zwar unmittelbar nur für das rechtsgeschäftliche Vorkaufsrecht im Sinne der §§ 504 ff. BGB, soll aber nach Auffassung des Senats auf das gesetzliche Vorkaufsrecht des Mieters entsprechende Anwendung finden. Dies ergebe sich bereits aus den Gesetzesmaterialien zu § 570 b BGB und stehe nicht in Widerspruch zum Schutzzweck des § 313 Satz 1 BGB.

Diese Vorschrift schützt nach der Gesetzesänderung zum 1.7.1973 nicht mehr nur den Verkäufer von Grundeigentum, sondern auch den Grundstückskäufer vor dem Eingehen übereilter Verpflichtungen. Diesen Gesichtspunkt konnte der historische Gesetzgeber bei Abfassung des § 505 BGB nicht miteinbeziehen. Das rechtfertigt aber keine andere Beurteilung, weil der Gesetzgeber weder bei der späteren Einfügung des § 570 b BGB noch bei der Schaffung des § 2 b WoBindG, dem die Vorschrift des § 570 b BGB nachgebildet ist, Veranlassung gesehen hat, die Regelung in § 505 Abs. 1 Satz 2 BGB dem erweiterten Schutzzweck des § 313 Satz 1 BGB anzupassen. Darüber ist der Mieter, der sein Vorkaufsrecht ausübt, nicht in gleichem Maße schutzbedürftig wie ein rechtsgeschäftlicher Erwerber von Grund- und Wohnungseigentum. Der Mieter kennt nämlich in aller Regel aufgrund der mietvertraglichen Nutzung der Wohnung die Vor- und Nachteile des Kaufgegenstandes und wird daher auch die

Angemessenheit des vereinbarten Kaufpreises einschätzen können. Zudem ist er durch die ihm in entsprechender Anwendung des § 510 Abs. 2 BGB zustehende Ausübungsfrist von zwei Monaten vor einer übereilten Entscheidung geschützt.

2. Vermietung von Gemeinschaftseigentum

Können die Wohnungseigentümer, soweit keine Vereinbarung entgegensteht, durch Stimmenmehrheit die Vermietung von in gemeinschaftlichem Eigentum stehenden Kellerräumen beschließen oder bedarf es hierzu der Einstimmigkeit? Mit dieser in der obergerichtlichen Judikatur umstrittenen Frage befasst sich der auf Vorlage des BayObLG[20] ergangene Beschluss des V. Zivilsenats vom 29.6.2000[21].

Der Senat teilt die Auffassung des vorlegenden Gerichts, dass über die Vermietbarkeit von in gemeinschaftlichem Eigentum stehenden Kellerräumen durch Mehrheitsbeschluss der Wohnungseigentümergemeinschaft entschieden werden kann. Er sieht darin eine Regelung des Gebrauchs des Gemeinschaftseigentums im Sinne von § 15 Abs. 2 WEG und nicht eine Maßnahme der Verwaltung. Denn die Verwaltung des gemeinschaftlichen Eigentums nach §§ 20 ff. WEG betreffe grundsätzlich nicht den Gebrauch des gemeinschaftlichen Eigentums, der in den §§ 13 ff. WEG geregelt ist. § 21 WEG weicht insoweit von § 745 Abs. 1 und 2 BGB ab, der auch die Nutzung erfasst.

Wenngleich das Gesetz diese Unterscheidung nicht immer konsequent durchführt, so ergibt sich aus dem Nebeneinander von §§ 13 ff. und §§ 20 ff. WEG doch, dass für Gebrauchsregelungen § 15 WEG die speziellere Vorschrift ist. Die Entscheidung der Wohnungseigentümer, Räume im Gemeinschaftseigentum zu vermieten, ist eine Gebrauchsregelung. Sie entzieht nicht das Recht zum Mitgebrauch, sondern setzt es weiterhin voraus und regelt nur die Art und Weise der Ausübung. Sie ersetzt die Möglichkeit des unmittelbaren (Eigen-)Gebrauchs durch die des mittelbaren (Fremd-)Gebrauchs und lässt an die Stelle des unmittelbaren Gebrauchs den Anteil an den Mieteinnahmen treten. Eine derartige Regelung kann durch Mehr-

20 BayObLG, BayObLGZ 1999, 337 = WuM 2000, 147.

21 BGH v. 29.6.2000 – V ZB 46/99, MDR 2000, 1182 = NJW 2000, 3211 = NZM 2000, 1010.

heitsentscheidung in der Wohnungseigentümerversammlung beschlossen werden, weil sie einen ordnungsgemäßen Gebrauch zum Inhalt hat. Die Tatsache, dass die vermieteten Räume dem Wohnungseigentümer nicht zur Eigennutzung zur Verfügung stehen, begründet keinen Nachteil im Sinne des § 14 Nr. 1 WEG und erfordert keine Einstimmigkeit. Der § 13 Abs. 2 WEG gewährt kein Recht zum Eigengebrauch des gemeinschaftlichen Eigentums, sondern bestimmt nur das Maß der Mitbenutzung bei geregelter Benutzungsart. Es müssen also besondere Umstände vorliegen, um die Vermietung der im Gemeinschaftseigentum stehenden Räume als nachteilig im Sinne von § 14 Nr. 1 WEG erscheinen zu lassen. Derartige Umstände lagen in dem entschiedenen Fall nicht vor.

IV. Begründung und Löschung von Sondernutzungsrechten

1. Schuldrechtliche Vereinbarung und dingliche Wirkung

Durch schuldrechtliche Vereinbarung kann der Mitgebrauch des gemeinschaftlichen Eigentums zugunsten eines Wohnungseigentümers ausgeschlossen und diesem ein Sondernutzungsrecht eingeräumt werden. Ist das Sondernutzungsrecht bereits in der Teilungserklärung begründet worden, so steht dies der Begründung durch Vereinbarung gleich, weil die Teilungserklärung ab dem Zeitpunkt, ab dem sie von dem teilenden Eigentümer nicht mehr einseitig abgeändert werden kann, einer Vereinbarung gleichkommt.

Als schuldrechtliches Gebrauchsrecht bedarf das Sondernutzungsrecht als solches keiner Eintragung im Grundbuch. Es wirkt dann gegen den Sonderrechtsnachfolger des begünstigten Wohnungseigentümers nur durch Abtretung und gegen den Sonderrechtsnachfolger des ausgeschlossenen Eigentümers nur durch entsprechende Schuldübernahme. Das Sondernutzungsrecht kann jedoch auch in das Grundbuch eingetragen werden. Die Eintragung bewirkt dann eine Inhaltsänderung aller Wohnungseigentumsrechte, weil der Sondernachfolger eines durch die Vereinbarung von seinem Mitgebrauchsrecht ausgeschlossenen Wohnungseigentümers das schuldrechtliche Sondernutzungsrecht nunmehr gegen sich gelten lassen muss. Diese Inhaltsänderung bedarf gemäß § 877 BGB in entsprechender Anwendung des § 873 BGB der Einigung aller Wohnungseigentümer[22]. Sie kann schon in der schuldrechtlichen Vereinbarung liegen, muss es aber nicht.

Aufgehoben werden kann das Sondernutzungsrecht als „actus contrarius" zu seiner Begründung wiederum nur durch Vereinbarung gemäß § 10 Abs. 1 WEG. Ein einseitiger Verzicht ist nach ganz herrschender Meinung nicht möglich.

Dem hat sich der V. Zivilsenat mit Beschluss vom 14.9.2000[23] angeschlossen. Umstritten ist dagegen, ob auch die Löschung des Sondernutzungsrechts im Grundbuch der Zustimmung aller Wohnungseigentümer bedarf. Der V. Zivilsenat hat dies in dem erwähnten Beschluss auf Vorlage des BayObLG[24] gegen das OLG Düsseldorf[25] verneint. Denn die Eintragung des Löschungsvermerks erfordert verfahrensrechtlich nach § 19 GBO lediglich die Bewilligung des hiervon Betroffenen. Betroffen ist aber nur der, dessen grundbuchmäßiges Recht durch die vorzunehmende Eintragung nicht nur wirtschaftlich, sondern rechtlich beeinträchtigt wird oder zumindest rechtlich nachteilig berührt werden kann. Dies ist nur der begünstigte Wohnungseigentümer, weil die Löschung die schuldrechtliche Vereinbarung bis zum Abschluss einer Aufhebungsvereinbarung unberührt lässt. Sie beseitigt nur deren „dingliche Wirkung". Hiervon nachteilig betroffen ist aber nur der bisherige Eigentümer, denn er kann dem Sonderrechtsnachfolger eines anderen Wohnungseigentümers seine Berechtigung nicht mehr gemäß § 10 Abs. 2 WEG entgegenhalten. Die übrigen Miteigentümer sind dagegen rechtlich nicht beeinträchtigt. Sachenrechtlich gilt nichts anderes. Zwar führt die Löschung des Sondernutzungsrechts wie seine Eintragung in das Grundbuch zu einer Inhaltsänderung im Sinne des § 877 BGB. Im Unterschied zur Eintragung werden die von dem Mitgebrauch ausgeschlossenen Wohnungseigentümer durch die Löschung des Sondernutzungsrechts jedoch nicht in ihrer sachenrechtlichen Eigentümerstellung nachteilig beeinflusst. Der Wegfall der dinglichen Wirkung des Sondernut-

22 BGH v. 14.6.1984 – V ZB 32/82, MDR 1984, 830 = BGHZ 91, 343 (346).

23 BGH, Urt. v. 13.9.2000 – V ZB 14/00, NJW 2000, 3643.

24 BayObLG v. 30.3.2000 – 2Z BR 18/00, MDR 2000, 757 m. Anm. *Böhringer* = ZMR 2000, 472 m. Anm. *Müller* = ZWE 2000, 347 m. Anm. *Röll*, S. 343 = ZWE 2000, 413 m. Anm. *Ott*.

25 OLG Düsseldorf v. 19.7.1995 – 3 Wx 201/95, NJW-RR 1996, 1418 ff.

zungsrechts führt bei ihnen noch nicht einmal zu einem Zuwachs an Nutzungsmöglichkeiten und den damit verbundenen Instandhaltungs- bzw. Verkehrssicherungspflichten, solange die schuldrechtlich vereinbarte Nutzungsbeschränkung nicht einvernehmlich aufgehoben wird. Im Übrigen käme es hierauf noch nicht einmal an, weil die Frage, ob ein Wohnungseigentümer mit seiner dinglichen Rechtsstellung von der Löschung nachteilig berührt wird, unabhängig von den Folgen der gestatteten Grundbucheintragung beurteilt werden muss.

2. Begründung durch Mehrheitsbeschluss

In Rechtsprechung und Literatur umstritten ist weiterhin die Frage, ob ein Sondernutzungsrecht durch einen bestandskräftigen Mehrheitsbeschluss der Wohnungseigentümerversammlung begründet werden kann. Der früher für Entscheidungen über Vorlagen in Wohnungseigentumssachen zuständige VII. Zivilsenat hat dies mit seinem in BGHZ 54, 65 veröffentlichten Beschluss vom 21. Mai 1970 bejaht. Dem ist jedoch nur ein Teil der OLG gefolgt[26]. Anders entschieden haben namentlich das KG[27], das OLG Karlsruhe[28] und das OLG Köln[29]. Das KG hat deswegen die Frage mit Beschluss vom 15.12.1999[30] dem BGH zur Entscheidung vorgelegt.

Der V. Zivilsenat hat mit Beschluss vom 20.9.2000[31] die Entscheidung des VII. Zivilsenats vom 21.5.1970 aufgegeben und die Vorlagefrage mit dem KG verneint. Der Senat hat es offen gelassen, ob die Rechtsprechung des VII. Senats nicht schon durch die von dem

26 BayObLG, BayObLGZ 1973, 267 (269); BayObLG v. 30.5.1990 – BReg.2 Z 36/40, NJW-RR 1990, 1104 (1105); v. 8.5.1991 – BReg. 2 Z 33/91, 1992, 81 (83); v. 10.9.1992 – 2Z BR 74/92, MDR 1993, 235 = 1993, 85 (86); OLG Düsseldorf v. 7.10.1998 – 3 Wx 310/98, OLGR Düsseldorf 1999, 114 = NZM 1999, 378; OLG Frankfurt, OLGZ 1986, 38 (39); OLG Hamm, WE 1997, 384 (385); OLG Köln v. 29.6.1998 – 16 Wx 86/98, OLGR Köln 1998, 424 = NZM 1998, 979 (980).

27 KG v. 17.11.1986 – 24 W 2614/86, MDR 1987, 500 = NJW-RR 1987, 653 (654).

28 OLG Karlsruhe v. 30.1.1990 – 11 W 128/89, ZMR 1991, 33 (34).

29 OLG Köln v. 27.9.1991 – 16 Wx 60/91, NJW-RR 1992, 598; WE 1998, 193, 194 m. Anm. *Ott*, S. 200.

30 KG v. 15.2.1999 – 24 W 6209/99, KGR Berlin 2000, 113 = NZM 2000, 137.

31 BGH v. 20.9.2000 – V ZB 58/99, ZWE 2000, 518.

Senat vertretene Kernbereichstheorie[32] als überholt anzusehen ist. Jedenfalls fehle der Wohnungseigentümerversammlung die Beschlusskompetenz. Diese betrifft die formelle Legitimation des Beschlusses und nicht wie die Kernbereichstheorie die materiellrechtliche Frage, inwieweit das Wohnungseigentum mehrheitsfest ist. Der Gegenstand beider Rechtsfiguren ist daher verschieden, so dass die erste Rechtsfigur nicht wegen der zweiten entbehrlich ist.

a) Die Beschlusskompetenz der Eigentümerversammlung

Das Wohnungseigentumsgesetz unterscheidet zwischen Angelegenheiten, welche die Wohnungseigentümer durch (Mehrheits-)Beschluss, und solchen, die sie durch Vereinbarung regeln können. Gemäß § 23 Abs. 1 WEG können durch Beschlussfassung solche Angelegenheiten geordnet werden, über die nach dem Wohnungseigentumsgesetz oder nach einer Vereinbarung die Wohnungseigentümer durch Beschluss entscheiden können. Anderenfalls bedarf es einer Vereinbarung, § 10 Abs. 1 WEG. Die Mehrheitsherrschaft bedarf damit der Legitimation durch Kompetenzzuweisung. Sie ist nach dem Willen des Gesetzgebers nicht die Regel, sondern die Ausnahme.

Sie wird vom Gesetz nur dort zugelassen, wo es um das der Gemeinschaftsgrundordnung nachrangige Verhältnis der Wohnungseigentümer untereinander, namentlich um die Ausgestaltung des ordnungsgemäßen Gebrauchs und um die ordnungsmäßige Verwaltung des gemeinschaftlichen Eigentums (§ 15 Abs. 2, § 21 Abs. 1 und 3 WEG) geht. Hierdurch unterscheidet sich das Wohnungseigentumsgesetz bewusst von den gesetzlichen Vorschriften, die für die körperschaftlich organisierten Verbände des Gesellschaftsrechts grundsätzlich das Mehrheitsprinzip anordnen, und orientiert sich an der für Personengesellschaften geltenden Rechtslage.

Ist eine Angelegenheit weder durch das Wohnungseigentumsgesetz noch durch Vereinbarung dem Mehrheitsprinzip unterworfen, kann eine Regelung durch Mehrheitsbeschluss nicht erfolgen: Der Mehrheit fehlt von vornherein jede Beschlusskompetenz, die Wohnungseigentümerversammlung ist für eine Beschlussfassung absolut

32 BGH v. 16.9.1994 – V ZB 2/93, MDR 1995, 792 = BGHZ 127, 99 (105); v. 4.5.1995 – V ZB 5/95, MDR 1995, 895 = BGHZ 129, 329 (333).

unzuständig; dass die Vorschriften des Gesetzes gemäß § 10 Abs. 1 Satz 2 WEG abdingbar sind, ist unerheblich. Entscheidend ist, dass dies nur im Wege der Vereinbarung möglich ist. Was zu vereinbaren ist, kann nicht beschlossen werden, solange nicht vereinbart ist, dass dies auch beschlossen werden darf. Die Beschlusskompetenz wächst der Mehrheit auch nicht dadurch zu, dass ein in angemaßter Kompetenz gefasster Beschluss bestandskräftig wird und der Beschlussgegenstand damit zukünftig dem Mehrheitsprinzip unterfällt. Aus § 23 Abs. 4 WEG ergibt sich nichts anderes. Die Bestimmung erlaubt keine Durchbrechung des Vertragsprinzips, sondern ist systematisch und teleologisch dem Geltungsbereich des Mehrheitsprinzips verhaftet, setzt also die Beschlusskompetenz voraus.

b) Beschlusskompetenz für die Begründung eines Sondernutzungsrechts?

Die Entscheidung verneint dies. Die Begründung eines Sondernutzungsrechts unterfällt nicht der Bestimmung des § 15 WEG, weil sie nicht eine Konkretisierung des Gebrauchs, sondern neben der Zuweisung an den begünstigten Wohnungseigentümer für die übrigen Wohnungseigentümer den vollständigen Ausschluss vom Mitgebrauch des Gemeinschaftseigentums samt der damit verbundenen Gebrauchsvorteile zum Gegenstand hat.

Ein solcher Gebrauchsentzug ist aber keine Regelung des Gebrauchs nach § 15 WEG, weil diese den Mitgebrauch voraussetzt. Er ändert vielmehr § 13 Abs. 2 WEG ab und hat deswegen gesetzesändernden Inhalt. Eine solche Regelung ist dem Mehrheitsprinzip von vorneherein ebenso wenig zugänglich wie die Änderung einer Vereinbarung.

c) Rechtsfolge bei fehlender Beschlusskompetenz

Die absolute Beschlussunzuständigkeit macht einen Beschluss nicht nur anfechtbar, sondern nichtig. Dies ergibt sich aus der Tatsache, dass die Wohnungseigentümer von der gesetzlichen Kompetenzzuweisung – ohne dahin gehende Öffnungsklausel in der Teilungserklärung/Gemeinschaftsordnung – nicht durch Mehrheitsbeschluss, sondern nach § 10 Abs. 1 WEG nur durch Vereinbarung abweichen können. Diese Vorschrift ist unter einem Regelungszusammenhang, der das Vertragsprinzip zur Regel und das Mehrheitsprinzip zur Ausnahme macht, zwingend.

Mit dieser Entscheidung gibt der V. Zivilsenat nicht nur die in BGHZ 54, 65 veröffentlichte Auffassung des VII. Zivilsenats auf, sondern grenzt zugleich seine Rechtsprechung ein, nach der ein bestandskräftig gewordener Mehrheitsbeschluss auch dann wirksam ist, wenn die Regelung eine Vereinbarung erfordert hätte. Dieser auf die Entscheidung des VII. Zivilsenats vom 21.5.1970 zurückgehende Rechtssatz war von der überwiegenden Meinung in Rechtsprechung und Literatur dahin gehend verstanden worden, dass auch das Gesetz oder eine Vereinbarung durch bestandskräftig gewordenen Mehrheitsbeschluss abgeändert werden könnten. Dies hatte der V. Zivilsenat allerdings bisher nicht getan. Er hat zwar an dem allgemeinen Rechtssatz festgehalten, ihn aber jeweils auf andere Fallgestaltungen angewandt. So ging es in dem Beschluss vom 16.9.1994[33] um die Gültigkeit eines bestandskräftigen Mehrheitsbeschlusses, durch den einer Zahnärztin die praxisbedingten Bewirtschaftungsmehrkosten in Anwendung der in der Gemeinschaftsordnung enthaltenen Klausel, wonach sie diese Kosten allein zu tragen hatte, nicht konkret, sondern pauschal auferlegt wurden. Da der Senat diese Handhabung als nicht mehr von der Klausel gedeckt ansah, andererseits die praxisbedingten Bewirtschaftungsmehrkosten sich bei der Erfassung einer Pauschalierung nicht generell entziehen, handelte es sich um einen Fall, in dem die Eigentümer die Teilungserklärung (Vereinbarung) nicht abgeändert, sondern nur fehlerhaft angewendet haben (vereinbarungswidriger Beschluss). Gegenstand der Entscheidung vom 4.5.1995[34] war ein Beschluss über ein absolutes Verbot der Hundehaltung, also eine Gebrauchsregelung, die sich nicht mehr in dem Rahmen der „Ordnungsmäßigkeit" im Sinne des § 15 Abs. 2 WEG hielt und deswegen einer Vereinbarung bedurft hätte, diese mithin substituierte (vereinbarungsersetzender Beschluss). Lediglich die Entscheidung vom 11.7.1991[35] über die Zulässigkeit der Erhebung von pauschalen Verzugszinsen in Höhe von 10 % betraf einen Mehrheitsbeschluss, durch den gesetzliche Bestimmungen abbedungen wurden (gesetzes- bzw. vereinbarungsändernder Beschluss[36]). Die Frage, ob ein solcher

33 BGH v. 16.9.1994 – V ZB 2/93, MDR 1995, 792 = BGHZ 127, 99.
34 BGH v. 4.5.1995 – V ZB 5/95, MDR 1995, 895 = BGHZ 129, 329.
35 BGH v. 11.7.1991 – V ZB 24/99, MDR 1991, 864 = BGHZ 115, 151.
36 Zur Terminologie vgl. *Wenzel*, Festschrift für Hagen, 1999, S. 231 (235); *Wenzel*, ZWE 2000, 2 f.

Beschluss nichtig ist, hat der Senat jedoch ausdrücklich offen gelassen und nunmehr bejaht.

d) *Bedeutung der Entscheidung vom 20.9.2000*

Die Entscheidung hat für die Rechtswissenschaft und die Rechtspraxis außergewöhnliche Bedeutung und kann als eine der wichtigsten Entscheidungen in den letzten Jahrzehnten genannt werden.

Sie beseitigt die durch die Rechtsprechung eröffnete Möglichkeit der Abänderung bestehender Vereinbarungen durch Mehrheitsbeschluss, von der vielfach ausufernder Gebrauch gemacht worden war[37] mit zum Teil fatalen Folgen[38].

Dies geschah entweder in der Erwartung, dass eine Anfechtung des – in jedem Fall rechtswidrigen – Beschlusses aus Kostengründen unterbleibt, oder in der Annahme, dass alles, was vereinbart werden könne, auch beschlossen werden dürfe[39], bzw. dass die gesetzlichen Kompetenzzuweisungen nicht zwingend seien und „weitergehende Beschlussfassungen" erlaubten[40].

Der V. Zivilsenat stellt klar, dass diese Auffassung den gesetzlichen Regelungszusammenhang von Vertrags- und Mehrheitsprinzip auf den Kopf stellt[41] und dem Bestimmtheitsgrundsatz widerspricht[42], wonach unter der Geltung des Vertragsprinzips eine im Gesetz nicht vorgesehene Mehrheitskompetenz einer eindeutigen Ermächtigung bedarf.

Außerdem entwertet diese Praxis die Publizität des Grundbuchs und umgeht § 10 Abs. 2 WEG[43], wonach Vereinbarungen, durch die die Wohnungseigentümer ihr Verhältnis untereinander in Ergänzung oder Abweichung von dem WEG oder einer Vereinbarung regeln, der Eintragung in das Grundbuch bedürfen, wenn sie auch

37 *Demharter*, WuM 2000, 291 (292).

38 Vgl. *Bassenge*, NZM 2000, 649.

39 Vgl. *Müller*, NZM 2000, 648; anders *Müller*, FS für Bärmann und Weitnauer, 1990, S. 505 (510).

40 *Deckert*, NZM 2000, 361 (362); *Rapp*, DNotZ 2000, 185 (192).

41 Vgl. *Bärmann/Pick/Merle*, WEG, 8. Aufl., § 23 WEG Rz. 160 a.

42 Vgl. *K. Schmidt*, Gesellschaftsrecht, 3. Aufl., § 16 III, 3 b dd (S. 481).

43 *Häublein*, ZMR 2000, 423 (426); *Rapp*, DNotZ 2000, 185 (189 ff.); *Röll*, ZWE 2000, 13 (15).

gegen Sondernachfolger gelten sollen. Da vereinbarungsändernde Beschlüsse demgegenüber zu ihrer Wirksamkeit gegen Sondernachfolger nicht der Eintragung in das Grundbuch bedürfen, ergibt sich der Inhalt des Wohnungseigentums nach dieser Sicht nicht mehr aus dem Grundbuch, sondern aus den – oft laienhaft verfassten und auslegungsbedürftigen – Protokollen der Eigentümerversammlungen. Die Einräumung eines Sondernutzungsrechts durch Mehrheitsbeschluss ist ein anschauliches Beispiel dafür. Dies zu legitimieren läuft nach Auffassung des BGH dem Gesetz zuwider. Dieses hat die Mehrheitsmacht bewusst auf bestimmte Angelegenheiten beschränkt und auf diese Weise dafür Sorge getragen, dass jeder Wohnungseigentümer darauf vertrauen kann, dass sein Eigentum mehrheitsfest ist[44]. Selbst wenn man im Hinblick auf die gerade bei großen Gemeinschaften bestehenden Schwierigkeiten, die Zustimmung aller Eigentümer zu einer im Interesse ordnungsmäßiger Verwaltung liegenden Abänderung bestehender Vereinbarungen – notfalls klageweise – zu erlangen, das Fehlen einer erleichternden Möglichkeit für einen Mangel des Gesetzes halten wollte, käme man an der Tatsache nicht vorbei, dass hierin eine bewusste Entscheidung des Gesetzgebers liegt und entsprechende Änderungen des Gesetzes bisher keine Mehrheit gefunden haben[45]. Hieran ist die Rechtsprechung gebunden und kann sie nicht aus Praktikabilitätserwägungen[46] korrigieren.

Die Entscheidung beseitigt darüber hinaus Wertungswidersprüche, die sich daraus ergeben, dass eine – durch entsprechende Öffnungsklausel in der Teilungserklärung – erlaubte Änderung der Gemeinschaftsordnung oder ein Anspruch auf deren Abänderung nach der Rechtsprechung bestimmte Voraussetzungen erfüllen muss (Vorliegen eines sachlichen Grundes und keine unbillige Benachteiligung einzelner Wohnungseigentümer[47], außergewöhnliche Umstände, die ein Festhalten an der Vereinbarung als grob unbillig erscheinen lassen[48]), während über einen bestandskräftigen Mehrheitsbeschluss eine Abänderung auch ohne diese Voraussetzungen möglich sein soll.

44 *Häublein*, ZMR 2000, 423 (426); *Wenzel*, ZWE 2000, 2 (7).

45 Vgl. *Häublein*, ZMR 2000, 423 (426); *Röll*, WE 1992, 244 (245).

46 Vgl. *Deckert*, NZM 2000, 361 (363); *Würfel*, DWE 2000, 14 ff.

47 BGH v. 27.5.1985 – VII ZB 21/84, MDR 1986, 138 = NJW 1985, 2832.

48 Vgl. BayObLG WE 1997, 119 (120); *Hauger*, WE 1997, 211.

e) Zusammenfassung und Ausblick

Im Ergebnis ist festzuhalten, dass Mehrheitsbeschlüsse, die eine Vereinbarung oder das Gesetz abändern, nichtig sind. Anders verhält es sich mit Beschlüssen in Angelegenheiten, welche die Regelung des Gebrauchs (§ 15 WEG), der Verwaltung (§ 21 WEG) und der Instandhaltung oder Instandsetzung des gemeinschaftlichen Eigentums (§ 22 WEG) betreffen. Hier räumt das Gesetz den Wohnungseigentümern ausdrücklich die Möglichkeit einer Mehrheitsentscheidung ein, sofern es um eine „ordnungsmäßige" Maßnahme geht. Die Wohnungseigentümerversammlung ist also nicht von vorneherein für eine Beschlussfassung absolut unzuständig[49]. Sie darf nur keine Beschlüsse fassen, die über die „Ordnungsmäßigkeit" des Gebrauchs, der Verwaltung und der Instandhaltung hinausgehen. Da dies aber von den Umständen des Einzelfalles abhängt und die Frage der Abgrenzung vielfach nicht leicht zu entscheiden ist, kann die Beschlusszuständigkeit nicht davon abhängen, ob eine Maßnahme ordnungsmäßig ist. Die „Ordnungsmäßigkeit" ist aus Gründen der Rechtssicherheit nicht kompetenzbegründend[50], so dass für Gebrauchs-, Verwaltungs- und Instandhaltungsregelungen weiterhin gilt, dass in diesen Angelegenheiten bestandskräftige Mehrheitsbeschlüsse gültig sind, auch wenn der Regelungsgegenstand den Abschluss einer Vereinbarung oder Einstimmigkeit erfordert hätte (vereinbarungsersetzende Beschlüsse). Dagegen ist z.B. die Änderung des einer Mehrheitsentscheidung entzogenen gesetzlichen bzw. vereinbarten Kostenverteilungsschlüssels oder die Aufhebung der Zustimmungsverpflichtung des Verwalters oder der Wohnungseigentümergemeinschaft zur Vermietung/Veräußerung nach § 12 WEG durch Mehrheitsbeschluss mit der Nichtigkeitsfolge belegt.

Dies betrifft jedoch nur in der Vergangenheit liegende, noch nicht abgeschlossene Sachverhalte, wie z.B. Beschlüsse über den generellen Kostenverteilungsschlüssel. Sie können künftigen Abrechnungen nicht mehr zugrunde gelegt werden. Es gilt vielmehr die vereinbarte bzw. die gesetzliche Regelung. Führt sie zu unangemessenen Benachteiligungen und ist sie nicht bereits durch eine Rechtsvorschrift wie § 3 HeizkVO derogiert, muss die fehlende Zustim-

49 *Buck*, WE 1998, 90 (92 f.); *Wenzel*, ZWE 2000, 2 (4 ff.).
50 A.A. *Häublein*, ZMR 2000, 423 (429).

mung zu einer Abänderung notfalls in dem vom Gesetz dafür vorgesehenen gerichtlichen Verfahren eingeholt werden[51]. Die Installation von Verbrauchserfassungsgeräten bedarf jedoch keiner Vereinbarung. Sie unterliegt als Maßnahme ordnungsgemäßer Verwaltung zur Trennung der Kosten für das Gemeinschaftseigentum und das Sondereigentum dem Mehrheitsprinzip. Ist dagegen der Verteilungsschlüssel grob unbillig, kann in dem gerichtlichen Abänderungsverfahren gegebenenfalls durch eine einstweilige Anordnung sichergestellt werden, dass schon vor der endgültigen Entscheidung anders abgerechnet werden darf. Dagegen bleiben die bisher bestandskräftig gewordenen konkreten Abrechnungen von der Entscheidung des V. Zivilsenats unberührt, sie sind weiter wirksam. Nichtig ist dagegen beispielsweise ein Beschluss, der die Mindestanforderungen an den Wirtschaftsplan herabsetzt[52] oder die Haftung für Beitragsrückstände des Veräußerers dem Erwerber auferlegt[53]. Dasselbe hat für einen Beschluss zu gelten, der die Erhebung einer Umzugskostenpauschale[54], einer Vertragsstrafe bei Vermietungsbeschränkungen[55] oder die Verpflichtung zur Zahlung von übergesetzlichen Verzugszinsen vorsieht[56], und zwar unabhängig davon, ob die Teilungserklärung eine abweichende Regelung enthält. Denn auch das Gesetz (BGB) kennt solche Regelungen nicht, so dass eine entsprechende Verpflichtung nur durch Vereinbarung begründet werden kann. Unter die gesetzesändernden Beschlüsse dürften ferner solche fallen, welche z. B. die Kontrollrechte aus § 28 Abs. 1 und 4, § 24 Abs. 2 und 6 WEG, das Stimmrecht oder das Antragsrecht nach § 43 Abs. 1 Nr.1 und 4 WEG abändern oder ausschließen.

Ist der durch Mehrheitsbeschluss geregelte Sachverhalt noch nicht abgeschlossen, kommt es für die Rechtsfolgen darauf an, ob und

---

51 BGH v. 13.7.1995 – V ZB 6/94, MDR 1995, 1112 = BGHZ 130, 304 (312); OLG Zweibrücken WE 1999, 192 m. Anm. *Kümmel*, S. 200; zur Änderung des Heiz- und Warmwasserkostenverteilungsschlüssels *Staudinger/Bub*, § 16 WEG Rz. 275; zur Änderung des Lastenschlüssels für Kaltwasserkosten AG Bremen, WuM 1999, 592 (593).

52 A.A. BayObLG v. 21.5.1999 – 2Z BR 36/99, BayObLGR 1999, 75 = ZMR 1999, 723.

53 A.A. BayObLG v. 18.3.1999 – 2Z BR 182/98, BayObLGR 1999, 33 = ZMR 1999, 721.

54 A.A. *Belz*, WE 1997, 293 (297).

55 A.A. *Belz*, WE 1997, 293 (297).

56 OLG Düsseldorf, WuM 1999, 53.

inwieweit im Vertrauen auf den von dem BGH bisher uneingeschränkt aufgestellten Rechtssatz, dass bestandskräftige Mehrheitsbeschlüsse mit Vereinbarungsinhalt gültig sind, rechtlich schützenswerte Positionen entstanden sind, deren Beseitigung zu unzumutbaren Härten führen würde, so dass die Folgen der Entscheidung im Einzelfall unter dem Gesichtspunkt von Treu und Glauben ausnahmsweise nur für die Zukunft gelten können[57]. Ein solcher Vertrauenstatbestand ist nach Auffassung des V. Zivilsenats bei der Begründung eines Sondernutzungsrechts durch bestandskräftigen Mehrheitsbeschluss allerdings nicht gegeben, weil die Frage nach der Wirksamkeit eines solchen Beschlusses nach der in BGHZ 54, 65 veröffentlichten Entscheidung in der obergerichtlichen Rechtsprechung und in der Literatur weiter umstritten war und eine ständige höchstrichterliche Rechtsprechung sich hierzu nicht entwickelt hat.

Die Entscheidung stärkt die Stellung des Eigentümers in der Eigentümergemeinschaft und wertet das Wohnungseigentum auf. Der Inhalt des Sondereigentums lässt sich aus dem Grundbuch ersehen und ergibt sich nicht mehr aus den Versammlungsniederschriften. Das Zittern um die Wirksamkeit von gesetzeswidrigen Beschlüssen hat ein Ende. Die Inkompetenzkompensationskompetenz der Wohnungseigentümerversammlung, also die ihr von der Rechtsprechung und der Literatur eingeräumte und von ihr in Anspruch genommene Kompetenz, die eigene Inkompetenz durch Beschlussfassung zu kompensieren, ist Wohnungseigentumsgeschichte geworden. Es verwirklicht sich ein Stück grundrechtlicher Eigentumsgarantie, nach der Inhalt und Schranken des Wohnungseigentums nur durch das Wohnungseigentumsgesetz bestimmt werden können. Die Vorstellung, die Teilungserklärung sei „die wohl mit Abstand undemokratischste Rechtsnorm in unserem Staat“[58] und Wohnungseigentum müsse in dem Sinne etwas mit Demokratie zu tun haben, dass Mehrheitsentscheidungen sich aus dem Gedanken demokratischer Mitbestimmung rechtfertigen, verkennt, dass Demokratie Staatsform und kein legitimes Entscheidungsprinzip im grundrechtlichen Freiheitsbereich ist. Grundrechte unterliegen prinzipiell nicht dem Mehrheitsprinzip. Mehrheitsentscheidungen

57 Vgl. BGH v. 18.1.1996 – IX ZR 69/95, MDR 1996, 596 = BGHZ 132, 6 (11); v. 29.2.1996 – IX ZR 153/95, MDR 1996, 810 = BGHZ 132, 119 (131).

58 *Würfel*, DWE 2000, 14.

rechtfertigen sich in diesem Bereich nur, wenn und insoweit sich der einzelne Grundrechtsträger diesem Entscheidungsmodus freiwillig unterworfen hat.[59] Man mag dies beklagen oder begrüßen, die Praxis muss dem Rechnung tragen.

59 *Depenheuer*, Wohnungseigentum und Verfassungsrecht, PiG 42 (1993), 7 (19 f.).

Mehrheitsbeschlüsse mit Vereinbarungsinhalt – Aktueller Stand der Diskussion

Prof. Dr. *Werner Merle*
Universität Potsdam

Inhaltsübersicht

I. Einführung

Keine andere wohnungseigentumsrechtliche Frage hat seit In-Kraft-Treten des WEG vor nahezu 50 Jahren die Gemüter in Rechtswissenschaft und Praxis so erhitzt wie die nach der rechtlichen Behandlung von Mehrheitsbeschlüssen der Wohnungseigentümer mit Vereinbarungsinhalt. Seit dem Aufsehen erregenden Vortrag von *Wenzel*[1] anlässlich der letztjährigen Fischener Gespräche, in dem er

1 ZWE 2000, 2 ff.; *ders.*, Die Bestandskraft von Mehrheitsbeschlüssen der Wohnungseigentümer mit Vereinbarungsinhalt, FS für Hagen, 1999, S. 231 ff.

seine auf *Buck*[2] zurückgehenden, bereits in der Festschrift für Hagen publizierten Gedanken zum Mehrheitsbeschluss mit Vereinbarungsinhalt weiterentwickelt hat, wird diese Problematik heftig und kontrovers diskutiert; nicht weniger als 14 Beiträge sind seither in der Fachliteratur zu dieser Problematik veröffentlicht worden.

II. Der Mehrheitsbeschluss mit Vereinbarungsinhalt

Die aktuelle Diskussion hat sich an dem letztjährigen Vortrag von *Wenzel* entzündet, sodass es angebracht erscheint, zunächst nochmals dessen Thesen in Erinnerung zu rufen. *Wenzel* unterscheidet zwischen vereinbarungsersetzenden, vereinbarungsändernden und vereinbarungswidrigen Beschlüssen[3].

1. Der vereinbarungsersetzende Beschluss

Ein vereinbarungsersetzender Beschluss liegt nach der Terminologie von *Wenzel* vor, wenn er eine Angelegenheit betrifft, die sowohl durch Vereinbarung als auch durch Beschluss regelbar ist, etwa eine Regelung des Gebrauchs des Sonder- oder Gemeinschaftseigentums gemäß § 15 WEG. Aber auch ein Mehrheitsbeschluss in einer Angelegenheit, die durch einstimmigen Beschluss zu regeln ist, unterfällt der Kategorie des *vereinbarungsersetzenden Beschlusses* i. S. von *Wenzel*; hierzu zählt er beispielsweise Maßnahmen, die über die ordnungsgemäße Verwaltung gemäß § 21 Abs. 3 WEG hinausgehen, und bauliche Maßnahmen gemäß § 22 Abs. 1 WEG. Für beide Varianten des vereinbarungsersetzenden Beschlusses nimmt *Wenzel* an, dass kraft Gesetzes die Kompetenz der Wohnungseigentümer bestehe, durch Beschluss zu entscheiden, sodass Mehrheitsbeschlüsse in diesen Angelegenheiten, die eine Vereinbarung oder Einstimmigkeit erfordert hätten, in Bestandskraft erwachsen, weil sie nur – wie *Buck*[4] formuliert – die Grenzen des rechtlichen „Dürfens", nicht dagegen die des rechtlichen „Könnens" überschreiten.

2 *Buck*, WE 1998, 90 ff.
3 Vgl. *Wenzel*, ZWE 2000, 2.
4 *Buck*, WE 1998, 367.

Ein solcher vereinbarungsersetzender Mehrheitsbeschluss soll zwar fehlerhaft, aber bestandskräftig werden, wenn er nicht rechtzeitig angefochten wird. Diese Lösung hat, soweit sie die Rechtslage von Mehrheitsbeschlüssen über Gebrauchsregelungen nach § 15 WEG betrifft, die schon bisher umstritten war, eine heftige Diskussion ausgelöst[5]. Weil darin stets auch eine Gesetzesänderung liege, wird die von *Wenzel* vorgeschlagene Differenzierung zwischen vereinbarungsersetzenden und vereinbarungsändernden Beschlüssen als problematisch angesehen. Für Mehrheitsbeschlüsse über die Verwaltung des gemeinschaftlichen Eigentums oder über bauliche Veränderungen, die einer Vereinbarung oder der Einstimmigkeit bedurft hätten, bleibt dagegen also alles beim Alten.

2. Der vereinbarungswidrige Beschluss

Unter einem vereinbarungswidrigen Beschluss versteht *Wenzel* einen Beschluss, der gegen eine gesetzliche oder vereinbarte Regelung im Einzelfall verstößt, ohne diese Regelung selbst auf Dauer zu ändern, etwa ein Beschluss über die Jahresabrechnung, der ein unrichtiger Kostenschlüssel zugrunde liegt. Auch für solche Beschlüsse ändert sich die Rechtslage nach *Wenzels* Ansicht nicht: Sie sind zwar anfechtbar, aber nicht nichtig, sodass sie bestandskräftig werden, wenn sie nicht fristgemäß angefochten werden.

3. Der vereinbarungsändernde Beschluss

Beim vereinbarungsändernden Beschluss handelt es sich um einen Beschluss, durch den die gesetzliche oder die in der Regel in einer Gemeinschaftsordnung vereinbarte Grundordnung der Wohnungseigentümer auf Dauer geändert wird, etwa Änderung des gesetzlichen oder vereinbarten Kostenverteilungsschlüssels oder Änderung des Stimmrechts. Solche Beschlüsse sind nach Ansicht von *Wenzel* entgegen der bisher h.M. mangels Beschlusskompetenz der Wohnungseigentümer nichtig, sodass sie nicht in Bestandskraft erwachsen können. Insbesondere diese Rechtsansicht ist Gegenstand der Diskussion.

---

5 Vgl. *Häublein*, ZMR 2000, 423 (428 ff.); *Müller*, NZM 2000, 854 f. Auf diese Diskussion gehe ich nachfolgend nicht ein.

III. Der Stand der Diskussion

Die aktuelle Diskussion leidet bisweilen darunter, dass nicht sorgfältig zwischen den verschiedenen Inhalten möglicher Beschlüsse differenziert und die Begründung der neueren Rechtsmeinung nicht sorgfältig genug[6] beachtet wird. Dies führt dazu, dass die Argumentation gelegentlich nicht nachvollziehbar ist und ins Leere geht. Insbesondere wäre auch eine stärker an den Methoden der Rechtswissenschaft orientierte Diskussion wünschenswert. Wenig weiterführend sind auch eher populistisch geprägte Beiträge[7]. Es erscheint mir daher sinnvoll, bei der Darstellung des aktuellen Stands der Diskussion die wesentlichen Argumente in eine möglichst logische Reihenfolge zu bringen, damit der Überblick über wichtige und unwichtige Gedanken nicht verloren geht. Ich will mich hierbei bemühen, eigene Wertungen zu vermeiden.

1. Das Problem

Einigkeit besteht darüber, dass Abänderungen der dispositiven gesetzlichen Vorschriften gemäß § 10 Abs. 1 S. 2 WEG nur durch Vereinbarung, d.h. mit Zustimmung aller Wohnungseigentümer, erfolgen können, außer bei Vereinbarung einer sog. Öffnungsklausel; dasselbe gilt für die Änderung solcher Vereinbarungen[8]. Umstritten ist dagegen, ob eine gesetzes- oder vereinbarungsändernde Regelung, die mit Stimmenmehrheit beschlossen wird, also ein sog. Grundordnungsbeschluss, entsprechend dem Wortlaut des § 23 Abs. 4 S. 1 WEG in Bestandskraft erwachsen und damit für alle Wohnungseigentümer bindend werden kann.

---

6 Vgl. etwa *Riecke/Ormanschick*, ZMR 2000, 273 (274) zu baulichen Veränderungen. *Demharter*, WuM 2000, 291 (293) bemängelt zu Unrecht, dass es unterlassen werde, „sich mit der maßgebenden Gesetzesvorschrift des § 23 Abs. 4 WEG eingehend auseinanderzusetzen".

7 Vgl. etwa *Deckert*, NZM 2000, 361 (363 f.): „Dies kann doch nicht ernstlich gewollt und richtig sein"; es „muss und kann doch hier nicht nach Dauer- und Einzelfallwirkung differenziert werden".

8 Vgl. *Häublein*, ZMR 2000, 423 (426).

2. Die Argumente

a) Die Unanwendbarkeit des § 23 Abs. 4 WEG

Gegen die wohl h.M., wonach gesetzes- oder vereinbarungsersetzende Beschlüsse, sofern sie nicht wegen absoluter Unzuständigkeit der Wohnungseigentümer[9], wegen Eingriffs in den Kernbereich des Wohnungseigentums[10] oder wegen Verletzung des Wesensgehalts des Sondereigentums ausnahmsweise nichtig sind, gemäß § 23 Abs. 4 WEG bestandskräftig werden können, wird eingewandt, dass § 23 Abs. 4 WEG auf solche Beschlüsse nicht anwendbar sei[11]. Es handle sich hierbei um eine Vorschrift, die wegen der Systematik des Gesetzes nur die in Abs. 1 des § 23 WEG geregelten Fälle erfasse: Lediglich Beschlüsse in Angelegenheiten, über die nach dem Gesetz oder nach einer Vereinbarung die Wohnungseigentümer durch Beschluss entscheiden können, sollen nach Abs. 4 bestandskräftig werden können. Für sonstige, insbesondere gesetzes- oder vereinbarungsändernde Beschlüsse gelte Abs. 4 daher nicht, sodass solche Beschlüsse nichtig seien entsprechend dem allgemeinen Grundsatz, wonach rechtswidrige Rechtsgeschäfte nichtig sind[12]. Dies werde durch die Verweisung des § 10 Abs. 3 WEG auf § 23 WEG bestätigt, wonach Sondernachfolger nur an Beschlüsse in Angelegenheiten gebunden seien, über die nach dem Gesetz oder einer Vereinbarung durch Beschluss entschieden werden könne, nicht also an Grundordnungsbeschlüsse.

Unterstützt wird die These von der Unanwendbarkeit des § 23 Abs. 4 WEG mit dem Argument[13], das WEG unterscheide sich bewusst von den Vorschriften, die für körperschaftlich organisierte Verbände des Gesellschaftsrechts (Verein, AG, GmbH, Genossenschaft) ausdrücklich das Mehrheitsprinzip auch zur Regelung des Gemeinschaftsverhältnisses anordneten und orientiere sich an der für Personengesellschaften geltenden Rechtslage; die Wohnungseigentümergemeinschaft sei nicht wie die AG oder GmbH auf Flexibilität am Markt, sondern auf Bestandsschutz des Eigentums ausgerichtet.

9 Vgl. BayObLGZ 1984, 198 (203); vgl. auch BayObLGZ 1985, 345 (346).
10 Vgl. BGHZ 127, 99 (105); 129, 329 (333).
11 Vgl. *Merle* in Bärmann/Merle/Pick, WEG, 8. Aufl., 2000, § 23 Rn. 160a; *Kümmel*, ZWE 2000, 387 (390 f.); *Häublein*, ZMR 2000, 423 (428).
12 So insbesondere *Kümmel*, ZWE 2000, 387 (391).
13 *Häublein*, ZMR 2000, 423 (426).

Diesen systematischen Argumenten ist bisher in der Diskussion erstmals jüngst durch das Bayerische Oberste Landesgericht widersprochen worden: § 23 Abs. 4 WEG gelte seinem Wortlaut nach für sämtliche Beschlüsse der Wohnungseigentümer; eine Beschränkung auf solche Eigentümerbeschlüsse, die sich im Rahmen der Beschlusskompetenz hielten, könne der Vorschrift nicht entnommen werden. Im Übrigen beruft sich die h.M. vornehmlich auf Sinn und Zweck des § 23 Abs. 4, der darin bestehe, Klarheit über die Rechtslage zwischen den Wohnungseigentümern zu schaffen[14].

b) Der Verstoß gegen eine unverzichtbare Rechtsvorschrift

Das zweite Argument, das gegen die Möglichkeit der Bestandskraft gesetzes- oder vereinbarungsändernder, Mehrheitsbeschlüsse geltend gemacht wird, beruht demgegenüber gerade auf der Anwendbarkeit des § 23 Abs. 4 WEG. Insbesondere *Wenzel*[15] nimmt an, dass den Wohnungseigentümern für solche Beschlüsse die Beschlusskompetenz fehle, die nach der zwingenden Vorschrift des § 10 Abs. 1 S. 2 WEG nur durch Vereinbarung eingeräumt werden könne. Dass die Vorschriften des WEG im Rahmen des § 10 Abs. 1 S. 2 WEG abdingbar sind, hält er für unerheblich. Entscheidend sei – und so habe ich[16] es in völliger sachlicher Übereinstimmung mit *Wenzel* formuliert – dass ein Mehrheitsbeschluss, der ohne Beschlusskompetenz gefasst wird, gegen § 10 Abs. 1 S. 2 WEG verstoße, eine Rechtsvorschrift i.S. des § 23 Abs. 4 S. 2 WEG, auf deren Einhaltung rechtswirksam nicht verzichtet werden könne[17].

Hiergegen wird vorgebracht, dass keine *Rechtsvorschriften* genannt würden, gegen die verstoßen werde[18]. Im Übrigen wird bestritten, dass der von *Wenzel* ausdrücklich genannte § 10 Abs. 1 S. 2 WEG oder – was auf dasselbe hinaus läuft – der Regelungszusammenhang von Vertrags- und Mehrheitsprinzip, nämlich dass eine Be-

14 Vgl. BGHZ 54, 65 (69).

15 *Wenzel*, ZWE 2000, 2 (5 f.); so schon *Buck*, WE 1998, 90 (92 f.); *Seuß*, WE 1995, 353; *Weitnauer*, WE 1995, 163 (165).

16 *Merle* in Bärmann/Pick/Merle, § 23 Rn. 160a, wo ich allerdings inkonsequenterweise auch die Anwendbarkeit des § 23 Abs. 4 WEG verneint habe; zutreffend die Kritik von *Häublein*, ZMR 2000, 423 (428).

17 A.A. *Deckert*, NZM 2000, 361 (362): nicht zwingend (ohne Begründung).

18 *Demharter*, WuM 2000, 291 (293).

schlusskompetenz nur durch Vereinbarung eingeführt werden kann, eine Rechtsvorschrift i.S. des § 23 Abs. 4 S. 2 WEG sei, auf deren Einhaltung rechtswirksam nicht verzichtet werden könne[19]. *Niedenführ* meint, die Regelungen über die Beschlusskompetenz seien weder ausdrücklich als zwingendes Recht eingeordnet worden, noch sei eine solche Einordnung geboten. Die Interessen der Minderheit seien durch die Möglichkeit der Anfechtung ausreichend geschützt[20]. Die Interessen von Sondernachfolgern seien nicht tangiert, da sie sich über solche Beschlüsse informieren könnten[21]; Rechtssicherheit und Rechtsklarheit geböten es, bestandskräftigen gesetzes- oder vereinbarungsändernden Beschlüssen gemäß § 10 Abs. 3 WEG auch ohne Grundbucheintragung Wirkung gegenüber Sondernachfolgern beizumessen[22]. Für *Demharter*[23] ist es näher liegend, anzunehmen, durch § 23 Abs. 4 WEG werde das Vertragsprinzip für den Fall durchbrochen, dass ein unter Verstoß dagegen gefasster Mehrheitsbeschluss nicht für ungültig erklärt werde.

Die Unterschiede der dargestellten Ansichten lassen sich am Beispiel der sog. Öffnungsklausel verdeutlichen. Kann auch eine solche Klausel, wonach Änderungen gesetzlicher oder vereinbarter Regelungen durch Stimmenmehrheit beschlossen werden können, entgegen § 10 Abs. 1 S. 2 WEG durch bestandskräftigen Mehrheitsbeschluss eingeführt werden[24], dann handelt es sich bei § 10 Abs. 1 S. 2 WEG nicht um eine Rechtsvorschrift i.S. des § 23 Abs. 4 S. 2 WEG, auf deren Einhaltung rechtswirksam nicht verzichtet werden kann, sodass gesetzes- oder vereinbarungsändernde Beschlüsse wirksam sind und bestandskräftig werden können. Wer dies verneint, muss konsequenterweise wohl gesetzes- oder vereinbarungsändernde Beschlüsse wegen Verstoßes gegen § 10 Abs. 1 S. 2 WEG für unwirksam ansehen.

---

19 *Niedenführ*, NZM 2000, 465 (466); *Demharter*, WuM 2000, 291 (293); BayObLG, ZWE 2000, 459 (461).

20 *Niedenführ*, NZM 2000, 465 (467); gleiche Wertung in anderem Kontext: *Deckert*, WE 2000, 52 (53).

21 *Niedenführ*, NZM 2000, 465 (467); gleiche Wertung in anderem Kontext: *Deckert*, WE 2000, 52 (54); *ders.*, NZM 2000, 649.

22 M.E. „Zirkelschluss“; vgl. auch OLG Düsseldorf, NJW-RR 1994, 1426.

23 WuM 2000, 291 (293); ebenso BayObLG, ZWE 2000, 459 (461).

24 So wohl *Müller*, NZM 2000, 854.

c) Der Minderheitenschutz

Für die Wirksamkeit gesetzes- und vereinbarungsändernder Beschlüsse wird in unterschiedlichem Kontext immer wieder angeführt, die Interessen der Minderheit würden durch die Möglichkeit der Anfechtung solcher Beschlüsse ausreichend gewahrt[25]. Hiergegen machen *Wenzel* und ihm folgend *Häublein* geltend[26], wer der Abänderung der gesetzlichen Regelung oder einer Vereinbarung gemäß § 10 Abs. 1 S. 2 WEG zustimmen müsse, brauche seine Interessen nicht durch ein Anfechtungsverfahren zu wahren, sondern könne darauf vertrauen, dass ohne sein Einverständnis die Grundlagen der Gemeinschaft nicht geändert werden; die gegenteilige Auffassung lasse den Schutz der Minderheit in eine Anfechtungslast umschlagen und belohne das gesetzeswidrige Verhalten der Mehrheit.

d) Die Rechtssicherheit

Ein mehrfach gegen die neue Rechtsansicht vorgebrachtes beachtliches und vor allem von *Demharter*[27] vertieftes Argument ist das der Rechtssicherheit. Seit vielen Jahren herrsche in Rechtsprechung und Schrifttum – von Ausnahmen abgesehen – im Wesentlichen Einigkeit darüber, dass ein unangefochten gebliebener Mehrheitsbeschluss grundsätzlich wirksam sei, auch wenn sein Regelungsgegenstand an sich einer Vereinbarung bedurft hätte. Da nach Ansicht des BGH eine Rechtsprechung, auf die sich der Rechtsverkehr eingestellt hat, Vertrauensschutz genieße und nur geändert werden solle, wenn deutlich überwiegende oder schlechthin zwingende Gründe dafür sprächen[28], müsste dies bei einer Änderung der bisherigen Rechtsprechung begründet werden. Allerdings hatte *Wenzel* bereits dargelegt[29], dass seiner Ansicht nach der BGH bisher nicht über die Wirksamkeit eines gesetzes- oder vereinbarungsändernden Beschlusses entschieden habe. Wenn dies richtig ist, was für die Entscheidung vom 16.9.1994[30] bestritten wird[31], bleibt zu

25 Vgl. Fn. 20.

26 *Wenzel*, ZWE 2000, 2 (7); *Häublein*, ZMR 2000, 423 (426).

27 WuM 2000, 291 (293 f.); BayObLG, ZWE 2000, 459 (461).

28 BGHZ 85, 64 (66).

29 ZWE 2000, 2 (4); ihm folgend *Kümmel*, ZWE 2000, 387 (391 f.).

30 BGHZ 127, 99 ff.

untersuchen, inwieweit Entscheidungsgründe und obiter dicta an dem vom BGH postulierten Vertrauensschutz teilnehmen und deshalb möglicherweise einer Änderung der Rechtsprechung entgegenstehen.

e) Der Anspruch auf Änderung der Gemeinschaftsordnung

Ein anderes Gegenargument gegen die neuere Ansicht macht *Würfel*[32] geltend: Wenn nach § 242 BGB ein Anspruch auf Abänderung eines grob unbilligen Kostenschlüssels bestehe, dann könne konsequenterweise ein entsprechender Mehrheitsbeschluss nicht nichtig sein, denn § 242 BGB gehe als übergeordnete Norm § 16 Abs. 2 WEG vor und konkretisiere diese Vorschrift inhaltlich; zumindest in diesem Bereich fehle den Eigentümern daher nicht jegliche Beschlusskompetenz.

f) Die relative Wirkung eines gesetzes- oder vereinbarungsändernden Beschlusses

Mit der h.M. geht *Rapp*[33] davon aus, dass gesetzes- oder vereinbarungsändernde Mehrheitsbeschlüsse zwar rechtswidrig sind, aber nach § 23 Abs. 4 WEG bestandskräftig werden können. Allerdings verneint er die Wirksamkeit solcher Beschlüsse gegen Sondernachfolger, weil § 10 Abs. 3 WEG ausdrücklich nur für Beschlüsse gemäß § 23 Abs. 1 WEG gelte, also für solche in Angelegenheiten, über die die Wohnungseigentümer nach dem WEG oder nach einer Vereinbarung entscheiden können. Ein Sondernachfolger könne daher bei einem gesetzesändernden Beschluss etwa über den Kostenverteilungsschlüssel den ersten nach seinem Eigentumserwerb hierauf beruhenden Abrechnungsbeschluss anfechten. Bei unterbliebener Anfechtung des ersten Abrechnungsbeschlusses könne ein Sondernachfolger spätere Abrechnungsbeschlüsse, die auf dem geänderten Kostenverteilungsschlüssel beruhten, nicht mehr anfechten. Sonderrechtsnachfolgen eröffneten damit immer wieder den Weg

31 *Buck*, WE 1998, 90 (92); *Weitnauer*, WE 1995, 163; KG, WuM 1999, 533; BayObLG, ZfIR 1999, 683; ZMR 1999, 721 und 723.

32 *Würfel*, WE 2000, 100 (101).

33 *Rapp*, DNotZ 2000, 185 (191 ff.).

zurück zu einem Gesetz und Vereinbarung entsprechenden Zustand.

Gegen diese Ansicht hat *Kümmel*[34] eingewandt, sie führe dazu, dass der geänderte Kostenverteilungsschlüssel zwar die bisherigen Wohnungseigentümer binde, nicht aber etwaige Sondernachfolger. Diese relative Wirkung hätte zur Folge, dass im Falle der Sondernachfolge jede Abrechnung angefochten werden könne: Der Sondernachfolger könne anfechten, wenn dem Abrechnungsbeschluss der durch bestandskräftigen Beschluss geänderte Kostenverteilungsschlüssel zugrunde liege, weil dieser ihm gegenüber nicht wirke. Würde dagegen der Abrechnung der ursprüngliche Kostenschlüssel zugrunde gelegt, könnten die übrigen Wohnungseigentümer anfechten, denn ihnen gegenüber sei der neue Kostenschlüssel verbindlich.

g) Sonstige Argumente

Neben den vorgetragenen zentralen Argumenten wird immer wieder auf Schwierigkeiten in der Praxis hingewiesen, sollte sich die neuere Ansicht durchsetzen. Vorgetragen wird, dass sich vereinbarungswidrige und vereinbarungsändernde Beschlüsse nur schwierig abgrenzen ließen[35]. Im Übrigen sei die neue Ansicht wenig praxisfreundlich, da sie dazu führe, dass Gemeinschaftsordnungen kaum noch veränderten Verhältnissen angepasst werden könnten[36]. Schließlich wird auch die Frage aufgeworfen, wie sog. Altfälle zu behandeln seien, d.h., ob gesetzes- oder vereinbarungsändernde Beschlüsse, durch die das Verhältnis der Wohnungseigentümer untereinander vor vielen Jahren geregelt worden ist, nichtig seien[37].

Für die Nichtigkeit eines Grundordnungsbeschlusses wird ergänzend angeführt, wenn die Grundordnung der Wohnungseigentümer durch bestandskräftigen Mehrheitsbeschluss geändert werden könne, würde die Funktion des Grundbuchs beeinträchtigt, denn wegen § 10 Abs. 3 WEG könnten solche Beschlüsse nicht eingetra-

34 *Kümmel*, ZWE 2000, 387 (389 f.).

35 *Niedenführ*, NZM 2000, 467; *Demharter*, WuM 2000, 293; *Deckert*, NZM 2000, 364; BayObLG, ZWE 2000, 459 (461).

36 *Würfel*, WE 2000, 100; *Niedenführ*, NZM 2000, 465 (467); *Müller*, NZM 2000, 854.

37 *Bielefeld*, DWE 1999, 145; *Deckert*, NZM 2000, 364; *Müller*, NZM 2000, 855.

gen werden; das Grundbuch gebe dann keine sichere Auskunft mehr über die Grundordnung der Wohnungseigentümer und damit über den Inhalt des Wohnungseigentums[38].

IV. Ausblick

Durchsetzen wird sich letztlich nur die Lösung, die sich an den anerkannten Methoden der Gesetzesauslegung orientiert. Hierbei dürfen eigene Wertungen nicht die im Gesetz enthaltenen Wertungen verdrängen. Mögen auch eventuell praktische Gründe für eine bestimmte Rechtslage sprechen, so sind doch die Grenzen, die das Gewaltenteilungsprinzip auferlegt, einzuhalten. Der Richter ist nach Art. 97 GG an die gesetzlichen Wertungen gebunden. Die Grenze richterlicher Rechtsfortbildung liegt dort, wo die geforderte Entscheidung nicht mehr allein mit rechtlichen Erwägungen begründet werden kann, sondern eine an Zweckmäßigkeitsgesichtspunkten orientierte politische Entscheidung verlangt[39]. Sie zu treffen, ist im demokratischen Staat grundsätzlich Sache des Gesetzgebers.

38 *Röll*, ZWE 2000, 13 (15).

39 *Larenz*, Methodenlehre der Rechtswissenschaft, 6. Aufl., 1991, S. 427 f.

Einbau von Kaltwasserzählern

Prof. Dr. *Wolf-Rüdiger Bub*
Rechtsanwalt in München und
Honorarprofessor an der Universität Potsdam

Inhaltsübersicht

I. Einleitung

Die Diskussion über die **Nichtigkeit von vereinbarungs- und gesetzesändernden Mehrheitsbeschlüssen**[1] löste im Rahmen der Podiumsdiskussion in Fischen im vergangenen Jahr die Frage aus, ob ein Mehrheitsbeschluss, die Kosten des Wasserverbrauchs nach dem durch zu installierende Kaltwasserzähler ermittelten Ver-

1 *Wenzel* PiG 59, 55, „Der vereinbarungsersetzende, vereinbarungswidrige und vereinbarungsändernde Mehrheitsbeschluss".

brauch zu verteilen, nichtig sei. Diese Frage ist heute von erheblicher praktischer Bedeutung, da nunmehr auch der Bundesgerichtshof von der Nichtigkeit vereinbarungsändernder und gesetzesabbedingender Mehrheitsbeschlüsse ausgeht[2].

II. Beschlusskompetenz der Wohnungseigentümer über den Einbau von Kaltwasserzählern und die Ermittlung des Wasserverbrauchs im Sondereigentum

Im Licht der neuen Entscheidung des Bundesgerichtshofes stellt sich zunächst die Frage, ob die Wohnungseigentümer den Einbau von Kaltwasserzählern zur Ermittlung des Wasserverbrauchs im Sondereigentum mehrheitlich beschließen können.

1. Gesetzesändernder Mehrheitsbeschluss

Nach der Auffassung des BGH sind der vereinbarte Kostenverteilungsschlüssel und – bei Fehlen einer Vereinbarung – die gesetzliche Kostenverteilung nach § 16 Abs. 2 WEG einer Mehrheitsentscheidung entzogen; damit ist ein Mehrheitsbeschluss, der eine Abänderung des gesetzlichen oder des vertraglichen Kostenverteilungsschlüssels zum Gegenstand hat, als **vereinbarungsändernder bzw. gesetzesabbedingender Mehrheitsbeschluss** zu qualifizieren, der nichtig ist.

a) Mehrheitsbeschluss und Änderung der Kostenverteilung

Die Kostenverteilung nach § 16 Abs. 2 WEG kann gemäß § 10 Abs. 1 WEG nur durch eine **Vereinbarung** geändert werden, sofern die Vereinbarung/Gemeinschaftsordnung keine **„Öffnungsklausel"**[3] enthält, die die Abänderung durch einen Mehrheitsbeschluss zulässt[4]. Ohne eine solche Vereinbarung haben die Wohnungseigentümer in

2 BGH NJW 2000, 3500.
3 BGHZ 95, 137, 140.
4 Vgl. zu den Voraussetzungen: OLG Frankfurt NZM 2001, 140; OLG Hamm ZWE 2000, 424.

der Eigentümerversammlung **keine Beschlusskompetenz**. Dass die Vorschrift gemäß § 10 Abs. 1 S. 2 WEG abbedungen werden kann, ist nicht maßgeblich[5]; entscheidend ist, dass eine Abänderung wiederum nur durch eine Vereinbarung möglich ist[6].

Die Regelung, dass der Kostenverteilungsschlüssel nur durch Vereinbarung geändert werden kann, ist unverzichtbar i.S.v. § 23 Abs. 4 S. 2 WEG, weil die das Grundverhältnis der Gemeinschaft betreffenden Änderungen des Gesetzes oder der Gemeinschaftsordnung dem Mehrheitsprinzip entzogen sind. Ein die Geltung der Vorschriften des WEG oder des BGB[7] **ändernder Mehrheitsbeschluss** ist daher – entgegen der bisher herrschenden Meinung[8] – **nichtig**[9].

Folglich ist ein Mehrheitsbeschluss nichtig, der regelt, dass die Kosten des gemeinschaftlichen Gebrauchs des Gemeinschaftseigentums abweichend vom gesetzlichen Kostenverteilungsschlüssel nach Verbrauch zu verteilen sind.

b) *Qualifizierung der Wasserkosten als Kosten des gemeinschaftlichen Gebrauchs des gemeinschaftlichen Eigentums oder des Gebrauchs des jeweiligen Sondereigentums?*

Dies beantwortet aber nicht die Frage, ob die Kosten des Wasserverbrauchs des jeweiligen Wohnungseigentums als **Kosten des gemeinschaftlichen Gebrauchs des gemeinschaftlichen Eigentums** i.S.v. § 16 Abs. 2 WEG oder als **Kosten des Gebrauchs des jeweiligen Sondereigentums** zu qualifizieren sind.

---

5 *Wenzel* PiG 59, 55, „Der vereinbarungsersetzende, vereinbarungswidrige und vereinbarungsändernde Mehrheitsbeschluss".

6 *Weitnauer* WE 1995, 163, 164; *Wenzel* PiG 59, 55, „Der vereinbarungsersetzende, vereinbarungswidrige und vereinbarungsändernde Mehrheitsbeschluss".

7 BGHZ 115, 151 zur Verzugszinsenpauschale.

8 BGHZ 127, 99; BayObLG WE 1997, 266, 267 mit Anmerkung *Merle*; KG WE 1996, 390, 391; NZM 1999, 569; ZWE 2000, 459; *Bärmann/Pick/Merle*, Komm. z. WEG, 8. Aufl., § 16 Rz. 117; Münchener Kommentar/*Röll*, Komm. z. BGB, 3. Aufl., § 23 WEG Rz. 19; Staudinger/*Bub*, Komm. z. WEG, 12. Aufl., § 16 WEG Rz. 24 mwN; Staudinger/*Kreuzer* a.a.O., § 10 Rz. 58 ff.; *Kreuzer* WE 1997, 362; *Lüke* DNotZ 1997, 960.

9 *Buck* WE 1998, 90; *Seuß* WE 1995, 353; *Weitnauer* WE 1995, 163; *Wenzel* NZM 2000, 217.

aa) Herrschende Meinung

Die herrschende Meinung[10] beurteilt die Kosten des gesamten Wasserverbrauchs einer Wohnungseigentumsanlage als solche des **gemeinschaftlichen Gebrauchs des gemeinschaftlichen Eigentums**. Zur Begründung führt die herrschende Meinung im Wesentlichen an, dass sich die Ver- und Entsorgungsunternehmen in der Regel weigern, Einzellieferungsverträge abzuschließen, sondern nur mit der Wohnungseigentümergemeinschaft kontrahieren, die z.B. das Wasser an die einzelnen Wohnungseigentümer mittels gemeinschaftlicher Einrichtungen und Anlagen „weiterliefert", sodass die Kosten des gesamten Wasserverbrauchs und der gesamten Abwasserbeseitigung zunächst aus gemeinschaftlichen Geldern gezahlt werden.

Nur in einem Sonderfall hat das BayObLG[11] entschieden, dass die Kosten von Wasser, das ein Wohnungseigentümer „veredelt" oder „verarbeitet" und in Flaschen abgefüllt veräußert, nicht zu den Kosten des gemeinschaftlichen Gebrauchs des gemeinschaftlichen Eigentums gehören.

Folgt man dieser Auffassung, wäre ein Mehrheitsbeschluss über den Einbau von Kaltwasserzählern und die Verteilung der Wasserkosten nach Verbrauch wegen Abweichung vom gesetzlichen Kostenverteilungsschlüssel i.S.v. § 16 Abs. 2 WEG nichtig[12].

bb) Stellungnahme

Die herrschende Meinung ist abzulehnen.

Die Kosten des **privaten Verbrauchs von Wasser** – ebenso wie die Kosten der Abwasserbeseitigung, des Stroms und des Gases und anderen privaten Verbrauchs – stellen entgegen der herrschenden Meinung Kosten des **Gebrauchs des Sondereigentums** dar, die jeder Wohnungseigentümer selbst zu tragen hat.

10 BayObLG WE 1988, 204; WuM 1994, 160; OLG Stuttgart OLGZ 1979, 34; offen gelassen von BayObLG WE 1997, 273.

11 WE 1997, 273; *Deckert*, Die Eigentumswohnung, Gruppe 5/41: Lasten und Kosten des Sondereigentümers, soweit diese über die Einzelzähler von den Wasserwerken direkt mit den einzelnen Wohnungseigentümern abgerechnet werden.

12 So OLG Köln WuM 1998, 621.

Das Abstellen der herrschenden Meinung auf das Vertragsverhältnis zwischen dem jeweiligen Versorgungsunternehmen und der Wohnungseigentümergemeinschaft führt zu einem **zufälligen**[13], dogmatisch nicht begründbaren **Ergebnis**: Kosten des gemeinschaftlichen Gebrauchs des gemeinschaftlichen Eigentums werden nicht deshalb zu solchen, weil im Außenverhältnis ein Dritter einen Vertrag nur mit der Wohnungseigentümergemeinschaft und nicht mit den einzelnen Wohnungseigentümern abzuschließen bereit ist.

Zwar tilgt die Wohnungseigentümergemeinschaft mit der Zahlung der Wasserkosten eine gemeinschaftliche, auf Verwaltungshandeln beruhende Schuld; dies ist aber nicht ausschlaggebend für die Qualifizierung, ob die Kosten den Gebrauch von gemeinschaftlichem Eigentum oder von Sondereigentum betreffen. Liefert die Wohnungseigentümergemeinschaft das von ihr erworbene Wasser an Sondereigentümer zu deren Verbrauch weiter, so entspricht es den Grundsätzen ordnungsmäßiger Verwaltung, den tatsächlichen Verbrauch nach dem Kostendeckungsprinzip im **Innenverhältnis** zu ermitteln und in Rechnung zu stellen.

Abrechnungstechnisch könnten dann die Wasserkosten weiterhin – mit der h.M. – nach Miteigentumsanteilen verteilt werden, während die den einzelnen Wohnungseigentümern verbrauchsabhängig berechneten Kosten als Einnahmen zu verzeichnen sind. Vereinfacht – mit identischem rechnerischem Ergebnis – können aber auch sofort die das Sondereigentum betreffenden Wasserkosten nach Verbrauch in die Einzelabrechnung eingestellt werden[14], sodass nur die gemeinschaftlich – z.B. zum Rasensprengen oder zur Hausreinigung – verbrauchten Wasserkosten nach § 16 Abs. 2 WEG oder dem vereinbarten Schlüssel zu verteilen sind.

In den Fällen, in denen eine solche Handhabung wegen des Fehlens von Verbrauchserfassungsgeräten nicht möglich ist, verbleibt es bei der Kostenverteilung im Verhältnis der Miteigentumsanteile. Der Einbau von Kaltwasserzählern ermöglicht also erst eine der ratio der gesetzlichen Regelung entsprechende Trennung der Kosten für das gemeinschaftliche Eigentum und des einzelnen Sonder-

13 Vgl. *Bärmann/Pick/Merle* a.a.O., § 16 Rz. 46.

14 Vgl. BayObLG WuM 1992, 448, 450 zur Zahlung von Grundsteuern; KG NJW-RR 1992, 845 zur Zahlung von Kosten der Instandsetzung von Sondereigentum; Staudinger/*Bub* a.a.O., § 28 WEG Rz. 357 zur materiell-rechtlichen Korrektur in der Einzelabrechnung mwN.

eigentums; eine verbrauchsabhängige Abrechnung der Wasserkosten widerspricht also nicht dem **gesetzlichen Kostenverteilungsschlüssel** gem. § 16 Abs. 2 WEG, sondern wendet ihn zutreffend an.

cc) Ergebnis

Ein Mehrheitsbeschluss, der den Einbau von Kaltwasserzählern und die Verteilung der Kosten nach Verbrauch zum Gegenstand hat, ist nicht als gesetzesabbedingender Mehrheitsbeschluss zu qualifizieren; vielmehr wird die § 16 Abs. 2 WEG zugrunde liegende Trennung der Kosten des gemeinschaftlichen Gebrauchs des gemeinschaftlichen Eigentums und von den Kosten des einzelnen Sondereigentums in praxi durch den Einbau der Kaltwasserzähler erst ermöglicht.

Die Wasserkosten sind folglich nur so lange nach Miteigentumsanteilen zu verteilen, bis eine verbrauchsabhängige Abrechnung[15] durch den Einbau von Kaltwasserzählern ermöglicht ist oder – wie bei der Stromlieferung üblich – der Leistungsaustausch unmittelbar zwischen den Versorgungs- und Entsorgungsunternehmen und den einzelnen Wohnungseigentümern aufgrund einzelner Vertragsbeziehungen stattfindet[16].

2. Vereinbarungsändernder Mehrheitsbeschluss

Nach der eingangs zitierten Rechtsprechung des BGH ist auch ein **vereinbarungsändernder Mehrheitsbeschluss nichtig**, der Bestimmungen der **Gemeinschaftsordnung** durch eine andere **Dauerregelung**[17] ersetzt. Eine solche Änderung ist ohne Öffnungsklausel ebenfalls nur im Wege der **abändernden Vereinbarung** möglich (§ 10 Abs. 2 WEG).

Dabei sind folgende Fallgruppen zu unterscheiden:

15 A.A. BayObLG WuM 1994, 160 ff. für den Fall der Verbrauchsermittlung durch Wasseruhren.

16 BayObLG WuM 1994, 160 ff.; OLG Celle WEZ 1987, 208, 211.

a) *Fallgruppe 1: Allgemeine Regelung in der Gemeinschaftsordnung, dass die Wasserkosten zu den gemeinschaftlichen Kosten des Gemeinschaftseigentums zählen*

Eine Bestimmung der Gemeinschaftsordnung, dass die Wasserkosten Kosten des gemeinschaftlichen Gebrauchs des gemeinschaftlichen Eigentums sind, ohne die im Bereich des Sondereigentums anfallenden auszudifferenzieren, ist normativ unter Berücksichtigung der objektiven Interessenlage – Zahlung nach individuellem Verbrauch – und der gesetzlichen Regelung dahin auszulegen, dass damit nicht die Verbrauchskosten des jeweiligen Sondereigentümers, sondern nur die durch den gemeinschaftlichen Gebrauch des gemeinschaftlichen Eigentums verursachten Wasserkosten gemeint sind. Die Wohnungseigentümer sind also auch in diesem Fall grundsätzlich befugt, einen Mehrheitsbeschluss über den Einbau von Kaltwasserzählern und die Verteilung der Wasserkosten nach Verbrauch zu fassen[18].

b) *Fallgruppe 2: Ausdrückliche Regelung in der Gemeinschaftsordnung, wonach die Wasserkosten auch des Sondereigentums im Verhältnis der Miteigentumsanteile zu tragen sind*

Schließlich kann die Gemeinschaftsordnung ausdrücklich bestimmen, dass auch die Kosten des Wasserverbrauchs des jeweiligen Sondereigentümers nach dem im Grundbuch eingetragenen Verhältnis der Miteigentumsanteile verteilt werden. Enthält die Gemeinschaftsordnung auch keine so genannte Öffnungsklausel, sind die Wohnungseigentümer nicht befugt, einen entsprechenden Mehrheitsbeschluss zu fassen. Ein entsprechender Mehrheitsbeschluss ist nichtig und nicht nur anfechtbar, da er vereinbarungsändernden Charakter hat.

Dem einzelnen Wohnungseigentümer verbleibt in diesem Fall nur noch die Möglichkeit, eine Änderung des Kostenverteilungsschlüssels wegen grober Unbilligkeit des vereinbarten Kostenverteilungsschlüssels herbeizuführen. Jeder Wohnungseigentümer hat in Ausnahmefällen einen Anspruch auf Zustimmung zur Änderung des anwendbaren Verteilungsschlüssels, wenn außergewöhnliche Um-

17 BGH NJW 2000, 3500.
18 A.A. OLG Köln WuM 1998, 621.

stände ein Festhalten an der bestehenden Regelung als grob unbillig und damit als gegen Treu und Glauben verstoßend erscheinen lassen, dass sie nach objektiven Kriterien zu untragbaren, mit Recht und Gerechtigkeit nicht zu vereinbarenden Ergebnissen führt[19]. Dies kann allerdings nur im Ausnahmefall dazu führen, dass ein Anspruch auf Einführung einer verbrauchsabhängigen Verteilung der Wasserkosten besteht, wie es z. B. das OLG Düsseldorf bei ständiger Überbelegung durch Vermietung an Asylbewerber und Prostituierte bei gleichzeitigem Leerstand anderer Wohnungen entschieden hat[20].

3. Maßnahme ordnungsmäßiger Verwaltung i.S.v. § 21 Abs. 3 WEG

Ist die Beschlusskompetenz der Wohnungseigentümer nach dem Vorstehenden eröffnet, muss ein Mehrheitsbeschluss über den Einbau von Kaltwasserzählern schließlich den Grundsätzen ordnungsmäßiger Verwaltung entsprechen.

a) Ermessensspielraum der Wohnungseigentümer

Ein Beschluss über den Einbau von Kaltwasserzählern beachtet die von den Grundsätzen ordnungsmäßiger Verwaltung gezogenen Grenzen, wenn er dem Interesse aller Wohnungseigentümer und billigem Ermessen entspricht. Sind sich die Wohnungseigentümer darüber einig, welche Maßnahme zu ergreifen ist, so stimmen die Interessen überein, so es keiner Feststellung des Interesses aller Wohnungseigentümer bedarf. Bestehen aber Meinungsverschiedenheiten, so ist das Interesse der Gesamtheit der Wohnungseigentümer nach billigem Ermessen aus der Sicht eines objektiv, vernünftig und wirtschaftlich denkenden Wohnungseigentümers zu ermitteln.

Verbleibt nach diesem Entscheidungsfindungsprozess noch die Wahl zwischen mehreren ordnungsmäßiger Verwaltung entspre-

19 Staudinger/*Bub* a.a.O., § 16 WEG Rz. 267 mwN.

20 OLG Düsseldorf NJW 1985, 2837; OLG Hamburg WEZ 1987, 217 mit ablehnender Anmerkung: *Belz* WEZ 1987, 249 nach einer einvernehmlichen Einstellung der Tiefgaragenbeheizung; Staudinger/*Bub* a.a.O. § 16 WEG Rz. 271.

chenden Maßnahmen, so besteht ein **weiter Ermessensspielraum** der Wohnungseigentümer[21]. Die Grenze ist dort zu ziehen, wo der Einbau von Kaltwasserzählern zu kostenaufwendig ist, insbesondere, wenn die Aufwendungen in keinem Verhältnis zu den eintretenden Einsparungen stehen[22].

b) Öffentlich-rechtliche Vorschriften

Ein Mehrheitsbeschluss darf nicht gegen Normen des öffentlichen Rechts verstoßen[23]; zu den Maßnahmen ordnungsmäßiger Verwaltung zählen also auch Maßnahmen, die zur Einhaltung öffentlich-rechtlicher, insbesondere baurechtlicher Vorschriften und Auflagen notwendig sind, insbesondere wenn durch zwingendes Recht neue Anforderungen begründet werden[24]. In diesem Fall ist der **Ermessensspielraum** der Wohnungseigentümer auf **null reduziert**.

Die steigenden Preise für Frischwasser haben die Gesetzgeber auf Landesebene dazu bewogen, bei Neubauten und bei Nutzungsänderungen sowie wesentlichen Änderungen bestehender Gebäude den Einbau von wohnungsbezogenen Wasserzählern vorzuschreiben, es sei denn, der Einbau der Kaltwasserzähler erfordert einen unverhältnismäßigen Aufwand oder führt zu unangemessenen Kosten. Damit soll die Abrechnung des Frischwasserverbrauchs nicht mehr nach dem Flächenmaßstab oder dem – unpraktikablen – Personenschlüssel erfolgen, sondern nach dem gemessenen Verbrauch[25].

Nach derzeitigem Stand sind bestehende Gebäude in der Hansestadt Hamburg bis zum 1.9.2004 mit Kaltwasserzählungen nachzu-

21 BayObLGZ 1985, 164; WE 1992, 233; KG WE 1991, 324; OLG Düsseldorf WE 1991, 251; OLG Hamm ZMR 1996, 218; *Bärmann/Pick/Merle* a.a.O., § 21 Rz. 61; Staudinger/*Bub* a.a.O., § 21 WEG Rz. 82.

22 BayObLG WE 1990, 136 für die Anbringung von Warmwasserzählern unter Hinweis auf § 11 HeizkVO.

23 BayObLG WuM 1988, 183; Staudinger/*Bub* a.a.O., § 21 WEG Rz. 80.

24 BayObLG WuM 1980, 60; NJW 1981, 690; NJW-RR 1992, 81, 83; OLG Celle OLGZ 1982, 260, 261; *Bärmann/Pick/Merle* a.a.O., § 21 Rz. 130; Staudinger/*Bub* a.a.O., § 21 WEG Rz. 176 und 178c für den Einbau von Kaltwasserzählern; *Lüke* PiG 48, 41, 46; a.A. KG NJW 1968, 160.

25 *Sperber*, Einbau von Wasserzählern nach den Bauordnungen der Bundesländer, DWW 1999, 54.

rüsten; in Nordrhein-Westfalen ist dies geplant[26]. In den anderen Ländern – mit Ausnahme von Bayern – sind Kaltwasserzähler nur bei Nutzungsänderungen und Änderungen der Wasserversorgungsanlage einzubauen.

Demzufolge stellt der Einbau von Kaltwasserzählern in Hamburger Gebäuden in Hamburg stets eine Maßnahme ordnungsmäßiger Verwaltung dar[27]; es besteht **kein Ermessensspielraum** der Wohnungseigentümer. Gleiches gilt in den übrigen Ländern – mit Ausnahme von Bayern – bei Nutzungsänderungen oder Änderungen der Wasserversorgungsanlage, es sei denn, dass der Einbau unverhältnismäßige Kosten oder Folgekosten verursacht.

4. Bauliche Veränderung i.S.v. § 22 Abs. 1 WEG

Der nachträgliche Einbau von Kaltwasserzählern stellt keine **bauliche Veränderung** i.S.v. § 22 Abs. 1 WEG dar, weil die Wohnungseigentümer dadurch nicht über das in **§ 14 Nr. 1 WEG** bestimmte

26 § 33 Abs. 5 LBO Baden-Württemberg vom 8.8.1995, GBl. Baden-Württemberg Nr. 24/95, S. 617 vom 8.9.1995; § 39 Abs. 2 BauO Berlin vom 3.9.1997, GVBl. Berlin Nr. 38/97 vom 27.9.1997, S. 421; § 43 Abs. 3 der BbgBO vom 25.3.1998, GVBl Brandenburg Teil I Nr. 8 vom 2.6.1998, S. 82; § 42 Abs. 3 BremLBO vom 27.3.1995, GBl. Bremen Nr. 22/95 vom 19.4.1995, S. 211; § 39 Abs. 3 HbauO vom 4.11.1997, GVBl. Hamburg vom 20.7.1994, S. 221; § 47 HBO vom 20.12.1993, GVBl. I Hessen Nr. 32/93 vom 28.12.1993, S. 655; § 40 Abs. 2 LbauO Mecklenburg-Vorpommern vom 6.5.1998 in GVBl. Mecklenburg-Vorpommern Nr. 16/98 vom 20.5.1998, S. 468; § 42 Abs. 4 der NbauO vom 6.10.1997 in Nds.GVBl. Nr. 19/1997 vom 17.10.1997, S. 422; § 44 Abs. 3 a.F. und § 44 Abs. 2 n.F. der Nordrhein-Westfälischen BauO vom 7.3.1995, GVBl. NW Nr. 29/95 vom 13.4.1995, S. 218; § 42 Abs. 5 der LbauO Rheinland-Pfalz vom 8.3.1995, GVBl. Rheinland-Pfalz Nr. 4/95 vom 14.3.1995, S. 19; § 21 Abs. 5 der LbauO-Saarland vom 27.3.1996, Amtsbl. Saarland Nr. 23/96 vom 3.6.1996, S. 477; § 40 Abs. 2 SächsBO vom 29.3.1996 in SächsGVBl. von 1996, S. 122; § 43 Abs. 3 BauO Sachsen-Anhalt vom 23.6.1994, GVBl. Sachsen-Anhalt Nr. 31/94 vom 29.6.1994, S. 723; § 46 Abs. 2 LBO Schl.-Holstein vom 11.7.1994, GVBl. Schl.-Holstein Nr. 12/94 vom 21.7.1994, S. 321; ThürBO vom 3.6.1994 in GVBl. Thüringen Nr. 19/1994 vom 10.6.1994, S. 553.

27 Staudinger/*Bub* a.a.O., § 21 WEG Rz. 178c.

Maß hinaus beeinträchtigt werden; sie haben deshalb den Einbau der Kaltwasserzähler zu **dulden**[28].

III. Ergebnis

Die **Wohnungseigentümer** sind **befugt**, einen **Mehrheitsbeschluss** über den Einbau von Kaltwasserzählern und die Verteilung der Wasserkosten nach Verbrauch zu fassen. Ein entsprechender Mehrheitsbeschluss verstößt nicht gegen die **gesetzliche Kostenverteilung** i.S.v. § 16 Abs. 2 WEG, weil der Einbau von Kaltwasserzählern erst die verbrauchsabhängige Kostenverteilung und damit die Trennung der Kosten des gemeinschaftlichen Gebrauchs des gemeinschaftlichen Eigentums und des Sondereigentums ermöglicht. Mit der Verbrauchserfassung wird erst die § 16 Abs. 2 WEG entsprechende Kostenverteilung vorgenommen, die vor Einbau der Kaltwasserzähler nicht möglich war.

Ein entsprechender Mehrheitsbeschluss verstößt i.d.R. auch nicht gegen die **Gemeinschaftsordnung**, es sei denn, dass diese die verbrauchsabhängige Verteilung der Kaltwasserkosten auch für das Sondereigentum ausdrücklich ausschließt. In diesem Fall besteht nur in Ausnahmefällen ein Anspruch auf Änderung des Kostenverteilungsschlüssels nach den allgemeinen Grundsätzen.

Der Mehrheitsbeschluss muss im Übrigen den **Grundsätzen ordnungsmäßiger Verwaltung** entsprechen. Die Wohnungseigentümer haben dabei einen **weiten Ermessensspielraum**, der überschritten wird, wenn der Einbau von Kaltwasserzählern nur mit unverhältnismäßigen Aufwendungen verbunden ist; **kein Ermessensspielraum** besteht aber dort, wenn die Landesbauordnungen den Einbau von Kaltwasserzählern vorschreiben; stets ist dies im Geltungsbereich der Bauordnung für Hamburg der Fall.

---

28 BayObLG vom 10.9.1987, Az: BReg 2 Z 90/87, für den nachträglichen Einbau von Wärmezählern, allerdings mit dem Hinweis, dass in diesem Fall über die Kosten nicht beschlossen worden ist und durch den Einbau verursachte Kosten – über die nicht beschlossen worden ist – als Nachteil ausscheiden, weil Wohnungseigentümer, die nicht zugestimmt haben, auch die durch diese Maßnahmen verursachten Kosten nicht zu tragen haben (§§ 22 Abs. 1, 16 Abs. 3 2. HS WEG).

Lützenkirchen

Neue Mietrechtspraxis

für Wohnraum- und sonstige Mietverhältnisse

Von RA Dr. *Klaus Lützenkirchen* unter Mitarbeit von RA *Stefan Löfflad*. 504 Seiten, Lexikonformat, 2001, brosch. 78,– DM / 39,88 € (ab 1. 1. 2002: 39,– €).
ISBN 3-504-45028-2

Haftungsfalle „Neues Mietrecht"? Das Werk von Lützenkirchen bietet dem Mietrechtspraktiker das nötige Rüstzeug, um die mietrechtlichen Neuregelungen in der täglichen Mandatsarbeit souverän umzusetzen. Übersichtlich aufgebaut nach den typischen Beratungskomplexen wie Mieterhöhung, Kündigung, Betriebskosten usw. stellt das Werk die neuen Vorschriften vor, arbeitet Abweichungen zur alten Rechtslage heraus und stellt dar, wie der Mietrechtler nach neuem Recht optimal agiert. Für die mietrechtliche Gestaltungsarbeit bietet der Titel eine Vielzahl von Formulierungsbeispielen – unter voller Berücksichtigung der neuen Rechtslage. Deutlich herausgestellte Hinweise und direkt nutzbare Tips erhöhen den praktischen Wert des Werkes. Synoptische Schnellübersichten erleichtern den schnellen Einstieg ins neue Recht.

Verlag Dr. Otto Schmidt · Köln